일본인 이주정책과 재조선 일본인사회

일제침탈사연구총서
사회
28

일본인 이주정책과 재조선 일본인사회

동북아역사재단 일제침탈사 편찬위원회 기획
전성현·하지영·이동훈·이가연 지음

동북아역사재단
NORTHEAST ASIAN HISTORY FOUNDATION

| 발간사 |

    일본이 한국을 침탈한 지 100년이 지나고 한국이 일본의 지배로부터 벗어난 지 70년이 넘었건만, 식민 지배에 대한 청산은 이루어지지 못하고 있다. 일본의 독도영유권 주장은 도를 넘어섰다. 일본은 일본군'위안부', 강제동원 등 인적 수탈의 강제성도 인정하지 않고 있다. 일본군'위안부'와 강제동원의 피해를 해결하는 방안을 놓고 한·일 간의 갈등은 최고조에 이르고 있다. 역사문제를 벗어나 무역분쟁, 안보위기 등 현실문제가 위기국면을 맞고 있다.
    한·일 간의 갈등은 식민 지배의 역사를 어떻게 볼 것인가 하는 역사인식에서 기인한다. 역사는 현재와 과거의 대화이며 이를 기반으로 미래로 나아갈 수 있다. 과거 침략의 역사를 미화하면서 평화로운 미래를 말하는 것은 불가능하다. 식민 지배와 전쟁발발의 책임을 인정하지 않고 반성하지 않으면 다시 군국주의가 부활할 수 있고 전쟁이 일어날 위험성도 배제할 수 없다. 미래지향적 한일관계를 형성하고 나아가 동아시아의 평화와 번영의 기틀을 조성하기 위해 일본은 식민 지배의 책임을 인정하고 그 청산을 위해 노력해야 할 것이다.
    식민 지배의 역사를 청산하기 위해서는 식민 지배는 어떻게 이루어졌는지 그 실상을 명확하게 규명하는 일이 긴요하다. 그동안 일본제국주의에 맞서 조국의 독립을 위해 헌신한 독립운동가들의 활동을 찾아내고 역사적으로 평가하는 일에는 상당한 성과를 거두었다. 반면 일제 식민침탈의 구체적인 실상을 규명하는 일에는 충분한 노력을 기울이지 못했다. 제국주의가 식민지를 침탈했다는 것은 너무나 당연한 사실로 여겨졌기 때문에, 굳이 식민 지배에서 비롯된 수탈과 억압, 인권유린을 낱낱이 확인할 필요가 없었는지도 모른다. 그러는 사이 일본은 식민 지배가 오히려 한국에 은혜를 베푼 것이라고 미화하고, 참혹한 인권유린을 부인하는 역사부정의 인식을 보이는 데까지 이르고 있다. 일제의 통치와 침탈, 그리고 그 피해를 종합적으로 조사하고 편찬할 필요성이 여기에 있다.

일제침탈사를 체계적으로 정리하는 일은 개인이 감당하기 어렵다. 이에 우리 재단은 한국학계의 힘을 모아 일제침탈사 편찬위원회를 꾸렸다. 편찬위원회가 중심이 되어 일제의 식민지 침탈사를 정치·경제·사회·문화 모든 방면에 걸쳐 체계적으로 집대성하기로 했다. 일제 식민 침탈의 실체를 파악하기 위해 2020년부터 세 가지 방면으로 사업을 추진하고 있다. 하나는 일제침탈의 실상을 구체적이고 생생한 자료를 통해서 제공하는 일로서 〈일제침탈사 자료총서〉로 편찬한다. 다른 하나는 이들 자료들을 바탕으로 연구한 결과물을 〈일제침탈사 연구총서〉로 간행한다. 그리고 연구의 결과를 대중들이 이해하기 쉽게 〈일제침탈사 교양총서〉를 바로알기 시리즈로 간행한다. 자료총서 100권, 연구총서 50권,

교양총서 70권을 기본 목표로 삼아 진행하고 있다.

〈일제침탈사 연구총서〉는 일제침탈의 실태를 정치·경제·사회·문화 분야로 대별한 뒤 50여 개 세부 주제로 구성했다. 국내외 학계 전문가들이 현재까지 축적된 연구 성과를 반영하면서 풍부한 자료를 활용하여 집필했다. 연구자뿐만 아니라 교육 현장에서도 활용되고 일반 독자들도 이해할 수 있도록 집필하기 위해 노력했다. 연구총서 시리즈가 일제침탈의 역사적 실상을 규명하고 은폐된 역사적 사실을 기억하고 왜곡된 과거사에 대한 인식을 바로 잡음으로써 역사인식의 차이로 인한 논란과 갈등을 극복하는데 기여하는 디딤돌이 되기를 바란다.

2021년
동북아역사재단 이사장

| 편찬사 |

　1945년 한국이 일제 지배로부터 해방된 지 76년의 세월이 지났다. 그럼에도 불구하고 일본 사회 일각에서는 여전히 일제의 한국 지배를 합리화하고 미화하는 주장이 나오고 있으며, 최근에는 한국 사회 일각에서도 일제 지배를 왜곡하고 옹호하는 주장이 나오고 있다. 이는 한국과 일본 사회, 한일 관계와 동아시아 국제관계의 미래를 위해서도 결코 바람직하지 않은 일이다.

　이에 동북아역사재단은 일제의 한국 침략과 식민 지배에 대한 학계의 연구 성과를 총정리한 〈일제침탈사 연구총서〉를 발간하기로 하였다. 이에 따라 2019년 9월 학계의 전문가를 중심으로 편찬위원회를 구성하였으며, 편찬위원회는 학계의 연구 성과를 토대로 정치·경제·사회·문화 부문에서 일제의 침탈이 어떻게 이루어졌는지 정리하여 연구총서 50권을 발간하기로 하였다.

　주지하듯이 1905년 일제는 러일전쟁에서 승리한 뒤, 한국에 군대를 주둔시키면서 한국의 외교권을 빼앗고 통감부를 두어 내정에 간섭하였다. 1910년 일제는 군사력으로 한국 정부를 강압하여 마침내 한국을 강제 병합하였다. 이후 35년간 한국은 일제의 식민 통치를 받았다.

　일제는 한국의 영토와 주권을 침탈하였을 뿐만 아니라, 군사력과 경찰력으로 한국을 지배하면서, 정치·경제·사회·문화의 모든 부문에서 한국인의 권리와 자유, 기회와 이익을 박탈하거나 제한하였다. 정치적으로는 군사력과 경찰력, 각종 악법을 동원하여 독립운동을 탄압하고, 한국인의 정치활동을 억압하고 참정권을 박탈하였으며, 집회와 결사의 자유를 억압하였다. 경제적으로는 일본자본이 경제의 주도권을 장악하고, 일본인 위주의 경제정책을 수행했으며, 식량과 공업원료, 지하자원 등을 헐값으로 빼앗아 갔고, 농민과 노동자 등 대다수 한국인의 경제생활을 어렵게 하였다. 사회적으로는 한국인들을 차별적으로 대우하고, 한국인의 교육의 기회를 제한하고, 한국인으로서의 정체성을 박탈하여 결국은 일본의 2등 국민으로 만들고자 하였다. 문화적으로는 표현과 창작의 자유, 종교와 사상의 자유를 억압하고, 한글 대신 일본어를 주로 가르치고, 언론과 대중문화를 통제하였다. 중일전쟁, 아시아태평양전쟁을 도발한 뒤에는 인적·물적 자원을 전쟁에 강제동원하고, 많은 이들을 전장에 징집하여 생명까지 희생시켰다.

〈일제침탈사 연구총서〉는 침탈, 억압, 차별, 동화, 수탈, 통제, 동원 등의 단어로 요약되는 일제의 침략과 식민 지배의 실상과 그 기제를 명확히 밝히고자 하였다. 이를 통해 일제의 강제 병합을 정당화하거나 식민 지배를 미화하는 논리들을 비판 극복하고, 더 나아가 일제 식민 지배의 특성이 무엇이었는지, 식민 통치의 부정적 유산이 해방 이후에 어떤 영향을 미쳤는지를 밝히고자 하였다.

편찬위원회는 연구총서와 함께 침탈사와 관련된 중요한 주제들에 관하여 각종 법령과 신문·잡지 기사 등 자료들을 정리하여 〈일제침탈사 자료총서〉도 발간하기로 하였다. 아울러 일반인과 학생들이 보다 쉽게 읽을 수 있는 〈일제침탈사 교양총서〉를 바로알기 시리즈로 발간하기로 하였다.

일제의 한국 침략과 식민 지배의 역사는 광복 후 서둘러 정리해냈어야 했지만, 학계의 연구가 미흡하여 엄두를 내기 어려웠다. 이제 학계의 연구가 어느 정도 축적되어 광복 80주년을 맞기 전에 이와 같은 작업을 할 수 있게 된 것을 다행으로 생각한다. 한일 양국 국민이 과거사에 대한 올바른 역사인식을 갖고 성찰을 통해 미래를 향해 함께 나아갈 수 있기를 기대하면서 삼가 이 책들을 펴낸다.

2021년
동북아역사재단 일제침탈사 편찬위원회

차례

발간사 4
편찬사 7

서론
1. 왜 '재조선 일본인'인가?   **14**
2. '재조선 일본인' 연구동향   **20**
3. 이 책의 구성   **39**

제1장   일본인의 이주 식민과 존재 형태
1. 일본인의 이주 식민과 구분   **44**
2. 재조선 일본인의 존재 형태   **51**

제2장   일본의 이주정책과 이주농·어촌
1. 일제의 조선식민론과 이주정책   **62**
2. 일본 농민의 조선 이주와 이주농촌   **73**
3. 일본 어민의 조선 이주와 이주어촌   **113**

제3장   재조선 일본인사회의 '자치' 단체와 교육사업: 거류민단과 학교조합
1. 일본인 거류민단체와 교육   **160**
2. 개항 초기의 거류지 행정   **163**

	3. 거류민단체의 법인화 과정	**173**
	4. 거류민단의 설립과 거류민 교육	**182**
	5. 1910년 한반도의 식민지화와 거류민단의 해체	**203**
	6. 학교조합의 운영과 일본인사회의 여론	**215**

제4장 재조선 일본인의 경제·정치활동과 '식민자의식'

1. 재조선 일본인사회의 성장 배경	**226**
2. 재조선 일본인사회의 정치활동	**253**
3. 재조선 일본인사회의 '식민자의식' 형성	**280**

제5장 식민자 일본인의 식민주의 문화: 신사와 유곽

1. 거류민신사(神社)에서 식민지신사로의 전환	**306**
2. 일본인 성매매업의 진출과 식민지 유곽	**340**

결론

1. 해방과 재조선 일본인의 귀환	**376**
2. 향후 연구 과제	**382**

부록 389

참고문헌 436

찾아보기 451

서론

1. 왜 '재조선 일본인'인가?

　지난 20세기 일제강점기 연구에서 식민지 조선에 거주한 일본인, 이른바 '재조선 일본인'에 관한 연구는 한국 근대사 연구자들의 시야 밖에 있었다. 이는 20세기 한국의 역사적 상황과 밀접하게 연관된다. 20세기 전반에 겪은 식민지 경험과 해방, 남북한으로 분열된 국가 수립과 전쟁, 그리고 양국 체제의 안정과 경쟁으로 한국은 이른바 '소용돌이 속의 한국'이었다. 그래서 해방 이후 본격적으로 전개된 일제강점기 연구는 독립된 민족국가의 건설과 좌절, 미래의 통일된 민족국가를 큰 틀로 한 연구에 집중되었다. 이처럼 역사 인식의 궤적이 '통일 한국'(민족사)을 지향하든 '분단 국가'(국가사)의 지속을 지향하든 현재의 역사상이 그대로 과거에 투영되었다고 할 수 있다. 따라서 '민족/국민국가 수립의 역사'는 원초적이고 근대적인 한계 때문에 한국사는 '한국인(조선인)'의 역사이며 일제강점기 역사는 식민지로부터 벗어나 독립된 민족국가를 수립하기 위한 저항(투쟁)의 역사였다.

　물론 일제강점기 식민권력의 억압과 폭력에 대한 저항(투쟁)의 역사는 억압으로부터 '자유'와 외세로부터 '독립'이라는 보편적 가치와 의미를 지닌다. 그러나 일제강점기 역사는 저항만으로 형상화될 수는 없다. 억압과 폭력에 대한 저항(투쟁)의 다면적이고 다층적인 모습은 물론이고 단순히 저항으로 묶일 수 없는 식민지민의 수많은 행동과 행위까지 포함되어야 하기 때문이다. 그래야만 일제강점기와 이후 분단된 한국의 역사상을 제대로 입체화할 수 있다.

　특히 일제강점기 식민권력은 군대와 경찰을 중심으로 조선인을 지배

했다. 이로 인해 기본적으로 지배는 폭력적이었고, 통치정책은 표리 관계의 '동화'와 '이화'라는 이중적 모습으로 조선인들을 '예속된 주체'로 만들었다. 그런데 근대의 주체는 정도의 차이는 있지만 저항적이면서 순응적인 모습을 모두 지니고 있다. 그 표출하는 형태와 내용이 권력과의 관계 속에서 차이를 드러낼 뿐이다.[1] 그렇다면 일제강점기 조선인의 주체성은 식민권력에 의해서만이 아니라 식민권력과의 관계 속에서 구성되었다고 할 수 있다.[2] 그것이 상징적 권력이든 현실의 다양한 권력이든, 이른바 '우월한 타자'와의 관계성 속에서 순응, 협력, 갈등, 저항하는 다양한 위치에서 형성되었다.

이 우월한 타자인 식민권력은 상징적인 의미에서 '제국주의자' 또는 '식민주의자' 등으로 형상화할 수 있다. 그런데 식민권력은 다양한 방면과 일상에 편재했다. 즉, 수많은 표상으로 권력화하여 식민지 조선 곳곳에서 등장했다. 더불어 이들 식민권력과 조선인의 관계는 일방적으로 적대적이거나 순응적이지 않았다. 조선인은 불화, 갈등, 분열, 저항에서 타협, 협력, 교류, 연대에까지 이르는 다양한 관계 속에서 '우월한 타자'인 식민권력과 직면했다. 이들과의 관계를 통해 예속적이면서 저항적인 근대 주체로서 식민지민인 조선인이 탄생했다고 할 수 있다.

그렇다면 식민권력은 어떤 형상으로 편재했는가. 기존 연구는 식민권력을 '일제'라는 하나의 용어와 등치시켰다. 이러한 시각으로는 일본

---

1   정병욱, 2013, 『식민지 불온열전』, 역사비평사.
2   미셸 푸코는 '근대적 주체'가 권력에 의해 구성된다는 초기 저작(미셸 푸코, 2003, 『감시와 처벌』, 나남)에서 권력과 함께 구성된다는 후기 저작으로 이행했다(미셸 푸코, 2011, 『안전, 영토, 인구』, 난장; 미셸 푸코, 2012, 『생명관리정치의 탄생』, 난장; 콜린 고든 외, 2014, 『푸코 효과』, 난장; 오모다 소노에 외, 2015, 『푸코 이후』, 난장).

제국주의의 본질뿐만 아니라 식민지 조선과 그 지배의 실상인 식민주의의 내용도 표피적인 확인 이상은 할 수 없다. 식민권력, 즉 형상화된 식민지배자는 식민지 현장 곳곳에 편재해 있었기 때문에 그 형태가 다양했다. 조선총독을 비롯한 관료와 공권력인 군대와 경찰뿐만 아니라 식민지배를 현실과 지역에서 대리 대표한 일본인들도 중요한 식민지배자였고 식민권력이었다. 따라서 조선인의 주체성을 저항과 예속 사이의 다양한 스펙트럼을 입체적으로 파악하기 위해서는 식민권력으로 편재된 식민지 현장의 일본인들을 확인하지 않을 수 없다.

식민지 현장에 편재된 권력을 가진 일본인은 어떤 존재일까. 일반적으로 이들 일본인은 개항 이후 일제강점기 동안 조선을 거쳐간 일본인 모두를 지칭할 수 있다. 하지만 조선에 잠깐 체류하거나 여행하거나 경유한 일본인을 이 범주에 모두 넣을 수는 없다. 이들은 일본의 역사에서 의미 있는 존재일지 모르지만 식민지 조선의 역사에서 그다지 큰 역할을 하거나 영향력을 발휘하지 못했다. 오히려 식민지를 지배와 경영의 터전으로 삼아 장기 체류하거나 정주한 일본인이야말로 식민지 현장의 권력이었다고 할 수 있다.

이들은 크게 두 부류로 구분할 수 있다.[3] 한 부류는 조선총독부 관료와 교원처럼 '제국주의'와 '식민주의'의 관철을 위해 조선에 파견되어 장기 체류한 자들이다. 이들은 일제의 이득을 위해 복무했고 이후 식민지에 남든 본국으로 돌아가든 대체적으로 식민지와의 관련성을 어느 정도 유지하고 있었다.[4] 또 다른 부류는 개항 이후 '제국의식'과 함께 조선

---

3   이 책 제1장의 〈표 2〉 참조.
4   中央朝鮮協會, 2014, 『中央朝鮮協會會報』 1~6, オークラ情報サービス.

에 진출하여 '침탈의 첨병'이 되었으며 정주와 함께 새롭게 '조선주의'와 '지역주의'까지 내면화한 일본인이다.[5] 이른바 민간의 일본인인 이들은 조선의 각 지역에 정주하며 각각 '일본인사회'를 형성하고 제국의식 속에서 식민자로 '풀뿌리 식민지배'에 나섰다.[6] 또한 '조선주의'와 '지역주의' 속에서 '우월한 식민지민'으로 일본 중심의 식민정책에 개입하고자 했다. 이처럼 '재조선 일본인'은 최상위의 식민자부터 '우월한 식민지민'에 이르기까지 그 스펙트럼이 넓었다.

그런데 이들 일본인을 지칭하는 용어에 대해서는 정리할 필요가 있다. 지금까지 이들을 통상적으로 '재조일본인', 그리고 이를 단순히 풀어 쓴 '재조선 일본인', '조선 거주(재주) 일본인' 등으로 혼용해 사용하였다. 그런데 부지불식간에 한일 양국 연구자들에게 통용되고 있는 '재조일본인'이란 용어는 존재의 형태만을 제시할 뿐 존재의 특성을 드러내지 않는 불명확한 역사적 용어라는 지적이 제기되고 있다.[7]

이에 따르면 '재조일본인'이란 용어는 두 가지 문제점이 있다. 첫째, '재조일본인'은 '재일조선인'과 유사한 위치라는 비교 속에서 개념화되었다.[8] 그런데 실상 '재일조선인'은 '식민과 탈식민'의 연속선상에 존재

---

5 '조선주의'는 '조선인의 이해'가 아닌 '조선의 이해'에 기반을 둔 '조선 본위'를 의미한다. '지역주의'는 각 '지역의 이해'에 기반을 둔, 예를 들어 '경성 본위' 또는 '부산 본위' 등을 의미한다. 따라서 이들 일본인은 자신의 이해와 결부된 일본의 이해, 조선의 이해, 지역의 이해라는 다양한 이해관계 속에서 '식민자와 식민지민 사이'를 넘나들었다고 할 수 있다.

6 高崎宗司, 2002, 『植民地朝鮮の日本人』, 岩波新書 (다카사키 소지, 2006, 『식민지 조선의 일본인들』, 역사비평사).

7 이동훈, 2018a, 「'재조일본인' 사회의 형성에 관한 고찰: 인구 통계 분석과 시기 구분을 통해」, 『일본연구』 제29집, 232-234쪽.

8 姜在彦, 1976, 「在日朝鮮人の六五年」, 『季刊三千里』 8, 23쪽; 美藤遼, 1978, 「日本仏

서론 17

한 반면 '재조일본인'은 개항 이후 일제강점기, 즉 식민지 조선에만 한정된다. 이러한 점에서 두 개념은 동일하거나 유사한 위치에 있지 않고 다른 시대적 특성과 의미를 지니고 있는 것이다.

둘째, '재일조선인'은 '식민과 탈식민'의 연속선상에서 줄곧 '피해자'이며 '소수자'로서 자리매김하고 있다. 반면 '재조일본인'은 패전 이후 귀환 과정과 귀환 이후 일본 사회에서 '피해자'이며 '소수자'임을 스스로 강조하고 있다. 그런데 정작 일제강점기에는 식민지배자였고 피해를 당하기보다는 가해에 앞장선 우월한 민족으로 '다수자'였다. '재조일본인'이라는 용어는 이와 같은 점을 은폐하고 있다.

결국 이와 같은 문제점을 극복하기 위한 새로운 용어의 개념화가 필요하다. 현재, '재조일본인 식민자', '식민지 조선의 일본인', '식민지 조선의 농촌에 살았던 일본인' 등 '식민' 개념을 포함하는 용어도 제시되고 있다.[9] 여기서는 '재일조선인'과의 동일한 위치를 거부하고 식민자와 우월한 식민지민의 의미를 모두 포함하는 의미에서 '재조일본인' 대신 식민지 조선에 거주한 일본인으로서 '재조선 일본인'으로 통일해 사용한다.

이처럼 식민지 조선의 지배와 통치를 둘러싼 식민권력과 식민정책을 입체적으로 파악하기 위해서는 식민자이면서 우월한 식민지민의 사이에서 요동쳤던 '재조선 일본인'에 대한 이해와 그들의 활동에 대한 심화

教の朝鮮布教」,『季刊三千里』15, 117-124쪽.

9 　木村健二, 2002, 「在朝鮮日本人植民者の「サクセス・ストーリー」」,『歴史評論』625, 校倉書房; 高崎宗司, 2002, 앞의 책; 李昇燁, 2007, 「植民地の「政治空間」と朝鮮在住日本人社会」, 京都大学大学院博士論文; 松本武祝, 2008, 「解説: 植民地朝鮮農村に生きた日本人」,『東洋文化研究』10, 学習院大学東洋文化研究所.

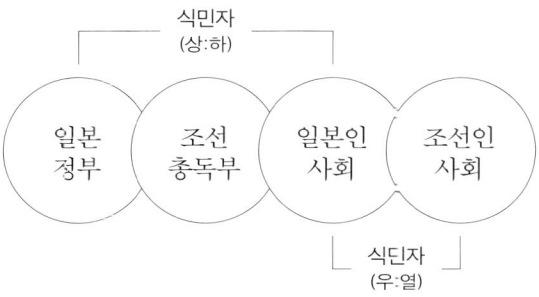

〈그림 1〉 식민지 조선의 권력 구도

된 연구가 필요하다. 이들은 한편으로는 현장에서 식민권력을 대표하면서 식민정책의 실현에 복무했고, 다른 한편으로 우월한 식민지민으로서 조선인을 포함한 지역을 대표해 식민정책의 입안에 관여하고자 했다. 따라서 이들에 대한 연구는 이른바 식민지배와 통치의 성격을 이해할 수 있는 식민성 연구일 뿐만 아니라 식민정책에 개입함으로써 부분적으로 도입되었다고 하는 식민지적 근대(근대성)의 진면목을 확인할 수 있는 연구이기도 하다.

더불어 이들 식민권력은 식민지 조선의 곳곳에서 '현장인'으로 식민정책의 실현에 관여했으며, 현장인 식민지에서 살아가면서 조선을 새롭게 형성하거나 변화시키는 데 큰 영향을 미쳤다.[10] 그들은 식민지 조선

---

10 제국주의 본국의 이해관계만을 강조하는 전통적인 제국주의론에 대한 비판으로 제기된 '주변부 제국주의론'은 본국의 힘과 이해관계보다 식민지 '현장인'의 힘과 이해관계에 의해 식민성이 추동된 점을 강조한다(볼프강 J. 몸젠, 1983, 『제국주의의 이론』, 돌베개). 이때 식민지 '현장인'은 조선총독부-도-부로 이어지는 관공리이기도 하지만 일상생활 속의 식민자인 조선 거주 일본인이기도 하다.

에 거주하면서 조선을 영원히 살아갈 삶의 터전으로 여기며 자기중심적으로 역사를 만들어나갔다. 그렇다면 식민권력에 의해 구축된 일제강점기의 상하로 구분되는 사회계층을 해방 이후 극복한다고 했지만, 여전히 그 토대에 기초하고 있는 현재의 한국을 반성적으로 성찰하기 위해서 그들의 삶과 식민권력으로서의 역할을 확인하지 않을 수 없을 것이다. 이는 일제강점기의 역사가 단순히 한국인만을 다루는 것이 아니라 한국의 시공간을 모두 다루어야 하며, 과거의 시공간에 대한 역사 연구 역시 과거의 총체적인 역사 연구가 되어야 함을 의미한다. 따라서 식민지 거주 일본인과 그들이 주도적으로 형성했던 식민지 사회를 한국사에 포함해야 한다. 이를 통해 식민지 조선의 실체에 한 걸음 더 접근할 수 있을 것이다.[11]

2. '재조선 일본인' 연구동향[12]

식민지 조선에 이주하여 그들만의 사회를 이루고 살아간 일본인에 대한 연구는 일본사의 관점에서 일본에서부터 시작되었다. 1945년 패전을 전후한 식민지에 거주했던 일본인들의 본국 '히키아게(引揚)'와 본국에 정착하는 과정에서 식민지 거주 경험과 그 기억을 떠올리는 것은

---

11   전성현, 2013, 「식민자와 조선-일제시기 대지충조의 지역성과 '식민자'로서의 위상」, 『한국민족문화』 49, 272-273쪽.
12   이 책 서론의 2절, 제1장, 그리고 결론의 2절은 전성현, 2015, 「식민자와 식민지민 사이, '재조일본인' 연구의 동향과 쟁점」, 『역사와 세계』를 대폭 수정·보완한 것이다.

금기시되었다. 오히려 '히키아게샤(引揚者)'의 경험과 식민지 거주의 과거를 낭만화하는 것만이 주로 회고되거나 서사화되는 등 식민지 지배와 일본인들의 경험은 히키아게 과정에서 생긴 피해의식과 과거의 낭만화를 통해 은폐와 망각의 세계로 사라지는 듯했다.[13]

하지만 식민지에서 어린 시절을 보낸 일부 일본인 작가들은 재일조선인의 불안정한 위치와 고난을 눈앞에서 확인하고 이들과 관계하면서 식민지 조선을 다시 기억해냈다. 이들은 일본과 식민지의 관계를 망각하고 그저 '생의 추억'으로 낭만화하는 분위기에 경종을 울리며 일본의 식민지배 역사와 일본인의 식민지배자로서 자행한 실상을 명확하게 밝혔다. 또한, 이를 통해 식민지 지배의 반성을 불러일으켰다.[14] 일본학계의 재조선 일본인 연구도 피해자의식과 과거의 낭만화에 비판적으로 대응하는 이러한 소수의 흐름 속에서 진행되었다.

특히 일본학계의 재조선 일본인 연구는 제국주의론에 기초하여[15] 조선의 식민화를 비판하고 일제의 조선 침략과 재조선 일본인의 침략사적 의미를 강조하는 연구로부터 시작되었다. 본격적인 연구서는 아니지만 이를 대표하는 저서로 식민 3세로서 할아버지와 외할아버지, 그리고 아버지를 '식민자'로 명명한 무라마츠 다케시의 책이 그 시초이다. 무라마츠는 이 저서에서 그때까지 식민지 거주 일본인은 식민지라는 것이 무

---

13 藤原てい, 1949, 『流れる星は生きている』, 中公文庫; 淸岡卓行, 1973, 『アカシヤの大連』, 講談社文庫.

14 梶山季之, 1963, 『李朝殘影』, 文藝春秋新社; 小林勝, 1970, 『チョッパリ 小林勝小說集』, 三省堂; 小林勝, 1971, 『朝鮮·明治五十二年』, 新興書房; 森崎和江, 1970, 『はのくにとの幻想婚』, 現代思潮社; 後藤明生, 1972, 「父への手紙」, 『群像』, 講談社.

15 日本植民地硏究會 編, 2008, 『日本植民地硏究の現狀と課題』, アテネ社, '제1장 제국주의론과 식민지연구' 참조.

엇인지 모르는 그저 선량한 피해자였지 '지배자'가 아니었다고 생각하던 일본인의 의식구조를 비판하며 재조선 일본인을 식민자로 자리매김했다.[16]

곧이어 가지무라 히데키(梶村秀樹)는 일본사에서 식민지 거주 일본인에 대한 연구 공백을 제기하며 공식적인 연구 테마로 삼았다. 가지무라는 개항과 더불어 조선에 몰려간 전 계층의 일본인들이 군인과 관공리 이상으로 '강렬한 국가주의자이며 냉혹한 에고이스트'였다고 강조했다. 나아가 피식민자이며 식민지민인 조선인에 대한 노골적인 편견과 차별·배제·가해의 현장 실행자였다고 비판했다. 이를 토대로 일본제국주의 본질을 밝히기 위해서는 이들에 대한 연구가 반드시 필요함을 강조했다.[17]

가지무라의 이 같은 연구는 이후 학계와 사회에서 잊히는 듯했지만, 과거사에 대해 여전히 반성하지 않는 일본과 식민지 지배 실상을 알지 못하는 전후 세대에게 경종을 울리며 "조부모와 부모의 체험을 객관적으로 바라봄으로써 잘못을 두 번 다시 반복하지 않기 위한 담보를 획득"하기 위한 다카사키 소지(高崎宗司)의 연구로 계승되었다.[18] 다카사키의 연구는 조선에서 식민지배는 오히려 이름 없는 사람들의 침략과 지

16　村松武司, 1972, 『朝鮮植民者』, 三省堂.

17　梶村秀樹, 1974, 「植民地と日本人」, 『日本生活文化史8-生活のなかの國家』, 河出書房新社. 이 글은 『朝鮮史と日本人』, 明石書店, 1992에 재수록되어 있다.

18　高崎宗司, 2000, 앞의 책. 식민지 조선의 일본인은 아니지만 또 다른 식민지인 대련의 일본인과 일본인사회에 대한 보다 심화된 연구로는 야나기사와 아소부의 연구(柳澤遊, 1999, 『日本人の植民地經驗-大連日本人商工業者の歷史』, 靑木書店)도 주목된다. 야나기사와는 대련 거주 일본인의 식민주의적 침략성을 강조하면서도 존재론적 측면에서 그와 모순되는 '제국의 아킬레스건'이라 주장한다.

배였다고 강조하며 이들 일본인을 '풀뿌리' 식민자로 개념화하여 조선에 거주한 일본인들의 전체상을 그려냈다.

물론 제국주의론에 기초한 연구처럼 식민지의 일본인들을 모두 침략적인 '풀뿌리' 식민자로 획일화할 수는 없다. 획일화된 역사상은 일본인들의 조선 도항 시기별, 거주 지역별은 물론이고 그들 사이의 계급·계층별, 젠더별, 세대·연령별, 개인·집단별 차이와 다양한 삶의 모습을 구체적으로 살펴볼 수 없게 만든다. 그뿐만 아니라 식민자이면서 동시에 식민지민인 이들의 이중적 모습은 물론, 식민자로서 관여한 식민통치와 식민정책의 복수성과 가변성 등 식민지 지배의 사실적이고 입체적인 모습도 그려볼 수 없다.[19]

하지만 제국주의론에 기반을 둔 연구는 이후 연구자들에게 식민지 거주 일본인 연구가 왜 중요한지 깨닫게 했을 뿐만 아니라 '일제'로 통합되어 지칭되는 획일화된 식민지배자를 분야, 지역, 성별, 세대, 성향 등 다양한 영역에 걸쳐 있는 식민자 일본인으로 고쳐 파악할 수 있게 했다. 즉, 식민지 지배와 식민권력의 실상을 폭넓고 두텁게 확인할 수 있도록 했다. 또한 식민지의 모습과 식민지 지배의 구체적인 상황을 현장과 일상에서 파악할 수 있는 길을 열어놓았다. 따라서 여전히 이들 식민자 일본인에 대한 연구는 계승할 가치가 있다고 할 수 있다.

한편, 1990년 이후 일본학계는 탈식민주의의 영향 아래 지금까지 살펴본 제국주의론에 기초한 식민지 연구를 비판하고 '복수의 식민지 및 점령지와 일본 본국의 구조적 연관을 규명한다'는 '제국사 연구'[20]로 식

---

19 이형식, 2013, 「재조일본인 연구의 현황과 과제」, 『일본학』 37, 248쪽.
20 駒込武, 2000, 「『帝國史』硏究の射程」, 『日本史硏究』 452, 224쪽; 日本植民地硏究會

민지 거주 일본인에 관한 연구 성과를 제출하기 시작했다. 단순화시킬 수는 없지만, 일본제국주의를 비판하기보다는 식민지·점령지로 이주한 일본인 또는 일본인 이민사회에 초점을 맞췄다. 이 연구의 대표적인 인물이 기무라 겐지이다.[21] 기무라의 연구는 일본 자국사의 관점에서 일본인들이 해외로 이민한 원인을 일본의 자본주의적 발달 과정과 이주 일본인들의 사회·경제적 배경을 분석해 밝혔다. 또한, 개항 이후 조선에 이주한 일본인들이 '그들만의 사회'를 어떻게 구축해갔는지를 중점적으로 다뤘다.

뒤이어 제국사적 관점에서 본격적인 이민사를 고찰한 연구가 나오기 시작했다.[22] 이 연구는 제국사와 비교사적 관점에서 일본인의 해외 이민을 일본의 질서 아래 있었던 식민지·점령지 전 지역으로 이주하거나 이민한 것을 종합적으로 밝혔다는 점에서 의미가 있다. 하지만 일본인 해외 이민사는 일본으로부터의 확장 과정이며 일본만의 모습을 밝히는 과정이기 때문에 식민지 입장에 기반하지 않았다. 그뿐만 아니라 홋카이도(北海道), 오키나와 같은 일본 영토 내의 식민지와 타이완(臺灣), 조선, 관동주, 만주 등 일본 밖의 식민지 간의 차이는 물론 일본 밖의 식민지 간 차이가 전혀 고려되지 않았다. 즉, 일본이라는 동일한 범주에서 논의했기 때문에 의식하든 의식하지 않든 식민지에 거주하는 일본인과 일본인사회의 배타성과 침략성을 간과하는 측면이 강했다.[23]

編, 2008, 『日本植民地研究の現狀と課題』, アテネ社, 55-88쪽, '포스트콜로니얼리즘과 제국사연구' 참조.
21 木村健二, 1989, 『在朝日本人の社會史』, 未來社.
22 蘭信三 編, 2008, 『日本帝國をめぐる人口移動の國際社會學』, 不二出版.
23 일본학계는 여전히 제국사와 일본 근현대사의 관점에서 일본인들의 이동과 이주, 그

지금까지 살펴본 일본학계의 연구 성과는 이후 본격화된 식민자 일본인 연구에 직접적으로 큰 영향을 미쳤다. 21세기를 전후하여 연구 성과가 나오기 시작해 한국, 일본, 타이완, 중국, 미국 등에서도 연구 성과가 쌓이고 있다. 연구 분야도 전통적인 정치사, 사회사, 경제사는 물론이고 최근에는 도시사, 지역사, 문화사, 교육사, 언론사, 여성사 등 전 분야에 걸쳐 연구 영역이 다양하게 확대되고 있다. 여기서는 재조선 일본인의 식민지적 위치라고 할 수 있는 식민자와 식민지민이라는 관점을 중심으로 대표적인 연구 성과를 확인해보고자 한다.

1) '식민자'로서 재조선 일본인

'식민자'로서 재조선 일본인은 식민지배와 식민정책이라는 정치사 영역에서 가장 체계적이고 두터운 연구 성과가 축적되는 연구 대상이다. 이들 정치사 연구는 한국, 일본, 미국에서 2010년을 전후해 박사학위논

리고 일제의 붕괴와 환류로 '히키아게' 또는 '히키아게샤' 연구에 집중하고 있다(塩出浩之, 2015, 『越境者の政治史』, 名古屋大學出版會; 今泉裕美子・柳澤遊・木村健二 編, 2016, 『日本帝國崩壊期「引揚げ」の比較研究-國際關係と地域の視點から』, 日本經濟評論社; 柳澤遊・倉澤愛子 編, 2017, 『日本帝國の崩壊-人の移動と地域社會の變動』, 慶應義塾大學出版會; 柳澤遊, 2019, 『引揚・追放・殘留』, 名古屋大學出版會; 加藤聖文, 2020, 『海外引揚の硏究: 忘却された『大日本帝國』』, 岩波書店). 물론 이들 연구 자체가 단순한 이민사와는 달리 '이민'과 '식민'을 모두 포함하는 '사람의 이동'과 그 이동에 의한 식민지민 또는 토착민과의 관계성까지 포함하는 '타자' 또는 '소수자' 연구로 나아가야 한다고 강조한다. 그러나 이들 연구가 일제의 붕괴에 따라 발생한 난민의 존재라든지 일본 사회의 통합 문제 등에 관심을 기울이는 한(일본식민지연구회 편, 2020, 『일본식민지 연구의 논점』, 소화, '제12장 사람의 이동' 참조), 전후 일본사의 영역에서 벗어나지 못하고 '침략성'과 '다수자'로서의 삶에 대해서는 회피하는 것은 여전히 마찬가지라고 생각된다.

문과 이를 토대로 한 단행본으로 간행되었다. 특히 이들에 대한 연구는 식민지 지배 권력의 범주를 재조선 일본인과 조선인 상층 자본가까지 확장했고, 이들 민간의 일본인과 조선인이 식민정책에도 적극 관여했다는 등 식민권력과 식민정책의 복수성과 가변성을 밝혀냈다는 점에서 의미가 있다.

먼저, 전성현은 식민지 이전의 일본인사회 자치조직인 거류민단을 이어받은 일본인 중심의 상업회의소가 연합조직인 조선상업회의소연합회를 결성해 압력단체로 전환해가는 과정을 분석했다. 이 단체는 민간의 경제단체임에도 불구하고 1910년대에서 1920년대까지 거주하고 있는 '지역'과 '조선'을 '본위'로 하는 이른바 '조선 개발 정책'의 수립을 요구하며 정치활동을 전개했다. 그 과정을 통해 식민지 산업정책의 수립에 적극적으로 관여했음을 구체적으로 밝혔다.[24] 전성현의 연구는 기유정으로 이어져 1930년대까지 연구 범위가 확대되었다. 기유정은 일본인 중심의 '지방자치'기구와 경제단체 등이 활발하게 전개한 각종 경제운동을 '조선주의'라는 정치이념과 논리로 파악해 이것이 식민정책에 어떠한 영향을 미쳤는지 살펴보았다.[25] 이들 논의는 일본 정부, 조선총독부, 일본인사회의 관계를 주로 고찰한 것이었다.

한편, 우치다 준은 '정착민 식민주의'라는 개념 틀에 따라 개항부터 식민지 시기까지 전체를 다뤘다. 특히 재조선 일본인 상공업자들이 "제국의 이익을 쫓는 자"라는 '브로커'적인 성격을 지닌 것으로 파악했다.

---

24 전성현, 2006a, 「일제하 조선상업회의소연합회의 산업개발전략과 정치활동」, 동아대 박사학위논문; 전성현, 2011, 『일제시기 조선 상업회의소 연구』, 선인.

25 기유정, 2011a, 「일본인 식민사회의 정치활동과 '조선주의'에 관한 연구-1936년 이전을 중심으로-」, 서울대 박사학위논문.

한편으로 이들은 자신들의 이익을 위해 조선총독부와 긴장관계를 형성하기도 하고 조선인 상층부와 협력관계를 구축하기도 하며 정치활동을 전개한 점도 밝혔다.[26] 이승엽은 우치다가 주목한 조선총독부-재조선 일본인-조선인 간의 상호관계에 주목하면서 경제정책이 아니라 정치 문제에 집중했다. 즉, 일본인사회의 자치권 옹호 운동, 3·1운동 등에 대한 일본인의 대응과 참정권 문제, 그리고 사법개혁 문제 등을 통해 조선총독부와 재조선 일본인, 그리고 조선인 간의 갈등과 권력 관계를 살펴보았다.[27]

이들 연구 중 전성현, 기유정, 우치다의 연구는 단순화할 수 없지만 식민권력의 범위를 식민지 조선으로 한정할 때 조선에 거주하는 민간의 일본인과 조선인 상층부까지 포함된 것으로 파악했다. 특히 일본인의 경우 자신들의 이익을 위해 상업(공)회의소와 같은 경제단체와 부(협의)회와 같은 '지방자치'기구 등을 통해 일제 또는 조선총독부와 협력하기도 하고 대결하기도 했다. 그 과정에서 조선인들과 갈등, 불화, 대결을 겪으며 이들을 억압, 배제하기도 했고 협조, 협력, 연대하기도 하는 등 제한적이지만 '자율적인' 정치 세력으로 기능했던 것으로 파악했다.

반면 이승엽은 재조선 일본인들의 정치운동(특히 '자치운동')이 대부분 실패했다는 것에 기초하여 "적어도 식민지 중앙정치의 수준에서 보는 한, 재조일본인은 한 번도 정치의 주인공이 된 적은 없다. 재조일본인

26　內田じゅん, 2005, *Brokers of empire: Japanese settler colonialism in Korea, 1910-1937*, Harvard University; Jun Uchida, 2011, *Brokers of Empire: Japanese Settler Colonialism in Korea, 1876-1945*, Cambridge: Harvard University Press(우치다 준 저, 한승동 역, 2020, 『제국의 브로커들: 일제강점기의 일본 정착민 식민주의 1876~1945』, 길).

27　李昇燁, 2007, 「植民地の「政治空間」と朝鮮在住日本人社會」, 京都大學 博士論文.

에 대한 최근 유행의 배후에 있는 과도한 기대와 과대평가에는 위화감을 느끼지 않을 수 없다"고 주장했다.[28] 이를 근거로 연구 성과를 정리한 이형식도 "재조일본인이 식민지 지배 블록의 일원으로 일정한 자율성을 가지고 있는 것은 사실이지만, 식민권력의 입장에서 보면 재조일본인은 어디까지나 통치의 대상이자 때로는 조선 통치(조선민심)의 안정을 위해서는 통제해야만 하는 '껄끄러운 존재'"에 지나지 않는다고 강조했다.[29]

이들 연구의 간극은 기본적으로는 연구 대상과 활동 영역의 차이 때문으로 보인다. 이승엽, 이형식 등은 재조선 일본인들이 식민지 조선의 제도적 '정치 공간'(자치와 참정권 등)을 획득하는 데 실패한 점에 집중했다. 반면, 전성현, 기유정, 우치다는 재조선 일본인들이 참여한 식민지 지배 전반, 특히 식민정책에 집중했다. 그런데 주지하다시피 식민지 조선의 제도적 정치 영역은 관료 이외에 접근할 수 있는 장치가 사실상 전무했다. 때문에 이 같은 점만 본다면, 재조선 일본인의 역할은 부정적일 수밖에 없다.

하지만 이들 재조선 일본인의 정치활동이 '토착 관료'로서 개인적 역할뿐만 아니라 제국법이 규정한 진정과 청원을 통해 일상적으로 식민지는 물론 일본(내각, 제국의회 등)[30]에서 활발하게 활용되었다. 또한 제한적인 제도적 장치이긴 하지만 '지방자치'기구를 통해 식민지 지방영역에서는 더욱 활발하게 전개되었다는 점은 주목할 만하다. 이와 같은 재조선 일본인의 활동 근원으로 일본인사회 내부의 인식과 동력, 그리고 지역사

---

28 李昇燁, 2007, 위의 글, 113-114쪽.
29 이형식, 2013, 앞의 글, 271쪽.
30 이른바 도쿄에 직접 가서 정책 및 예산의 반영을 전개하는 '동상운동'과 식민지 조선 관련 제국의회 의원의 배출('조선관계대의사') 등이 이에 포함된다.

회에서의 역할을 통해 식민자로서의 위치를 강조하는 이규수와 이동훈의 연구는 주목된다.

이규수는 재조선 일본인을 한일관계사의 접점을 이루는 대상으로 설정하고 그 존재 형태를 규명하여 식민지배 메커니즘과 조선사회 재편의 양상을 밝히고자 했다. 이를 위해 이민의 실체와 일본인사회의 실상을 구조적 특성과 식민정책과의 연관성을 토대로 살펴보았다. 이를 통해 식민 사회의 분석은 '조선총독부-재조선 일본인-조선인'이라는 틀에서 이루어져야만 그 가치와 의미를 제대로 파악할 수 있음을 드러냈다.[31]

한편, 이동훈은 기존 연구가 지방제도 개편 이후 식민지 공론장에 집중되었다고 전제하고 그 이전을 연구 대상으로 하여 이미 일본인사회의 형성과 함께 식민자 집단으로 기능했음을 드러냈다. 이에 의하면 일본인 사회는 '자치'의식과 함께 '고난'과 '분투'의 피해자로서 경험을 공유하며 식민정책을 둘러싸고 조선총독부와 반목·대립하는 존재였다. 나아가 식민지 도시의 변용 과정에도 큰 영향력을 미쳤다.[32]

결국 재조선 일본인의 식민자적 위치는 '중앙정치'뿐만 아니라 '지방정치'의 영역에서 식민정책과 지역사회의 변화를 어떻게 추동해갔는지를 밝히는 것이 무엇보다 중요하다는 것이다. 식민지에 거주한 일본인과 이와 관련된 조선인 상층부의 '중앙정치'와 '지방정치'를 탐힘으로써 식민지배의 통치성과 폭력성을 더욱 정교하게 확인할 수 있다. 따라서 식민지 지배의 현장이라고 할 수 있는 식민정책과 지역사회의 변화에 재

---

31 이규수, 2007, 『식민지 조선과 일본·일본인』, 다할미디어; 이규수, 2015, 『개항장 인천과 재조일본인』, 보고사; 이규수, 2018, 『제국과 식민지 사이: 경계인으로서의 재조일본인』, 어문학사.

32 李東勳, 2019, 『在朝日本人社會の形成-植民地空間の變容と意識構造』, 明石書店.

조선 일본인들이 어떤 역할과 활동을 전개했는지에 대해 살펴볼 필요가 있다. 특히 이들 일본인사회는 그 형성과 함께 식민지 이전의 거류민단은 물론 식민지 이후 이를 계승한 상업(공)회의소, 학교조합, 그리고 이른바 '지방자치'기구[도(평의)회·부·읍면(협의)회]의 활동을 통해 조선인과 함께 또는 따로 식민정책과 지역사회의 변화를 추동했기에 무엇보다 중요하다.

재조선 일본인의 식민지에서 역할은 제국주의론에 기초한 가지무라에서 다카사키로 이어진 연구에서 강조한 것처럼 '풀뿌리' 지배자로 파악할 수 있다. 홍순권의 탁월한 연구를 시작으로 이에 대한 연구는 경성, 인천, 군산, 장항, 전주, 광주, 목포, 대전, 대구, 부산, 통영, 나진, 청진, 원산 등 다양한 도시 지역으로 연구가 확장되고 있다. 또한 이와 같은 과정은 정치, 경제, 사회, 문화 전 영역으로 더욱 확대되고 있다.[33] 특히 '지방

---

33 홍순권, 2010, 『근대도시와 지방권력: 한말 일제하 부산의 도시 발전과 지방세력의 형성』, 선인.
경성의 경우 김백영, 2009, 『지배와 공간: 식민지도시 경성과 제국 일본』, 문학과지성사; 염복규, 2011, 「일제하 도시지역정치의 구도와 양상: 1920년대 경성 시구개수 이관과 수익세 제정 논란의 사례 분석」, 『한국민족운동사연구』 67; 염복규, 2013, 「식민지시기 도시문제를 둘러싼 갈등과 '민족적 대립의 정치': 경성부(협의)회의 '청계천 문제' 논의를 중심으로」, 『역사와 현실』 88; 전영욱, 2014, 「일제시기 경성의 '公設質屋' 설치: '공익'을 둘러싼 연합과 충돌」, 『서울학연구』 54; 김제정, 2018, 「식민지기 조선인과 재조일본인의 경성 안내서 비교: 『京城便覽』(1929)과 『大京城』(1929)」, 『도시연구』 19; 문혜진, 2019, 『경성신사를 거닐다: 일본제국과 식민지 신사』, 민속원; 토드 A. 헨리 지음, 김백영·정준영·이향아·이연경 옮김, 2020, 『서울, 권력도시: 일본 식민 지배와 공공 공간의 생활 정치』, 산처럼; 김윤정, 2020, 「경성의 주택난과 일본인 대가업자들-본정대가조합을 중심으로」, 『서울학연구』 78.
부산의 경우 대표적으로 홍순권 외, 2008, 『부산의 도시형성과 일본인들』, 선인; 홍순권 외, 2009, 『일제강점하 부산의 지역개발과 도시문화』, 선인; 김승, 2014, 『근대 부산의 일본인사회와 문화변용』, 선인; 김대래, 2020, 『개항기 일본인의 부산이주와 경제적 지배』, BDI부산연구원 부산학연구센터.

정치'의 영역에서 각 지역의 거류민단, 학교조합, 부(협의)회, 상업(공)회의소 및 각종 '시민·부민대회' 등에 대한 연구로 확대되고 있다.[34] 이들

인천의 경우 박진한, 2013, 「식민지시기 '인천대신궁'의 공간 변용과 재인천 일본인 : 유락과 기념의 장소에서 식민지배의 동원장으로」, 『동방학지』 162; 박진한, 2014, 「개항기 인천의 해안매립사업과 시가지 확장」, 『도시연구』 12; 이규수, 2015, 앞의 책; 박진한, 2016a, 「1900년대 인천 해안매립사업의 전개와 의의」, 『도시연구』 15; 박진한, 2016b, 「인천의 일본인 묘지 부지 이전과 일본식 시가지 확장 과정: 1883년 제물포 개항부터 1910년 한일병합 이전까지」, 『인천학연구』 24.
그 외 지역의 경우 이준식, 2005, 「일제강점기 군산에서의 유력자집단의 추이와 활동」, 『동방학지』 131; 채석만, 2020, 「일제시기 장항항 개발과 그 귀결」, 『역사와 현실』 117; 김경남, 2015, 「1894-1930년 '전통도시' 전주의 식민지적 도시개발과 사회경제 구조 변용」, 『한일관계사연구』 51; 류시현, 2016, 「1930년대 재조일본인의 광주인식: 『(광주) 향토독본』을 중심으로」, 『호남문화연구』 59; 최성환, 2012, 「개항 초기 목포항의 일본인과 해상네트워크」, 『한국학연구』 26; 송규진, 2002, 「일제강점 초기 '식민도시' 대전의 형성과정에 관한 연구: 일본인의 활동을 중심으로」, 『아세아문제연구』 45; 고윤수, 2018, 「在朝日本人 쓰지 긴노스케(辻謹之助)를 통해서 본 일제하 대전의 일본인사회와 식민도시 대전」, 『서강인문논총』 51; 고윤수, 2020, 「일제하 유성온천의 개발과 대전 지역사회의 변화」, 『역사와 담론』 93; 송규진, 2013, 「일제강점기 '식민도시' 청진 발전의 실상」, 『사학연구』 110; 加藤圭木, 2017, 『植民地期朝鮮の地域変容: 日本の大陸進出と咸鏡北道』, 吉川弘文館; 김일수, 2015, 「'한일병합' 이전 대구의 일본인거류민단과 식민도시화」, 『한국학논집』 59; 조명근, 2019a, 「1920~30년대 대구·함흥 지역의 전기 공영화 운동」, 『사총』 97.

34 거류민단의 경우 야마나카 마이, 2001, 「서울 거주 일본인 자치기구 연구(1885~1914년)」, 가톨릭대 석사학위논문; 박양신, 2004, 「통감정치와 재한 일본인」, 『역사교육』 90; 박양신, 2012, 「재한일본인 거류민단의 성립과 해체-러일전쟁 이후 일본인 거류지의 발전과 식민지 통치기반의 형성」, 『아시아문화연구』 25; 박준형, 2014, 「재한일본 '거류지'·'거류민' 규칙의 계보와 「거류민단법」의 제정」, 『법사학연구』 50; 천지명, 2014, 「재한일본인 거류민단(1906-1914) 연구」, 숙명여대 박사학위논문; 추교찬, 2015, 「제2기(1908.10-1910.12) 인천 일본인 거류민단의 운영과 활동」, 『한국학연구』 37; 추교찬, 2020, 「인천 일본인 거류민단의 구성과 운영(1906~1914)」, 인하대 박사학위논문.
'지방자치'기구[부(협의)]회의 경우 강병식, 1996, 「일제하 경성부 설치와 부협의회에 대한 소고」, 『동서사학』 2(1); 기유정, 2007, 「1920년대 경성의 '유지정치'와 경성부협의회」, 『서울학연구』 28; 김동명, 2012, 「식민지 조선에서의 부협의회의 정

연구가 축적된다면 재조선 일본인과 조선총독부-도부읍면의 통치기구, 그리고 조선인 간의 정치경제적 관계는 물론, 사회문화적 관계도 다채롭게 확인될 것이며 일제강점기의 역사 역시 입체적인 조망이 가능할 것이다.

2) '경계인' 또는 '식민지민'으로서 재조선 일본인

한편 재조선 일본인을 '모두' 식민자로 파악하는 것은 역사적으로 타당한 것인가라는 문제 제기도 있다. 재조선 일본인을 '식민자'·'침략

치적 전개」, 『한일관계사연구』 43; 김윤정, 2016, 「1920년대 부협의회 선거 유권자대회와 지역 정치의 형성-마산과 원산의 사례를 중심으로-」, 『사림』 55; 염복규 외, 2017, 『일제강점기 경성부윤과 경성부회연구』, 서울역사편찬원; 김동명, 2018, 『지배와 협력: 일본제국주의와 식민지 조선에서의 정치참여』, 역사공간; 김윤정, 2019, 「1920~1930년대 개성 '지방의회'의 특징과 인삼탕 논의」, 『역사연구』 37; 조명근, 2019b, 「일제시기 대구부 도시 개발과 부(협의)회의 활동」, 『민족문화논총』 71; 전성현, 2020, 「일제강점기 식민권력의 지방지배 '전략'과 도청이전을 둘러싼 '지역정치'」, 『사회와 역사』 126; 천지명, 2020, 「1930년대 초 군산부회의 위원회 활동 연구」, 『역사연구』 39.

상업(공)회의소의 경우 박재상, 2000, 「한말·일제초기(1897~1915) 목포일본인상업회의소의 구성원과 의결안건」, 『한국민족운동사연구』 26; 문영주, 2009, 「20세기 전반기 인천 지역경제와 식민지 근대성-인천상업회의소(1916~1929)와 재조일본인」, 『인천학연구』 10; 김대래 외, 2010, 「근대 지방경제단체의 형성(1876-1916): 부산상업회의소를 중심으로」, 『지역사회연구』 18(1); 박섭, 2014, 「부산상공회의소의 부산개발 구상, 1915-1937: 결절점 지위를 중심으로」, 『경제연구』 32(3); 김희진, 2014, 「일제강점기 대구상업회의소의 구성과 청원운동」, 서울대 석사학위논문; 김희진, 2020, 「1910~20년대 대구상업회의소 구성원의 연대와 갈등-지역철도부설운동과 전기부영화운동을 중심으로-」, 『역사교육』 153.

학교조합의 경우 조은미, 2004, 「일제강점기 일본인 학교조합 설립규모」, 『사림』 22; 송지영, 2005, 「일제시기 부산부의 학교비와 학교조합의 재정」, 『역사와 경계』 55; 조미은, 2010, 「일제강점기 재조선 일본인학교와 학교조합 연구」, 성균관대 박사학위논문; 조미은, 2018, 『재조선 일본인 학교와 학생』, 서해문집.

자'·'풀뿌리' 지배자로 보는 기존 연구에 대해 일본인의 다양하고 다면적인 모습을 놓치고 있으며, 이와 같은 획일화된 정체성에는 계급·계층적, 젠더적, 세대적 지역적, 장소적 차이가 무시되고 있음을 지적하기도 한다. 한 걸음 더 나아가 '일본적인 것'을 둘러싼 재조선 일본인과 조선인 간의 불균등한 권력관계에만 집중하는 기존 연구에 더해 식민지 일본인과 본국 일본인 간의 불균등한 권력관계를 통해 재조선 일본인의 주변적 위치를 주장하기도 한다.[35] 뿐만 아니라 조선총독부와 조선인 사이에 낀 '경계자'로서의 위치도 간과되고 있다는 지적도 이미 제기되었다.[36] 이러한 문제 제기는 이후 재조선 일본인 연구의 중심적인 화두가 된 것도 사실이다.

재조선 일본인은 식민권력, 즉 식민지배자의 일환이었지만 또 다른 한편, 조선인과 마찬가지로 조선총독부의 직접적인 통치 대상이었다. 특히 1937년 전시체제기 이전까지 조선총독부가 주도한 이른바 '동화정책(내선융화)'은 조선인을 일본인화하는 '동화'의 막중한 '책임'을 재조선 일본인들에게 부과했다. 이 때문에 재조선 일본인은 피식민자인 조선인을 이끌고 나가야 하는 식민자로서 식민권력의 일환이었다.

그런데 만주사변, 중일전쟁을 거쳐 전시체제가 되어 '황민화운동'이 본격화되자, 조선총독부는 전쟁 동원을 위한 동화정책(내선일체)의 실행 주체를 더 이상 일본인이 아니라 조선인으로 간주했다. 그래서 조선인에

---

35 신호, 2015, 「식민지주의 지식구조의 부메랑현상에 대하여-재조일본인의 사례를 중심으로-」, 『한일민족문제연구』 28; 신호, 2017, 「재조일본인을 둘러싼 권력관계 형성에 대하여-내지일본인과의 관계성 속에서」, 『한일민족문제연구』 32.

36 内田じゅん, 2003, 「書評 高崎宗司著 『植民地朝鮮の日本人』」, 『韓国朝鮮の文化と社会』 2; 이형식, 2013, 앞의 글, 248쪽에서 재인용.

게도 '황민이 될' 의무를 부과했다.[37] 그 결과, 재조선 일본인들은 조선인들과 경쟁적으로 '전시체제의 협력'과 '내선일체' 의무를 받아들이지 않을 수 없었다.[38] 하지만 일본인들은 이와 같은 경쟁적 체계에서도 권리 없이 의무만 부여된 조선인들에 앞서 전쟁 협력과 동원에 더욱더 적극적으로 나섬으로써 여전히 식민자로서 역할을 다했다.

그렇다면 아직까지 연구가 진행되지 않아 확언할 수 없지만, 중일전쟁 이후 재조선 일본인들은 식민자와 식민지민의 경계에서 부유할 수밖에 없는 위치에 놓이는 한편, 이를 극복하기 위해 전쟁의 협력과 동원에 더욱 적극적으로 참여한 혼종적인 모습이었다고 할 수 있다. 이때 식민지 조선의 위계질서는 내선일체의 강제와 강요, 그리고 민족적 경쟁에 의해 더욱더 심화된 인종적, 민족적 차별이 드러나는 한편, 계급·계층적, 젠더적 차별도 곧잘 드러났다고 할 수 있다. 식민자적인 위치를 여전히 유지하고자 하는 일본인들 사이에서도 경계인 또는 식민지민에 근접한 삶을 살았던 일본인도 존재했다는 사실을 통해 식민지 조선을 보다 다층적이고 입체적으로 이해할 필요가 있을 것이다.

이러한 부류 가운데 우선, 일본인사회 내의 계급 및 계층적 위계관계에서 하층의 일본인들은 일본인과 조선인 사이에서 하층민의 삶을 살아갈 수밖에 없었다. 한 예로 일본질소비료주식회사 흥남질소비료공장의 경우 계층별로 차이를 두고 일본인에게 제공한 사택도 받지 못한 직급이 낮은 일용인부와 결혼하지 않은 독신자들은 별도의 주거공간을 스스

---

37 헬렌 리, 2008, 「제국의 딸로서 죽는다는 것」, 『아세아문제연구』 51(2), 80쪽.
38 우치다 준, 2008, 「총력전 시기 재조선 일본인의 '내선일체' 정책에 대한 협력」, 『아세아연구』 51(1), 14-52쪽.

로 마련해 생활해야 했다. 이들은 어쩔 수 없이 일본인 사택에 하숙하다가 가정불화사건의 주범으로 지목되어 일본인 사회로부터 배제되기도 했다. 또한, 인근 조선인 마을에서 하숙하는 가운데 조선인들과 어울리면서 노동운동에 참여해 일본인들로부터 불온시되기도 했다. 이처럼 이들은 안정된 일본인사회로 들어가지 못하고 도리어 그 사회로부터 배제되기도 했고, 그 때문에 조선인과의 관계 속에서 살아가기도 했다.

하지만 경계는 항상 권력의 감시 대상이었기 때문에 선택을 강요받을 수밖에 없었다. 계급·계층적 위계질서의 말단에 위치하던 대부분의 하층 일본인들은 소위 '일본인다움'이라는 민족적 정체성을 지키며 그 경계 안에 머물고자 스스로를 규율하며 끝까지 식민자가 되려고 했다.[39] 하층 일본인이 이같이 경계 밖 조선인과 관계 맺기를 거부하고 다시 경계 안 일본인사회에 머물고자 하는 것은 조선인과의 통역 및 소통의 문제 때문이 아니었다. 그보다는 오히려 조선인에 대한 식민자적인 시선과 감정의 문제였다. 그러나 조선인에 대한 식민자적인 시선과 감정을 극복하고 경계 밖 조선인과 만남을 통해 관계 맺기를 선택한 재조선 일본인도 드물게 존재했다.

조선인과 '관계 맺기' 또는 식민자로서가 아닌 식민지민으로 조선인과 삶을 함께 살고자 한 재조선 일본인으로 확인된 인물은 현재까지 그다지 많지 않다. 1929년부터 1934년까지 치안유지법 위반으로 검거되어(58명) 기소된 34명 정도만이 파악 가능하다. 이들이 포함된 사건은 일본인이 단독 활동한 사건, 일본인이 주체가 된 그룹 활동 사건, 그리고

---

39 양지혜, 2012, 「'식민자 사회'의 형성: 식민지기 하층 출신 일본인 이주자의 도시 경험과 자기규제」, 『도시연구: 역사·사회·문화』 7.

조선인이 주체가 된 운동에 참가한 사건 등으로 나눌 수 있다.[40] 그 중 비교적 잘 알려진 인물은 죠코 요네타로(上甲米太郎), 이소가야 스에지(磯谷季次), 미야케 사카노스케(三宅鹿之助)[41] 정도이다.

이 가운데 죠코는 교사였기에 처음에는 조선인들을 계몽시키겠다는 식민자적인 생각이 강했다. 일본인이 거의 없는 조선 농촌의 국민학교에서 조선인 제자들은 물론 이웃과 생활하면서 점차 조선 농촌의 피폐한 실상을 직시해갔다. 그리고 조선 농촌의 열악한 실상의 원인이 자신과 같은 재조선 일본인의 민족적 차별에서 기인한 것으로 파악했다. 그 결과, 조선인과 연대를 통한 반제국주의 교육·노동운동을 전개했고 그 때문에 검거되었다.[42]

이소가야는 조선질소비료주식회사 흥남질소비료공장에서 일하면서 일본인에게 제공되는 사택에도 거주할 수 없어 조선인 집에서 하숙했다. 그러면서 집주인의 사랑방 모임에 참여하여 인근 상점에서 일하는 조선인 노동자들과 관계를 맺었다. 그는 이 모임을 통해 식민지에서 자행되는 부당한 민족차별과 계급투쟁의 필요성을 인식하고 '제2차 태평양노

40　미즈노 나오키, 조은진 역, 2020, 「1930년대 전반 재조일본인의 사회운동과 그 역사적 의미」, 『인문논총』 77(2).

41　井上學, 2006, 「一九三〇年代日朝共産主義者の邂逅-三宅鹿之助と李載裕」, 『社会運動の昭和史』, 白順社; 전명혁, 2006, 「1930년대 초 코민테른과 미야케(三宅鹿之助)의 정세인식」, 『역사연구』 16; 김경일, 2015, 「지배와 연대의 사이에서-재조일본인 지식인 미야케 시카노스케(三宅鹿之助)-」, 『사회와 역사』 105.

42　新藤東洋男, 1981, 『在朝日本人教師: 反植民地教育運動の記録』, 白石書店; 이준식, 2006, 「재조 일본인교사 죠코의 반제국주의 교육노동운동」, 『한국민족운동사연구』 49; 高麗博物館 編, 2010, 『植民地·朝鮮の子どもたちと生きた教師 上甲米太郎』, 大月書店; 太田千惠美, 2015, 「재조일본인 교사 죠코 요네타로의 생애와 활동」, 고려대 석사학위논문; 박창건, 2020, 「재조일본인 죠코 요네타로(上甲米太郎)의 반제국주의 한일연대론」, 『일본문화학보』 84.

동조합운동'에 참여했다. 그 때문에 치안유지법 위반으로 검거되었다.[43]

이들은 민족이 아닌 계급과 계층이라는 위계질서 속에서 경계의 가장자리에 위치하며 경계 밖 조선인을 직시한 인물이었다. 그들은 다른 일본인과 같이 경계 안 일본인을 꿈꾸지 않고 오히려 조선인과 같은 위치임을 진심으로 느꼈다. 이를 통해 스스로 조선인과 같이 식민지민으로 살아가려고 했다고 할 수 있다. '관계 맺기'와 '타자 되기'의 실천적 모습을 보여준 일례이다. 하지만 전시체제가 되면서 이와 같은 일본인을 찾아보기가 더욱 힘들어졌다. 거의 대부분의 일본인들은 경계 밖이 아니라 경계 안을 욕망하며 더욱더 식민자가 되고자 노력했다.

한편, 재조선 일본인 여성들은 도식적이긴 하지만 두 부류의 집단으로 나눌 수 있다. 한 부류는 개항과 함께 조선에 건너온 성매매 여성 등 유흥업에 종사한 여성들이다. 이들은 일본인 남성 공동체의 '질서' 유지와 일본의 팽창을 위한 일본군의 불가결한 '성적 서비스'를 제공하는 여성들이었다. 이들은 남성 중심의 식민자 일본인사회를 지탱하는 주변인이며 '편하게 돈 벌기에 급급한' 타락한 존재로 표상되었다. 때문에 일본과 식민지 구성원의 삶을 구분할 수 있는 주요 변수로 민족뿐만 아니라 젠더도 중요했음을 보여준다고 할 수 있다.[44]

---

43 자서전으로 磯谷季次 1949, 『植民地の獄』, 郷土書房; 磯谷季次, 1980, 『朝鮮終戦記』, 未来社; 磯谷季次, 1984, 『わが青春の朝鮮』, 影書房(이소가야 스에지, 1988, 『우리 청춘의 조선: 일제하 노동운동의 기록』, 사계절). 연구로는 양지혜, 2015, 「'식민자' 사상범과 조선-이소가야 스에지 다시 읽기」, 『역사비평』 110; 변은진, 2018, 『자유와 평화를 꿈꾼 '한반도인' 이소가야 스에지』, 아연출판부.

44 권숙인, 2014, 「식민지 조선의 일본인 화류계 여성-게이샤 여성의 생애사를 통해 본 주변부 여성 식민자-」, 『사회와 역사』 103; 이가혜, 2015, 「초기 재조일본인 사회에서의 재조일본인 유녀의 표상: 『조선지실업(朝鮮之實業)』, 『조선(급만주)(朝鮮(及滿洲))』의 기사 및 유곽물(遊廓物)을 중심으로」, 『인문학연구』 49.

또 다른 부류는 여성적 도덕을 함양하는 데 힘써야 하는 '보통'의 여성들이었다. 특히 이들 보통의 여성들도 조선인에 대해서는 식민자였지만 일본인 남성과 그 표상인 가부장적 식민권력에게는 통제와 규율의 대상이었다. 따라서 그 역할도 공적 영역이 아니라 사적 영역인 가정으로 제한되었다고 할 수 있다.[45] 특히 일본과 식민지의 가부장제 속에서 여성은 '일본인다움'은 물론 여성으로서 현모양처와 건강한 어머니(건모)여야만 했다.[46] 호명된 주체로서 주어진 역할에 충실할 경우 식민지에 거주한 일본인 여성은 식민자로서 다양한 특권과 기회를 누리기도 했다.[47] 나아가 남성 식민자와 함께 아래로부터 식민지 경영에 능동적이고 적극적으로 참여함으로써 그 활동이 일본 본국의 여성보다 수월했던 자들도[48] 존재했다. 하지만 분열적이게도 대부분의 일본인 여성은 여전히 일본과 식민지의 가부장제 아래에서 통제와 규율의 대상이었다.

---

45 권숙인, 2014, 위의 글, 156쪽.
46 헬렌 리, 2008, 앞의 글; 김효순, 2010, 「식민지 조선에서의 도한일본여성의 현실: 현모양처와 창부의 경계적 존재로서의 조추(女中)를 중심으로」, 『일본연구』 13; 김효순, 2013, 「1930년대 일본어잡지의 재조일본인 여성 표상: 『조선과 만주』의 여급 소설을 중심으로」, 『일본문화연구』 45.
47 권숙인, 2014, 앞의 글, 157쪽.
48 안태윤, 2008, 「식민지에 온 제국의 여성, 재조선 일본여성 쓰다 세츠코를 통해 본 식민주의와 젠더」, 『한국여성학』 24(4); 윤정란, 2009, 「19세기말 20세기초 재조선 일본여성의 정체성과 조선여성교육사업: 기독교 여성 후치자와 노에(1850-1936)를 중심으로」, 『역사와 경계』 73; 오성숙, 2011, 「일본 여성과 내셔널리즘-오쿠무라 이오코, 애국부인회를 중심으로-」, 『일어일문학연구』 77(2); 야마모토 죠호, 2012, 「대한제국기 광주에 있어서의 오쿠무라(奧村) 남매 진종포교·실업학교 설립을 둘러싸고: 새로운 사료 『메이지31년도 한국포교일기 明治三十一年度 韓国布教日記』에 의한 통설의 재검토」, 『민족문화연구』 57; 스가와라 유리, 2012, 「일제강점기 후치자와 노에(淵澤能惠: 1850~1936)의 조선에서의 활동」, 『일본학』 35.

3. 이 책의 구성

이 책에서는 〈일제침탈사 연구총서〉의 기획에 따라 개항 이후 식민지 시기 재조선 일본인의 이주 과정과 일본인사회의 형성에 대해 알아볼 것이다. 그리고 식민자로서의 정치, 경제, 사회, 문화 홀동을 중심으로 식민권력의 하부를 구성한 재조선 일본인의 독특한 위치와 역할 그리고 한국사 속에서의 의미를 살펴본다.

먼저 재조선 일본인의 이주를 1876년 부산의 개항과 함께 일확천금을 노리는 개인적 욕망이든 제국주의적 침략의 국가적 욕망이든 '아래로부터 조선 침략'을 강행한 시기와 러일전쟁의 승리와 강제병합에 따른 일본 정부에 의한 '우로부터 조선 침략'을 강행한 시기로 구분하고, 다시 식민지 시기 가족의 이주와 정주로 변화하는 시기적 차이를 인구의 추이를 통해 살펴본다. 더불어 조선 침략과 함께 진행된 이주와 정착에 이른 이들의 존재 형태를 직업별, 연령별, 세대별, 거주지별로 구분하여 그 특징을 알아볼 것이다.

이주와 사회의 형성과 관련해 먼저, 일본 정부의 계획 이민과 관련하여 이민론과 이민의 실태를 살펴볼 것이다. 일본은 인구와 식량 문제를 해결하기 위한 조선식민론의 관점에서 논의된 '만한이민집중론(滿韓移民集中論)', '이즈식민론(移住植民論)' 등과 그에 따른 이주정책을 실시했다. 이에 따른 구체적인 사례로 대표적인 이즈농어촌에 대해 확인해볼 것이다. 이주농촌은 대표적인 식민회사인 동양척식주식회사와 조선흥업주식회사의 농장을 통해 그 특징을 드러낸다. 이주어촌은 초기 일본 어민들의 연근해 '통상어민'에서 '정착어민'으로 전환하는 과정을 확인하고 그 과정에 이주한 주요한 사례로 나로도, 통영, 구룡포를 확인해볼 것이다.

일본 정부의 조선식민론에 따라 전개된 계획 이민과 달리 개항과 더불어 거주 가능했던 조선의 개항장과 개시장에 일확천금을 노리며 개별적으로 이주한 일본인들은 스스로 개항장과 개시장에 일본인사회를 차츰 형성했다. 그리고 이들의 이익을 보호·신장하기 위한 이익단체인 자치단체를 설립하고 조선의 식민지화에 힘썼다. 그 결과 강제병합 이후 식민자로 군림할 수 있었다. 이와 관련된 식민지 이전의 거류민단과 그 '자치' 의식의 생성, 그리고 강제병합 이후 이를 이어받은 학교조합 등에 대해 살펴볼 것이다.

개항 이후 이주와 정착을 통해 형성된 일본인사회는 스스로 식민자로서 '제국의식', '조선의식', '지역의식'을 지니고 활동했다. 이들의 이와 같은 의식의 형성 과정과 관련해 그 물적 토대와 사상적 기반이 어떻게 구축되었는지 살펴보고, 나아가 이와 같은 식민자로서의 의식과 위치를 통해 식민지배와 식민정책에 어떻게 개입했는지 확인해볼 것이다. 이는 특별자치제와 참정권운동, '지방의회' 참여와 지역정치, 나아가 식민정책에의 참여와 일본 청원활동 등이었다.

한편, 개항 이후 곧바로 조선에 진출해 그들만의 사회를 구축하고 조선의 식민지화에 노력한 식민자 일본인은 일본인 공동체 유지를 위해 독특한 자신들의 문화도 조선에 이식시켰다. 이른바 식민주의 문화라고 할 수 있는 신사와 유곽이었다. 이것은 일본인사회의 공동체를 지탱하는 문화이기도 하지만 점차 조선인사회로까지 확장시킴으로써 식민지화를 심화시킨 것이었다. 따라서 일본인 지역공동체의 유지를 위한 설립된 신사가 국가신도(國家神道)로 전환되면서 일제와 전쟁에 봉사하는 인간을 만드는 중요한 토대로 기능한 점과 일본과 식민지의 가부장제를 강고하게 유지시키는 유곽의 실상을 확인함으로써 그 식민성과 폭력성을 살펴볼 것이다.

　식민자로서 식민지배와 식민정책에 적극적으로 개입하며 우월한 민족으로 식민지 조선에 군림했던 일본인의 삶은 그렇게 오래가지 못했다. 일본의 패전과 조선의 해방은 그들의 삶을 송두리째 뒤바꿔버렸던 것이다. 특히 해방 이후 귀환은 두려움과 고통의 과정이었고 귀환한 본국은 폐허가 되어 열악한 상태였으며, 이들에게 차별적이었다. 이와 같은 귀환의 과정과 일본의 실상은 재조선 일본인들 스스로 전쟁 피해자라는 의식의 생성을 부추겼고 도리어 식민지의 삶을 낭만화하면서 가해의 역사를 지워버렸다. 따라서 재조선 일본인의 역사를 확인하는 것은 일제강점기의 실상을 확인하는 것이기도 하다.

제1장
일본인의 이주 식민과 존재 형태

1. 일본인의 이주 식민과 구분

1876년 부산의 강제 개항과 더불어 개항, 개시된 원산, 인천, 한성 등을 중심으로 조선에 건너온 일본인들은 1905년까지 일확천금을 노리는 개인적 욕망['일기조(一旗組)'][1]이든 제국주의적 침략의 국가적 욕망(대륙낭인)[2]이든 '아래로부터 조선 침략'을 감행했다. 조선에 진출한 일본인들에 의한 '아래로부터 조선 침략'을 지원하면서 조선을 그들의 완전한 식민지로 만들고자 일본 정부는 청일전쟁과 러일전쟁을 통해 '위로부터 조선 침략'을 본격화했다. 그사이 재조선 일본인들의 조선 진출과 정주 인구는 늘어났다. 개항 이후 식민지 시기 재조선 일본인의 인구 변동 추이는 〈표 1〉과 같다.

〈표 1〉을 보면, 재조선 일본인의 인구는 조일수호조규 및 부록, 그리고 부산구조계조약에 의해 최초 개항된 부산으로 이주한 남자 52명, 여자 2명을 시작으로 확대되었다. 1894년 청일전쟁과 1904년 러일전쟁 시기 증가율이 잠시 주춤했지만, 두 전쟁의 승리 이후 다시 폭발적인 신장세를 보인다. 청일전쟁 승리 직후인 1895년 12,303명으로 늘어나, 직전인 1894년 9,354명에 비해 약 32% 정도 증가했다. 러일전쟁 승리로 통감부가 설치된 1906년에는 83,315명으로 증가해, 러일전쟁이 시작된 1904년 31,093명에 비해 3배에 가까운 비약적 증가를 하였다.

---

1   梶村秀樹, 1992, 『朝鮮史と日本人』, 明石書店, 201-202쪽.
2   강창일, 1995, 「일본 대륙낭인의 한반도 침략-일본우익의 대아시아주의에 대한 이해를 위하여-」, 『역사비평』 28.

〈표 1〉 개항 이후 재조선 일본인의 인구 변동 추이

연도	남	여	총계	증가율(%)
1876	52	2	54	0
1880	550	285	835	361
1884	3,574	782	4,356	105
1890	4,564	2,681	7,245	16
1894	5,629	3,725	9,354	7
1895	-	-	12,303	31
1900	8,768	7,061	15,829	5
1904	19,330	11,763	31,093	24
1906	48,028	35,287	83,315	83
1910	92,751	78,792	171,543	52
1911	114,759	95,930	210,689	22
1912	131,518	112,211	243,729	15
1913	146,215	125,376	271,591	11
1914	156,149	135,068	291,217	7
1915	163,012	140,647	303,659	4
1916	171,713	149,225	320,938	5
1917	177,646	154,810	332,456	3
1918	179,686	157,186	336,872	1
1919	185,560	161,059	346,619	2
1920	185,196	162,654	347,850	0
1921	196,142	171,476	367,618	5
1922	204,883	181,610	386,493	5
1923	212,867	190,144	403,011	4
1924	216,429	195,166	411,595	2
1925	221,163	203,577	424,740	3
1926	230,228	212,098	442,326	4
1927	236,394	218,487	454,881	2
1928	243,384	225,659	469,043	3
1929	253,764	234,714	488,478	4
1930	260,391	241,476	501,867	2
1931	266,320	248,346	514,666	2
1932	268,311	255,141	523,452	1

연도	남	여	총계	증가율(%)
1933	278,524	264,580	543,104	3
1934	287,964	273,420	561,384	3
1935	299,760	283,688	583,428	3
1936	313,211	295,778	608,989	4
1937	322,412	307,100	629,512	3
1938	323,210	310,110	633,320	0
1939	332,218	317,886	650,104	2
1940	356,226	333,564	689,790	6
1941	368,080	348,931	717,011	4
1942	385,325	367,498	752,823	5
1943	382,536	376,059	758,595	1
1944	345,561	567,022	912,583	20

출처: 『朝鮮總督府統計年報』 각 연도판; 朝鮮總督府, 1945, 『昭和十九年五月一日人口調査結果報告其ノ二』; 이규수, 2013, 「재조일본인의 추이와 존재 형태」, 『역사교육』 125, 47-48쪽, 〈표 2〉 참조.

일제강점기에 이르러서 초기에는 식민지 붐을 타고 증가세가 잠시 가파르게 이어지다가 곧바로 완화되면서 이후에는 지속적이고 안정적인 증가 추세를 보였다. 1910년에는 통감부가 시작된 시기보다 2배 이상 증가해, 1913년까지 10~20% 정도의 증가율을 보였다. 이후 1944년만 제외하고 대체로 5% 전후하여 그보다 아래의 안정적인 증가율을 보이며, 1920년 34만여 명, 1930년 50만여 명, 1940년 70만여 명, 1944년 90만여 명으로 늘어났다. 1940년대에는 증가율이 다소 높아지는데 이는 아시아태평양전쟁에 따른 만주 및 중국으로부터의 피난 등 유동인구 증가와 관련되며, 통계에 잡히지 않은 인구까지 포함한다면 거의 100만 명에 육박하는 일본인들이 조선에 거주했다고 할 수 있다.

특히 남녀의 비율이 1944년에는 역전된 것으로 보이는데, 이는 전쟁으로 인한 통계의 불명확함으로도 볼 수 있다. 하지만 적극적으로 해석하면, 남자의 경우 '본트결전'에 따라 대대적으로 징병되어 일본 등 다른 지역으로 빠져나간 것을 반영했다고 볼 수 있다. 여자의 경우 역시 전쟁으로 인해 만주 등 중국으로부터 보다 안전한 한반도로 피난한 것으로 생각된다. 1945년 일본인 귀환계획과 관련된 자료이긴 하지만 이미 북부 조선에 만주 및 중국으로부터 피난 온 일본인이 약 6만 명 정도 거주하는 것으로 파악하고 있다는 점에서 이와 같은 안전한 후방으로의 피난과 거주는 이 시기 흔한 현상이었다고 할 수 있다.[3]

개항 이후 식민지 시기 전체를 통틀어 재조선 일본인들의 인구 변화는 증가율을 통해 볼 때, 강제병합 전후(1913년까지 포함)를 기점으로 앞 시기는 일본에서 조선으로의 이주 식민이라는 사회적 요인에 의한 증가였다고 할 수 있다. 그리고 이러한 이주 식민을 크게 세 시기로 구분할 수 있다. 첫 번째 시기는 1876년 개항을 전후한 시기부터 청일전쟁 이전까지로 주로 초기 개항장인 부산, 원산, 인천과 개시장인 한성에 쓰시마(対馬)를 중심으로 하는 규슈(九州)지역 일본인들의 이주와 정주가 시작되던 시기이다. 두 번째 시기는 청일전쟁부터 러일전쟁까지로 1897년 목포 개항을 시작으로 진남포, 마산, 성진, 군산 등이 추가 개항되는 한편, 평양과 대구 등 내륙 도시들도 개시되는 등 점차 이주할 수 있는 지역이 확대되면서 수많은 일본인이 저마다의 욕망을 가지고 이주했다. 여전히 규슈지역의 일본인들이 중심이었지만 점차 오사카 등 간사이지역 일본인들의 이주와 정주가 늘어나는 시기이다. 세 번째 시기는 조선이 반식민지 상태에서 완전한 식민지가 되는 병합 전후인 1905년부터 1913년까지로 이때부터는 식민통치와 관련된 관료 등 수많은 일본인들

---

3 交通兵站班, 1945, 『歸還輸送ニ關スル綴』, 970쪽.

이 도쿄 등 간토지역에서도 조선으로 이주하는 한편, 조선 전역으로 영역을 확장한 시기이다.[4]

세 시기 중에서 첫 번째와 두 번째 시기가 개항 및 개시장을 중심으로 하는 제한된 이주였다면 세 번째 시기는 전 지역으로의 이주로 확대되었기에 이를 크게 대별하여 초기 이주 시기와 중기 이주 시기로 나눌 수 있다. 또한 이 두 시기는 이주하는 일본인의 출신 지역별 분포와 계급·계층적 차이가 어느 정도 명확하기 때문에 구분 가능하다.

한편, 강제병합 이후인 식민지 시기 전체는 여전히 본국으로부터 식민지로 향하는 사회적 이주 식민도 어느 정도 유지되었지만 그 추세는 그리 높지 않고 안정적이었다. 반면 이주 식민이라는 사회적 증가와 함께 출생에 의한 자연적 증가가 앞 시기보다 상대적으로 높았다고 할 수 있다. 1930년을 기준으로 일본에서 태어나 조선에 이주한 일본인 인구가 재조선 일본인 전체의 70% 넘게 차지하는 등 여전히 다수 차지하고 있었다. 하지만 어릴 때 건너와 조선에서 자라거나 태어난 일본인의 수도 거의 30%에 육박하는 약 15만 명이었다. 1940년에는 조선에서 태어난 일본인이 재조선 일본인 전체의 30%를 넘어섰고 인구 수는 226,302명에 이르렀다.[5] 이를 통해 볼 때, 일본인과 그 사회가 개항 이후부터 식민지 시기 전체를 통틀어 주로 이주 식민에 의해 정착했으며 그러한 흐름은 1945년 패전까지 이어졌음을 알 수 있다. 그런데 식민지 시

---

4 梶村秀樹, 1992, 앞의 책, 212-213쪽, 226쪽, 228-229쪽; 木村健二, 1989, 앞의 책; 키무라 켄지, 2004, 「植民地下 조선 재류 일본인의 특징-비교사적 시점에서」, 『지역과 역사』 15, 254쪽, 〈표 1〉 참조.

5 朝鮮總督府, 1934, 『昭和五年朝鮮國稅調查報告』, 239-242쪽; 朝鮮總督府, 1944, 『朝鮮昭和十五年國勢報告結果要約』.

기가 본격화될수록 조선에서 출생하는 자연적 인구도 늘어나 인구 전체의 안정적 성장을 이끈 점도 주목된다. 따라서 일본인들의 조선 진출, 정착, 그리고 생활은 개항 이후 식민지 시기 전체에서 크게 식민지 이전 세 시기(조선으로 이주한 식민 1세대), 식민지 이후 1930년까지(조선에서 자란 식민 2세대), 그리고 1930년 이후 해방까지(조선에서 태어난 식민 3세대) 이주와 정주, 그리고 조선 출생으로 나뉘며 각각의 특징이 있었다고 할 수 있다.

그런데 최근, 이와 같은 재조선 일본인들의 조선 이주 및 정착과 관련해 '일본 지향(고향 일본)'과 '조선 지향(고향 조선)'이라는 정체성의 차이를 세대론을 통해 이원화해 이해하고자 하는 경향이 있다.[6] 하지만 이러한 정체성 차이에 기반을 둔 세대론은 일본인의 조선 진출과 정착을 세대를 통한 이분법으로 단순화시킬 수 있다. 왜냐하면, 일본 출생의 식민 1세대와 조선 출생의 식민 2, 3세대를 구분하는 것은 잘못하면 세대 내의 동질감이나 또 다른 차이를 무시할 수 있기 때문이다. 즉, 개항에서

---

6   Nicole Leah Cohen, 2006, *Children of Empire: Growing up Japanese in Colonial Korea, 1876-1946*, Columbia University; 이원희, 2007, 「가지야마 도시유키(梶山季之)와 조선」, 『일본어문학』 38; 최준호, 2011, 「고바야시 마사루의 식민지 조선 인식-초기 작품들 속의 인물표상을 중심으로-」, 『일본어문학』 48; 하라 유스케, 2011, 「그리움을 금하는 것-조선식민자 2세 작가 고바야시 마사루와 조선에 대한 향수-」, 『일본연구』 15; 신승모, 2012, 「'전후' 일본사회와 식민자 2세 문학의 등장-가지야마 도시유키 문학을 중심으로-」, 『일본학』 34; 김경연, 2013, 「해방/패전 이후 한일 귀환자의 서사와 기억의 정치학」, 『우리문학연구』 38; 신승모, 2013, 「식민자 2세의 문학과 조선-고바야시 마사루와 고토 메이세이의 문학을 중심으로-」, 『일본학』 37; 이수열, 2014, 「재조일본인 2세의 식민지 경험-식민 2세 출신 작가를 중심으로」, 『한국민족문화』 50; 신승모, 2018, 『재조일본인 2세의 문학과 정체성』, 아연출판부; 명수정, 2019, 「재조선 일본인 2세의 전후기억의 형성-1970년대 이후 '방어진회'의 결성과 집단기억」, 『차세대 인문사회연구』 15.

러일전쟁 이전까지 일본에서 조선으로 이주 식민된 전기 시기의 식민 1세대와 러일전쟁 이후부터 강제병합 직후까지 일본에서 조선으로 이주 식민된 중기 시기의 식민 1세대, 그리고 식민지 전시기에 이주 식민된 식민 1세대는 모두 식민 1세대라 하더라도 이주 식민한 시대적 상황과 식민지에서의 위상 차이 때문에 동일한 식민 1세대로 통합할 수 없다. 예를 들어, 개항에서 러일전쟁 이전까지 조선에 이주 식민된 식민 1세대는 스스로 '도래자'로 여기며, 이후 이주 식민자들을 '신도래자'로 구분해 부르기도 했다.[7] 그들 스스로도 이주 식민의 차이를 명백하게 인식하고 있었던 것이다.

뿐만 아니라 이들 식민 1세대의 자식들, 즉 식민 2, 3세대에 대한 차이도 세대론으로는 인식할 수 없다. 이미 살펴본 것처럼 1930년 이후에 조선에서 태어나고 자란 인구가 약 30%에 이르렀다. 식민 1세대의 자식들이 1930년대에 들어서 어느 정도 사회적 위치를 차지하기 시작했다고 할 수 있다. 이럴 경우 성인이 된 부류와 청소년 상태에 있는 부류로도 구분된다. 식민 2세의 두 부류는 조선에서 모두 태어나고 자란 경험이 있지만 성인으로서 활동하는 시기가 각각 다르기 때문에 그 차이도 엄연히 존재했다.

또한 정체성에 따른 세대론은 해방과 함께 본국으로 귀환한 이후 식민지 시기를 낭만화하는 분위기 속의 기록과 기억에 토대를 둠으로써

---

[7] 세대 간의 구분을 또 다르게 세분한 개념이 도래자와 신도래자였다. 이는 식민 1세대를 도항한 시기의 차이로 구분한 것이다. 즉, 신도래자는 러일전쟁이 발발하는 1904년 이후 조선으로 건너온 자들로 개항과 함께 러일전쟁 이전까지 도항한 기존 식민자들이 자신들과 구분해 부른 명칭이다(박광현, 2010, 「재조일본인의 '재경성(在京城) 의식'과 '경성' 표상: '한일합방' 전후시기를 중심으로」, 『상허학보』 29, 54쪽).

자칫 식민지 시기 조선에 거주한 일본인의 식민자로서의 위치를 은폐하고 망각하는 것이기도 하다. 따라서 이주 식민된 시기의 세밀한 구분과 식민지 시기 일본인의 식민자적 위치를 무시하고 단순히 세대론으로 일본인의 정체성을 규정하고 이해하는 것은 사실에 부합하기보다는 오히려 이와 같은 문제점을 은폐하는 것이라고 할 수 있다.

2. 재조선 일본인의 존재 형태

1876년 부산의 개항으로 조선에 건너온 54명에서 1945년 일본의 패전까지 약 100만 명에 가까운 재조선 일본인들은 과연 조선에서 무엇을 하며 살았는지, 먼저 직업, 업종별 구성을 통해 대체적인 추이를 살펴보도록 하자. 〈표 2〉는 가지무라 히데키의 초기 식민자 일본인 연구 이후 자주 인용되고 있는 재조선 일본인의 직업 구성표인데 숫자상의 오류를 바로잡아 수정하여 전제하면 다음과 같다.

〈표 2〉를 보면, 먼저 1차 산업인 농림목축업과 어업 및 제염업의 경우는 1910년을 기점으로 이전 시기는 초기 진출이 활발했던 개항장과 이주어촌을 중심으로 생활을 영위했기 때문에 수산업 부문이 강세였다면, 강제병합 이후 조선총독부의 초기 식민지 산업정책이 농업 중심이 되면서 농림목축업 부문이 약 3배 이상의 증가세를 보이고 있음을 알 수 있다. 초기 이주농촌과 동척 이민은 물론이고 도시 지역의 일본인들의 토지 집적과 농장 경영 등에 따라 일본인이 점차 증가하고 있었다. 나아가 토지조사사업과 산미증식계획이 진행되는 1920년대 이 부문의 산업

<표 2> 재조선 일본인의 직업 구성

업종 \ 연도	1911	1922	1933	1942
농림목축업	9,183	38,573	39,031	29,216
어업 및 제염업	11,440	10,775	10,208	9,093
광업	26,811	63,999	68,888	23,265
공업				141,063
상업	67,625	126,893	151,787	136,801
교통업				53,874
공무 및 자유업	41,269	117,080	230,135	297,236
기타 유업자	44,475	20,642	21,746	32,651
무직 및 무신고	9,886	8,531	21,309	29,661
합계	210,689	386,493	543,104	752,860

출처: 『朝鮮總督府統計年報』 각 연도판: 조선총독부, 1923, 『朝鮮の內地人』; 梶村秀樹, 1992, 『朝鮮史と日本人』, 明石書店, 226쪽; 키무라 켄지, 2004, 앞의 글, 261쪽, <표 8> 참조.

인구가 갑자기 늘어났고, 이후 안정세를 유지하고 있는 점도 이에 기인하는 것이라고 보여진다.

2차 산업인 광공업은 1920년대에 2배 이상 증가세를 보이고 1930년대 후반에 다시 2배 이상 증가하고 있다. 1920년대의 비약적 증가세는 식민지 조선의 산업 방향을 원료 생산지로 국한하기 위해 만든 대표적인 산업통제정책인 1910년의 '조선회사령'이 폐지된 영향이라고 할 수 있다. 그리고 1930년대 후반의 증가세는 1937년 중일전쟁과 더불어 추진된 산업정책이 농공병진의 대륙병참기지화정책에 영향을 크게 받았다고 할 수 있다. 이에 따라 군수산업과 광공업은 함께 확대되었다.

3차 산업인 상업·교통업과 공무 및 자유업은 전 시기, 전 산업 분야의 중심에 위치하고 있음을 알 수 있다. 특히 상업·교통업은 1920년대까지 중심적 위치에 있다가 1930년대로 넘어가자 공무 및 자유업에 그 자리를 내주고 있다. 공무 및 자유업에는 대체적으로 관리(상급), 공리(하급), 군인, 교원, 신문 및 잡지기자, 신관, 승려 및 선교사, 변호사 및 소송대리인, 의사, 산파 등이 속했다.[8] 이는 산업적인 측면에서 초기 일본인과 후기 일본인의 직업 구성의 중심축이 달라졌다고 볼 수 있을 것이다.[9] 또한 재조선 일본인의 다수는 식민지의 정치·문화와 경제를 장악하고 있었음을 보여준다고 할 수 있다.

그런데 〈표 2〉의 재조선 일본인의 직업, 업종 구성에서 주목되는 점은 여성과 아동 인구가 모두 포함되어 있다는 점이다. 물론 표를 통해 볼 때, 재조선 일본인 여성은 일본 거주 여성보다 직업활동에 적극적이었다고 할 수 있다. 하지만 1910년 통계를 보면, 조선에 거주 중인 여성의 총인구 78,792명 가운데 8,498명은 본업 인구였고, 그 외 대부분인 70,294명은 겸업 인구였다. 약 10%만이 전업에 종사하고 있었다. 게다가 본업 인구 중 40% 넘게 다수를 차지한 업종은 예창기와 작부(4,098명)였고 뒤를 이어 잡업(1,517명), 상업(1,084명), 일고(578명)의 순이었다. 개항과 더불어 조선에서 한탕을 꿈꾸며 홀로 건너온 남자들에 의해 소위 가라유키상(唐行きさん)과 같은 성매매 종사 여성 등 하층 여성 계급이 다수 건너왔음을 알 수 있다. 이와 달리 겸업 인구로 상업(21,292명)이 제일 많고, 이어 잡업(14,134명), 관리(10,415명), 공업(7,808명), 일고(5,744명)의 순이었다. 이들 직업들은 겸업이기에 대체적으로 가족과 함께 하는 직업, 업종이거나 보조적인 일들이었음을 알 수 있다.[10]

---

8   키무라 켄지, 2004, 앞의 글, 256쪽, 261쪽 참조.
9   가지무라 등 기존의 연구들은 조선총독부 통계 자료를 무비판적으로 활용하며 1930년대부터 공무 및 자유업이 줄곧 우위에 있었다고 주장했다.
10 키무라 켄지, 2004, 앞의 글, 256-257쪽.

한편, 재조선 일본인 아동도 직업이 전혀 없었던 것은 아니지만, 그렇다고 아동까지 모두 직업을 가졌다고 볼 수는 없을 것이다. 조선총독부의 국세조사에 따르면, 1925년, 1930년, 1935년 재조선 일본인 가운데 5세 미만 인구는 13~14% 정도를 계속 유지했다. 5세 미만 인구에 9세까지 포함 10세 미만 인구를 살펴보면, 인구 전체의 24%대였다. 이들은 대부분 직업을 가지지 않은 것으로 볼 수 있는데, 〈표 2〉에서 무직 및 무신고자는 4% 정도에 그쳤다. 〈표 2〉의 출처인 『조선총독부통계연보』가 전혀 신뢰할 수 없는 자료는 아니지만, 이 부분에 대해서는 사실적인 조사를 기초로 한 반영이라고 볼 수 없다. 여성의 겸업 인구 등을 살펴볼 때 직업 호수를 토대로 인구 전체에 맞춘 것이라고 생각된다.[11] 이는 1914년판 『조선총독부통계연보』의 인구통계표를 보면 확실히 드러난다. 『조선총독부통계연보』의 〈표 34: 현주호수직업별〉에 의하면 직업별 인구를 호수로 파악하고 가족까지 포함하고 있다. 따라서 〈표 2〉의 통계는 여성과 아동까지 포함한 가족 전체 직업 구성으로 보는 것이 타당할 것이다.

그렇다면 보다 사실적인 통계를 통해 재조선 일본인의 산업별 구분을 확인할 필요가 있다. 전체 시기를 확인할 수는 없지만, 직업의 유무와 남녀의 상세한 직업 현황을 파악할 수 있는 자료가 일부 남아 있다.[12] 〈표 3〉

---

[11] 『조선총독부통계연보』는 직접 전수조사해 작성한 것이 아니라 부와 군에서 1차로 수집한 자료를 각도 서무계 등에서 모아 도별 전체의 총합을 구해 다시 조선총독부에 보고하는 '보고례'를 통한 업무통계 형식이다. 즉, 간접조사 방식으로 작성된 것이다. 따라서 직접 전수조사한 것보다는 사실 면에서 통계의 한계는 있었다(박명규·서호철, 2003, 『식민권력과 통계』, 서울대출판부, 51-60쪽).

[12] 이들 자료는 조선총독부가 직접조사를 기초로 한 전수조사인 국세조사(본조사) 자료이다. 조선총독부는 간접조사를 기초로 한 업무통계인 『조선총독부통계연보』와 달

<표 3> 재조선 일본인의 유·무업 및 성별 직업 현황

직업별		1930			1940		
		인구	남	여	인구	남	여
유업	농업	19,957	12,625	7,332	14,878	10,999	3,879
	수산업	7,167	6,821	346	6,004	5,874	130
	광업	969	958	11	10,664	10,176	488
	공업	40,161	37,334	2,827	69,553	64,955	4,598
	상업	58,655	34,213	24,442	64,296	39,302	24,994
	교통업	20,510	18,557	1,953	43,023	40,038	2,985
	공무 및 자유업	72,552	66,389	6,163	68,619	59,348	9,271
	가사사용인	3,536	145	3,391	4,193	150	4,043
	기타유업자	4,622	4,090	532	1,465	1,287	178
	소계	228,129	181,132	46,997	282,695	232,129	50,566
무업		298,887	104,834	194,053	424,638	141,877	282,761
총계		527,016	285,966	241,050	707,333	374,006	333,327

출처: 朝鮮總督府, 1935, 『昭和五年朝鮮國勢調査報告』; 朝鮮總督府, 1944, 『朝鮮昭和十五年國勢報告結果要約』.

은 조선총독부가 1930년과 1940년 직접 전수조사한 국세조사(본조사)의 상세한 통계를 기초로 정리한 것이다.

<표 3>을 보면, 1930년 이후 전체 재조선 일본인을 직업의 유무로 구분해 분명하게 확인할 수 있다. 1930년 직업을 가진 자는 총인구 52만여 명 중 22만여 명으로 약 43%였다. 그런데 1940년 직업을 가진 자는 총인구 70만여 명 중 28만여 명으로 약 39%로 줄어들었다. 전쟁 상황에서 제대로 된 조사가 진행될 수 없었겠지만, 1944년 인구조사에

리 직접 전수조사한 국세조사도 1920년부터 7차례에 걸쳐 진행했다. 그중 1930년과 1940년 국세조사는 본조사이고 이를 제외한 것은 1925년의 임시호구조사, 1925년과 1935년의 간이국세조사, 1939년의 임시국세조사, 1944년의 인구조사 등 부분적인 것이었다(브·명규·서호철, 2003, 위의 책, 74~98쪽).

는 직업상 지위별 조사에서 유·무업자의 수를 확인할 수 있는데, 총인구 70만여 명 중 직업을 가진 자는 24만여 명, 즉 약 34%로 1940년보다 더 줄어들었다.[13] 그렇다면 재조선 일본인 유업자 수는 식민지 말기로 갈수록 더욱 줄어들었다고 볼 수 있다.

하지만 직업 인구의 감소세는 대체로 조선으로 이주 식민 또는 정주의 형태와 관련 있다고 생각된다. 강제병합 전후까지 일본인의 초·중기 이주 식민은 일본인 남성의 단신 이주 식민이 많았다. 식민지 시기에는 가족과 함께하는 이주 식민이 점차 확대되는 한편, 2, 3세의 출생으로 가족 구성원도 증가했다. 1930년대 이후 조선에서 출생한 식민 2, 3세의 비율이 30%대로 높아진 것을 통해서도 확인할 수 있다. 따라서 〈표 3〉의 무업자 수는 2/3가 여성이고 나머지 1/3은 대체로 아동으로 봐도 무리가 없을 것이다.

또한 이미 살펴본 것처럼 여성의 직업과 관련해 1910년 여성 인구 중 본업 인구가 약 10% 정도였다면, 1930년에는 19%, 1940년에는 15% 정도로 늘어났다. 1944년에도 15% 정도인 것으로 보면, 여성의 본업 비율은 식민지 초기보다 상승한 것으로 볼 수 있고 대체로 15% 정도를 유지했다고 할 수 있다.

한편, 〈표 3〉은 호수를 통해 가족 전체를 직업에 포함한 〈표 2〉와는 다르게 개인별 직업 구성을 확인할 수 있다. 〈표 3〉에 의하면, 1930년 총 유업자 중 상업과 교통업이 약 35%로 수위를 차지했다. 뒤를 이어 공무 및 자유업이 약 32%, 광공업이 약 18%, 농업·수산업이 약 9%, 기타가 약 4%를 차지했다. 1940년은 1930년과 다른 변화를 보여준다.

---

13 朝鮮總督府, 1945, 『昭和十九年五月一日人口調査結果報告其ノ二』.

총 유업자 중 상업과 교통업이 약 38%로 증가하며 여전히 수위를 차지했다. 반면 1930년과 다르게 광공업이 약 28%로 10% 이상 증가했고, 공무 및 자유업은 약 24%로 8% 정도 감소했다. 이어서 농업·수산업이 약 7%, 기타가 약 2%를 차지했다. 그렇다면 식민지 말기로 갈수록 식민지 조선에 거주한 일본인의 직업 구성은 상업·교통업이 1/3 이상을 차지하며 여전히 중심적인 위치였고, 이와 동시에 공무 및 자유업의 감소와 광공업의 증가를 한 쌍으로 하는 구조였다고 할 수 있다.

다음으로 일본인들은 주로 식민지 조선의 어느 지역에 거주하며 삶을 살았는지 살펴보자. 우선 개항 직후부터 강제병합까지 일본인들은 조약에 의해 개항장과 개시장을 중심으로 거주할 수밖에 없었다. 물론 한행이정과 내지행상 등 여러 이유를 들어 조선 내륙으로 침투했지만, 법적으로는 개항장과 개시장 이외에는 거주할 수 없었다. 따라서 1890년까지 개항장인 부산을 정점으로 인천, 원산, 개시장인 서울에만 거주했다. 이후 일본이 청일전쟁에서 승리함에 따라 개항장과 개시장은 점차 여러 군데로 확대되었다. 또한 기존의 개항장과 개시장 밖으로 불법적인 토지 매수와 정주가 이루어지면서 목포, 군산, 진남포, 마산, 평양으로 거주지가 확대되었다.[14]

일본이 러일전쟁에서 승리한 뒤 통감부가 설치되고 조선이 점차 식민지화되어가자, 일본인들은 조선의 어느 곳에서나 거주할 수 있게 되어 거주 지역은 조선 전 영역으로 확대되었다. 하지만 대체로 처음부터 일본인사회를 구축한 도시 지역이나 그 인근, 그리고 마을 단위로 이주한 농어촌(이주농어촌)에 거주했다고 볼 수 있다. 〈표 4〉에 의하면, 일본인들

---

14 이규수, 2013, 앞의 글, 57쪽.

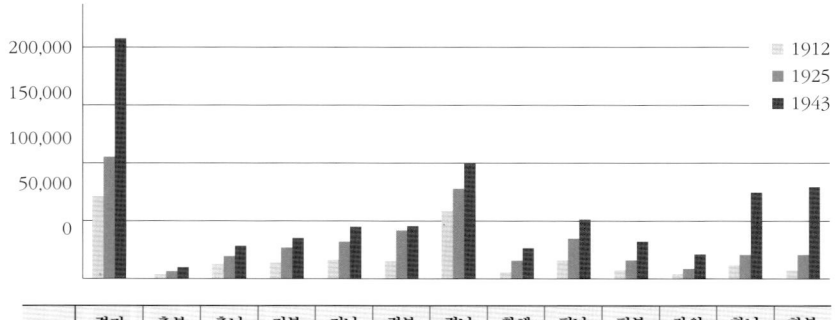

<표 4> 재조선 일본인의 도별 거주 현황

	경기	충북	충남	전북	전남	경북	경남	황해	평남	평북	강원	함남	함북
1912	70,336	4,003	12,532	13,594	16,210	14,959	58,507	5,800	16,219	7,623	4,516	11,708	7,722
1925	104,479	7,317	19,566	27,167	31,628	41,672	77,548	14,696	34,530	16,239	8,632	20,339	20,927
1943	206,627	9,417	28,228	35,363	45,250	45,244	98,974	26,189	51,263	32,252	21,101	73,990	78,925

출처: 『朝鮮總督府統計年報』 각 연도판; 梶村秀樹, 1992, 『朝鮮史と日本人』, 明石書店, 228쪽.

의 거주 지역은 식민지 초기에는 경기도와 경상남도에 집중되었고, 식민지 말기에는 경기도와 경상남도 이외에 함경남도와 함경북도에도 집중되었음을 알 수 있다.

식민지 초기인 1912년에 일본인들은 경기도와 경상남도에 12만여 명이 거주해 전체의 약 53%, 식민지 말기인 1942년에는 30만여 명이 거주해 전체 약 41% 정도를 차지했다. 조선에 거주하는 일본인의 절반 정도가 경기도와 경상남도에 거주했던 것이다. 게다가 그 가운데 절반 이상이 대도시 경성과 부산에 집중되어 있었다. 분명 한계는 있지만, 대도시 경성과 부산의 일본인사회에 대한 이해가 식민자 일본인사회의 모습을 어느 정도 보여줄 수 있는 바로미터라고 해도 과언은 아닐 것이다.

그런데 식민지 말기에는 함경남북도와 평안남북도 등 북부지역에서 일본인들이 확연히 늘어나고 있는 점도 눈에 띈다. 이는 만주사변과 중일전쟁으로 인해 1930년대부터 전개된 조선 공업화정책과 더불어 전시체제기의 군수공업과 광공업의 발달 때문이었다. 나아가 만주국의 설립과 그 개발에 따른 국경 도시 건설과 밀접한 연관을 지닌 것으로 이해할 수 있다. 반면, 대부분이 농촌인 남부지역은 일본인이 거주하는 비율이 그다지 높지 않음을 알 수 있다. 그렇다면 식민지 조선에 거주하는 일본인은 대다수가 기본적으로 도시생활자라고 볼 수 있을 것이다. 즉, 도시생활자가 지속적으로 늘어났다고 파악된다.

1922년 경성, 부산, 평양 등 12개 부 지역에 거주한 일본인이 재조선 일본인 전체의 50.6%를 차지했다. 1934년에는 부 지역이 14개로 확대되었고, 이곳에 거주하는 일본인은 전체의 51.3%로 늘어난다. 부 지역 이외에 도시화 과정에 있는 지역들을 포함하면 그 수치는 더욱 늘어났다. 1919년 500명 이상의 일본인이 거주하는 중규모 이상의 도시 60곳을 합하면 70.3%, 300명 이상 500명 미만의 일본인이 거주하는 소규모 도시 33곳까지 포함하면 73.9%가 도시 지역에 사는 것으로 나타났다. 1934년에도 이 같은 기준을 살펴보면, 중규모 이상 도시 지역에 거주하는 일본인이 재조선 일본인 전체의 71.1%, 소규모 이상 도시 지역에 거주하는 일본인이 재조선 일본인 전체의 74.4%에 이르렀다. 여기에다 농촌의 읍 소재지 등 도시화되고 있는 지역이 약 5% 정도로 추산되며, 이들 지역의 일본인 관리나 상인 등을 합하면 거의 90%가 도시생활자라고 할 수 있다.[15] 그만큼 식민지 조선에 거주하는 일본인들이 공간적인 면과 생활적인 면에서도 조선인보다 우위의 식민자로 자리매김하고 있었음을 거주 지역의 분포를 통해서도 확인할 수 있다. 물론 〈표

---

15 梶村秀樹, 1992, 앞의 책, 229-230쪽.

2〉와 〈표 3〉의 직업 구성으로 볼 때, 식민자 일본인의 다층적인 위계 구조는 분명히 존재했으며 하층 계급의 일본인과 여성들은 식민자이고자 했지만, 식민지민의 경계에 걸쳐 있었다고 할 수 있다.

제2장
일본의 이주정책과 이주농·어촌

1. 일제의 조선식민론과 이주정책

1) 일본의 인구·식량 문제와 '만한이민집중론'

일본의 근대 이주정책은 메이지유신 이후 근대화·산업화 과정 및 제국주의 확대 과정 속에서 수립되었다. 산업화·도시화의 진전으로 일본은 인구 증가와 식량부족이라는 일찍이 겪어보지 못한 사회 문제에 직면하였다. 메이지유신 이후 매년 인구가 40~50만 명씩 늘어나면서 인구는 기하급수적으로 증대되었는데, 이는 식량부족 문제를 야기하였다. 농민층이 분해됨에 따라 농민들은 농촌을 떠나 도시로 이동하였고, 식량 문제는 더욱 악화되었다. 증가된 인구만큼 수산물에 대한 수요도 증가했다. 어업 종사자가 늘어나면서 어촌 내부에서의 경쟁도 치열해졌다. 어민들 간의 치열한 경쟁은 마구잡이 어획(濫獲)으로 이어졌고 연안의 어족은 고갈되었다. 메이지 정부가 '근대적 어업권'을 확정해가는 과정에서는 기존의 어민과 새로 어업권을 획득한 신규 어민 간의 갈등과 분쟁이 첨예화되었다. 기존 어장에서 더 이상 조업할 수 없게 된 영세한 어민들은 일본 연안을 벗어나 새로운 어장을 찾아야 했다.[1] 일본은 근대화·산업화 과정에서 발생한 이러한 문제들을 식민지 개척을 통해 해결하고자 했다. 해외에 새로운 영토를 확보해 급증하는 인구와 유휴 노동을 배출하는 한편 부족한 식량과 원료를 획득하려 한 것이다. 메이지유

---

1 일본에서의 어업 근대화 과정과 관련해서는 岡本信南, 1984, 『日本漁業通史』, 水産社; 여박동, 2002, 『일제의 조선어업지배와 이주어촌 형성』, 보고사; 神谷丹路, 2018, 『近代日本漁民の朝鮮出漁』, 新幹社 등 참고.

신 직후 홋카이도와 류큐(琉球)를 영토 내로 편입하고 일본인의 이민을 장려한 것은 이러한 식민정책의 서막이었다.

 1868년 하와이 이민으로 시작된 일본의 해외 이민이 본격화된 것은 1885년경이었다.[2] 메이지 정부가 추진한 하와이 이민은 사탕수수 재배에 기반한 하와이 제당업을 토대로 한 것으로, 하와이가 미국에 병합되는 1894년까지 총 26회에 걸쳐 약 3만여 명의 일본인이 이주하였다. 1894년 청일전쟁 이후에는 동아시아 지역에 대한 침략을 본격화하면서 일본인의 이민 대상 지역을 동아시아 지역으로 확대했다. 청일전쟁의 전리품이었던 타이완을 비롯해서 1876년 강화도조약 체결 이래 청과 지배권 다툼을 벌여왔던 조선으로의 이주도 본격적으로 시작되었다. 1900년 무렵 일본의 해외 이민자 수는 하와이에 5만 7천여 명, 미국 본토에 3만 2천여 명, 타이완에 3만여 명, 조선에 1만 5천여 명이었다.

 이처럼 일본에서의 이민이 증가하면서 이민지 곳곳에서는 일본인의 이민을 둘러싼 갈등도 유발되었다. 1890년대 후반 하와이에서 일본인 이민자의 상륙을 거부한 데에 이어 미국에서는 백인 노동자를 중심으로 일본인의 이민을 배척했다. 대부분의 일본인 이민자가 농업과 광산, 철도 등 저임금 분야 노동에 종사하다 보니 백인 노동자와 적지 않은 갈등을 유발했던 것이다. 하와이 합병 이후 하와이를 경유해 본토로 들어가는 일본인 이민자가 증가하자 미국 연방의회에서는 「일본인노동자배척법안」을 제출하였고, 샌프란시스코에서는 1900년 일본인 노동이민을 제한하는 시민대회를 열기도 했다. 한편 오스트레일리아에서도 1901년

---

2 근대 이후 일본인의 이민 추이와 관련해서는 임성모, 2008, 「근대 일본의 국내식민과 해외이민」, 『동양사학연구』 103 참고.

「이민제한법」을 제정해 일본인의 이민을 제한했다. 일본의 북미지역 이민 문제는 '만주 문제'까지 겹치면서 극으로 치달았다. 근대화·산업화 정책을 추진하면서 서구유럽의 국가들과 정치·경제상 협조관계를 유지하고자 했던 일본은 갈등을 해소할 방법을 강구해야 했다. 북미지역 이민을 제한하는 조치를 취하는 한편 이를 대체할 새로운 이민지를 물색해야 할 필요성이 대두한 것이다.

이러한 상황에서 일본의 시선을 끈 곳이 조선과 만주였다. 동아시아 지역에서 제국주의적 확대 정책을 추진해온 일본은 청일전쟁 승리 이후 조선과 만주에 대한 실질적 지배권을 획득하기 위한 야욕을 보다 노골적으로 드러냈다. 특히 삼국간섭을 주도했던 러시아가 만주를 거쳐 한반도까지 내려오자 이에 공세적으로 대응해야 할 현실적 필요성은 더욱 절박해졌다. '만한척식(滿韓拓殖)', '만몽척식(滿蒙拓殖)' 등과 같은 '만한이민집중론'은 이러한 분위기 속에서 나온 것이다.[3] 곧 미국과 캐나다 등 북미지역으로 집중된 이민자를 조선과 만주지역으로 전환함으로써 이들 국가들과의 갈등을 해소하는 한편 조선·만주지역을 선점해 일본의 영향력을 안정적으로 구축하겠다는 구상이었다. 대표적인 식민정책학자였던 나가이 류타로(永井柳太郞)는 생산능력을 갖춘 노동자를 북미·호주 등지로 보내 그곳의 산업에 종사하도록 하는 것은 오히려 '적국(敵國)'을 돕는 일이라 분석하면서 일본의 세력권인 만주와 조선으로의 이민을 장려해야 한다고 주장하였다. 그중에서도 조선은 인구밀도가 낮아 적어도

---

3 일본이 '만한이민집중론'을 채택해가는 과정은 정연태, 1994, 「日帝의 한국 農地政策; 1905-1945년」, 서울대 박사학위논문, 12-24쪽 참고.

1천만 명 정도의 일본인 이민이 가능하다고 하였다.[4]

1901년 일본은 일본인 해외 이민자를 보호할 목적으로 제정한 「이민보호법」을 개정해 일본인의 조선·만주 이주를 용이하게 했는데,[5] 이러한 흐름은 1904~1905년 러일전쟁 이후 더욱 가속화되었다. 러일전쟁을 승리로 이끌며 조선, 그리고 사할린(樺太), 관동주(關東州) 및 남만주철도주식회사(南滿洲鐵道株式會社) 부속지를 세력권 내로 편입한 일본은 조선을 식민지로 지배할 뿐만 아니라 만주로까지 진출한다는 큰 포부를 가졌다. 이를 위해서는 가능한 한 많은 일본인들을 이주시켜 식민지 지배를 위한 인적·물적 기초를 구축해둘 필요가 있었다. 1906년 샌프란시스코의 아시아계 아동 공립학교 축출, 1907년 캐나다 밴쿠버 폭동 등 북미지역에서 일본인 이민자를 배척하는 일련의 사건이 빈번하게 일어나자 일본은 '신개발지(新開發地)'로의 이주를 노골적으로 거론했다.[6] 1908년 9월 각의에서 「대외정책 방침의 건」을 발표한 가운데 '만한이민집중론'은 일본 대외정책의 기조로 채택되었다.

요컨대, 만한이민집중론은 메이지유신 이후 근대국가로 변모하기 시작한 일본이 급속한 산업화 과정에서 발생한 내적 문제를 해결하고자 한 자구책으로, 늘어난 인구와 부족한 식량 문제를 식민지 개척을 통한 일본인 이식과 자원 수탈로 해결하고자 한 것이다. 또한 이민 문제로 인한 서구 열강들과의 갈등을 완화하는 한편 조선과 만주의 식민지화를 위한 인적·물적 토대를 구축하고자 한 제국주의 침략정책의 일환이었다.

---

4 永井柳太郞, 1912, 「滿韓集中論」, 『社會問題と植民問題』, 新興寺, 389-391쪽.
5 여박동, 2002, 앞의 책, 107-113쪽.
6 「日本外相의 對移民方針」, 『皇城新聞』, 1907.2.27.

2) 「이민보호법」 개정과 '이주식민론'

　1876년 조선과 일본 간에 「조일수호조규(일명 강화도조약)」가 체결되자 일본인의 조선 이주는 자연스럽게 증가하였다. 일본은 1877년 조선정부와 「조계조약」을 체결하면서 일본인에게 개항장 토지와 가옥을 임차할 수 있는 이용권과 영대차지권을 부여했다. 1881년 「거류인민영업규칙」을 제정하고 1883년에는 「재조선국일본인민통상장정」을 체결했는데, 이로써 일본인의 상업활동을 지원하는 한편 그 영역이 내륙으로까지 확장되도록 하였다. 더불어 조선으로의 도항 절차를 간소화하고 조선을 경유하는 항로를 확대하는 등 일본인들의 조선 이주 과정에서 불편함이 없도록 각종 편의를 제공해주었다.[7] 이에 따라 개항 초기 개항장을 중심으로 수십 명에 불과하던 일본인은 청일전쟁 무렵에는 전국적으로 1만여 명, 1900년경에는 2천여 호, 1만 3천여 명으로 증대되었다.[8]

　북미지역의 이민 문제가 확대되고 러시아의 남하정책이 추진되는 가운데 일본은 조선과 만주에 대한 지배권을 확보한다는 차원에서 이들 지역으로의 이주를 장려했다. 1901년의 「이민보호법」 개정은 이러한 목적하에 시행된 것이다. 1901년 제국의회에 제출된 「이민보호법」 개정안 제1조는 '외국'이라는 자구를 '청·한 양국 이외의 외국'으로 변경하면서 조선과 중국으로 이주할 경우 이전과 같은 '법적 보호'가 필요 없음을 강

7　國會圖書館 立法調査局, 1964, 『舊韓末條約彙纂』 上; 여박동, 2002, 앞의 책, 116-122쪽.

8　송규진 외, 2004, 『통계로 본 한국근현대사』, 아연출판부, 30-37쪽; 「日人戶口」, 『皇城新聞』, 1899.11.1.

조하였다.⁹ 이는 조선과 중국으로의 자유 도항을 사실상 인정한 것이다. 게다가 이들 지역에서의 부동산 점유도 인정했다. 1901년의 「이민보호법」 개정은 일본인의 조선 이주를 확대하는 중요한 계기가 되었다.

「이민보호법」 개정으로 일본인의 조선 이주가 자유로워지자 일본 정부를 비롯한 지방의 각 부·현, 그리고 민간단체에서는 조선에 대한 실태조사를 시작했다. 농업과 관련해서는 부분별로 진행하던 조사를 종합적인 조사로 확대해갔다. 1890년대 후반부터 조선을 시찰한 농상무성 기사 가토 스에로(加藤末郎)는 『한국출장복명서(韓國出張復命書)』(1901), 『한국농업론(韓國農業論)』(1904)을 잇따라 출간하면서 농업 식민지 개척의 필요성과 조선 남부지역의 적정성을 피력했다. 1902년 농상무성 명령으로 조선과 청국을 시찰한 도쿄농과대학 교수 사코 츠네아키(酒匂常明)는 『청한실업관(淸韓實業觀)』(1902년, 1903년에 『청한실업론』으로 증보)을 편찬했다. 1904년에는 일본 정부가 한국농사조사위원회를 설치해 2년 남짓 종합적인 조사를 진행했는데, 그 결과는 『한국토지농산조사보고(韓國土地農産調査報告)』 5책으로 간행되었다. 이 외에도 지방 관청이나 단체·개인이 조선의 농업 실태를 조사한 후 소개하는 저서를 편찬했다. 오카 요이치(岡庸一)의 『최신한국사정(最新韓國事情)』(1903), 깃가와 스케테루(吉川祐輝)의 『한국농업경영론(韓國農業經營論)』(1904), 야마모토 쿠라타로(山本庫太郎)의 『조선이주안내(朝鮮移住案內)』(1904) 등이 대표적이다.¹⁰

이들 조사서는 대부분 조선의 농촌을 희망과 발전의 땅으로 선전했다. 수리시설이 잘 갖추어져 있지 않고 지적제도가 명확하지 않으며

---

9 「日本移住法의 改正」, 『皇城新聞』, 1901.12.20.
10 정연태, 1994, 앞의 글, 24-26쪽.

교통이 불편한 측면이 있기는 하지만 기후와 풍토가 일본과 유사해 일본인들이 일본의 농법으로 농사를 짓기에 아주 적절한 곳이라 하였다. 인구밀도가 낮아 보다 많은 인구를 수용할 만한 여지가 충분하며, 아직 개간되지 않은 땅이 많은 데다가 지가(地價)까지 저렴해서 투자해볼 만한 가치가 충분하다고 선전하였다. 미간지를 이용하는 것만으로도 수십만 명의 농민을 이식할 수 있는데, 한국 농업을 진보시키고 일본 농업 문제를 해결하기 위해서는 대규모 농장을 경영하는 지주·자본가보다는 '순박한 중소농민'이나 '자작농'의 이주 식민이 필요하다고 하였다. 물가도 저렴해 자본력이 약한 중·소농민이 생활하기에는 오히려 일본보다 유리할 수 있다고 하였다.[11]

이민의 방식에 대해서는 중·소농민을 대량으로 이주시켜 자작형 농업을 경영하도록 하는 '이주식민론'과 소수의 유력한 일본인을 이주시켜 조선인에게 소작을 맡기는 '토지투자식민론'으로 양분되었다. 앞서 시찰 보고서를 제출한 이들 대부분은 이주식민론을 염두에 두면서 의견을 제시했는데, 조선 농촌은 인구는 적고 미간지가 많아 일본으로부터 1천만 명 이상의 농민을 이주시키는 것도 가능할 것이라 하였다. 하지만 조선의 사정에 정통한 사람들의 이야기는 달랐다. 이들은 이주식민론자들이 이야기하는 것처럼 조선에 미간지가 많지 않을 뿐만 아니라 개척 가능한 미간지가 있어도 대규모 자본이 투자되어야 하는 만큼 몇몇 농민 개인의 힘으로 개척하기에는 어려움이 많다고 주장하였다.

일본 정부는 이러한 의견들을 절충하며 이주정책을 마련해갔는데,

---

11 山本庫太郎, 1904,『韓國移住案內』, 民友社, 74-81쪽; 정연태, 1994, 앞의 글, 27-35쪽.

초기에는 토지투자식민론보다는 이주식민론을 적극 수용하였다. 일차적으로는 본토 내 인구를 식민지로 유출시켜야 한다는 절박함이 컸던 만큼 가능한 한 많은 일본인을 이식하는 이주식민론이 훨씬 매력적이었을 것이다. 여기에 더해 식민지 경영에도 유리할 것으로 판단되었다. 일본인 자작농을 이식·육성하는 과정에서 일본식 농법을 보급해 조선의 농촌을 일본과 같이 진보·발달시키는 한편, 일본의 농민이 조선 농민에게 '모범'을 보이며 직접 지도하게 한다면 조선 농촌에 대한 당국의 지배망을 아래로부터 촘촘하게 구축할 수 있을 것이라 기대하였다.

근대 이후 일본의 이주정책은 이상과 같이 농업이민을 중심으로 논의되기는 했으나, 개항 이래 일본 어민의 조선 출어가 빈번했던 만큼 이들에 대한 정책에도 주목할 필요가 있다. 일본은 조선의 농업·농촌에 대한 실태조사와 함께 어업·어촌에 대한 조사도 병행했는데, 지방 각 부·현의 수산 관계 기관에서도 현비(縣費)를 투자하며 이를 적극적으로 지원하였다. 특히 일찍부터 조선 연안으로 왕성하게 출어했던 세토나이카이(瀨戶內海) 연안 각 현이 적극적으로 나섰다.『가가와현수산시험장보고(香川縣水産試驗場報告)』(1902),『오카야마현수산시험장임시보고 한해시찰보고(岡山縣水産試驗場臨時報告 韓海視察報告)』(1905),『히로시마현수산시험장보고(廣島縣水産試驗場報告)』(1906) 등은 그 결과물이다. 1904년에는 일본 정부가 직접 조사선을 보내 조선 연안의 실태를 상세하게 조사하도록 하였다. 시모 케이스케(下啓助)와 야마와키 소지(山脇宗次)는 조선 연안 각지의 어업 사정을 시찰한 후『조선수산업조사보고(朝鮮水産業調査報告)』(1905)를 출간했다.

『조선수산업조사보고』에서는 '일시적 통어(通漁)', 곧 계절별 어기(漁期)에 맞추어 조선 어장으로 진출해 단기간 조업하는 형태의 어업활동이 아니라 '일본인 촌락'을 건설해 영구 거주하면서 어업에 종사하도록 하는 것이 긴급하고도 중요한 일이라 지적하고 있다. 일본인 촌락이 어획과 유통에 필요한 '상당한 설비'를 갖추게 되면 조선 연안에서 조업하는 일본 어민들 역시 그 혜택을 보게 될 것이라 하였다.[12] 이는 러일전쟁의 시작과 함께 일본군에 제공할 어류의 안정적 공급이라는 제국주의적 사명을 수행하기 위한 것이기는 하나 「이민보호법」 개정 이래 일본 정부가 추진해온 '이주식민론'과도 무관하지 않다. 이 보고서가 "이주어촌의 선정 기준을 어업 전문 경영체를 위한 기지가 아니라 농업 혹은 그 외의 계절성 산업을 겸업하는 어민, 즉 농어 겸영의 '농업적 어업'을 전제로 했다는 점"과 "어민의 집단적 이주를 통해 조선인을 일본 국풍(國風)에 동화시키려 한다는 점"을 언급하고 있는 것은 이주어촌 역시 단순히 어민을 이주시키려는 것이 아니라 제국주의 정책을 위한 제1선 부대의 '병사'를 이주시키려 한 것이었음을 확인시켜준다.[13]

3) 조선 식민지화와 이주정책

러일전쟁 발발 직후인 1904년 5월 일제는 조선을 식민지로 만들기 위한 보호국화 노선으로 「대한방침」과 「대한시설강령」을 공포하였다. 여기서 군사, 외교, 재정, 교통, 통신, 척식 등 6항목에 걸친 구체적인 침략 방안을 설정하고 있는데, '척식'과 관련해서는 다음과 같이 설명하고 있다.[14]

---

12 下啓助·山脇宗次, 1905, 『朝鮮水産業調査報告』, 2쪽.
13 여박동, 2002, 앞의 책, 127-129쪽.
14 정연태, 1994, 앞의 글, 12쪽.

한국에서 일본인 기업 중 가장 유망한 것은 농사이다. 본래 한국은 농업국으로 식량과 원료품을 일본에 공급하였고, 일본은 공예품을 한국에 공급해왔다. 이후에도 양국의 경제관계는 이 원칙 위에서 발달해야 한다. 한국은 토지면적에 비해 인구가 적어서 많은 일본인 이민을 충분히 받아들일 수 있다. 때문에 우리 농민을 한국 내지로 들여보낼 수 있다면 우리는 초과인구를 위한 이식지를 얻는 한편 우리의 부족한 식량 문제를 해결할 공급지를 추가해 소위 일거양득의 결과를 얻게 될 것이다.[15]

여기에서는 모국-식민지 간의 역할을 언급하면서 일본인의 조선 이민이 어떠한 매커니즘 속에서 이루어져야 하는지 제시하고 있다. 조선 산업의 근간이 농업이었던 만큼 농촌을 기반으로 한 대규모 이민이 필요하다는 점을 강조하고 있는데, 개항 이후 시서차익을 노리고 단독으로 도항한 개항장 무역상들이나 조선 연안에서 겨절별로 조업하는 어민들과는 차원이 다른 이야기였다. 이는 조선을 일본의 과잉인구를 수용하는 곳으로 만드는 동시에 식량·원료의 공급지로 만들겠다는 계획으로, 조선에 대한 실질적 지배가 가능하도록 물적·인적 기반을 구축한다는 구상이었다.[16]

그러나 외국인의 토지 매매나 소유가 금지되고 내륙이나 미개항장에서의 경제활동이 제한된 상황에서 일본인의 이주·정착은 쉽지 않았다. 물론 이 시기에도 일본인들은 일본 정부의 묵인 혹은 지지하에 이미 갖

---

15   外務省, 1904,「對韓方針竝ニ對韓施設綱領決定ノ件」,『日本外交文書』37(1), 355쪽.
16   권태억, 1986,「통감부 시기 일제의 대한농업시책」,『러일전쟁 전후 일제의 한국침략』, 일조각, 182-189쪽.

은 불법적 수단과 편법을 동원해 조선의 토지를 침탈하고 있었고 미개항장에서도 상행위나 어업활동을 하고 있었다. 하지만 그것이 합법적으로 보장되지 않은 이상에는 한계가 있을 수밖에 없었다. 이에 대한 법적·제도적 보장이 무엇보다도 필요했다. 1905년 통감부를 설치하며 조선 식민화를 위한 기반을 닦기 시작한 일제는 관련 법안을 만들어갔다. 「토지가옥증명규칙」을 비롯해 「국유미간지이용법」, 「산림법」, 「조선연안 및 내해항행약정」, 「어업법」 등을 차례로 제정하면서 일본인의 이주와 정착을 법적·제도적으로 지원해갔다.

「토지가옥증명규칙」은 일본인의 토지 소유를 합법화한 법안으로, 일본인의 조선 이주·정착에 획기적 전기를 마련한 것이었다. 일본인들은 이제 조선의 토지를 합법적으로 점유하면서 거주할 수 있게 되었다. 이들은 「국유미간지이용법」이나 「토지가옥전당집행규칙」, 「삼림법」 등을 발판 삼아 조선 농촌으로 침투해갔다. 이는 1904년 1월 「어업근거지이주규칙」의 발표와 함께 일본 어민의 이주가 이미 공식화된 조선의 어촌에도 영향을 미쳤다. 「조선연안 및 내해항행약정」, 「토지가옥증명규칙」, 「어업법」 등 일련의 법안이 공포되고 한일 간 「어업협정」이 체결되면서 조선 연안에는 다수의 일본인 부락이 조성되었다. 이는 1903년 반관반민 조직으로 설립된 '조선해수산조합(朝鮮海水産組合)'을 주축으로 통감부 통제하에서 조직적으로 진행되었다.

이처럼 일본인 농·어민의 조선 이주는 일제의 조선 식민지화정책이 추진되는 과정에서 각종 법안에 의해 정책적으로 장려되었고 또 실질적으로 지원되었다. 근대 이후 일본인의 해외 이민 중에서 조선이 차지하는 비중은 매우 컸는데, 조선의 이민자 수는 1910년경 이미 하와이나 미국 등 북미지역 이민자 수를 크게 뛰어넘었다.[17] 강제병합 이후에는 일본 정부와 조선총독부의 강력한 지원과 보호하에 '국책이민'이 입안되어 실시되었다. 1908년 국책 이주식민회사로 설립된 '동양척식주식회사(東洋拓殖株式會社, 이하 동척)'는 1910년부터 일본의 농민들을 고집해 조선으로 집단 이주시켰다. 동척의 설립과 함께 조선해수산조합이나 일본 지방의 부를 중심으로 진행되던 일본 어민의 이민사업도 동척으로 일원화되었다.

2. 일본 농민의 조선 이주와 이주농촌

1) 러일전쟁 이후 일본 농민의 조선 이주

1900년대 이래 '만한이민집중론'에 따라 조선에 '신일본촌(新日本村)'을 건설하고 조선을 영구히 일본의 땅으로 만들고자 한 일제는 각종 제도를 정비하며 일본 농민의 조선 이주를 장려하였다. 강제병합 이전에는 의병운동 등 조선인들의 저항이 거세었던 데다가 대규모 이민을 추진할 만큼 경제력이 되지 않았던 탓에 국가적 차원에서의 이민사업을 추진하지 못했다. 하지만 러일전쟁 이후에는 「토지가옥증명규칙」 등 이주민의 토지소유권을 보장하는 법적·제도적 장치를 마련하는 등 일본인의 이주·정착을 지원하는 토대를 구축해나갔다.

---

17 木村健二, 2001, 「近代日本の移民·植民地活動と中間層」, 柳澤遊·岡部牧夫 編, 『帝國主義と植民地』, 東京堂出版, 166-178쪽.

이러한 정부의 지원 아래 일본 내 각 부·현에서 조선으로의 이민사업을 추진해나갔다. 지방 각 관청에서는 조사원을 파견해 조선의 사정을 조사하고 농민들을 모집했다. 지주나 자본가에게 각종 명목의 보조금을 지불하면서 농민들을 지도할 조합이나 농업식민회사를 조직하도록 유도하는 한편 이주민 개개인에게도 상당한 수준의 편의를 제공했다.[18]

한편 이미 조선으로 진출해 대규모 농장을 경영하고 있던 일본인 지주들도 일본인 이주민을 고용해 농사를 짓도록 하였다. 경상남도 창원·김해에 자리 잡은 무라이농장(村井農場)이라든가 전북 익산의 호소카와농장(細川農場), 충남 논산의 구니타케농장(國武農場) 등에서는 일본으로부터 다수의 농민을 이주시켰다. 밀양 유아사촌(湯淺村)의 경우 유아사 본베이(湯淺凡平), 노세 히로요시(野瀨廣吉), 마츠시타 데이지로(松下定次郞) 등 몇몇 일본인들이 정착해 토지를 개간하고 수리시설을 구축한 곳으로, 그 과정에서 후쿠오카현(福岡縣) 등지의 이주민을 수용해 일본인 집단거주지로 발전한 사례이다.

이상의 식민회사나 조합, 농장주들은 농사 경험과 일정한 자산이 있는 '선량한 농민' 중 조선에서 직접 농사를 지으며 조선 농민의 모범이 될 수 있는 자로 한정하되, 특별히 '병역을 마친 만 20세 이상의 건강한 남성'을 이주 대상으로 삼았다. 이는 '외지벌이형' 같은 한시적 노동이 아니라 조선에 영구히 터전을 잡을 수 있는 자를 이주시킨다는 원칙에 따른 것이다. 이렇게 선발된 일본인들을 각 마을에 분산·배치해 조선인들과 함께 농장을 경영하도록 했다. 조선인 농민을 지도·감독하는 한편 일본식 농법을 모범으로 보임으로써 농사 개량과 농민 통제를 꾀하려는

---

18 정연태, 1994, 앞의 글, 60-63쪽.

〈표 1〉 통감부 시기 일본 내 각 부·현의 농업조합 및 농업식민회사

단위: 엔

부현	조합회사	창립 일자	창립 목적	자본금	보조금
東京	朝鮮興業 株式會社	1904.9	토지 구입, 조차(租借), 토지 담보대부, 식림, 양잠, 수리	300,000	
福岡	農事獎勵組合	1905.12	이주자 편의 제공		8,500(1906~1907)
香川	韓國勸業 株式會社	1906.8	이주민 장려, 대금업(貸金業), 토지 매매·대여·개간	100,000	
東京	韓國拓殖 株式會社	1906.11	황무지 개간, 전답·택지 매수	1,000,000	
和歌山	韓國興農 株式會社	1906.12	경지·택지 매수, 황무지 개간	300,000	
山口	大韓勸業 株式會社	1907.6	부동산 담보대금업, 농사 경영	1,000,000	
島根	山陰道産業株式會社	1907.6	기경지 매수, 미경지 개간, 대금업, 시마네현(島根縣) 수출입 물품의 위탁 매매	500,000	12,000 (1908~1910)
香川	韓國實業 株式會社	1907.6	대금업, 토지·물품의 매매와 대부, 농업과 부대사업	300,000	
岡山	韓國企業 株式會社	1907	황무지 개간, 경지 매수, 광산	100,000	
石川	石川縣農業 株式會社	1907.7	일반 농사, 이민	100,000	3,000(1908~1909)
高知	土佐勸業 合資會社	1908.1	개간, 조림	230,000	
岡山	韓國農業 獎勵組合	1908.5	이주자 보조, 농장 경영		18,000(1908~1910)
長野	韓國長野縣 組合	1908	이주자 편의 제공		3,000(1908)
佐賀	韓國興業 株式會社	1908	농사 경영	500,000	1908년 이후 5개년간 이자 보조 예정
香川	韓日興業 株式會社	1908	농사 경영	30,000	
大分	韓國興業 株式會社		농사 경영		600(1910)

출처: 정연태, 1994, 앞의 글, 61쪽.

목적이 있었기 때문이다.

이시카와현농업주식회사(石川縣農業株式會社)의 경우, 이주민을 조선인 촌락 총 호수의 1/4을 넘지 않도록 배치해 조선인 농민과 혼합촌락을 구성한다는 원칙을 정하고 있다. 한국농업장려조합(韓國農業奬勵組合)은 오카야마현(岡山縣) 농민을 낙동강변 원동지역에 대거 이주시키면서 '일본인촌(日本人村)'이 아닌 조선인과의 '혼재형' 농촌을 만들고자 계획하였다. 호소카와농장도 구마모토현(熊本縣) 농민들을 대거 이주시켰지만 마을마다 몇 호씩 배치하면서 일본인 거주 지역은 별도로 두지 않았다. 구니타케농장의 경우에도 각 면별로 분산해 배치했다.

이렇게 해서 이주한 일본인 농가는 1910년 무렵 이미 2천 호에 달했다. 이들은 2~3정보 내외의 비교적 넓은 토지를 분배받아 조선인들보다는 유리한 조건하에서 농사를 지을 수 있었고, 가옥이나 농자금, 농구, 종자, 비료의 대여 등 거주와 농사에 필요한 별도의 특혜도 받았다. 하지만 2~3정보 내외의 면적을 경영하면서 상당한 수익을 창출하기에는 한계가 있었다. 조선의 농업환경과 일본의 농업환경이 다르다 보니 일본식 농법을 일률적으로 적용하기도 어려웠다. 조선인과의 관계라든가 교통, 교육 등 전반적인 생활시설은 크게 불편했다. 특히 호남지역에서는 의병운동이 고조되는 등 조선인들의 거센 저항으로 인한 피해도 적지 않았다.[19]

무엇보다도 이민사업을 추진한 식민회사나 조합, 농장주들이 이민사

---

19 「農事經營失敗」,『慶南日報』, 1910.12.9; 大橋淸三郞, 1915, 앞의 책, 822쪽, 846쪽; 최원규, 1993, 「일제의 초기 한국식민책과 일본인 '농업이민'」,『동방학지』77-79쪽, 710-733쪽; 정연태, 1994, 앞의 글, 63-65쪽; 윤춘호, 2017,『대장촌의 일본인 지주와 조선 농민 봉인된 역사』, 푸른길, 17쪽.

업 자체에 몰두하기보다는 토지의 확대를 통한 지주경영에 주력하다 보니 이주민에 대한 보조와 지원은 제한적일 수밖에 없었다. 더해서「토지가옥증명규칙」이라든가「토지가옥전당집행규칙」등 농업이민의 안정적 정착을 위해 제정한 일련의 법안들은 오히려 이들의 토지 취득을 용이하게 하였고 농장의 확대와 지주경영에 몰두하게 했다. 일본인 이주민이 경작하던 토지를 빼앗아 조선인 농민에게 돌리고 소작료를 수탈하는 사례가 있을 정도였다. 일본인의 대량 이주로 일본 내의 과잉인구 문제를 해결하고 식민지 통치를 위한 인적·물적 기반을 구축하고자 한 소기의 목적을 달성하는 데에는 적지 않은 한계가 있었다.

2) 동양척식주식회사의 설립과 기간지 이민사업

동척은 일본의 농민을 대량으로 이주시켜 조선을 이주 식민지로 만든다는 목적하에 설립된 국책회사이다. 러일전쟁 이후 자본가나 지주를 중심으로 추진되던 이민사업이 괄목할 만한 성적을 내지 못하자 일본 정부는 조직적이고 체계적인 식민사업을 실행한다는 목적으로 동척의 설립을 추진하였다. 동척은 식민단체인 동양협회(東洋協會) 회장 가쓰라 다로(桂太郎)의 주도하에 설립되었다. 가쓰라는 일본 정부 및 통감부 이토 히로부미(伊藤博文)와의 협의와 조정을 거친 후, 1908년 3월 제국의회에서「동양척식주식회사법」을 통과시켰다. 그해 8월「동양척식주식회사법」이 공포되었고, 12월 육군중장 우사가와 가즈마사(宇佐川一正)가 총재로 임명된 가운데 동척의 창립이 선포되었다.[20]

---

20 동척의 설립 과정과 관련해서는 정연태, 1994, 앞의 글; 黑瀨郁二, 2003,『東洋拓植

동척이 발간한 내부 자료에 따르면, 동척은 조선에서의 척식사업을 목적으로 설립되었으며, 일본의 '선량하고 근면하며 경험이 풍부'한 농민을 조선 국유지로 이주시켜 '자원개발'과 '식산진흥'을 담당하도록 보조·지원할 것임을 밝히고 있다.[21] 이에 따라 동척은 매년 1인당 1정보씩 1만 명을 이주시켜 10년 동안 24만 정보에 24만 명의 농민을 이주시킨다는 계획을 세웠다. 농민의 이민을 유도하는 각종 선전작업을 하는 한편으로 토지 매입도 서둘렀다. 처음에는 미간지 개척을 고려했지만 많은 비용과 시간이 필요했던 만큼 단시간 내에 대규모 농민을 이주시켜야 했던 당시의 상황에서는 부적절한 것으로 판단하였다. 그 결과 조선 정부로부터 출자를 받거나 기간지를 매입하는 형태로 사업을 진행하였다.[22] 1910년대 후반 동척이 획득한 토지는 논 5만여 정보, 밭 2만여 정보, 산림과 잡종지 등 7천여 정보 등 총 7만여 정보에 달했다.[23] 토지는 전국에 걸쳐 있었고, 각지에 10개의 출장소를 설치해 이를 관리하도록 하였다.

　　會社』, 日本經濟評論社 등이 참고된다.

21　東洋拓殖株式會社, 1939, 『東洋拓殖株式會社三十年誌』, 1-2쪽. 그간 일본 내 각 부·현의 지도하에 단체로 이주한 어민들의 경우 비교적 양호한 성적을 내고 있는 것과는 달리 농업을 목적으로 이주한 개인 중에는 실패한 사례가 많았는데, 일본인 농민의 이주를 보다 체계적으로 관리하면서 집단적으로 진행할 필요가 있다는 판단 하에 동척을 설립했다고 한다(「東拓會社移民方策」, 『皇城新聞』, 1910.6.17).

22　조선 정부는 동척 자본금 1천만 엔 중 300만 엔을 출자하기로 하고, 이에 상응하는 토지 약 11,400정보를 내어 놓았다. 출자지는 전국의 역둔토와 궁장토 중 농지가 한 곳에 몰려 있는 단취지 9개 장소였는데, 이후 동척이 실측한 결과 애초 인수하기로 예정한 면적에 비해 78.3% 이상 증대된 면적이었다고 한다. 이 외에도 동척은 조선 정부의 출자지 인접 지역의 토지를 매수해 사유지에 포함시켰다(하지연, 2018, 『식민지 조선 농촌의 일본인 지주와 조선 농민』, 경인문화사, 281-285쪽).

23　朝鮮總督府, 1920, 『朝鮮總督府統計年報』, 137쪽.

1910년 「이주민취급규칙」을 제정한 동척은 1911년 제1회 이민을 시작으로 1927년까지 17차례의 이민을 모집했다. 이민은 갑종과 을종, 2종의 형태로 모집했는데, 농사 경험이 있으며 병역을 마친 신체 건강한 자를 대상으로 하되, 온 가족이 함께 이주해 영구 거주할 수 있는 자로 한정하였다. 갑종이민은 2정보 내외의 토지를 할당해 전부 자작하도록 하며, 토지대금은 5년 동안 거치한 후 25년 동안 연 6리의 이자와 함께 상환하는 '연부상환(年賦償還)'의 형태로 반환하도록 했다. 을종이민은 동척으로부터 토지를 대부받아 소작료를 납부하고 경작하는 방식이었다. 「이주민취급규칙」은 이후 3차례에 걸쳐 개정되었다.

　〈표 2〉에서 동척은 제17회까지 9,096호의 이민을 모집했다. 사업은 약 13만 호 정도를 모집한다는 계획하에 진행되었으나 실지로 승인되어 이주한 호수는 여기에 미치지 못했다. 이주가 승인된 호수는 모집하려고 계획한 호수의 69.5%, 실제로 이주한 호수는 47.5%에 불과했다. 유형별로는 제1차 「이주민취급규칙」이 적용된 제5회까지는 갑종이민, 1915년 개정된 규칙이 적용된 제6회 이후로는 갑종이민을 개칭한 제1종이민이 중심이었다. 이때 을종이민을 폐지하고 신설한 제2종이민이 증가하기 시작하는데, 제2종이민은 10정보 이내의 전답을 할당하되 2정보 이내는 자작하고 나머지는 소작시키는 지주형 이민이었다. 제1종이민이 폐지된 1922년 이후로는 제2종이민만 수용하였다. 이주 신청은 개인과 단체 모두 가능했는데, 초기에는 단체이민이 많았다. 10호 이상으로 규정된 단체이민은 친척이나 친구, 이웃이 함께 신청하는 경우가 대부분이었다. 자작농 양성과 함께 예비병력 확보라는 군사적 측면까지 염두에 두었던 동척은 일본인 농민의 집단적 이주를 장려하며 단체 신청자에게 '이주비 대부'라는 혜택을 주었다. 반면 토지 및 이주비 상환에 대한 연대의무를

〈표 2〉 동양척식주식회사의 이주민 모집, 응모, 승인, 이주 호수

회기	모집 년차	모집 호수	응모 호수	승인 호수	이주 호수 갑/1	을/2
제1회	1910	미정	1,235	160	135	25
제2회	1911	1,000	1,714	720	424	7
제3회	1912	1,045	2,086	1,167	848	2
제4회	1913	1,300	3,472	1,330	842	-
제5회	1914	1,500	1,962	1,106	687	-
제6회	1915	1,500	1,280	770	501	7
제7회	1916	1,500	1,101	540	290	5
제8회	1917	1,050	1,552	650	441	34
제9회	1918	1,000	1,528	598	442	37
제10회	1919	750	2,111	967	639	49
제11회	1920	350	1,442	500	257	63
제12회	1921	350	368	120	-	100
제13회	1922	350	361	122	-	85
제14회	1923	350	252	93	-	80
제15회	1924	350	318	102	-	84
제16회	1925	350	430	97	-	86
제17회	1926	350	620	54	-	51
계		13,095	21,832	9,096	6,221	

출처: 東洋拓殖株式會社, 1939, 『東洋拓殖株式會社三十年誌』, 171쪽.
비고: 1916년부터는 갑종·을종이민이 제1종·제2종이민으로 변경됨.

지도록 하였다.[24]

동척 이주민의 출신지를 지역별로 살펴보면 일본 전역에서 선발되

---

[24] 東洋拓殖株式會社, 1910, 『植民統計』 제1보, 2쪽; 東洋拓殖株式會社, 1917, 『東洋拓殖株式会社事業概要』, 77-78쪽; 「東拓移民一團」, 『慶南日報』, 1910.11.19; 「東拓移民의 現在」, 『每日申報』, 1913.7.2. 단체이민은 1915년 「이주민취급규칙」이 개정되면서 '5호 이상'으로 변경되었다.

었으나 사가(佐賀), 고치(高知), 후쿠오카, 야마구치(山口), 오카야마 등 서일본 지역이 대부분이었다. 이는 조선과 지리적으로 가까울 뿐만 아니라 조선 농촌과 환경이 비슷하고 '다비다수확(多肥多收穫)'으로 설명되는 집약적인 일본식 농법이 발달한 지역의 농민들을 이주 대상으로 선호한 결과이다.[25] 이 외에 이미 조선에 거주하고 있던 일본인 중에서도 다수의 신청자가 있었다.[26]

이들 이주민은 함경북도와 평안남도를 제외한 조선 전 지역에 배치되었다. 조선 정부의 출자지와 동척의 매입지가 여러 도에 걸쳐 있었기 때문이기도 하지만 이주민을 조선 곳곳에 분산시켜 조선 농민들을 지도한다는 목적이 반영된 결과였다. 철도 연선의 주요 도시 부근이나 낙동강·영산강·동진강 인근 평야지대, 남해안 방면 등 토지가 비옥하고 교통이 편리한 지역이 주요 대상지였다. 초기에는 경상·전라 등 남부지역에 집중적으로 배치되다가 점차 충청·경기·황해 등 중북부지역으로 확대되었다. 초기 이주민이 집중된 경상·전라지역은 중북부지역에 비해 제1종이민자 비율이 상대적으로 높았다. 이는 2정보 이내의 토지를 경작하는 자작농을 양성해 '동척촌(東拓村)'을 건설하고 '평화적 군병'으로써 조선인의 동화에 활용하고자 한 동척 이민사업의 특징을 잘 보여준다.[27] 경상남도 이주민의 경우 자작농의 지주로의 전환 비율이 전라도나 경상북도지역에 비해 상대적으로 낮았는데, 자작농 중심의 전형적 '동척촌'의 모습을 보여준다고 할 수 있겠다.[28]

---

25 黒瀬郁二, 2003, 앞의 책, 40쪽.
26 東洋拓殖株式會社, 1910, 앞의 책, 3쪽.
27 「朝鮮化せる移民」, 『釜山日報』, 1915.9.11.
28 최원규, 2000, 「東洋拓殖株式會社의 이민사업과 동척이민 반대운동」, 『한국민족문

〈표 3〉 동양척식주식회사의 이주민 출신 부현별 호수

순위	부현별	호수	순위	부현별	호수	순위	부현별	호수
1	佐賀	470	17	福井	64	33	長野	18
2	高知	444	18	三重	57	34	富山	14
3	福岡	369	19	鹿兒島	55	35	千葉	10
4	山口	338	20	山形	44	36	栃木	10
5	岡山	273	21	福島	42	37	大阪	9
6	熊本	235	22	鳥取	40	38	茨城	9
7	香川	182	23	宮崎	34	39	滋賀	9
8	廣島	166	24	石川	29	40	東京	8
9	愛知	108	25	宮城	28	41	青森	5
10	長崎	107	26	靜岡	25	42	群馬	4
11	岐阜	104	27	奈良	25	43	神奈川	3
12	愛媛	96	28	京都	22	44	岩手	3
13	大分	96	29	北海道	22	45	秋田	2
14	德島	88	30	兵庫	21	46	埼玉	2
15	和歌山	79	31	島根	21			
16	新潟	73	32	山梨	20			
합계				1도 3부 42현 3,883호				

출처: 東洋拓殖株式會社, 1939, 『東洋拓殖株式會社三十年誌』, 173-174쪽.

　　동척은 일본인이 이주해 정착하는 과정에서 필요한 여러 지원을 아끼지 않았다. 일본에서 이주지로 가는 여정에서 운임 및 숙박료 할인 등의 경제적 특전을 제공해주는 한편 부산 및 시모노세키(下關)에는 이민취급사무소, 마산과 목포, 군산에는 안내소를 설치해 이주민이 이주지까지 무사히 잘 도착할 수 있도록 다양한 정보를 제공해주었다. 정착해서 농사를 시작하는 데에 필요한 자금도 이주비 명목으로 대부해주었다.

화』 16, 91-92쪽.

이주민들은 회사의 지원하에 비옥한 토지를 할당받아 농사를 지었는데, 이때 지역 내 조선인 유지의 지원과 보호를 받기도 했다.[29] 초기 이주민 중에는 지대금을 일시에 완납한 후 소유권을 획득한 자도 있었는데, 동척 할당지의 가격은 시세보다 매우 저렴했다고 한다. 1938년 12월경 지대금을 완납한 자는 총 3,883호 중 2,651호로, 면적은 6,919정보에 달했다.[30] 이들 중에는 부근의 토지를 매수해 중류 이상의 경영자로 성장한 자들도 많았다고 한다.[31]

하지만 평균 2정보 미만의 전답을 경작하는 소규모 경영으로 이주민들이 안정적인 생계를 유지하는 데에는 한계가 있었다. 일본과 지리적 조건이 다른 조선에서 일본의 농법을 기계적으로 이식하는 것만으로는 기대한 만큼의 성적을 거두기 어려웠다. 이에 따라 토지 양도금과 대부금 상환조차도 힘겨워하는 이주민이 많았다. 게다가 이민사업이 기간지를 대상으로 실시되면서 기존 경작지에서 배제된 조선인 농민들의 저항도 적지 않았다. 〈표 2〉를 보면 제5회 모집 이후 응모 호수가 줄어드는 가운데 동척이 모집 호수를 축소시켜간 것을 확인할 수 있는데, 이는 동척의 이민사업이 원만하게 진행되지 않았음을 반증해준다. 조선 농민의

29　충청남도 은진군 채운면의 자산가 송병직은 이번에 면 내에 수용한 내지 이민이 도착하자 즉시 일일이 방문해, 장래 그 지도를 받아 지방 산업의 개발을 도모하려 한다고 이야기했다. 이 주소 및 부근 조선인 농민과 함께 능담회(農談會)를 열고 관개수에 관해 협의하면서 미리 분쟁을 방지하였고, 자신의 경우(耕牛)로 이주민의 논을 경작하거나 가인(家人)을 보내어 가옥의 건축을 돕는 등 다방면으로 상당한 친절을 베풀었다. 이를 본 면민은 모두 이주자를 존경하며 제반의 편의를 도모하는 중이라고 한다(「東拓移民과 鮮農」, 『每日申報』, 1912.5.26).

30　東洋拓殖株式會社, 1939, 앞의 책, 179쪽.

31　東洋拓殖株式會社, 1916, 『植民事業各地方別成績』, 19-20쪽.

<표 4> 이주민의 도별·종별 호수

도	종별	1	2	3	4	5	6	7	8	9	10	11	12	13	14	15	16	17	계
경남	제1종	59	136	104	59	46	43	32	66	35	50	21	-	-	-	-	-	-	651
	제2종	4	4	1	1	-	1	2	4	7	5	3	5	5	10	13	14	4	83
경북	제1종	-	63	87	50	59	21	14	38	24	33	11	-	-	-	-	-	1	402
	제2종	-	3	-	1	2	1	-	-	4	3	1	3	1	2	3	3	-	27
전남	제1종	9	30	112	109	63	40	32	29	70	86	30	-	-	-	-	-	-	610
	제2종	2	2	5	7	3	2	-	5	9	3	6	11	7	8	7	6	-	83
전북	제1종	28	29	59	66	76	30	11	36	47	82	21	-	-	-	-	-	-	485
	제2종	1	1	2	1	4	1	-	8	6	6	2	11	12	8	9	10	2	85
충남	제1종	3	21	35	48	28	15	13	30	25	26	10	1	-	-	-	-	-	255
	제2종	-	-	1	-	-	1	1	6	3	1	4	3	5	4	3	1	-	33
충북	제1종	-	-	-	-	-	2	5	-	1	6	-	-	-	-	-	-	-	14
	제2종	-	-	-	-	-	-	-	-	-	-	1	-	-	-	-	-	-	1
경기	제1종	6	41	108	65	58	55	27	42	38	47	27	1	-	-	-	-	-	515
	제2종	-	3	10	4	5	2	4	2	3	3	10	9	13	19	12	8	-	107
강원	제1종	-	-	-	-	-	-	-	-	-	-	-	-	-	-	-	-	-	-
	제2종	-	-	-	-	-	-	-	-	-	-	-	-	-	-	-	1	-	1
황해	제1종	-	1	54	81	33	32	51	37	28	36	24	-	-	-	-	-	-	377
	제2종	-	-	7	18	2	8	6	3	5	4	7	9	17	10	17	15	12	140
평북	제1종	-	-	-	-	-	5	-	-	-	-	-	-	-	-	-	-	-	5
	제2종	-	-	-	-	-	-	-	-	-	-	-	-	-	-	-	-	-	-
함남	제1종	-	-	-	-	5	-	-	-	-	1	1	-	-	-	-	-	-	7
	제2종	-	-	-	-	-	-	-	-	-	-	1	-	-	-	2	-	-	3
계	제1종	105	321	559	478	368	243	185	278	268	367	145	2	-	-	-	-	1	3,320
	제2종	7	13	26	32	16	14	12	30	36	27	26	52	56	55	71	64	26	563
	합계	112	334	585	510	384	257	197	308	304	394	171	54	56	55	71	64	27	3,883

출처: 東洋拓殖株式會社, 1939, 『東洋拓殖株式會社三十年誌』, 172-173쪽.

경작권을 유지시키면서도 일본 농민이 이들을 지도·감독할 수 있는 방안이 강구되어야 했는데, 결론은 지주형 이민이었다. 동척의 「이주민취급규칙」이 1915년, 1917년, 1921년 3차례에 걸쳐 개정되는 과정은 '자작형 → 지주형' 이주로의 전환 과정을 잘 보여준다.

1917년 「이주민취급규칙」은 이주민이 지주로 성장하기에 용이한 방향으로 개정되었다. 동일한 출신지의 이주자를 한 마을에 집단적으로 배치하는 단체이민을 폐지하는 대신 개별 이주자에게 할당하는 토지의 면적을 확대시켰다. '우량농민'을 양성한다는 명목하에 농민들의 토지 구입자금 상환을 유연하게 처리하였고 이자의 납입도 유예시켜주었는데, 이는 이주민이 가능한 빨리 토지소유권을 획득할 수 있도록 한 배려였다.[32] 1922년 제13회 이주부터는 지주형인 제2종이민만을 수용하는 것으로 변경되었다. 「이주민취급규칙」의 이러한 개정 과정은 자작농의 기간지 이주를 목적으로 한 동척의 이민사업이 사실상 실패했음을 인정한 것이다.[33] 일제강점기 동척의 이주농민이 전체 이주농민의 대략 40%를 차지했다는 점을 감안한다면 동척 이민사업의 실패는 일제의 이민사업, 곧 자작농 양성을 통한 '모범농촌' 건설과 '조선인 지배·동화' 계획이 실패했다는 것을 의미한다고도 할 수 있다.

3) 토지개량사업과 미간지 이민사업

대규모 미간지 개발을 통한 일제의 척식이민론은 1900년대 초 처음 제기된 이래 지속적으로 거론되었는데, 1907년 「국유미간지이용법」이 제정된 이후 황무지 개척사업이 대대적으로 시도되기도 하였다. 그러나

32　東洋拓殖株式會社, 1927, 앞의 책, 77-81쪽.

33　동척 이민이 실패한 요인에 대해서 이규수는 ①입안 단계에서의 무리한 이민계획, ②이민 수용지의 부족, ③이민 수용지 확보 과정에서 소작권을 상실한 조선 농민의 격렬한 저항을 지적했다(이규수, 2015, 앞의 책, 101쪽).

조선인들이 크게 반발하여 정책적 차원에서 노골적으로 시도하지는 못했다. 제1차 세계대전이 종결된 1910년대 후반 국제 경기가 장기불황으로 들어간 가운데 일본은 극심한 식량부족 상태에 직면하였다. 1918년 쌀값의 급격한 상승으로 쌀소동이 일어나는 등 식량부족 사태가 악화되자 일제는 식민지 토지개량사업을 통해 농업 생산력을 확충하는 '산미증식계획'을 입안하게 되었다. 이 과정에서 식민지 이민사업의 기조도 바뀌게 되는데, '우량한' 일본 농민을 이주시켜 황무지나 간척지를 개척·개간하도록 하자는 방향으로 전환되었다.[34]

조선총독부도 일본인 자작농을 조선의 기간지로 이식시켜 '신일본촌'을 건설하려 한 동척의 계획이 용이하게 진척되지 않자 대규모 미간지 개발을 통한 이민사업을 구상하게 되었다. 여기에는 1919년 전 조선을 뒤흔든 3·1운동도 영향을 미쳤는데, 3·1운동을 진압하는 과정에서 농촌사회 저변에 보다 확실한 인적 지배체제를 구축할 필요성이 제기된 것이다. 이민사업에 대한 이러한 기조 변화는 1900년 전후에 제기되었던 '만한이민집중론'을 1920년대 상황에 맞게 변형해서 실현시키고자 한 것이었다.

1921년 개최된 조선산업조사위원회에서 동척 이민사업의 부진한 성적에 대한 추궁이 이어지자 기존의 기간지 이민이 아닌 새로운 미간지 이민사업이 크게 부상하였다. 조선산업조사위원회 위원으로 참석한 후지이 간타로(藤井寬太郎)는 본토의 식량 문제를 해결하기 위해서는 관개개선(灌漑改善), 지목변경(地目變更), 간척사업 등의 사업을 장려해 산미의 증식을 도모해야 한다고 지적하였다.[35] 농업 생산력 증대를 이끌 '중견인

---

34 「産米增殖과 移民政策」, 『每日申報』, 1923.8.17.

물'인 일본인 농민의 이식과 관련해서는 기존에 동척이 진행한 기간지 이민사업은 실패할 수밖에 없었다고 지적하면서 미간지를 개척해 일본인 농민을 집단적으로 이주시킬 것을 주장하였다.[36]

조선의 미간지 개간은 개항 이래 일본인의 이주와 함께 조금씩 진전되었다. 일본인들은 1907년 「국유미간지이용법」이 공포됨에 따라 국유 미간지에 포함된 원야(原野), 황무지, 초생지(草生地), 소택지(沼澤地), 간석지 등을 대부허 개간할 경우 소유권을 인정받을 수 있었다. 1923년 「조선공유수면매립령」이 제정되면서 연안 곳곳의 매립 토지를 무상으로 부여받는 특권도 가졌다. 일본인들의 조선 국유지 개척은 이러한 제도적 지원 속에서 점진적으로 전개되었다. 〈표 5〉에서 강제병합 이래 국유 미간지 대부 신청이 지속적으로 증대된 것을 확인할 수 있는데, 이러한 추이 속에서 경작지로 대여 혹은 불하된 토지도 상당했다.

1920년대 후반 무렵 조선에는 하천변의 황무지 7만여 정보, 산록 완경사지 80만 정보, 간석지 20만 정보 등 개간 여지가 있는 총 1백만여 정보의 국유 미간지가 있었다고 한다.[37] 미간지 이민사업은 이들 미간지를 개간해 일본인 농민을 집단적으로 이주시킨다는 계획이었다. 특히 조석간만의 차이가 큰 서해안 곳곳에 간석지가 산재해 있었는데, 간석지의 경우 단번에 수백 정보 내지는 수천 정보에 달하는 토지로 탈바꿈시킬 수 있었던 만큼 축제(築堤), 수문(水門) 등의 시설들만 구축한다면 대규모의 이주민 수용이 가능한 최적의 개간 대상지였다.[38] 강제병합 이전에

---

35   朝鮮總督府, 1921, 『産業調査委員會會議錄』, 47-56쪽.
36   이규수, 2015, 앞의 책, 104-105쪽.
37   「一般의 誤解을 掃코자 新移民政策計劃」, 『每日申報』, 1927.8.19.
38   「出願者增加 干潟地に數千町步」, 『朝鮮時報』, 1923.6.3.

〈표 5〉 조선총독부 국유 미간지 대부 추이

단위: 건(件), 정(町)

구분	원야		황무지		초생지		소택지		간석지	
	건수	면적	건수	면적	건수	면적	건수	면적	건수	면적
1910	10	287	22	787	97	2,898	4	214	83	7,378
1911	13	298	21	647	103	3,809	6	217	80	6,967
1912	19	432	29	656	183	3,718	8	218	120	8,721
1913	33	383	111	945	340	4,726	11	254	284	13,509
1914	52	406	165	1,004	655	7,291	28	387	387	20,112
1915	67	552	184	713	994	8,388	31	549	644	21,537
1916	79	554	185	540	1,084	8,144	33	509	738	21,908
1917	88	628	183	519	1,196	9,031	40	546	977	23,387
1918	118	673	283	577	1,334	8,428	49	425	1,149	30,277
1919	136	724	351	848	1,904	9,070	61	548	1,461	50,087

출처: 朝鮮總督府,『朝鮮總督府統計年報』각 연도판.

이미 전북 군산지역 인근 강경, 익산, 옥구 등지의 저수량지(低水量地)나 미간지를 개간해 전북농장(全北農場)을 설립하였고, 또 1913년에는 조선총독부로부터 평북 용천지역 국유 미간지를 불하받아 서선농장(西鮮農場)을 개설한 경험이 있던 후지이는 이상과 같은 미간지로의 이민을 강력하게 주장한 것이다.

황무지, 초생지 등의 미간지를 개간해 농장으로 조성하기 위해서는 수리사업과 연계해야 했으며 간석지를 개간하는 데에도 많은 돈이 필요했다. 미간지 이민사업은 농민을 이주시키기에 앞서 많은 자본이 투자되어야 하는 만큼 조선총독부는 민간인 회사에 위탁해 지원하는 형태로 이민사업을 진행했다. 그 대표적 회사가 후지이 간타로의 불이흥업주식회사(不二興業株式會社, 이하 불이흥업)였다.[39] 1914년 설립된 불이흥업은 일제강점기 대표적 식민농업회사이자 간척회사로, 토지개량사업과 간척사업을 통해 농민의 이주지를 안정적으로 확보한 후 일본인을 집단으로 이주시켰는데, 식민지 조선에 '이상농촌' 내지는 '모범농촌'을 건설한다는 목적을 가지고 있었다. 불이흥업은 1924년 전북 옥구군 일대에 간척사업으로 불이농촌(不二農村)을 건설한 후 약 300여 세대의 일본인을 집단으로 이주시켰다. 1928에는 경성-원산 간 중앙부에 위치한 철원, 평강 일대의 황무지를 옥토로 전환하는 개간사업을 통해 철원농장(鐵原農場)을 조성한 후 집단이민촌을 건설했다.[40]

불이흥업의 토지개량사업과 이민사업은 1920년대 조선총독부의 산미증식계획과 부합되는 것이었다. 조선총독부는 국책은행을 통해 수리조합 설치와 미간지 개간에 필요한 자금을 대부해주는 등 실질적인 지원과 후원을 하였다. 이는 대장성 예금부의 저리자금이 융통된 것인데, 본토 내의 인구 문제와 식량 문제뿐만 아니라 만주 침략이라는 야심을 조선과 만주로의 척식사업을 통해 해결하고자 한 일본 정부 역시 불이흥업의 이민사업을 적극적으로 지원하였다. 내두성 사회국에서도 이민보조금을 교부해주었다. 당국의 지지와 후원을 배경으로 한 불이흥업은 일본인이 집단적으로 경작할 경지를 사전에 조선인 소작인을 동원해 마련한 후, 일본인 자작농 중심의 '이상적인 모범농촌'을 건설하려 한 것이다.

---

39   불이흥업의 토지개량사업과 미간지 이민사업과 관련해서는 최원규, 1993, 「1920·30年代 日帝의 韓國農業殖民策과 日本人 自作農村 건설사업; 不二農村事例」, 『동방학지』 82; 이규수, 1995, 「植民地期朝鮮における集団農業移民の展開過程-不二農村を中心に」, 『朝鮮史研究会論文集』 33; 이규수, 2005, 「후지이 간타로(藤井寬太郎)의 한국진출과 농장 경영」, 『대동문화연구』 49, 참고.

40   「見よ同社關係の事業と優秀なる其成績を」, 『朝鮮新聞』, 1924.3.16; 이규수, 2015, 앞의 책, 105쪽.

<표 6> 후지이 간타로의 미간지 이민사업

1929년 7월 현재

이주농촌	조성 시기	위치	규모	이주 호수	호당 경작지	이주민 지원
불이농촌 산업조합	1924	전라북도 옥구군 미면	답(畓) 1,800 정보 (町步)	251호	답 3정보 전(田) 1단보 (段步)	- 이주보조비·영농비· 제염수당 등 교부 - 21개년 연부상환(年賦 償還)
평강 산업조합	1928	강원도 평강군	답 87정(町) 남짓 전 303정 남짓 임야 107정 남짓	43호	답 2정 5단(段) 전 2정 5단	- 토지매수비·주택건 축비 등의 저리자금의 융통 - 척무성 이주장려금 - 21개년 연부상환

출처: 「朝鮮土地兼倂의 趨勢, 現下 朝鮮農村의 硏究」, 『삼천리』 제15호, 1931, 17-24쪽.

    1920년대 조선에서 실행된 일본인 집단농업이민의 경험은 1930년 대 일제가 시행한 만주농업이민의 모델이 되기도 했다. 후지이는 불이농 촌과 철원농장을 경영한 경험을 바탕으로 만주로의 이민사업을 적극적 으로 주장하였다. '대아시아 건설'과 '식민지의 안정적 통치'를 위해서는 '중견인물'의 양성이 중요하며, '치안확보'를 위해서는 일반 이민뿐만 아 니라 퇴역 병사의 이식도 필요하다고 지적하였다. 후지이의 이러한 생각 은 소위 '만주무장이민'의 제창자로 알려진 가토 간지(加藤完治)를 통해 일제의 '만주이민정책'에 반영되었다.

    평강산업조합은 1928년 3월 조직된 것으로, 주창자는 가토 간지 씨 이다. 자작농 경영을 위해 내지인으로 조직했다. 야마가타현(山形縣) 10호를 필두로 해서 다른 현에서도 이주해 와 현재는 15호, 35명이 거주하고 있다. 금년에 이민 올 사람은 50명으로 예상된다. 조합의 경지면적 500정보 중 작년에 5정보를 시범적으로 경작했는데, 성적이 좋아 올해는 80정보를 농경할 예정으로 준비 중이다. …… 이주한 조합원은 야마가타자치강습소(山形自治講習所) 출신과 이바라키일본국민고등학교(茨城日本國民高等學校) 출신자로서, 그 의지가 매우 강해 열심이고 고난에도 잘 견디어내고 있다. …… 조합의 성적은 필시 더욱더 향상될 것이다. 강원도에서 100호의 내지인 자작농이 집단적으로 거주하면서 단일한 농민부락을 형성한 것은 실로 드문 사례로, 그 완벽한 조직과 강한 의지의 조합원은 다른 곳에서는 결코 찾아볼 수 없다.[41]

가토 간지는 1925년 불이농촌으로 야마가타현 농민들을 이주시켰을 뿐만 아니라 1928년에는 이바라키현(茨城縣) 농민들을 철원농장으로 이주시키는 등 불이흥업의 집단농업이민사업을 적극적으로 지지한 인물이다. 이는 후지이의 집단농업이민과 가토의 만주농업이민의 밀접한 관계를 보여주는 대목인데, 불이농촌과 철원농장의 이민사업에 관여한 가토는 이를 만주로까지 확대시킨 것이다. 요컨대 일본의 인구·식량 문제를 해결하는 한편 '모범농촌'을 건설해 식민지의 안정적 통치와 치안 문제까지 해결하고자 했던 조선으로의 집단이민론은 1930년대 만주로 옮겨져 그대로 재현되었다. 1920년대 불이농촌과 철원농장으로 이식된 일본인 집단이민은 1930년대 만주로의 농업이민에 선행되어 실시된 '실험'과도 같은 것이었다.[42]

---

41 「期待さるる平康産業組合」, 『朝鮮新聞』, 1923.6.3.
42 이규수, 2015, 앞의 책, 105-108쪽.

4) 조선 내 이주농촌의 존재 형태

(1) 동양척식주식회사의 경남지역 '동척촌'

경남지역은 태백산맥으로부터 뻗어 나오는 소맥산맥으로 둘러싸인 분지로, 낙동강을 중심으로 남강, 황강, 밀양강 등이 흐르며 비옥한 충적평야를 형성하고 있는데, 낙동강 하구에 발달한 삼각주인 김해평야는 우리나라의 대표적 곡창지대 중 하나이다. 개항 직후부터 부산으로 진출한 일본인들은 양국 간 무역에 종사하면서 일본인 중심의 상권을 구축하는 한편으로 점차 내륙으로 진출하며 그 영역을 확장해나갔다. 특히 김해와 밀양 등 낙동강 주변 지역은 철도 등 교통이 편리할 뿐만 아니라 넓은 평야지대가 형성되어 있고 부산이나 마산과 같은 일본인 집단거주지의 배후지이다 보니 자본가나 지주들의 투자가 이어졌다. 일본인들은 기간지를 매입하는 한편 미간지를 개척해 대농장을 건설해갔는데, 개별 농장의 규모가 전라도지역에는 미치지 못했지만 그에 못지 않는 규모였다. 이들 농장주들은 대부분 조선인 농민들을 고용해 소작시켰으나, 김해의 무라이농장이나 밀양의 유아사촌과 같이 일본인 이주농민을 수용해 소작시키는 경우도 있었다.[43]

동척이 경남지역에서 농장을 경영하기 시작한 것은 1910년으로, 다른 개인이나 지주회사들보다는 늦었지만 조선 정부로부터 궁방전과 역둔토 등 비옥한 국유지를 출자받아 경남지역 최대의 지주회사가 되었다. 이에 더해 동척은 경남지역 곳곳의 토지를 매입하고 개간해 대규

---

43 개항기~일제 초기 경남지역에서의 일본인 지주경영과 관련해서는 최원규, 1999, 「19세기후반·20세기초 경남지역 일본인 지주의 형성과정과 투자사례」, 『한국민족문화』 14 참고.

모 농장을 건설하였다. 이들 가운데 이주민에게 할당한 토지는 1910년대 말경 논 811정 5단, 밭 90정 7단, 총 902정 9반 남짓으로, 그 가격은 398,978엔 남짓이었다고 한다.[44]

경남지역은 동척이 이민사업을 시작한 첫해부터 이주민을 이식한 곳으로, 이후 이민사업이 지속적으로 진행되었다. 1910년대 달에는 약 620여 호, 2,500여 명의 일본인이 이주했다. 전체 이주 호수의 약 1/5이 경남지역에 거주한 것이다.[45] 이들은 경남 각지로 분산 배치되었는데, 교육이나 위생, 기타 사회적 설비가 비교적 편리한 지역 중 한·수해 우려가 적은 토지에 우선적으로 배치되었다. 제1회 이주민은 조선 정부의 출자지인 창원과 고성, 사천지역에 배치되었고, 이후 1910년대 중반까지 김해나 밀양지역에 집중적으로 배치되었다. 대부분이 제1종이민이었는데, 1910년대 중반까지는 개인보다는 단체를 통한 집단적 이주가 이루어진 특징을 보인다. 1910년대 후반에는 이주민 수가 급감한 가운데 제2종 이주자가 일부 확인된다.

개인이주자의 경우에는 각 마을에 1~2호 배치된 것이 대부분으로, 조선인과 혼거함에 따라 별도의 일본인사회가 형성된 것으로 보기는 어렵다. 도리어 '조선화'되는 경향을 보여 '동화'의 주체와 객체가 되어야 할 일본인과 조선인의 입장이 전도될까 우려될 정도였다.[46] 다만 동래군 남면 광안리나 양산군 상서면 유산리, 사천군 사천면 화신리 등지에는 10여 명의 이주민이 집단적으로 배치된 사례도 확인된다.

---

44 「南鮮の産業狀態概況(一二)」, 『朝鮮時報』, 1917.9.5.
45 東洋拓殖株式會社, 1929, 『植民統計』 제8보, 9-13쪽; 東洋拓殖株式會社, 1939, 앞의 책, 172쪽.
46 「朝鮮化せる移民」, 『釜山日報』, 1915.9.11.

<표 7> 동양척식주식회사 마산출장소 관할 이주민 수

1921년 현재

지역	구분	1	2	3	4	5	6	7	8	9	10	11
창원	제1종	22(10)	6	6	16(12)	9(5)	10(6)	10	13	11	16	8
	제2종	0	0	0	0	0	0	1	1	2	1	0
김해	제1종	0	50(48)	28(22)	12	22(13)	9	3	4	3	7	2
	제2종	0	0	0	0	0	1	0	0	2	0	0
동래	제1종	0	0	0	19(10)	1	2	1	5	5	8	6
	제2종	0	0	0	0	0	0	0	0	1	1	1
양산	제1종	0	0	0	9	1	6(3)	2	2	1	0	0
	제2종	0	0	0	0	0	0	0	0	1	1	0
울산	제1종	0	0	5	0	0	0	0	0	0	0	0
	제2종	0	0	0	0	0	0	0	0	0	0	0
밀양	제1종	0	0	20(20)	0	0	8	5	3	6	6	1
	제2종	0	0	0	0	0	0	0	0	0	0	1
고성	제1종	30(30)	0	6	4	8	3	1	6	8	6	2
	제2종	0	0	0	0	0	0	0	0	0	1	0
통영	제1종	0	21(21)	0	0	4	0	5	29	2	2	0
	제2종	0	0	0	0	0	0	0	0	0	0	0
사천	제1종	14(14)	23(10)	20(14)	0	3	1	0	3	2	4	4
	제2종	0	0	0	0	0	0	0	0	0	1	0
하동	제1종	0	37(37)	8(4)	0	2	1	0	1	2	3	0
	제2종	0	0	0	0	0	0	0	1	0	0	0
진주	제1종	0	0	8	0	0	2	0	1	1	0	0
	제2종	0	0	0	0	0	0	0	0	0	0	0
창녕·합천 산청·거창	제1종	0	0	0	3	1	3	1	0	0	0	0
	제2종	0	0	0	0	0	0	0	1	0	0	0
합계	제1종	66	137	101	63	51	45	28	67	41	52	23
	제2종	0	0	0	0	0	1	1	3	6	5	2

출처: 東洋拓殖株式會社, 1921, 『移住民名簿』, 150-184쪽.
비고: ( )는 단체이주민 수.

단체를 통한 이주 신청자는 동척 소유지에 집단적으로 배치해 그들만의 부락을 형성하도록 했다. 1910년대 경상남도 내 동척 단체이민 현황을 제시한 것이 〈표 8〉이다. 1910년 군마현(群馬縣) 다노군(多野郡) 하치만촌(八幡村) 농민 51명의 이주로 시작된 단체이민은 일본의 한 마을에서 집단적으로 이주한 사례가 많으며, 현 단위에서 관내 각 마을을 돌며 농민을 모집하거나 특정 이주기관이 광범위한 지역의 농민을 모아 이주시킨 사례도 확인되었다.

제1회 이민사업으로 가장 많은 일본인이 이주한 고성군 고성면 송학리에는 '니나가와(蜷川)' 명의의 단체가 후쿠오카현과 오이타현(大分縣) 등지의 농민들을 모집해 이주시켰는데, 대부분이 재향군인이었다.[47] 대규모 일본인 부락이 형성되면서 이후에도 개별 이주민의 이주가 이어졌는데, '니나가와' 단체에는 준단원이 있어 혹 계약을 해지하거나 명의를 변경할 일이 생겼을 경우 이들이 승계했다고 한다.[48] 김해지역에는 '야마구치서부(山口西部)'라든가 '나가모리(永盛)', '모리노(盛農)'와 같은 단체를 매개로 야마구치현, 시마네현(島根縣), 고치현 사람들이 이주해 왔는데, 낙동강 주변의 비옥한 지대에 정착해 상당한 규모의 일본인 마을을 형성했다. 사천과 하동군에는 도쿠시마현(德島縣) 나카군(那賀郡) 주민들이 이주하였고, 사천군 읍내에는 야마구치현 츠노군(都濃郡) 톤다쵸(富田町)에서 많은 사람들이 이주해 왔다.

통영군 산양면 도남리에 소재한 오카야마촌에서는 제2회 모집 당시 기비츠(吉備)라는 단체를 조직해 '반농반어'의 '특종이민'을 신청했다. 이

---

47 「東拓移民의 近況」, 『每日申報』, 1911.9.5.
48 東洋拓殖株式會社, 1916, 앞의 책, 22쪽. 고성군 고성면 송학리 이주자 명단 중에 '蜷川藤三郎', '蜷川熊太郎'의 이름이 있는 것으로 보아 이는 '니나가와' 집안을 중심으로 모집된 단체이민으로 보인다. 니나가와 도사로(蜷川藤三郎)는 고성지역 일본인 유력자로, 고성전기(주) 이사를 역임한 인물이다(東亞經濟時報社, 1927, 『朝鮮銀行會社組合要錄』, 126쪽).

〈표 8〉 1910년대 동양척식주식회사 경남지역 이주농촌(단체)

이주지		회차	단체명	이주민	이주 호수		비고
					초기	1920년	
창원	상남면 사파정리	1	八幡村	德島縣 那賀郡 今津浦村/板野村	50	10	
	구산면 반동리	4	天草	熊本縣 天草郡 樋島村 외		12	반농반어
	구산면 신계리	6	千葉	千葉縣 夷隅郡 御宿町 외		6	반농반어
	진동면 육장리	5	大正記念	佐賀縣 東松浦郡 名古屋村		5	
김해	진례면 송정리	2	鵜方	三重縣 志摩郡 鵜方村/磯部村		13	
		3	富田共同	山口縣 都濃郡 富田町		11	
	김해면 남역리	2	山口西部	山口縣 吉敷郡 小鯖村 山口縣 佐波郡 出雲村		13	
		2	永盛	鳥取縣, 高知縣, 山口縣, 愛媛縣 등 諸縣		10	
		2	盛農	島根縣, 新潟縣, 鳥取縣, 高知縣 등 諸縣		10	
		5	盛農	島根縣, 新潟縣, 鳥取縣, 高知縣 등 諸縣		1	
	불암리	5	壹崎	長崎縣 壹崎郡 柳田村 외		11	
	장유면 관동리	3	大和	山口縣 都濃郡 富田町 외		11	
동래	서면 용당리	4	香島	大分縣 西國東郡 岬村 大分縣 東國東郡 姬島村		10	반농반어
양산	상북면 석계리	6	福井	福井縣 각 마을		3	
밀양	하서면 무안리	3	岳間	熊本縣 鹿本郡 岳間村 熊本縣 鹿本郡 內田村 岡山縣 일부		10	
		3	岡山	岡山縣 赤盤郡 瀨戶町		1	
	부북면 용지리	3	岡山	岡山縣 각 마을		9	
	상동면 고정리	3	岡山	岡山縣 邑久郡 鹿忍村		1	
고성	고성면 송학리	1	蜷川	福岡縣 각 마을 大分縣 각 마을 福井縣 각 마을	123	30	
통영	산양면 미륵도 오카야마촌	2	吉備	岡山縣 각 마을		21	반농반어
사천	읍서면 죽천리	1	第一富田	山口縣 都濃郡 富田町		11	
		3	第二富田	山口縣 都濃郡 富田町		1	
	읍서면 화전리	3	第二富田	山口縣 都濃郡 富田町		2	

이주지		호차	단체명	이주민	이주 호수		비고
					초기	1920년	
사천	읍남면 신부리	3	第二富田	山口縣 都濃郡 富田町		3	
	읍남면 선진리	3	第二富田	山口縣 都濃郡 富田町		3	
	삼천포면 봉남리	2	丹生谷	德島縣 那賀郡 각 마을		1	
	남양면 좌룡리	2	丹生谷	德島縣 那賀郡 각 마을		1	
	남양면 죽림리	2	櫻井	福岡縣 糸島郡 櫻井村		8	
	서포면 비토리	3	出水	鹿兒島縣 出水郡 止水村		8	반농반어
하동	진교면 송원리	2	山口西部	山口縣, 佐賀縣 각 마을		10	
		2	須古	佐賀縣 杵島郡 須古村 외		11	
	진교면 진교리	2	兒福	岡山縣 兒島郡 福田村 외		11	
	횡천면 횡천리	2	丹生谷	德島縣 那賀郡 각 마을		5	반농반어
		3	期成	長崎縣 下縣郡 般越村		4	

출처: 東洋拓殖株式會社, 1921, 앞의 책, 150-184쪽.

곳은 오카야마현 지원하에 1908년부터 건설된 이주어촌인데, 이후에도 매년 몇 호의 어민들이 지속적으로 이주해 와 상당한 규모의 일본인 집단거주지를 형성하고 있었다. 1918년에는 개인 자격의 어민들이 '반농반어'를 목적으로 동척의 지원을 요청하기도 했다.[49] '반농반어'의 특업이민을 수용한 곳은 이 외에도 창원 구산면과 동래 서면 용당리에도 있었다. 한편 밀양지역에는 낙동강 주변 하서면, 부북면, 상동면 일대에 구마모토현, 오카야마현 출신의 일본인 집단거주지가 만들어졌다. 니부타니(丹生谷)라는 단체명으로 삼천포로 이주한 도쿠시마현 이주민의 경우에는 삼천포 첫 이주지의 환경이 좋지 않아 다시 하동 쪽으로 옮기기도 했다.[50]

---

49 「東拓特業移民」, 『釜山日報』, 1918.5.1.
50 「〈三千浦通信〉移民移住地變更」, 『釜山日報』, 1916.1.19.

① 농사의 경영

이주민들은 동척 할당지 중 각각 2정보의 토지를 대부받아 경영하였다. 동척은 이주지역에 일본 농법이 이식될 수 있도록 필요한 자금과 기술을 지원했는데, 사원을 파견해 농사 강화회나 품평회 등을 수시로 열면서 일본 농법의 우수성을 설명하였고 생산량을 최대한 증대시키도록 지도하였다.[51] 이주민 대부분은 쌀의 대량생산이 가능한 정조식(正條植) 농법으로 농사를 지었다. 종자는 회사에서 분배·대부된 것 외에 각자 고향에서 가지고 온 것으로 시작했는데, 그 종류가 100여 종에 달했다고 한다. 단체이주지의 경우 시비, 해충 구제, 잡초 제거 등의 공정이 공동으로 이루어졌는데, 금비(金肥) 사용량이 늘면서 효과를 보기도 했지만 비용 관계상 퇴비나 녹비를 주로 사용했다. 수로나 저수지 상태가 좋지 못한 곳에서는 관개시설을 정비하는 것이 무엇보다 중요했다. 김해군 활천면 나가모리나 야마구치 서부 단체 할당지, 창원군 아마쿠사(天草) 단체 할당지 등에서는 동척 지원하에 수로를 새로 만들고 제방을 구축하였다.

동척촌의 생산량을 이주 초기 창원군 부내면과 김해군 좌부면, 사천군 읍내면을 사례로 살펴보면, 1반보당 평균 3~4석의 미곡을 생산했다고 한다. 이는 인근 지역 조선인 농민의 경작지 수확량에 비해서 많은 양이었다. 당국에서는 박람회나 공진회 등의 품평회를 열고 우수 농민을 포상함으로써 이들의 농업경영을 더욱 장려했다. 이러한 수확량을 토대로 이주민 가운데에는 일찌감치 지대금을 완납한 후 인근 전답을 매입해 경영을 확장한 자도 있었다. 제4회 이민사업으로 김해군에 정착한 하

---

51 최원규, 2000, 앞의 글, 89-91쪽.

타노 쿠라다(波田野庫太)의 경우, 사천군에 약 50정보나 되는 대규모 토지를 개간하기도 하였다. 이 외에 조선인에게 돈을 빌려준 후 그 담보지를 매수한 이들도 많았다. 그러나 1910년대 중반 이후 쌀값이 급락하면서 이주민들은 직접적인 타격을 받았다. 절망에 빠져 동척과의 계약을 해제한 사람도 수십 명에 달했다고 한다.[52]

② 부업의 장려

부업은 농민이나 어민들이 본업 이외의 일을 하는 것이다. 이민 초기 쌀값의 변동이 심한 탓에 농민들이 쉽게 안정되지 못하자 동척은 이를 보완할 목적으로 농사 이외의 부업을 적극 장려하였다. 이주민의 부업으로는 양잠(養蠶)을 하는 사람이 많았고, 양계(養鷄), 양돈(養豚)을 하거나 가마니를 제조[繩叺]하는 사람도 제법 많았다고 한다. 경남지역에서는 처음에는 큰 수익을 내지 못했지만 부산이나 마산, 진해 등지로 판로를 개척하면서 수익이 나기 시작했다.

창원군 상남면 하치만단체(八幡團體) 이주민이 만들어 판 자리[莚]의 성적이 특히 좋았다고 한다. 하치만단체 이주민의 고향인 도쿠시마현은 자리의 주생산지였는데, 이주 후에도 부녀자들을 중심으로 지방 특유의 간편한 기구를 이용해 상품을 만들고 판매했다. 자리에 대한 수요가 많아지자 하치만단체는 김해군 진례면의 우가타단체(鵜方團體) 이주민에게 기술을 전수해주기도 했다. 이 외에도 김해 활천면 모리노단체 이주민들은 조선식 소금자루[鹽叺]를 제조해 판매하였고, 창원군 구산면 아마쿠사단체 이주민들은 선어(鮮魚)를 판매해 적지 않은 수익을 올렸다. 이러

---

52 東洋拓殖株式會社, 1926, 앞의 책, 1-14쪽, 19-20쪽.

<그림 1> 통영군 산양면 동척촌(吉備團體)

출처: 東洋拓殖株式會社, 1918, 『東拓十年史』.

한 부업은 초기 이주자들이 자리를 잡아놓으면 이후의 이주자들에게까지 영향을 미치는 농가의 큰 수익이었다고 한다.[53]

③ 교육 및 위생·문화시설

동척 소유지 중 비교적 교통이 편리하고 사회적 시설이 나은 지역에 배치된 동척촌은 대체로 이미 구비된 일본인사회의 시설을 이용할 수 있었지만, 그렇지 않은 곳에는 조선총독부와 동척의 적극적인 보조와 지원이 있었다. 교육시설은 학교조합을 매개로 지원되었는데, 동척은 이주민 자제의 교육을 목적으로 이주지에 소학교 신설을 지원하는 외에 교실의 증·개축이나 유지비 명목의 거액을 기부했다. 사천과 김해, 밀양 등 일

53　東洋拓殖株式會社, 1916, 위의 책, 14-16쪽; 東洋拓殖株式會社, 1939, 앞의 책, 177쪽.

부 지역에서는 동척 소유의 창고가 교실이나 아동보소호로 제공되었다.

의료시설은 김해, 창원, 사천 등 단체이주지의 경우 동척의 의뢰를 받은 촉탁의(囑託醫)가 상주했는데, 촉탁의는 동척으로부터 수당을 지급받는 대신 이민촌의 위생상태를 살펴 매달 보고하였다. 식수 목적으로 우물을 만들 때도 동척이 지원하였다. 동척은 일본에서 초빙한 인부에게 이주지의 우물 공사를 맡기며 위생상 문제가 없도록 하였다.

이주지 인근에는 사찰이 있어 법화회(法話會)가 수시로 열렸다. 승려가 마을을 순회하면서 이주민들의 이주생활을 위로하였고 선조의 제사를 대행하기도 하였다. 신사도 건립되어 신앙생활을 할 수 있었다. 이러한 종교시설은 공동체적인 유대감을 조성하는 한편으로 일본정신을 함양해 이민사업 본연의 임무를 충실히 수행할 수 있도록 하였다. 이주민 가운데에는 산지를 매입해 선대의 묘비를 건립하는 자도 있었다.[54]

④ 일본인 및 조선인과의 네트워크

경남지역 동척 이민은 사업 초기부터 단체이주의 형태가 많았다. 조선인 부락에 1~2호 배정된 개인이주 사례도 적지 않았지만 대부분은 단체를 매개로 집단적으로 이주해 십수 호가 함께 거주하는 이주민 부락을 만들었다. 이들 이주민들은 현인회(縣人會)를 구성해 내적 결속력을 강화해갔는데, 그 안에는 청년회, 부인회, 강(講), 계(契) 등의 세포조직을 두기도 했다.[55] 출신이 다른 이주민 상호 간에는 다소간의 갈등도 없지는

54　東洋拓殖株式會社, 1916, 위의 책, 16-18쪽; 東洋拓殖株式會社, 1939, 위의 책, 176-177쪽;「東拓移民과 학교」,『每日申報』, 1915.6.30;「東拓移民의 飮料水改良」,『每日申報』, 1915.10.21.

55　최원규, 2000, 앞의 글, 90쪽.

않았지만, 인근에 1호의 일본인 동포가 거주한다는 사실만으로도 큰 위안이 되었다. 타국에서 어려운 일이 닥쳤을 때 서로 구호하고 협력하며, 경조사에는 상호 축의와 조의를 표하는 유일한 관계였다고 한다. 자신들이 정착한 이후에는 고향의 형제나 친척, 이웃, 혹은 이미 조선으로 건너와 거주하고 있는 일가·지인들을 동척 이주민으로 유인하기도 하였다.

조선인과의 관계는 언어, 풍속, 관습 등이 서로 달랐던 만큼 처음에는 잘 소통되지 않았지만 상호 교류가 확대되면서 차츰 원만한 관계를 유지하게 되었다고 선전하였다. 조선인에게 일본의 우수한 농법을 전수해주고 부업을 지도해주었을 뿐만 아니라 교통, 교육, 위생, 종교 등 지역사회 내 여러 시설의 발달에 기여한 측면이 컸다는 점을 특히 강조하였다. 하지만 '식민통치를 위한 조선인 동화'에 목적을 둔 이민사업을 통해 조선으로 온 '정복자' 일본인과 '피정복자' 조선인의 상호관계가 긍정적일 수만은 없었다. 조선인 부락에 1~2호 배정된 이주민의 경우 조선인의 영향을 받아 '이주민의 조선화'가 우려되기도 했지만, 단체이주지에서는 '일본인만의 사회'를 형성한 채 조선인과는 크게 교류하지 않았다. 조선인의 가옥을 매입한다거나 돈을 빌려주는 단발성 접촉이 이루어지는 정도였다. 일부 이주민은 동척 할당지는 조선인에게 소작시키고 자신은 부산이나 마산과 같은 도시에 거주하면서 소작료만을 수취했다. 일제가 애초 의도했던 '조선인 동화'나 '내선융화'와 같은 정치적 효과는 크지 않았던 것으로 보인다.[56]

---

56 「東拓의 慶南移民」, 『每日申報』, 1912.5.8; 「朝鮮化せる移民」, 『釜山日報』, 1915.9.11; 「東拓移民淘汰」, 『朝鮮時報』, 1918.3.4; 東洋拓殖株式會社, 1916, 앞의 책, 21-25쪽; 東洋拓殖株式會社, 1939, 앞의 책, 179-181쪽.

(2) 불이흥업주식회사의 전북지역 '불이농촌'

전북지역은 금강 이남과 노령산맥 이북의 서해로 이어지는 천혜의 평야지대로, 기후가 온난하고 토지가 비옥해 으리나라 최대의 곡창지대가 형성되어 있었다. 1899년 군산이 개항된 이후 일본인 지주들이 대거 진출해 호소카와농장을 비롯해서 동산농장(東山農場), 오쿠라농장(大倉農場), 가와사키농장(川崎農場) 등 대규모 농장을 건설하였다.[57] 불이흥업 역시 그들 중 하나였다. 1914년 후지모토합자회사(藤本合資會社)의 조직을 바꾸어 설립한 불이흥업은 전라북도 군산, 강경, 익산, 옥구 등지에 전북농장과 옥구농장, 불이농촌을 조성하였을 뿐만 아니라 평안북도 용천군에는 서선농장, 강원도 평강·철원군에는 철원농장을 차례로 조성했다. 이 가운데 불이농촌은 다른 농장들과는 달리 일본인 자작농을 수용할 목적으로 기획한 농장이었다.

전북 옥구군 미면(米面)에 위치한 불이농촌은 일본의 각 부·현에서 선발한 '우량농민'을 이주시켜 약 300호의 '이상농촌'을 건설한다는 목적하에 설립되었다. 이곳은 원래 옥구염(沃溝鹽)으로 불린 유명한 소금을 생산하는 넓은 간석지였는데, 불이흥업이 1920년부터 1922년까지 3년 동안 총면적 2,500정보의 땅을 개간해 만경강 중하류에 건설된 익옥수리조합 저수지의 몽리구역으로 조성했다.[58] 1922년 말 방조제와 배수갑문 공사를 완성해 저수지와 용수로 등을 제외한 경지면적 1,800정보를 확보했다. 사업비는 총 224만 3천 엔, 반보당 약 121엔으로, 다른 대규모 간척사업에 비하면 저렴한 공사였다. 그리고 개답사업을 통해 농장을

---

57 하지연, 2018, 앞의 책. 21-25쪽.
58 「不二農村より沃溝農場へ(二)」,『京城日報』, 1929.3.7.

조성했는데, 옥구저수지를 사이에 두고 북쪽 약 1천 정보에는 불이농촌, 남쪽 8백 정보에는 옥구농장을 만들고 각각 일본인과 조선인을 이주시켰다.[59]

불이농촌의 이민사업은 1924년부터 시작되었다. 일본 내 각 부·현에 의뢰해 이주민을 모집했는데, 1924년에 100호, 제염 과정을 거쳐 2년 뒤인 1926년에 200호 등 총 300호의 농민을 수용한다는 계획이었다. 이주 자격은 영농자금 500엔 이상을 가지고 있는 만 20세 이상의 기혼 남성으로, 신체가 건강하고 농업 경험이 있으며 조선 농민에게 모범을 보일 수 있는 자로 한정하였다. 여기에 가족 전원이 함께 이주해야 한다는 조건을 덧붙이는 등 이주 대상자를 엄선하기 위한 세심한 주의를 기울였다. 그러나 1924년 제1회 이민 모집 당시, 8개 현에서 겨우 33호가 응모하였다. 자격 조건이 엄격하다 보니 지원자가 많지 않았던 것이다. 불이농촌은 이민 자격을 완화시키는 한편 500엔의 영농자금에 관한 규정을 삭제하고 약 800엔의 보조금을 지급하는 등 이주방침을 바꾸었다. 간척지 경작에 필수인 '제염수당'도 지급하기로 했다. 동척 기간지 이민자에게 지급된 보조금이 60~70엔이었던 것에 비하면 상당히 증액된 금액이었다.[60]

불이농촌으로의 이주는 제염작업과 개답사업 정도에 따라 1924~1927년 동안 총 3기로 나누어 진행되었다. 군산부윤과 군산상업회의소 회두 등이 참석한 성대한 입촌식(入村式)을 통해 불이농촌으로 들어온 농민들은 추첨으로 토지와 주택을 배정받았다. 논 3정보와 밭 1반보

---

59 이규수, 2015, 앞의 책, 109쪽.
60 최원규, 1993, 앞의 글, 129-131쪽; 이규수, 2015, 위의 책, 109-111쪽.

를 인도받았고, 농지 이외에 주택 1동과 집회소 1동, 우물 등을 분양받았다. 이주수당과 농구수당 등의 이주보조비과 경농비 등 800엔, 제염수당 300엔도 지급받았다. 주택은 이주민들이 이주하기 이전에 일률적으로 건축되었는데, 수로를 따라 일렬로 배치된 주택은 다다미방과 온돌방이 혼합된 독특한 형태로, 바다의 한파와 강풍을 막을 수 있는 구조였다고 한다.[61] 대출금은 5년 거치, 20개년 원리균등상환 방식으로 상환되었는데, 상환이 끝나면 토지 소유권을 양도받아 완전한 자작농이 될 수 있었다.

불이농촌은 10호의 농민을 하나의 부락으로 조성했는데, 19개 현에서 약 300호의 농민이 이주해 대략 30여 개의 부락이 만들어졌다. 각 부락은 도쿠시마촌(德島村), 미야기촌(宮城村)과 같이 이주민 출신 현의 이름을 붙였다. 야마가타촌의 경우 다른 부락과는 달리 20호의 큰 부락으로 조성되었다. 이는 야마가타현 농민의 이주를 주도한 가토 간지의 특별한 요청이 있었기 때문이라고 한다. 조선총독의 소개로 후지이와 인연을 맺은 가토 간지는 불이흥업의 집단농업이단사업이 자신의 '척식론'과 부합한다는 것을 알게 되었다. 이후 자신이 근무했던 야마가타현 자치강습소 청년들을 교육해 불이농촌으로 이주시키는데, 1925~1926년 2차례에 걸쳐 20호의 농민을 이주시킨 데 이어 1928년 다시 20호의 농민을 이주시켰다. 23~27세 신혼의 청년가정으로 조성된 야마가타촌은 불이농촌 내에서도 "가장 모범적이고 개척정신이 투철한 부락"이었다고 한다.[62]

61　최원규, 1993, 위의 글, 131-132쪽.
62　야마가타촌의 이식 과정과 존재 양태와 관련해서는 엄지범·소순열, 2019, 「개인기

<표 9> 1929년경 불이농촌 이주 호수

제1기			제2기			제3기		
촌명	출신지	호수	촌명	출신지	호수	촌명	출신지	호수
德島村	德島縣	10	愛媛村	愛媛縣	10	南佐賀村	佐賀縣	10
宮城村	宮城縣	10	南熊本村	熊本縣	10	南宮城村	宮城縣	10
岡山村	岡山縣	10	南廣島村	廣島縣	10	西福島村	福島縣	10
山口村	山口縣	10	奈良村	奈良縣	10	西佐賀村	佐賀縣	10
香川村	香川縣	10	佐賀村	佐賀縣	10	岐阜村	岐阜縣	15
石川村	石川縣	10	長崎村	長崎縣	10	西熊本村	熊本縣	10
新潟村	新潟縣	10	高知村	高知縣	10	西岡山村	岡山縣	11
山形村	山形縣	20	岩手村	岩手縣	10	西福島村	福島縣	11
大分村	大分縣	10	福島村	福島縣	10	西高知村	高知縣	2
廣島村	廣島縣	10	西山形村	山形縣	20			
熊本村	熊本縣	10						
소계		120	소계		110	소계		89

출처: 이규수, 2015, 앞의 책, 111쪽.

지난달 초 오랜만에 이상향 불이농촌을 방문했는데, 그 발달된 모습에 매우 놀랐다. 사업지 1천 정보에 걸친 넓은 평야가 5년 전 조개가 서식하고 물고기가 헤엄치는 바다였다는 사실을 생각하면 지금과 같이 이 큰 사업을 완성시켰다는 사실에 감탄하지 않을 수 없다. 13일은 봄날과 같이 온화한 날씨였는데, 올해 불이농촌에 처음 설치된 산미개량조합의 현미 조제를 지도하기 위해 야마가타촌을 방문했다. 야마가타촌은 1924년 불이농촌이 처음 영농자 33호를 모집했을 때 수용한 제1회 이주민이다. 이후 5년의 세월이 흘렀는데, 그동안 이

록을 통해 본 일본인 이민농촌의 한 단면: 불이농촌의 야마가타촌(山形村)을 중심으로」, 『농업경제연구』 60(3) 참고.

주민의 분투와 노력은 여간하지 않았다. 그 노력에 대한 보상으로 지금은 내지의 농촌에도 뒤지지 않은 훌륭한 이상향을 만들어냈는데, 그것이 우리 반도의 산업개발에 직·간접적으로 영향을 미치고 있다는 것은 축하할 일이다. 야마가타촌의 산미개량조합은 강원도로부터 3마력의 발동기를 무상으로 배부받았다. 20호가 생산한 나락을 일정한 장소로 가져오던 현미로 조제해주는데, 들자하니 올해 한해로 수확량이 줄었다고는 하지만 1호당 75석, 20호의 이주민이 1,500석 정도를 생산했다고 한다. …… 내지의 농업자와 비교하면 중농(中農) 이상이라 할 수 있다. 경지상태가 아직 충분하지 않고 한해까지 겪은 해임을 감안한다면 상당한 수확이었다.[63]

그러나 여러 특혜와 보호에도 불구하고 불이농촌의 이민사업은 제염작업 및 개답사업의 부진 등으로 계획대로 진행되지 않았다. 이민사업이 지체되면서 농업 생산도 부진을 면하지 못했는데, 이는 대장성 저리자금의 상환 부담으로 귀결되었다. 불이흥업은 이를 타개해나갈 새로운 방책을 강구해야 했다. 여기에 더해서 1928년에는 대장성 예금부의 저리자금 운용에 관한 제도가 개정되어 정부의 지원도 받을 수 없게 되었다. '공익법인'에게만 대출이 가능해지면서 후지이 개인이나 불이흥업 명의로는 대출을 받을 수 없게 된 것이다. 이에 따라 불이흥업은 불이농촌의 사업주체를 '불이농촌산업조합'이라는 조합의 형태로 변경했다. 이후 불이농촌은 산업조합을 중심으로 운영되었는데, 이주민 선발 계약에서 정착에 이르기까지 불이농촌 이주민들의 생활 전반에 관여할 뿐만 아니라

---

63 「不二農村を訪れて」, 『群山日報』, 1928.12.15.

생산물의 판매와 농구·비료·생활필수품과 같은 물품 구입 등 산업조합 본래의 기능을 수행하였다.

1920년대 말 전 세계를 강타한 공황과 쌀값 하락의 영향은 불이농촌에도 미쳤다. 농업 공황으로 산미증식계획이 파탄난 가운데 쌀값이 급락하면서 불이농촌 이주민들은 연부상환조차도 사실상 불가능한 상태가 되었다. 이주민들이 이주지를 이탈하는 등 불이농촌은 심하게 동요하였다. 불이농촌은 기존의 농업경영 방식을 변경하는 한편 '암거배수법(暗渠排水法)'이라는 생산력 증진 방안을 고안하는 등 농촌갱생을 위한 구체적인 방법을 강구하였다. 조선총독부와 일본 정부도 차입금에 대한 연체 이자를 면제하고 이자율을 인하하는 등 적극적인 구제에 나섰다. 1930년대 말 전시체제로 들어가면서 쌀값이 폭등하자 농촌의 경제 사정도 호전되었다. 이에 힘입어 불이농촌도 회복되기 시작했다. 1940년대 들어가면서 이주민들의 경제상황과 생활 여건은 어느 정도 안정화되었다. 이후 불이농촌은 농업 재편성 정책의 모범적 사례로 선전되었다.

① 불이농촌과 산업조합

이주 당시부터 10호를 단위로 조성된 불이농촌에는 1940년경 총 32개의 마을이 있었다. 각 부락에는 구장(區長)을 두어 마을을 통제하도록 하였다. 각 부락민은 출신지와 출신 배경이 다르다 보니 서로 이질적인 측면이 많았는데, 이주 초기에는 위로부터 농민을 강력하게 지도할 수 있는 지도자의 역할이 강조되었다. 이에 따라 권업모범장 기사를 역임한 사키사카 이쿠사부로(向坂幾三郞)를 지도역(指導役)으로 두고, 그의 강력한 지도하에 이주민을 결속시키고 노동 효율을 극대화하는 방식으로 농장을 경영하였다. 1928년 산업조합 조직으로 변경된 이후로는 산

<그림 2> 옥구군 미면 불이농촌 모습

출처: 한국향토문화전자대전(http://gunsan.grandculture.net/gunsan).

업조합을 단위로 움직이는 경우가 많았다. 조합과 구(區) 사이에는 조(組)를 두었는데, 8개 부락을 하나의 조로 편성하므로 불이농촌은 전체 4개의 조로 구성되었다. 조는 장례 등의 일에 상호 협력했지만 조 사이의 관계는 그다지 밀접하지 않았다고 한다.

불이농촌산업조합의 조합장은 조합원 중에서 선출하도록 규정되었으나 이주민이 아닌 불이흥업 사장이 임명되었다. 이사도 「산업조합령」에 따라 선출한 후 도지사가 인가하도록 되어 있었지만 실질적으로는 불이흥업에서 임명하였다. 감사와 평의원은 조합원 내에서 선임되었는데, 평의원은 각 부락의 구장이 당연직으로 선임되었다. 이러한 구조 속에서 조합에서 조합장은 막강한 권력을 가질 수밖에 없었다. 경영 주체를 불이흥업이 아닌 산업조합으로 변경했다고는 하지만 불이농촌은 여전히 불이흥업의 지배를 받고 있었던 것이다. 불이농촌에서 생산되는 모든 생산물의 가공·판매를 비롯해서 각종 물품의 구입, 수리나 토지개량 등 불이농촌 내 전반적인 문제는 불이흥업의 영향력이 행사되는 가운데 산업조합을 통해 해결되었다.

② 농업경영

불이농촌의 이주민들은 이주와 동시에 제염작업을 실시한 후 경지를 조성해나갔는데, 1924년부터 제3기 이주민의 이주가 완료된 1930년까지 총 1,002정보를 개답하였다. 개간된 경지는 부락 단위로 할당되어 경작되었는데, 부락 내에서는 개인경작지와 공동경작지로 구분되었다. 이주민들은 불이농촌의 강력한 지도하에 옥구간척지에 적합한 '불이농촌형 영농법'으로 농산물을 공동생산했다. 생산된 농산물 중 자가소비 분을 제외한 모든 영농비, 생계비, 기타 토지개량비 등은 농가에 균등하게 분배되었다. 이러한 '공동생산, 공동분배' 형태의 생산 과정은 불이농촌의 지도방침이었다. 그 성적은 이주 초기 한해가 심해 어려움을 겪기는 했으나 80여 호 중 50석 이상을 수확하는 농가가 1/3을 차지했고, 1924년 16석에 불과하던 수확량이 1928년에는 100석 이상으로 늘어난 사례가 확인되는 등 점차 향상되는 듯하였다.[64] 품질 면에서도 군산미곡시장에서 상당히 좋은 평가를 받았던 것으로 확인된다.

그러나 계획과는 달리 제염작업이 더디게 진행되면서 농업 생산력이 정상궤도에 오르기까지는 상당한 시일이 소요되었다. 게다가 공동경영 과정에서 노동력 제공과 소비물자의 배분 등을 둘러싸고 각종 분규가 일어나면서 불이농촌을 이탈하는 자가 나오기 시작했다. 1920년대 후반부터는 세계적인 경제공황으로 쌀값 폭락이 겹치면서 상황이 더욱 악화

---

64 「好績を收むる不二農村の移民, 年年其の收穫は增加」, 『朝鮮新聞』, 1928.1.14.

되었다. 연부금조차도 상환할 수 없게 된 농민들은 연부금 감액을 요청하며 저항하기도 하였다.[65] 불이농촌은 이주민의 퇴거를 명령하는 등 강경하게 대응하기도 했지만, 저리자금 상환에 대한 압박을 받고 있는 상황에서 어떻게든 이민사업을 원만하게 이끌어갈 수밖에 없었다. 이주 호수를 늘리면서 대부액을 증액하는 한편 1930년대 중반에는 공동경작을 폐지하고 개인경작으로 전환하였다.[66]

한편 불이농촌에서는 농사 이외의 부업을 크게 장려하지는 않았으나 1920년대 후반 경기하락과 함께 농촌갱생사업을 진행하면서 다양한 부업을 권유하기 시작했다. 이주민들은 가마니 짜기, 양잠, 양계, 양돈 등의 부업을 비롯해서 농한기를 이용해 해태(海苔)를 양식하였고, 앙고라 토끼를 사육하기도 했다. 이러한 다각적인 경영을 통해 농가는 더 많은 수익을 올릴 수 있었는데, 여기에는 불이농촌과 당국의 직접적인 지도와 지원이 뒷받침되었다.[67]

③ 교육·의료·종교시설

불이농촌이 이주민들을 위해 마련한 공공·사회시설로는 교육·의료·종교시설 등이 있다. 불이농촌산업조합은 조합원의 조합비로 학교조합을 설립해 이주민 자녀들을 위한 각종 교육기관을 설치·운영하도록 했다. 이에 따라 1924년 9월 아동을 위한 불이심상고등소학교(不二

---

65 「沃溝不二農場 移住民의 小作爭議」, 『每日申報』, 1929.5.11.
66 최원규, 1993, 앞의 글, 137-143쪽.
67 「不二農村の副業獎勵」, 『釜山日報』, 1929.2.3; 「不二農村에서 앙고라兔 飼育」, 『東亞日報』, 1934.8.4; 「不二農村의 海苔養殖好績」, 『東亞日報』, 1935.5.4; 「不二農村에서 蘭草를 栽培, 農民副業으로」, 『東亞日報』, 1935.8.29.

尋常高等小學校)가 개교하였고, 청년교육을 위한 불이공립척식농사학교(不二公立拓殖農事學校)와 불이공립실과여학교(不二公立實科女學校)가 설치되었다. 의료시설로는 조합 전속 의사 및 산파를 두고 있었고, 자혜회(慈慧會) 및 의료공제회(醫療共濟會)를 조직해 조합원 중 질병에 시달리거나 빈곤한 자를 구제하는 기관으로 활용했다. 한편 1927년에는 입이도(入耳島)에 불이신사(不二神社)를 건립해 타국에서 생활하는 이주민을 위로하는 한편 일본제국주의 사상을 무장시키는 역할을 담당하도록 하였다.[68]

④ 일본인 및 조선인과의 네트워크

불이농촌의 이주민들은 토지개량이나 수리 등 농촌 내에서 발생하는 대부분의 문제를 전 농촌 차원에서 해결해갔다. 부락 차원에서 개별적으로 해결한 문제는 많지 않았으며, 이를 목적으로 조직한 단체도 거의 없었다. 재향군인분회, 군사후원연맹분회(軍事後援聯盟分會), 대일본부인회분회(大日本婦人會分會), 경로회(敬老會), 보덕회(保德會), 우마차조합(牛馬車組合) 등과 같이 불이농촌 내에서 조직된 각종 사회단체는 이주민 전체를 포괄하는 단체였다. 이들 단체들은 이주민 간 친목을 도모하는 한편 일본 농촌의 재현이라는 목표하에 주민들을 사상적으로 조직화하는 기능을 충실하게 수행했다.[69]

조선인과의 교류는 크게 없었던 것으로 보인다. 거주지 자체가 분리되어 있었던 만큼 조선인과 부딪힐 일 자체가 많지 않았던 것 같다. 간혹 농사 과정에서 옥구농장의 소작인을 투입하는 일도 있었으나 모든 공정

---

68 최원규, 1993, 앞의 글, 145-146쪽.
69 최원규, 1993, 위의 글, 145-147쪽.

을 이주민이 직접 하는 것이 원칙이었으므로 흔한 일은 아니었다. 이 외에 상품의 주문을 받거나 배달하는 조선인을 만나는 정도였다. 조합원이 생산물을 밀매하는 일이 없는지 감시하기 위해 조선인을 배치한 사례도 드물게 확인된다. 불이농촌은 조선인사회와는 완전히 분리된 일본인사회 그 자체였다.[70]

3. 일본 어민의 조선 이주와 이주어촌

1) 개항 이후 일본 '출어어민(出漁漁民)'의 증대

1876년 강화도조약 체결 이후 일본 어민의 조선 진출은 급격하게 증대되었다. 메이지유신 이후의 산업화 과정에서 도시인구가 증가한 가운데 운송기관이 발달하고 수산물 유통기구가 정비·확대되면서 수산물에 대한 수요가 급격하게 증가하였다. 농지가 부족했던 어촌지역에서는 개선된 어로기술을 기반으로 어업에 적극적으로 종사했는데, 서일본 연안 등 일본 연안 각 어장에서는 어민들 간의 경쟁으로 어류가 남획되기에 이르렀다. 특히 정부가 종래 지역에서 관행적으로 행하던 어업제도를 철폐하고 일종의 '사용료'를 부과하는 새로운 어업제도를 실시함에 따라 새 어업권을 획득한 어민들과 기존 어민들 간의 경쟁과 갈등이 심화되었다. 경쟁에서 밀려난 영세한 어민들은 새로운 어장을 찾아 활로를

---

70 엄지범·소순열, 2019, 앞의 글, 46-48쪽.

모색해야 했는데, 일본과 가까운 거리에 있는 조선 어장은 그 첫 번째 대안으로 고려되었다. 조선 어장은 일본 어장, 특히 세토나이카이와 어업조건이 비슷한 데다가 전복, 해삼, 멸치, 고등어, 장어, 상어 등 일본인들이 선호하는 어종이 풍부했다. 야마구치, 가가와, 오카야마, 오이타, 가고시마 등 서남부지역의 어민들은 비록 공식적으로 허락되지는 않았지만 1860년대 후반부터 제주도 및 부산, 거제도 등 남해안으로 진출해 도미, 고등어, 삼치, 숭어 등을 어획해 돌아갔다.[71]

1883년 조선이 일본과 체결한 「조선국에서의 일본인 무역규칙(이하 「무역규칙」)」은 일본 어민의 조선 어장 진출을 합법적으로 인정한 것이었다. 1882년 청국과 「조청상민수륙무역장정」을 체결한 조선이 평안도와 황해도에서의 청국 어민의 어업권을 인정하자 일본이 이에 대항해 체결한 것으로, 일본은 청국과 동등하게 대우해줄 것을 조선 정부에 강요하였다. 「무역규칙」 제41조는 "일본의 어선은 조선의 경상, 전라, 강원, 함경 4개 도의 해안에서, 조선의 어선은 히젠(肥前), 치쿠젠(筑前), 나가토(長門), 시와미(石見), 이즈모(出雲), 쓰시마(對馬) 해안에서 어획할 수 있으며, 그곳에서 어획한 어물을 판매할 수 있다"고 규정하고 있다. 이는 조선 어민과 일본 어민이 상호 연안어장으로 진출해 어업활동을 할 수 있도록 인정한 것이다. 그러나 조선 어민의 경우 일본 연안으로 출어하는 일이 거의 없었기 때문에 결국 일본 어민들의 조선 어장 진출만을 허락하는 '불평등'한 조약이었다. 이와 동시에 체결된 「일본인어채범죄조규」는 '영사재판권'까지 규정하고 있어 일본 어민이 조선 해안에서 범죄

---

71 일본 어민의 조선 어장 진출 과정은 여박동, 2002, 앞의 책; 김수희, 2010, 『근대 일본 어민의 한국진출과 어업경영』, 경인문화사; 박정석, 2017, 『식민 이주어촌의 흔적과 기억』, 서강대출판부; 神谷丹路, 2018, 『近代日本漁民の朝鮮出漁』, 新幹社 참고.

를 저지르더라도 영본경사에 의해 보호되었다.

「무역규칙」의 체결로 조선 출어가 공식화되자 일본 어민들은 그 즉시 '조선출어단체'를 결성해 조선 어장으로 진출하기 시작했다. 1885년 후쿠오카현에서는 '지쿠호수산조합(築豊水産組合)'이, 야마구치현에서는 '오구시우라조선해통어조합(小串浦朝鮮海通漁組合)'이 결성되었고, 1887년에는 야마구치현 시모노세키에서 '요시모우라조선해통어조합(吉母浦朝鮮海通漁組合)'이 결성되었다. 1890년경에는 히로시마현 아키군(安藝郡) 니호무라(仁保村)의 어민들이 '어업자동맹회(漁業者同盟會)'를, 1894년에는 가가와현 어민이 '가가와현원양어업조합(香川縣遠洋漁業組合)'을 결성해 조선 어장으로 진출했다. 그동안 여러 위험을 감수하면서 개별적·불법적으로 이루어졌던 일본 어민의 조선 어장에서의 어업활동이 이제는 합법적 테두리 안에서 조직적으로 이루어지게 된 것이다.

1889년 「무역규칙」 시행세칙에 해당하는 「조선일본양국통어규칙(이하 「통어규칙」)」이 조인되었다. 「통어규칙」은 「무역규칙」에서 규정하지 않은 어업세 조항을 담고 있는데, 조선과 일본 어민이 상대국에서 교부하는 면허장을 받고 어업세 간 납부하면 상호 해안 3리 이내에서 조업이 가능하도록 허가한다는 내용이었다. 어업세는 1년을 기한으로 하되, 어선 한 척에 탑승한 승조원 수를 기준으로 세 등급으로 나누어 책정하였다. 이후 조선 연안에서 조업하는 일본 어선들은 「통어규칙」에서 책정한 어업세를 조선 정부로 납부하게 되었다. 하지만 그 금액은 '소액'이었고, 불법을 행한다 하더라도 처벌규정이 미약해 큰 부담이 되지는 않았다.

이 시기 조선으로 진출한 일본 어민들은 부산, 마산, 거제도 등 경상도 해안과 전라도 남쪽의 도서지역에서 주로 조업했다. 「통어규칙」이 발표된 직후인 1890년대 초반 부산해관으로부터 어업면장을 받은 일본 어선 수는 한 해에만 700척 남짓으로, 승조원 수는 3천여 명에 달한 것으로 확인된다. 그러나 이는 공식적으로 발표된 수치로 실제로는 어업면장을 받지 않은 채 조업한 선박도 많았다. 당시의 한 언론에서는 1899년 한 해 동안 무려 3천여 척의 선박, 2만여 명의 승조원이 조선 어장에서 조업한 것으로 보도하고 있다.[72]

이들 어선은 승조원 5명 이하의 소형 어선이 대부분이었다. 어선의 출신지를 살펴보면, 히로시마현과 야마구치현 출신의 어선이 전체 어선의 절반가량을 차지했으며, 이 외에 오이타현과 나가사키현(長崎縣) 등 서일본 지역에서 온 어선이 많았다. 한반도 남해안은 일본 서부지역 연안과 어장 조건이 비슷하고 어족 자원의 종류도 유사할 뿐만 아니라 소형 선박으로도 항해가 가능하다 보니 이들 지역 어민들의 진출이 활발했던 것이다. 당시는 일본 어민의 육지 상륙이 금지되었기 때문에 일본 어민들은 멸치와 같이 육지의 건조장이나 어업용 창고[納屋] 등을 이용해 즉시 가공해야 하는 어종은 어획하기 어려웠다. 때문에 상어나 도미, 삼치 등 선상에서 얼음이나 소금으로 가공이 가능한 어종을 중심으로 조업이 이루어졌다. 제주도 인근 바다에서는 잠수기어업을 통해 전복과 해삼 등을 잡았다. 어획한 수산물은 대부분 인근의 조선인 중매상이나 부산, 마산 등지의 어시장 상인에게 판매했다. 남은 것은 선박 위에서 건조 혹은 염장해 일본으로 가져갔다.

---

72 神谷丹路, 2018, 앞의 책, 55쪽;「朝鮮海通漁組合」,『皇城新聞』, 1899.12.14.

2) 청일전쟁 이후 '정착어민'의 등장과 '자유이주어촌' 건설

청일전쟁 이전 부산, 마산, 거제도 등 경상도 연안과 제주 앞바다로 한정되었던 일본 어민들의 조업구역은 청일전쟁 이후 전라도 연안으로까지 확장되었다. 일부 어민들은 청국 어민이 조업하던 서해안까지 진출하였고, 동해에서도 조업을 시작했다. 여기에는 일본 운반선 상인들의 영향이 컸다. 그간 일본 어민은 조선 어장에서 어획한 수산물을 인근 지역 조선인 중매상에게 매각했다. 이때 의사소통이 제대로 되지 않아 불이익을 당하는 경우도 있었고 조선 상인과의 상거래 관행이 달라 손해를 보기도 했다. 일본 어민과 직접 계약을 체결한 운반선 상인들은 매입한 수산물을 염장한 후 일본 시장으로 가져가 판매했다. 뿐만 아니라 영세한 일본 어민들에게 어업자금을 빌려주면서 조선 어장으로의 진출을 유도하기도 하였다.

이러한 추이 속에서 일본 어민은 어장 인근 육지에 상륙해 집단적으로 거주하기도 하였다. 조선 정부는 1876년 개항 직후 부산, 인천, 원산 등 개항장에 한하여 일본 어민의 거주를 일시 허락하기도 했으나 본격적인 거주는 1889년 「통어규칙」이 체결된 이후에 확인된다. 동래군 영도와 대변, 통영 등 일본과 가까운 조선 연안에서 조업하던 일본 어민들이 인근에 상륙해 부락을 이룬 것이다. 법적으로 일본인의 토지소유 자체가 금지된 시기였다 보니 일반적인 모습은 아니었고 제한된 지역에서 일부 확인되는 정도였다. 그런데 청일전쟁 이후가 되면 어업활동에 필요한 건조장, 어업용 창고 등의 시설들을 중심으로 한 일본인 집단거주지가 곳곳에 조성되기 시작했다. 물론 여전히 불법이었지만 일본 어민은 본국의 국력을 배경으로 조선인과 사적인 토지대차 관계를 맺으며 이를 감행한 것이다. 범위는 처음에는 경상도 일부 지역에 한정되었으나 조업 구역을 따라 점차 확대되었는데, 전라도 일대와 울산, 포항 등 동해안 지역으로까지 확장되었다.

　이러한 변화는 일본인이 어획한 어종의 변화와도 관련이 있다. 청일전쟁 이전 일본 어민들은 남해안 일대에서 도미, 상어, 전복, 해삼 등을 중심으로 조업했으나 남획으로 어족이 고갈되자 서해안의 삼치나 남해안의 멸치, 갯장어, 붕장어 등으로 어종의 변환을 도모하였다. 멸치의 경우 남해안이 대표적 어장이나 육지에서 건조하는 가공작업이 필요했던 만큼 일본 어민들의 진출이 용이하지 않았던 어종이었다. 하지만 청일전쟁 이후 상황이 달라졌다. 통영군 구조라가 그 대표적 사례이다. 멸치를 말리는 건조장이나 어업용 창고를 짓기 시작해서 1900년대 초에는 약 120명의 일본인이 상주하는 촌락으로 발전했다. 소안도, 나로도, 대흑산도 등 전라도 연해의 크고 작은 섬에는 인근 바다에서 어획한 새우를 가공하는 시설이 들어섰다. 청일전쟁 이후 남해안 어장 인근에 조성된 일본인 거주지는 뒤에 살펴볼 이주어촌과 같은 항구적 형태의 부락과는 달랐다. 조업기 동안 상륙해 어류를 가공하는 어업근거지로, 조업이 끝나면 어민들이 본국으로 돌아가는 계절적 성격이 짙었기 때문이다.

　조선 어장에서의 일본 어민의 어업활동이 활발하게 전개되면서 조선 어민과의 크고 작은 분쟁도 끊이지 않았다. 1884년에는 제주도 연해로 진출한 일본 어민들이 잠수기어업에 종사하면서 전복, 해삼 등을 마구잡이로 어획해 제주 어민과의 분쟁을 야기했다. 일본 어민의 조업구역이 확대되면서 분쟁은 남해안 곳곳으로 번져나갔다. 1890년대 전반 물이나 땔나무, 미끼 등을 보급받는 과정에서 크고 작은 갈등이 유발되었다면, 청일전쟁 이후에는 건조장이나 창고를 설치하려고 시도하는 등 일본 어민들의 상륙이 빈번해지면서 갈등이 더욱 첨예화되었다. 1896년 경남 통영군 연해에서 멸치 어업에 종사하던 에히메현 우오시마(魚島) 어민들이 구조라에 상륙해 창고를 지으려 하자 죽창을 든 구조라민 300여 명이 몰려와 이를 제지하기도 하였다. 이 외에 일본의 전통의상인 훈도시[褌] 차림으로 상륙한 일본 어민이 조선인 마을을 활보하는 등 문화적 차이에서 오는 조선인의 거부감도 적지 않았다. 절도나 폭행, 강간과 같은 일본 어민의 범죄가 속출하면서 일본 군함까지 파견된 사례도 있었다.

이러한 갈등과 분쟁은 향후 일본 어민의 어업활동을 위축시킬 수 있었다. 뿐만 아니라 일본 어민에 대한 반감이 일본인 전체에 대한 불신으로 발전하기라도 하면 일본의 조선 지배에도 악영향을 미칠 것으로 우려되었다. 정부 차원에서의 단속과 감독이 강화될 필요가 있었다. 1897년 부산에 근거지를 두고 설립된 '조선어업협회(朝鮮漁業協會)'는 그러한 의도가 반영된 조직이었다. 부산의 조선시보사 사장 나리타 사토루(成田定)가 부산영사의 지원을 받아 설립한 조선어업협회는 일본 어민의 어업세 납부나 어업면허 신청 수속과 같은 행정적 수송을 대신하였다. 뿐만 아니라 주요 어장에 순라선(巡邏船)을 파견해 분쟁의 발생에 대비하였고, 어업자 간에 분쟁이 발생하면 적극적으로 조정하는 등 해결사 역할을 하였다. 일본 의무성은 보조금을 교부하며 협회의 활동을 지원하였다.[73]

조선 어민과 일본 어민 간의 분쟁에 대해 일본 정부가 이처럼 적극적으로 대처하면서 일본 어민의 어업활동을 지원한 것은 러시아의 남하정

---

[73] 「朝鮮漁業協會設置及同協會ヘ補助金支出一件」(B110-1845200); 김수희, 2010, 앞의 책, 45-46쪽.

〈표 10〉 러일전쟁 이전 자유이주어촌 건설 추이

도명	창설 연도	이주지	이주민 출신지	비고
경남	1876	동래 영도	三重縣 등	
	1893	통영 구조라	愛媛縣, 岡山縣	1913년 보조이주어촌
	1894	통영 성포	廣島縣	
	1897	통영 지세포	愛媛縣, 山口縣, 長崎縣	1906년 보조이주어촌
	1899	고성 장좌	廣島縣	
		마산	熊本縣, 廣島縣 등	
		통영 욕지도	德島縣	1910년 보조이주어촌
		울산 세죽포	兵庫縣	
		울산 내해	兵庫縣	1907년 보조이주어촌
	1900	통영 통영읍	長崎縣 등	1910년 보조이주어촌
	1903	울산 방어진		1909년 보조이주어촌
경북	1903	포항	鳥取縣 등	1908년 보조이주어촌
	1903	울릉도		
전라	1879	제주도 (읍내, 서귀포, 성산포 등)	長崎縣, 大分縣, 山口縣, 廣島縣 등	1907년 보조이주어촌
	1893	완도 소안도		
	1894	군산 어청도		1904년 보조이주어촌
		고흥 나로도	岡山縣, 香川縣	1906년 보조이주어촌
		신안 대흑산도	大分縣, 愛媛縣 등	
	1897	목포	廣島縣, 福岡縣	
	1899	군산	福岡縣, 佐賀縣	1899년 보조이주어촌
	1903	여수 거문도	鳥取縣 등	1916년 보조이주어촌
		여수 여자도	岡山縣	
경기	1883	인천		
강원도	1880	원산		
	1901	고성 토성면 아야진		
	1903	통천 임남면 장전동		
황해	1895	장연 백령도		
평안	1897	진남포		

출처: 吉田敬市, 1954, 『朝鮮水産開發史』, 463-470쪽; 김수희, 2010, 앞의 책, 76-79쪽, 〈표 7〉 참조.

책을 저지하기 위한 측면도 있었다. 삼국간섭으로 일본의 제국주의 확대에 제동을 건 러시아는 동북아시아 지역으로의 남하정책을 노골적으로 추진했다. 동해에서 포경선 어업을 추진하는 한편 마산을 조차해 부동항을 건설하고 군사시설을 두려 하였다. 이에 대응해야 했던 일본은 1898년 동해에서 조업하는 일본인 포경선을 지원하는 등 '원양'에서의 조업을 장려하는「원양어업장려법」을 공포했다.[74] 이어 거제도를 조차해 러시아의 마산 조차에 대항하고자 했는데, 이는 '어업조합' 명의로 25년간 25만 엔의 조건으로 조차한다는 계획이었다.

일본은 이를 실행할 조직으로 1900년 일본 1부 14현의 어민 중 조선 어장에서 조업하는 모든 어민들을 대상으로 한 '조선해통어조합(朝鮮海通漁組合)'을 설립했다. 그 연합체로 구성된 '조선해통어조합연합회'에는 조선어업협회도 포함되었다. 이로써 조선 어장에서 조업하는 일본 어민은 일본 정부가 지원하는 조선해통어조합연합회의 관할하에 조직화되었다. 이제 일본 어민은 연합회의 조합증만 있으면 조선에서 자유롭게 조업할 수 있게 되었다. 일본 정부는 부산 주재 영사를 통해 이들의 어업활동을 보호·지원할 뿐만 아니라 필요에 따라서는 적절하게 통제할 수도 있었다.

1902년 러시아는「신어업법」을 공포하며 사할린섬 남부에 있던 일본인의 어업구역 일부를 폐쇄하였다. 일본은 조선과 러시아 해역을 대상

---

74 「원양어업장려법」에 의한 장려는 일정 크기의 어선에 지원을 제한하고 있어 조선으로 출어한 대다수의 소형어선은 이러한 정부의 지원에서 제외되었다. 따라서 미흡한 지방정부의 보조와 보호하에 출어할 수밖에 없었는데, 이들에 대한 정부 차원의 정책적 배려가 이주어업으로의 전화를 조장했다고 볼 수 있을 것이다(여박동, 2002, 앞의 책, 127쪽).

으로 한 「외국령해수산조합법」을 제정하고, 이에 의거해 수산조합을 설립하며 대응하였다. 곧 '러영수산조합(露領水産組合)'을 설립해 러시아령 해역에서 조업하는 일본 어민을 보호·단속하는 한편 '조선해수산조합 (朝鮮海水産組合, 조선해통어조합연합회의 개칭)'을 설립해 조선에서 활동하는 어민들을 지원했다. 특히 조선해수산조합은 1901년 「이민보호법」을 개정하면서 '식민'을 전제로 한 일본인의 조선 이주를 추진하고 있던 정부의 시책에 따라 일본 어민의 조선 이주를 적극적으로 장려하는 활동을 하였다. 1903년 조선해수산조합 창립기념식에서 발표된 「일본인어업근거지건설」 계획은 그것의 구체적 실천이었다. 1904년 2월에는 「어업경영에 관한 규정」, 「어업근거지이주규칙」, 「어업근거지징수규정」 등 어업근거지 건설에 관한 세부 사항도 발표했다.

조선해수산조합이 제시한 「어업근거지이주규칙」에 따르면, 이주 조건은 22~50세 미만의 건장한 기혼 남성으로 어선과 어구를 소유한 사람이어야 했으며, 최근 3년 이상 어업에 종사한 자 중에서 이주 후 5년 이상 거주가 가능한 사람으로 한정되었다. 또한 어업근거지에는 1명의 감독을 두어 근거지에 대한 일체의 사무를 관장하도록 규정했는데, 이주민의 어업활동과 어획물의 판매뿐만 아니라 일상적인 사회생활까지 감독자가 규제하고 통제하도록 하였다. 이 외에 자본가가 어업근거지를 건설하려면 200호 이상으로 하고, 토지와 가옥은 미리 구입하거나 건축한 후에 어민을 모집해야 한다는 규정도 발표했다. 단순히 일본인의 계절별 어업활동에 편의를 제공할 기지를 조성한다는 계획이 아니라 집단적이고 영구적인 거주를 목표로 한 '이주어촌'의 건설을 목표로 한 것이었음을 알 수가 있다.

「일본인어업근거지건설」 계획에 따라 일본인 어업근거지로 처음 선정된 곳은 충남 어청도였다. 이 부근에는 도미, 삼치, 조기 등의 어족이 풍부해 일찍부터 많은 일본 어민들이 진출해 있었다. 조선해수산조합은 조합원 명의로 토지를 구입해 가옥을 건축하고 어민을 이주시키는 등 기지 건설에 착수했으나 2월 러일전쟁이 발발해 서해안 조업이 금지되면서 계획을 예정대로 진행하지 못했다. 이후 경남 통영군 장승포가 새로운 어업근거지로 선정되었다. 러일전쟁 기간 동안 조합이 어업근거지로 지정한 곳은 용암포, 백령도, 거제도 등 61곳이었다.

3) 러일전쟁 이후 '보조이주어촌'의 건설

러일전쟁이 진행되는 동안 일본 어민의 조선 진출은 급증했다. 조선으로 건너오는 일본인이 증대되면서 수산물에 대한 수요도 늘어났는데, 철도의 개통으로 수산물 유통까지 용이해지면서 수산물 판매시장은 크게 확대되었다. 뿐만 아니라 군용을 목적으로 한 어류의 수요도 늘어났다. 이러한 수요에 부응하며 어류를 안정적으로 공급하기 위해서는 계절별로 이루어지는 '출어어민' 형태로는 한계가 있었다. 조선에 정착해서 어업에 종사할 '이주어민'의 필요성이 강하게 제기된 것이다. 이는 1901년 「이민보호법」 개정 이래 조선·만주로의 이민을 장려하던 일제의 이주정책과도 궤를 같이하는 것이었다. 이후 일본 정부가 조선 정부를 압박해 체결·공포한 각종 법안은 일본 어민의 이주·정착화를 더욱 가속화시켰다.[75]

---

75 이주어촌의 건설 동기에 대해서 요시다는 ① 통어상의 문제점, ② 조선으로의 일본인 이주 증대, ③ 군수식량 조달, ④ 「한국어업법」 발표 등 4가지 사항을 제시하였다 (吉田敬市, 1954, 『朝鮮水産開發史』, 247-248쪽).

러일전쟁이 한창이던 1905년 8월 일본은 조선과「한국 연해 및 내해항행약정」을 체결하면서 조선 내에서의 유통망을 확장해갔다. 이것은 일본 어선이 조선 연해와 내해를 항해하며 선착장을 건설할 수 있도록 한 법규로, 어류 운반선의 어획물 채집, 운반, 판매를 허용하는 동시에 "선착장에 창고를 건설하거나 부두를 건설할 수 있다"는 조목을 넣어 그동안 금지하였던 일본 어민의 육지에서의 수산물 가공을 합법화했다. 이에 따라 마산, 장승포, 통영, 군산, 울산 등 조선 연안의 주요 도시에는 일본인이 경영하는 어시장이 차례로 개설되었다. 통감부 설치 이후인 1907년「토지가옥증명규칙」이 제정·공포되고,「국유미간지이용법」,「산림법」등이 차례로 공포되면서 택지(宅地)와 전지(田地), 연료공급을 위한 산림 등의 소유가 가능해지자 그간 계절적으로 출어하던 일본 어민들은 차츰 조선에 정착하기 시작했다.

1908년「한일어업협정」이 체결되고「한국어업법」이 공포되면서 일본 어민은 조선 어민과 동일한 조건으로 조선 어장을 경영할 수 있게 되었다. 조선인과 일본인 구별 없이 농상공부대신의 허가만 받으면 어업에 종사할 수 있게 된 것이다. "동일한 어장(漁場)에서 동일한 어기(漁基)에 동일한 어종(魚種)을 허가하지 않는다"는 규정으로 재산권적 가치가 인정되면서 '어업권'은 투자의 대상으로 되었다. 특히 궁내부 소속의 어장이 국유화되는 등 왕실과 양반 소유의 우량한 어장이 개방되자 카시이 겐타로(香椎原太郎)와 같은 일본인 자본가들의 어장 침탈이 본격화되었다. 이 '어업권'은 조선에 거주한 일본인에게만 허가되어 일본인의 조선 이주를 부추기는 결과로 되었다. 러일전쟁 즈음부터 일본 정부가 주도하는 어업근거지 건설 계획이 추진되고 있던 상황에서「어업법」까지 공포되자 일본인 이주어촌 건설은 더욱 활기를 띠게 되었다.

일본인 이주어촌의 수는 통계로 산출하는 등 체계적으로 정리되어 있지 않다. 단편적인 기록에 근거해 살펴보면, 강제병합 직전인 1909년 12개 도에 39개의 이주어촌이 건설되었는데, 이주한 어민은 1,146호, 4,820명에 이르렀다. 1910년경에는 47개 촌락에 5,259명의 어민이 이주한 것으로 추산되나, '이주어촌'이라는 명목을 붙이지 않은 곳도 많아 통계만으로는 정확하게 확인할 수 없다고 하였다. 1912년 무렵 41개의 이주어촌에 1,330호, 5,600여 명의 일본인이 이주했으며, 1914년 1월경에는 9개 도에 59개의 어촌이 건설되어 총 986호, 3,900명의 일본 어민이 이주하였다. 그 이듬해인 1915년경에는 105개의 이주어촌이 있었다는 기록이 있다. 1921년 무렵에는 경남지역에서만 3,028호, 13,248명의 일본 어민이 거주하고 있었다.[76]

이주어촌은 경상도와 전라도 지역에 집중적으로 건설되었는데, 〈표 11〉에 따르면 1905~1910년 시기 대부분의 이주어촌이 경남지역에 건설된 것을 확인할 수 있다. 전국에 설치된 이주어촌에서 경남이 차지하는 비율은 1910년 60%, 1911년 45%, 1912년 47%, 1914년 40% 정도를 차지하고 있었다. 이는 일본과 가깝다는 지리적인 이점과 좋은 바다를 끼고 있는 부산, 울산, 통영, 거제, 남해 등이 있었기 때문이다.[77] 강제병합 이후 이주어촌 수는 계속해서 증가하는데, 전남의 도서지역과 강원도, 함경도의 동해안지역에도 이주어촌이 건설되었다. 이주어촌의 규

---

76 「朝鮮의 移住漁村」, 『每日申報』, 1910.12.17; 原田彦熊·小松天浪, 1913, 『朝鮮開拓誌』, 241쪽; 朝鮮總督府, 1913, 『朝鮮漁業曆』; 「內地人の移住漁村近況」, 『釜山日報』, 1915.10.20; 慶尙南道, 1921, 『慶尙南道に於ける移住漁村』; 여박동, 2002, 앞의 책, 133쪽.

77 김예슬, 2013, 「일제하 통영의 일본인 이주어촌 형성과 경제활동」, 경남대 석사학위논문, 23쪽.

〈표 11〉 조선 내 일본인 이주어촌 분포 현황

연도 지역	1909	1910	1911	1912	1914 5호 이상	1914 5호 이하	1914 합계
경상남도	25	27	32	34	19	2	21
경상북도	1	1	3	3	4	3	7
전라남도	5	5	8	8	3	1	4
전라북도	1	1	3	3	3	-	3
충청남도	2	2	2	2	-	-	-
경기도	1	1	2	2	-	-	-
강원도	2	2	2	2	5	11	16
황해도	1	1	5	5	-	-	-
평안도	2	2	5	5	-	-	-
함경도	3	3	6	7	1	-	1
합계	43	45	71	71	36	17	53

출처: 김예슬, 2013, 「일제하 통영의 일본인 이주어촌 형성과 경제활동」, 경남대 석사학위논문.

모는 경남 통영과 방어진 등 경상남도 일부 어촌을 제외하고는 호수 100호 이내의 소규모 어촌이 대부분이었다. 이주어민의 출신지를 살펴보면, 오카야마, 히로시마, 가가와, 야마구치, 에히메, 도쿠시마 등 세토나이카이 주변과 후쿠오카, 나가사키, 오이타, 가고시마 등 규슈지역 등 비교적 조선과 가까운 일본 서남부지역 출신의 어민들이 많았다.

한편 〈표 12〉를 토대로 이주어촌을 유형별로 살펴보면, 어촌은 어민이 직접 건설한 자유이주어촌과 정부나 부·현, 수산조합 등의 지원을 받는 보조이주어촌으로 구분된다. 전체적으로는 자유이주어촌의 수가 많으나, 자유이주어촌과 보조이주어촌이 혼재하는 형태도 적지 않았다. 그동안 조선 어장에서 계절별로 조업하던 어민들이 정착해 소규모 집단거주지를 형성한 곳에 다시 대규모의 보조이주어촌이 건설된 것이다. 지역별로는 자유이주어촌이 경남지역을 중심으로 하면서도 조선 전 지역에

고르게 분포된 반면 보조이주어촌은 경상·전라 등 남해안지역에 집중적으로 건설되었다. 1915년경 확인된 보조이주어촌의 수는 총 45개였는데, 당시 조선에 건설된 전체 이주어촌의 43%를 차지하는 수치였다. 이 가운데 28개가 경남지역에 위치하고 있어 이 지역에 집중적으로 건설되었음을 알 수 있다. 출신지별로는 경상·전라 등 남해안지역에는 세토나이카이, 규슈지역 출신의 이민자가 대다수였던 반면 강원·함경 등 동해 중북부지역에는 후쿠이현(福井縣), 도야마현(富山縣) 등 우라니혼(裏日本) 출신의 이민자가 많았다.

    보조이주어촌은 일본 정부나 부·현, 조합의 지원하에 신속하게 건설되었는데, 보조의 주체에 따라 크게 3개로 나눌 수 있다. 일본 내 각 부·현과 조선해수산조합, 그리고 동척의 경영이 그것이다. 일본 정부의 장려 기조 속에서 각 부·현에서는 전략적 요충지에 적당한 이주지를 선정해 토지를 매입하고, 이주민들의 주택을 비롯해서 작업장, 창고, 선양장 등의 어업시설을 조성했다. 이어 어업권을 획득하고 이주어민을 모집해 도항비나 현물 등을 지급했다. 보조금은 출어 장려비와 이주어촌 경영비뿐만 아니라 어선·어구의 개량비, 어류의 운반 보조비, 정치어업 경영을 위한 보호장려비 등의 다양한 명목으로 지급되었다. 이때 수산조합이나 수산시험장을 적극적으로 활용했는데, 1909년부터 1919년까지 각 부·현이나 어업단체에서 취득한 어업권 수는 260여 건에 달했다고 한다. 앞서 살펴본 조사서들은 모두 이러한 활동의 결과물이었다.[78] 이러한 사실은 당시 일본 어민의 조선 어장 진출과 이주어촌 조성이 매우 조직적이고 체계적으로 이루어졌다는 사실을 보여준다.

---

78   吉田敬市, 1954, 앞의 책, 250-251쪽, 255-257쪽.

<표 12> 러일전쟁 이후 이주어촌 건설 추이

도명	창설 연도	자유이주어촌	보조이주어촌
경남	1904	통영 칠천도(蜂谷村), 울산 장생포	통영 장승포(入佐村)
	1905	동래 대변(三重縣), 동래 하단, 마산 栗九味(大分村)	마산 栗九味(千葉村)
	1906	통영 장승포(入佐村), 통영 농소리(福岡村)	동래 용당(山口村), 동래 다대포(廣島村), 통영 지세포(香川村), 울산 전하리(島根村)
	1907	울산 강동면 亭子	울산 장생포, 울산 내해(石川村), 통영 노대도(敷島村),
	1908	동래 대변(廣島村, 三村村), 울산 薪岩, 울산 일산진, 통영 한산도(高知村), 통영 지세포(山口村)	동래 대변(廣島村), 동래 하단(岡山村), 통영 산양 도남리(岡山村)
	1909	남해 동면 미조(佐賀村), 통영 외포리, 통영 대금리, 통영 관농리	통영 칠천도(愛媛村), 울산 방어진(福井村, 香川村, 福岡村), 남해 동면 미조(佐賀村)
	1910	통영 산양면 唐浦	삼천포 新樹島(大分村), 통영 욕지도(山口村), 통영 통영읍(長崎村)
	1911		삼천포(愛媛村, 山口村), 통영 산양 新田里(土佐村), 통영 통영읍(島根村), 남해 창선 加仁洞
	1912~	용남군 사량면 동변동, 울산 동면 염포, 통영 욕지도(香川村)	통영군 산양면(廣島村), 통영 송진포, 통영 구조라(愛媛縣), 진해 漁浦
경북	1904	장기군 장서 牟浦	
	1907	경주 감포(福井村), 영일 두호동	
	1908	영해 축산포	영해 축산포, 포항(岡山村)
	1910	영덕 강구(香川縣), 영일군 구룡포(香川縣)	
	1912~		영일군 구룡포(香川縣)
전남	1905	추자도	
	1906		고흥군 나로도(岡山村)
	1907		무안 몽탄(佐賀村), 제주 성산포(高知村)
	1912~	여수(廣島村, 愛知村), 영광군 홍농면 항월리, 해남군 송지면 於蘭鎭, 吉備村	여수(廣島村, 愛知村), 해남군 송지면 於蘭鎭(岡山村, 吉備村), 완도 伊豫村(愛媛村), 완도 加馬九味, 여수 거문도(香川村)
전북	1904		군산 어청도
	1907	군산 옥구 경포	

도명	창설 연도	자유이주어촌	보조이주어촌
전북	1910	군산 명치정	
충남	1904	강경	
	1909	면천군 쟝암리	
	1912~	서산군 近奐	
강원	1908	강릉군 주문진	울진 죽변(島根村)
	1910	간성군 고성면 靈津, 간성군 오대면 거진리	
	1911	강릉군 맞상면 묵호리	
	1912~	양양군 통천군 속초리, 강릉군 서천 진리	간성군 고성면 烽燧津
황해	1904	용호도	
	1909	경기 대청도	
평안	1905	용천군 용암포	
함경	1906	성진	
	1908	경흥 서수라(新潟村)	경흥 서수라(石川村)
	1910		청진·福井村, 石川村

출처: 慶尙南道, 1921, 앞의 책; 吉田敬市, 1954, 앞의 책, 467-490쪽; 김수희, 2010, 앞의 책, 76~79쪽〈표 7〉참고.
비고: 이주어촌의 건설 연대는 자료에 따라 약간씩의 차이를 보이며, 연대가 확인되지 않은 이주어촌은 생략함.
보조이주어촌은 일본 정부와 각 군·현 및 수산조합에서 건설한 어촌.

    통감부 설치 이후 통감부 수산정책의 보조행정기관으로 된 조선해수산조합은 일본 어민들의 어업에 관한 요구에 신속하게 대처하는 한편 이주어촌의 건설을 적극적으로 유도하였다. 어업근거지를 확보하고자 토지 대부 규정을 제정하고 각종 편의까지 제공하면서 어민들의 이주를 부추겼다. 1904년 통영군 장승포에 건설된 이리사촌(入佐村)은 그 첫 번째 시도로, 보조이주어촌의 효시로 알려져 있다. 조선해수산조합에서는 1904년 6월 하순 장승포에 일본식 가옥, 즉 나가야(長屋)를 준공하고 일본의 각 지방에서 이주 희망자를 모집했다. 이리사촌은 1904년 12월 1일 개촌했는데, 당시 조선해수산조합의 조합장이었던 이리사 키요즈시(入佐淸靜)의 성을 따서 '이리사촌'이라 명명한 것은 그 상징성을 잘 보여준다. 조선해수산조합이 장승포에 이주어촌을 건설한 것은 일본해군방비부대에 어류를 공급하기 위해서인데, 인근 통영군 송진포에는 1904년 1월부터 진해만방비부대가 주둔하고 있었다. 이리사촌은 단순한 이주어촌이 아니라 일본의 전략적 목적에 따라 건설된 해군의 식량 공급처이자 어업 전지기지였던 것이다. 이어 군항으로 조성 중이던 진해와 군부대가 있던 송진포에도 이주어촌을 조성하였다.[79]

1910년 강제병합으로 조선이 일본의 식민지로 되자 일본 각 행정기관과 조합의 지원은 이전보다 더 체계적이고 적극적으로 전개되었다. 1911년부터 이민자를 모집하기 시작한 동척은 농업의 부대사업으로 농업과 어업을 같이 하는 '반농반어'의 어민을 모집했다. 동척이 지원한 '반농반어'의 어민은 일본에서 직접 모집하기보다는 이미 조선에 와 있던 일본인을 지원하는 형태였는데, 동척은 단체를 통해 지원한 어민에게 연부상환 조건으로 토지를 대부해주었다. 통영 오카야마촌의 기비츠단체를 비롯해서 창원 구마모토현 출신자의 아마쿠사단체(天草團體), 사천 가고시마현 출신자의 이즈미단체(出水團體) 등이 대표적 사례이다.

이주어촌은 대개 조선인 거주지와는 다소 거리를 두면서 그간 사람들이 거주하지 않던 새로운 장소에 건설되었는데, 이는 조선인과의 불필요한 갈등 유발을 피하고자 한 것이었다. 자유이주어촌과는 달리 보조이주어촌은 부·현이나 조합 등이 감독관을 파견해 관리하였다. 서남해

---

[79] 朝鮮水産組合, 1915, 『朝鮮水産組合業務成績一斑』, 85-100쪽.

연안 이주어촌의 경우 영세한 형태의 어촌이 많았는데,[80] 도미나 삼치, 새우 등 소규모 자본으로도 가능한 어업에 주로 종사하였다. 동해 연안의 이주어촌은 서남해 연안에 비해 다소 늦게 건설되었지만 주요 어종인 정어리 어업을 중심으로 크게 발달하였다. 1920년대 중반 어항의 설비가 완비된 가운데 어선의 동력화까지 이루어지면서 기업적 경영까지 가능한 곳도 많았다. 1930년대 이후에는 전쟁에 필요한 어비(魚肥)·어유(魚油) 수요가 증대되면서 그것의 매매지 내지는 제조공업지로서 더욱 번성하였다. 이들 이주어촌들은 이주어민들의 출신지에 따라서 주로 어획하는 어종이 달랐고, 이를 위해 사용하는 어법도 달랐다.

붐처럼 생겨나던 이주어촌은 1910년대 중반을 경계로 감소하기 시작했다. 이미 건설된 이주어촌 중에서도 실패하여 소멸되는 사례도 많았는데, 이는 자유이주어촌보다는 보조이주어촌에서 두드러지게 보였다. 어족이 풍부하거나 전략상 요지인 벽지(僻地), 고도(孤島)에 건설한 이주어촌의 경우, 어획물의 처리나 의료, 교육, 통신, 일상품 구매와 같은 사회·문화적인 부문을 고려하지 않은 채 건설하다 보니 정작 이주민들이 생활하기에는 불편함이 많았다.[81] 이 과정에서 보조이주어촌이 자유이주어촌으로 전환된 사례도 많았다. 마지막으로 건설된 보조이주어촌은 1919년 통영군 산양면에 설치된 히로시마촌으로 확인된다. 이후 이주

---

80 吉田敬市, 1954, 앞의 책, 376쪽.

81 요시다 케이이치는 한국에서의 이주어촌은 실패한 것으로 보았다. 그 이유로는 ①이주어민의 선정 오류, ②어업자금의 부족, ③이주 근거지 설정의 오류와 시설의 미비, ④관청 및 이주어촌 경영자의 시책 불충분, ⑤적절한 지도가(감리자)의 미확보, ⑥어획물 처리시설의 결함, ⑦조선인 어업자의 발전에 따른 영향, ⑧이주어촌의 직업 전환과 어민 자제의 이촌(離村), ⑨이주어촌 경영에 대한 준비작업의 불충분 등을 제시하였다(吉田敬市, 1954, 앞의 책, 275-281쪽).

어촌의 수가 전체적으로 줄어들었다. 하지만 일제 말기까지 존속한 몇몇 이주어촌은 근대적 시설을 갖춘 어항을 중심으로 소도시의 면모를 갖춘 채 안정적으로 경영되었다. 통영의 이리사촌과 오카야마촌, 히로시마촌, 햐치야촌(蜂谷村)을 비롯해 지세포리, 송진포리 등지에 건설된 이주어촌, 울산의 방어진과 장생포, 여수의 거문리, 해남의 어란진 등에 건설된 이주어촌들이 대표적인 사례이다.

4) 조선 내 이주어촌의 존재 형태

(1) 전라남도 고흥군 봉래면 나로도의 이주어촌

나로도는 전라남도 고흥군 고흥반도 앞에 떠 있는 큰 섬으로, 북쪽의 내나로도와 남쪽의 외나로도가 서로 마주 보고 있다. 섬 전체에 산지가 많아 주민들은 섬 구석구석에서 농사를 짓고 있었는데, 조선시대에는 나라에서 경영하는 목장이 있어 농경지 인근에서의 소 사육도 왕성했다. 주민들은 대부분 농사와 목장 경영을 통해 생계를 유지했는데, 당시 전체 주민 203호 중 어업에 종사하는 호수는 11호에 불과했다고 한다. 이처럼 어업보다는 농·축업을 중심으로 생계를 유지해오던 나로도가 남해안의 중요한 어업근거지로 변모해간 것은 일본 어민들이 상륙하면서부터였다.[82]

나로도 근해는 내해성 어족이 다수 어획되는 좋은 어장이었다. 돌산 근해의 전복, 해삼, 우뭇가사리를 비롯해서 광양만과 여수만, 순천만 등

---

82 나로도 이주어촌의 건설 과정과 모습은 박정석, 2017, 「7장 고흥 나로도 축정」, 앞의 책, 332-374쪽; 神谷丹路, 2018, 「第5·6章 全羅南道羅老島の展開」, 앞의 책, 199-267쪽 참고.

지에서는 새우, 갈치, 조기, 갯장어 등이 어획되었다. 이들 중 새우가 특히 풍부했는데, 이 지역의 새우 어업은 명태, 조기, 멸치에 이어 조선 4대 어업의 하나로 손꼽힐 정도로 융성했다. 서남해 연안 지역에 거주한 조선인 어민들은 궁선(弓船)을 이용해 새우를 잡았는데, 개항 이후 인근 해역에서 조업하는 일본 어민들이 도미 연승어업의 미끼로 새우를 이용하면서 조선인의 새우 어업은 더욱 번성했다.

일본 어민이 나로도 해역으로 진출하기 시작한 것은 조선시대부터였다. 세종 때 「고초도조약(孤草島條約)」이 체결되면서 주로 쓰시마 어민들이 진출해 조업했다. 이후에는 히로시마현, 오카야마현, 가가와현 출신의 어민들이 진출해 어업활동의 근거지로 삼았다. 이들은 세토나이카이의 어업 근대화 흐름에서 낙오된 영세한 어민들로, 처음에는 도미 연승어업에 종사했으나 그 판로에 어려움을 겪으면서 조금씩 다른 어종으로 전환해갔다. 히로시마현 출신의 어민들이 멸치 어업으로 전환한 반면 오카야마현 출신의 어민들은 새우 어업에 주목했다. 한편 가가와현 출신의 어민들은 주로 갯장어 어업에 종사했는데 1900년대 초부터 외나로도 북쪽의 창포를 근거지로 삼아 갯장어 연승어업을 하였다. 이 시기 나로도의 창포는 갯장어 어민들을 따라온 음식점과 잡화점 등으로 번성했다고 한다.[83]

이들 일본 어민 중 나로도에 처음 정착한 이들은 오카야마현 출신의 새우 가공업자였다. 당시 서남해 해역에서 잡힌 새우는 청국으로 수출하는 중요 수출품이었다. 어획한 즉시 신속하게 가공해야 하는 어종이었던 만큼 육지에 가공시설을 만들 수 없었던 청일전쟁 이전의 상황에서는

---

83   朝鮮總督府 農商二部 水産局, 1910, 『韓國水産誌』, 211쪽.

일본 어민들이 종사하기 어려운 어종이었다. 그러나 청일전쟁 이후 조선에 대한 일본의 영향력이 확대된 가운데 일본 어민의 육지 상륙이 가능해지자 건조장 등의 시설을 설치하면서 새우잡이 어업에 뛰어든 것이다. 남해안 중심부에 위치하면서 서해안으로 이어지는 길목에 자리 잡은 나로도는 서남해 해역에서 어획한 새우 등을 모아 가공할 수 있는 중요한 근거지가 되었다.

나로도에서 새우 가공업을 가장 먼저 시작한 일본 어민은 오카야마현 다마시마정(玉島町, 현 倉敷市) 출신의 오노 쓰루마츠(小野鶴松)이다. 오노는 1894년 나로도의 무구미(茂求里, 외나로도 서안 대역포 남쪽의 작은 포구)에 새우 제조를 위한 창고를 설치했다. 이후 매년 나로도로 와서 조선인과 일본인 어민들이 어획한 새우를 공급받아 건새우로 제조했다. 1899년에는 오카야마현 히나세(日生) 출신의 어민 모리타니 사다키치(森谷貞吉)가 나로도에 새우 제조장을 설치했다. 이어서 오카야마와 히로시마 출신의 새우잡이 어민이 오리도(五里島), 국도(國島), 여자만(순천만), 광양만 등 남해안의 주요한 새우 어장으로 진출했다. 오카야마현 출신의 어민들은 여성과 아이까지 모두 동반한 채 조업에 나서는 모습을 보였다고 한다.

계절별로 건너와 조업하던 오카야마현 어민들이 나로도에 완전하게 정착한 것은 1905년 무렵이었다. 1906년 오카야마현에서는 '치끝'으로 불리던 외나로도 대역포(大驛浦, 지금의 축정)에 이주어촌을 건설했다. 이주 주선자는 '오카야마현 수산회'였다. 오카야마현으로부터 보조금을 지원받은 수산회는 벌교로 진출해 농사 경영을 하고 있던 금곡상회(金谷商會)의 누카다 다카야(額田高治)를 감독관으로 파견해 이주어촌을 건설하도록 했다. 누카야는 1907년 대역포에 나가야(長屋) 10호를 완공한 후

〈그림 3〉 1909년경 나로도 창포 전경

출처: 朝鮮總督府 農商工部 水產局, 1910, 앞의 책.

10호의 일본 어민을 이주시켰다. 이어 인근 구릉을 깎고 해안을 매립해 주거지를 마련하고 어업 관련 시설들을 설치하며 이주어촌을 건설해나 갔다.

1910년경 나로도의 일본인 인구 수는 총 19호에 71명이었는데, 대부분이 오카야마현 출신이었다. 1912년에는 후쿠오카현 어민 2호가 무구리로 이주해 왔다. 사가현에서도 이주어촌을 건설했지만 실패했고, 건물은 야마구치현 출신 어업가에게 매각되었다. 1920년 무렵에는 창포를 근거지로 삼아 갯장어 잡이를 하던 가가와현 어민들이 대역포에 정착하기 시작했다. 1920년대 말 대역포를 중심으로 한 외나로도의 일본인 인구 수는 83호, 830명으로 증대되었다.

이처럼 개항 이전 목장 경영 등 농업을 생업으로 하던 나로도는 일본 어민의 이주로 '이주어촌'이 건설되면서 어업이 주업인 어항이 되었다. 뿐만 아니라 새우 건조장 등의 가공시설이 설치되면서 남해안 일대의 어획물을 일본으로 수송하기 위한 어업근거지로 변모해갔다.

① 나로도 축정 일본인사회의 건설

내나로도의 소영리나 외나로도의 창포에 임시로 거주하며 어업활동을 하던 일본 어민들은 외나로도 대역포에 터전을 마련하고 정착했다. 원래 마을이 있었던 곳은 아니었지만 기존의 임시 거주지가 협소했을 뿐만 아니라 지형적 조건이 항구에 적합하지 않았던 탓에 옮기게 되었는데, 조선인 마을과는 다소 떨어진 것이었다. '축정'이라는 지명은 일본인들이 해안을 매립하고 항만을 축조한 곳이라 해서 붙여진 것으로, 일본인이 정착하기 전에는 '치끝'으로 불렸다. 축정은 지형적으로 서쪽을 제외한 삼면이 육지로 둘러싸인 포구를 끼고 있었는데, 서쪽의 애도와 사양도가 남서쪽의 바람과 파도를 막아주기 때문에 어항으로 발전할 수 있었다.

애초 축정에는 거주지로 삼을 만큼의 평평한 땅이 부족했다. 그렇다 보니 바위산 아래를 따라 길게 거주지가 형성되었는데, 건물은 좁은 대지를 효율적으로 활용하기 위해 전면이 좁고 후면이 긴 형태로 건설되었다. 거주지가 확보되자 일본인들은 일상생활에 필요한 기반 시설들을 조성해나갔다. 면사무소와 경찰지서, 우편소 등의 관공서가 설치되었고, 1915년에는 우편소 내에 전신·전화가 개설되었다. 심상소학교와 나로도학교조합의 설립이 인가되었으며, 금융조합을 비롯해서 '백화점', 상점, 병원과 같은 편의시설도 차례로 들어섰다. 이주민의 식수를 위한 수원지도 확보되었다. 초기에는 학교 뒤쪽의 우물을 사용했으나 1932년 마을 위쪽에 저수지를 막아 수원을 확보한 후 상수도 시설을 설치했다. 상수도는 축정에만 공급되었는데, 일본인들은 상수도를 통해 물을 편리하게 마실 수 있었고, 가뭄에도 대비할 수 있었다.[84]

해안가에는 제빙공장과 유류탱크, 선구점, 어업조합 등과 같은 어업 관련 시설이 배치되었다. 제빙공장을 원활하게 운영하기 위해서는 전력이 필요했는데, 1930년 이 지역을 어업근거지로 활용하던 운반선업자들이 나로도전기주식회사(羅老島電氣株式會社)를 설립해 발전(發電) 설비를 구축했다. 이는 남해안 일대에서 어획한 수산물을 보관했다가 일본으로 운반하는 데에 필요한 시설을 원활하게 운영하기 위한 목적이었다.[85] 상수도, 전기와 같은 이러한 시설들은 '근대화' 혹은 '도시화'의 상징과도 같은 것으로, 육지의 고흥군에서는 상상도 할 수 없는 '최신문명'이었다고 한다. 마을 남쪽 외곽에는 조선소와 화장장이 자리 잡고 있었다.

축정의 이주어촌은 처음에는 오카야마현 수산회에서 파견한 감독관의 관리하에서 경영되었으나 1923년 나로도어업조합이 조직된 이후로는 어업조합이 그 구심점이 되었다. 어업조합은 1911년에 개정된 「어업령」에 근거해서 조직된 것으로, "어업을 하는 자 및 어업권을 가진 자를 중심으로 하는 지구별 조합"이었다. 스스로 어업을 할 수는 없지만 "조합원의 어업에 관한 공동 시설을 하는 것"을 목적으로 하고 있었다.[86] 나로도어업조합의 초대 조합장에는 새우 제조업자인 오노 쓰루마츠가 취임하였다. 창립 당시 조합원은 일본인 23명, 조선인 323명으로 조선인 어

---

84 박정석, 2017, 앞의 책, 349-363쪽; 「羅老島電信話開始」, 『釜山日報』, 1915.9.30.

85 「羅老島에 電燈許可」, 『中外日報』, 1930.7.1.

86 개정된 「어업령」에 근거해서 1912년 제정·발포된 「어업조합규칙」에 따르면, 어업조합은 조선총독이나 지방장관의 철저한 감시·감독하에 어업과 어민을 지배하는 기관으로 규정하고 있다. 1922년에는 어업조합의 설립을 촉진하고 어업을 더욱 활성화시킨다는 목적하에 「어업조합보조규칙」이 제정·공포되었다. 보조금 교부와 이사의 임명에 관한 조항을 둔 「어업조합보조규칙」은 어업조합을 매개로 해서 어촌경영과 어업지배를 실현하고자 한 제도적 장치였다고 할 수 있다. 이 어업조합에 관한 규정은 이후 몇 차례 개정되었다(여박동, 2002, 앞의 책, 159-169쪽).

민이 더 많았다. 일본인과 조선인이 함께한 만큼 내적인 갈등도 적지 않았는데, 이는 조합장 선출이나 어업조합 지역 지정, 어획물의 판매 과정에서 표출되기도 하였다.[87]

한편 나로도의 일본인들은 재향군인회, 청년단, 소방조와 같은 각종 사회 단체를 조직해 어촌의 경영에 필요한 자치적 활동을 하였다. 또한 신명신사(神明神社)와 사찰을 설치해 일본 어민들을 정신적으로 위로하였다. 사찰 인근에는 공회당을 두어 운동이나 영화감상 등의 문화활동이 가능하도록 하였다.

② 축정 이주어민의 어업활동

나로도의 초기 이주어민은 새우 제조업자가 중심이었는데, 일본의 기리오카회사(桐岡會社), 오카자키회사(岡崎會社) 등이 출장소를 설치해 새우 제조업에 종사했다. 기리오카회사는 일찍이 나로도로 이주해 건새우 제조업을 해왔던 오노 쓰루마츠의 창고에 출장소를 둔 것으로, 이후 '기리오카납옥(桐岡納屋)'이 되었다. 오카자키회사는 부산 근해에서 어업에 종사하고 있던 오카야마현 출신의 어민 가와나베(川邊早四郞)를 나로도 주재원으로 두면서 1901년경부터 새우 제조를 시작했는데, 출장소가 개업한 것은 1907년이었다. 이것이 '오카자키납옥(岡崎納屋)'이다. 한편 1917년에는 오카야마현 출신 이주어민 5명이 새우 제조 조합인 마루고 조합(丸五組合, 1922년 선남어업주식회사 개칭)을 설치했다. 나로도에서 어

---

87 「組合長 選擧에 兩便으로 分派, 羅老島 漁組서」, 『東亞日報』, 1925.12.24; 「漁業組合令發表後 島民生活에 大打擊」, 『東亞日報』, 1932.6.2; 「羅老島の平和鄕に漁組地域指定問題」, 『釜山日報』, 1932.5.3.

획한 새우는 '나로도의 특산이자 생명'[88]으로 불릴 만큼 중요한 어족으로 굉장히 번성했다.

나로도 주변 해역에서는 새우뿐만 아니라 갯장어도 많이 어획되었다. 일찍이 창포를 근거지로 해서 갯장어 어업을 주로 했던 가가와현의 어민들은 1920년경부터 축정에 정착하기 시작했다. 매년 봄 갯장어 어기가 되면 창포는 갯장어를 잡는 어선들로 넘쳐났다. 어획한 갯장어는 창포 인근의 축양용 대바구니 통 속에 보관했다가 활어 운반선에 실어 일본의 시모노세키나 오사카 등지로 운반해갔다.

이처럼 새우와 갯장어 등 수산자원이 풍부한 나로도에 이주어촌이 건설되자 이들을 매입해 일본으로 수송하는 중개상들도 몰려들었다. 그 대표적인 인물이 나카베 이쿠지로(中部幾次郎)였다. 효고현 출신의 나카베는 초기에는 단순한 선어 운반업자였다. 1905년 석유발동기를 장착한 운반선을 건조해 1907년 구룡포에 도착했고, 이어 남해안으로 내려와 사량도 등지의 갯장어를 운반하기 시작했다. 1908년부터는 근거지를 나로도로 옮겨 창포에서 어민들의 어획물을 매입해 일본으로 수송했다. 1915년 어업근거지를 방어진으로 옮겼으나 그 후로도 수산물 저장·운반에 필요한 제빙공장과 전기회사, 중유탱크, 기타 상점 등을 축정에 설치했다. 오카야마현과 가가와현 출신의 영세한 어민이 정착하면서 건설된 나로도 이주어촌은 나카베 등 운반업자에 의해 어획물 운반기지로 변모되면서 남해안 어업 중심지로 성장할 수 있었다.

---

88 「鰕の大漁ぞ」, 『釜山日報』, 1929.4.27.

③ 조선인과의 관계

　일본인이 이주할 무렵 나로도에는 총 11개의 조선인 마을이 있었다. 일본 어민들은 조선인 마을과는 떨어진 외나로도 대역포, 곧 축정에 터전을 마련하며 조선인과는 공간적으로 분리된 생활을 하였다. 일본인 거주지 인근에 몇몇 조선인이 거주하기는 했으나 일상생활 속에서 부딪힐 일은 거의 없었다고 한다. 학교의 경우도 일본인과 조선인이 다니는 학교가 분리되어 있어 일본인 아이들이 축정의 심상공립소학교에 다녔던 반면 조선인 아이들은 인근 신금리의 보통학교에 다녔다.

　이주 당시 조선인들은 어업보다는 농업에 치중하고 있었다. 부수적으로 새우잡이를 행하고 있었으나, 일본 어민들이 도미 연승어업의 미끼로 새우를 사용하면서 조선 어민의 새우 어업이 크게 증대되었다. 이는 일본 어민들의 나로도 정착 이후 더욱 가속화되었다. 1910년경까지도 조선인 어민의 어획량이 훨씬 많았다고 한다. 조선인 어민은 어획한 새우를 일본인 새우 제조업자에게 판매했는데, 이들은 매입한 새우를 염장하거나 건조해서 일본으로 운반해 판매하였다. 이때 어민과 운반업자는 '시코미(仕込)' 방식으로 거래를 했는데, 운반업자가 어민에게 자금을 대여하면 어민은 운반업자에게 어획물로 상환하는 방식이었다. 이는 자본력을 동원한 일본인 새우 제조업자나 운반업자가 조선인 새우잡이 어민을 지배하는 하나의 방편이었다. 1923년 조직된 나로도어업조합은 양국 어민들 간의 이러한 지배관계를 단적으로 보여준다.

　나로도어업조합은 일본인과 조선인 모두를 조합원으로 해서 조직되었다. 조선인 조합원의 수가 월등하게 많았음에도 불구하고 조합은 일본인 중심으로 운영되었는데, 초대 조합장이 사망한 이후 후임 조합장을 선출하는 과정에서 불거졌던 조선인과 일본인 조합원 간의 갈등은 나로도에서의 어업 주도권이 일본 어민 내지는 운반선업자에게 있었던 것을 잘 보여준다.[89] 이 외에도 나로도의 조선 어민들은 독자적인 어업활동을 하기보다는 일본 어선에 고용된 자가 더 많았다. 일제 말기 나로도에서 차출된 조선인 징용자 수가 적었던 이유에 대해 주민들은 조선인들이 징용되면 일본인 어민들의 어업활동에 타격을 주지 않을까 우려한 때문이었다고 증언하고 있다.[90]

(2) 경상남도 통영근 산양면 오카야마촌

조선시대 삼도수군통제영(三道水軍統制營)이 설치되었던 경상남도 통영군은 연해 방어의 중심지로 성장하기 시작했다. 1895년 통제영이 폐지된 이후 지금의 고성군으로 이속되면서 다소 침체되기도 했으나, 1900년 진남군(1909년 용남군으로 개칭)으로 승격되면서 재기의 발판을 마련했다. 1914년 거제군을 통합해 통영군으로 되었다.

통영은 항만의 입지 조건이 좋아 일찍부터 상업도시로 발달하였을 뿐만 아니라 풍부한 수산자원을 배경으로 해서 남해안의 어업 중심도시로 성장하였다. 지리적으로 일본과 가깝다 보니 일본 어민들의 진출도 왕성했다. 인근 해역에서 조업을 끝낸 후 본국으로 돌아가던 일본인들이 통영에 정착하기 시작한 것은 1900년대 초반이었다. 이후 많은 일본인들이 통영으로 이주해 왔는데, 통영면을 비롯해서 산양면 도남리의 오카야마촌, 신전리의 도사촌(土佐村), 미수리의 히로시마촌(廣島村), 욕지도 원량면 등에 근거지를 마련하고 집단적으로 거주하였다. 통영은 1910년

---

89   神谷丹路, 2018, 앞의 책, 253-256쪽.
90   박정석, 2017, 앞의 책, 363-372쪽.

대 중반 경남지역에서는 네 번째로 많은 일본인들이 거주하는 도시가 되었다.

오카야마촌이 위치한 도남리(개촌 당시 용남군 서면 남포동, 1914년 개칭)는 통영항에서 마주 보이는 미륵도(彌勒島) 북쪽에 위치한 항구로, 통영항과는 태합굴(太閤堀)을 통해 뱃길로 이어졌다. 통영성 남쪽에 있다고 해서 '남포(南浦)', 혹은 지역민들이 멸치나 청어를 고기발(죽방렴)로 잡았다고 해서 '발개'로 불렸다. 인근에 멸치, 청어 등으로 좋은 어장이 형성되어 있어 강제병합 이전부터 여러 현의 일본 어민들이 진출해 어획을 다투는 각축장이었다. 이곳에 건설된 오카야마촌은 오카야마현이 주도해서 건설한 이주어촌이었다.[91]

오카야마현은 세토나이카이에 접한 지역 중 하나이다. 메이지 시기 이후 어업 인구가 증가하면서 세토나이카이 내 어장은 점점 좁아졌고 어민들 간의 마찰은 심해졌다. 현에서는 원양어업장려규정을 제정하면서 새 어장을 찾아 조선으로 출어하는 개인과 단체의 어업활동을 장려했는데, 1906년까지 지급한 보조금이 3만 6천 엔에 달했다. 1907년에는 조선에 이주어촌을 건설하기로 계획하고 7개 지역을 선정하였다. 부산의 영도와 통영, 전남 해남의 송지면 등이 그 대상지였다. 현에서는 감리자를 두고서 이주민 보호와 단속을 하였고, 현의 비용으로 학교와 우편국 등을 세웠다.[92] 이들 중 통영의 미륵도는 갯벌이 많은 오카야마현

---

91 통영 오카야마촌의 건설 과정과 존재 형태는 神谷丹路, 1998, 「日本漁民の朝鮮への植民過程をたどる」, 『靑丘學術論集』 13; 여박동, 2002, 앞의 책, 283-336쪽; 김수희, 2010, 「제3장 통영 오카야마촌(岡山村)의 운반선 사업」, 『근대 일본 어민의 한국진출과 어업경영』, 경인문화사, 119-130쪽; 박정석, 2017, 「5장 통영 도남동 '오카야마촌(岡山村)'」, 앞의 책, 252-289쪽; 김예슬, 2013, 앞의 글 참고.

92 다카사키 소지 저, 이규수 역, 2006, 『식민지 조선의 일본인들』, 역사비평사, 112-

연해 어장과 환경이 유사하였을 뿐만 아니라 상업 중심지인 통영과도 가까워 호적의 이식지로 인식되었다.

오카야마촌으로의 이주 조건은 만 2년 이상 오카야마현에 적을 둔 만 20~50세 미만의 신체 건강한 기혼의 남성으로, 최근 2년 이상 어업에 종사한 자로 한정되었다. 또한 '폭 5척 이상의 어선을 소유한 자'이어야 한다는 조건이 있어 어느 정도의 재산을 보유한 자가 아니던 이주가 힘들었던 것으로 보인다. 이들에게는 토지 구입과 가옥 건설, 도항비 등의 명목으로 1호당 현비 300엔이 보조되었다. 이 가운데 200엔은 토지 구입 및 가옥건축비 명목으로 경영자에게 교부되었는데, 이주자 및 학교의 택지, 운동장, 건조장 등 오카야마촌 공유토지를 매수하고 관리하는 데 사용되었다. 이주 후 5년 동안 다른 곳으로 이주하지 않는다는 조건도 덧붙여졌다.[93]

오카야마촌에는 1908년 23호를 시작으로 1909년 12호, 1910년 10호, 1911년 18호의 일본인이 이주했다. 와케군(和氣郡) 이리촌(伊里村) 출신자가 가장 많았는데, 도남리의 지형과 어장 조건이 이리와 유사해 이곳 출신자들이 이주 근거지로 선택한 것 같다. 이 외에도 가가와현, 야마구치현, 구마모토현, 에히메현 등으로부터 어민들이 이주해 왔다. 1925년경에는 총 63호에 277명, 1930년경에는 총 68호에 268명이 거주하고 있었으며, 1940년경에도 약 70호의 이주어민이 오카야마촌에 있었다고 한다.

오카야마촌의 일본인 주택은 바다를 전면에 두면서 해안을 따라 일

113쪽.

93 慶尙南道, 1921, 앞의 책, 32쪽.

렬로 축조되었다. 일본식 단층의 목조 기와집으로, 4~7척이 연결된 나가야 형태였다. 1913년에는 부족한 주택지를 해결하고 선박의 안전한 접안을 위해 마을 앞 해안을 매립하고 방파제를 축조하는 등 항만시설을 확충해나갔다. 총 공비 6,300엔이 소요된 이 공사는 1915년 준공되었는데, 오카야마현이 4,000엔, 조선총독부가 1,200엔, 경상남도가 300엔을 보조했고, 오카야마촌이 800엔을 부담했다. 1926년에는 해면을 매립해 도로, 하수구, 물량장, 계선주 등을 건축했다.

이처럼 식민지 조선의 일본인 이주어촌으로 성장한 오카야마촌은 1935년 '경제갱생지도촌'으로 지정되면서 '모범어촌'이라는 칭송을 들을 정도로 발전하였다.

① 오카야마촌 일본인사회의 건설

오카야마촌의 이주어민들은 조선인들이 사는 거주지와는 다른 곳에 자리를 잡았는데, 조선인의 거주지는 큰 발개, 일본인의 거주지는 작은 발개로 불렸다. 이들은 생계에 필요한 거주지 건설과 함께 주민들의 편의와 안전을 위한 근대적 시설들을 만들어갔다. 1912년 3월 미륵도우편국이 설치되었고, 1914년에는 전신·전화가 개통되었으며, 1928년에는 전등이 가설되었다. 1910년 9월 심상소학교가 세워졌고, 1911년에는 학교재단의 관리와 경영을 목적으로 학교조합이 설립되었다. 1920년에는 순사주재소가 설치되었다.

공동체의 단결과 신앙생활을 도모하기 위한 종교시설도 건립했는데, 1909년 매립지 끝에 있는 작은 섬 통개도(筒箇島)에 아마테라스 오오미노카미(天照皇大神)를 모신 오카야마촌신사(岡山村神祠)를 건립했다. 1920년에는 마을 뒤편 산록에 홍법대사당(弘法大師堂)이 설치되고 공동

묘지가 만들어졌다. 이주 초기에는 바닷길을 통해 지역의 중심지이자 교통의 거점인 통영읍으로 갔으나, 1932년 해저터널이 개통되면서 육로로 갈 수 있게 되었다.

오카야마촌에는 어촌을 총괄 관리하는 감독자가 파견되었는데, 마을 촌장과 같은 역할을 했다. 1908년 감독자는 오카야마현 의원 오카다 히데아키(岡田秀明)였으나 1910년 하타 가네야수(波田兼晏)로 교체되었다. 하타는 야마구치현 출신으로, 일본의 농상무성 수산강습소를 졸업한 인물이었다. 타이완총독부를 거쳐 야마구치현에서 근무하다가 오카야마촌 관리자로 부임했는데, 이주 초기 부실했던 오카야마촌의 경영에 결정적인 역할을 한 인물로 평가되고 있다. 하타는 부임한 이래 약 30년간 오카야마촌 관리자로 복역했다. 그동안 이주어민에 대한 감득과 어업 관련 직무에 충실하였을 뿐만 아니라 이주민을 규합하는 데에도 힘을 기울였다.

1914년 하타 주도하에 설립된 '남포어업조합(南浦漁業組合)'은 그 대표적 성과였다. 남포어업조합은 공동체적인 생산방식을 지향하면서 어민들의 일탈을 방지하고 지도·감독하는 체제를 구축해갔다. 조합장의 자리에 오른 하타는 조선총독부 등으로부터 보조금을 수령해 대규모 매립공사와 방파제 건설을 시도하였다. 1920년경에는 남포어업조합 조합원에게 자금을 대부해주면서 어획물의 공동수송과 공동판매를 개시했다. 하타는 이 외에도 학교를 설립하고 종교시설을 설치하는 등 이주민들을 교육하고 정신력을 함양하는 일에도 적극적이었다. 하타는 이주민들에게 식민지 조선 땅에 뿌리를 내리고 안정된 생활을 영위하며 이곳을 마지막 거처로 살으라고 강조하였다.

오카야마촌은 남포어업조합을 통한 경제적 활동 이외에 소방조, 청

<그림 4> 오카야마촌 전경

출처: 慶尙南道, 1921, 『慶尙南道に於ける移住漁村』.

년단, 부인회, 보덕회(報德會), 교풍회(矯風會) 등의 각종 사회단체들을 조직해 내부적 단결을 꾀하며 구성원들의 일탈을 사전에 방지하려 하였다. 특히 마을주민 모두가 가입한 보덕회는 '국체관념'과 '경신애국'의 기풍을 함양한다는 목적하에 정기적인 모임을 가졌다고 한다.

② 오카야마촌 이주어민의 어업활동

오카야마촌은 갯장어, 붕장어를 비롯하여 숭어, 도미 등 고급 생선류가 많이 잡히는 어장에 위치하고 있었다. 이주 초기 어민들은 갯장어, 붕장어, 도미 등의 연승이나 호망(壺網)어업을 주로 하였다. 1913년경부터는 오카야마현의 보조로 대구 권현망(權現網)어업을 시도했으나 성적이 좋지 않아 1년 만에 포기했다. 호망어업 성적 또한 부진해 이후에는 연승어업 위주로 했는데, 사량도 부근에서 갯장어, 붕장어, 도미 등을 어획했다. 포획한 어류는 마을 앞바다에 설치한 활어조에 넣어두었다가 운반선을 운항하는 중간상인에게 판매했다. 운반선 상인들은 어민들에게 어업자금을 빌려주는 대신 자신들에게 유리한 조건으로 거래를 해나갔다.

제1차 세계대전 이후 수산물 가격이 하락하자 오카야마촌은 운반선 상인들과의 불합리한 어업구조에서 탈피하고자 변화를 꾀했다. 직접 어업활동에 종사하기보다는 조선인 어민이 포획한 생선을 구매해서 일본으로 운송하는 운반선 사업에 뛰어든 것인데, 남포어업조합이 중심적 역할을 담당하였다. 우선 1921년 10인조를 결성해 각자 출자금을 낸 후 동척으로부터 1만 6천 엔의 저리자금을 융자받아 2척의 동력선을 준비했다. 1924년에는 조선식산은행으로부터 4만 엔, 1925년에는 3만 엔을 빌려 운반선 사업을 확장하였다.

운반선 사업을 통해 초기의 단순 어업 및 반농반어에서 벗어나 급속도로 성장할 수 있었는데, 전남지역 새우를 구매해 축양하거나 인근 지역에서 포획한 어류를 구매해 일본으로 수송·판매하였다. 오카야마촌의 이 운반선 사업은 일찍부터 남해안 일대를 누비며 운반선 사업을 경영해온 나카베 이쿠지로와의 협조적 관계 속에서 유지되었다. 이처럼 남해안 일대의 활어 수송업에 진출한 오카야마촌은 1925년경 수송선 5척의 판매고가 50만 엔에 달할 정도로 번성하였다. 이 외에도 바다 건너 마주보고 있는 거제 화도(火島)에 멸치 어장막을 설치하는 등 어업의 다변화를 도모했다.

하지만 1939년 이후 전쟁의 여파로 남포어업조합은 해산되었고 운반선마저 징발되었다. 오카야마촌은 다시 반농반어로 전환되었으며 점차 몰락해갔다. 이주어촌으로 건설된 오카야마촌 역시 국가 주도의 전쟁에서 자유롭지 못했던 것이다.

③ '반농반어'의 오카야마촌

오카야마촌은 어업을 전업으로 한 다른 이주어촌과는 달리 '반농반어'의 이주어촌이었다. 1911년 '기비츠'라는 단체를 조직해 동척으로 단체이민 사업을 신청한 것이 '반농반어' 이주어촌의 출발이었다. 1912년 3월 동척의 승인을 받은 오카야마촌은 농지 9정보 남짓을 연부상환 방식으로 확보해 부업으로 경작할 수 있게 되었다. 같은 해 7월에는 조선총독부로부터 학교조합 기본 재산 명목으로 어촌의 배후 임야 14정보 남짓을 차용했는데, 1918년까지 소나무 70,500그루를 심었다. 1918년 2월에는 방화도(放火島, 마을 앞바다 등대가 설치된 섬)의 임야도 차용해 소나무 6천 그루를 심었다. 이 외에 상원(桑園)도 조성해 양잠을 시작하였다.

1920년경 이주민 70여 호 중 농업에만 종사한 2호를 제외하면 모두 어업 외에 농업과 잠업 등의 부업을 했는데, 1927년경 개인 소유의 농지도 50정보에 이르렀다고 한다. 농업 등의 부업은 어업을 생업으로 하는 오카야마촌 이주민의 생계에 매우 중요한 부분이었다. 계절별 어기에 따라 어획량이 크게 달라지는 어촌에서 연중 일정한 수입을 보장해주었으므로 어민들이 이주어촌에 안주할 수 있도록 하였기 때문이다. 이주어촌의 성공 여부는 농·임업 등의 부업을 적절히 도입해 어업 생산에서 부족한 부분을 얼마나 잘 메울 수 있느냐에 달려 있다고도 했다.[94]

④ 조선인과의 관계

오카야마촌은 조선인이 거주한 큰 발개와는 다소 떨어진 곳에 오롯

---

94 慶尙南道, 1921, 위의 책, 32-33쪽; 吉田敬市, 1954, 앞의 책, 262쪽; 여박동, 2002, 앞의 책, 306-307쪽.

한 일본인의 거주지로 건설되었다. 그러나 오카야마촌이 건설되기 이전 이곳에는 이미 소수의 조선인이 거주하고 있었다. 또 이후에도 일본인들과 경제활동을 함께하는 몇몇 조선인들이 이주해 살았다. 1920년대 말경 오카야마촌의 총 가구 수 90호 중 조선인 가구 수는 20호 정도 되었다. 대개는 일본인에게 고용된 사람들로, 일본인 거주지 양쪽 가장자리에 거주하였다.

그들의 관계를 보여주는 자료는 많지 않으나 경제활동 이외의 일상적인 접촉은 거의 없었던 것으로 보인다. 간혹 조선인과 일본인 어린이들이 뒤섞여 놀기도 했으나 흔한 일은 아니었다고 한다. 일본인 아이들은 오카야마촌 인근의 오카야마심상소학교(이후 남포소학교로 개칭)를 다닌 반면 조선인 학생들은 미수리에 있는 산양공립보통학교(지금의 진남초등학교)에 다녔다. 오카야마심상소학교에 조선인 학생이 2~3명 있었다고 하나 모두 일본인에게 고용된 이들의 자녀였다.

오카야마촌 일본 어민은 남포어업조합을 통해 조선 어민과의 경제활동을 공유하였다. 일본 어민은 조선인 어민이 어획한 생선을 싼 가격에 매입해 활어운반선 혹은 냉동운반선으로 일본까지 운송한 후 비싼 가격에 판매하였다. 이 외에도 조선인들을 일본 어선의 선원으로 고용하거나 상점의 점원으로 채용하기도 하였다. 이들 조선인 가운데에는 오카야마촌 일본인 공동체 내에서 허드렛일을 하거나 일본인들의 조력자 역할을 한 이도 있었다.[95]

---

95 박정석, 2017, 앞의 책, 265-287쪽.

(3) 경상북도 포항 구룡포의 '일본인촌'

구룡포는 동해안의 영일만 옆 장기반도 동쪽에 위치한 작은 포구로, 조선시대 장기현에 소속된 지역이었다. 1914년 행정구역 개편으로 영일군 창주면 구룡포리로 되었다가 1942년 읍으로 승격되었다. 지형적으로 산지와 구릉지가 많고 평지가 적어 조선시대에는 목장이 설치되어 있었는데, 주민들은 목장에서 일하거나 수산업에 종사하며 생계를 유지하였다. 배를 댈 만한 변변한 장소조차 없는 한적한 어촌에 불과했던 구룡포가 번성하기 시작한 것은 일본 어민들이 정착하면서부터였다.[96]

1880년 원산이 개항하자 일본의 멸치잡이 어선, 잠수기 어선, 포경선 등이 동해로 들어와 조업하기 시작했다. 1883년 「조일통상장정」이 체결되면서 동해안 전역이 개방되었고 왕래하는 어선의 수도 증가하였다. 그러나 이 무렵까지도 동해안을 왕래하는 어선 수는 남해안이나 서해안에 비하면 상대적으로 적었다. 1905년 러일전쟁에서 일본이 승기를 잡자 일본의 삼치유망선, 방어그물어선, 멸치그물어선, 포경선 등이 동해에서 본격적으로 조업하기 시작했다. 동해안의 조업 근거지는 방어진, 감포, 모포, 구룡포, 축산, 죽변, 장전, 원산, 청진, 나진, 웅기 등으로, 초창기에는 방어진 해역이 특히 번성하였다. 어획한 주요 어종은 삼치였다. 이보다 앞서 서해안 어장을 먼저 개척했으나 규슈지역 안강망 어선에 밀리며 동해안으로 이동한 것이다. 그러나 방어진 앞바다에서의 어획량은 점점 줄어들었고, 더욱더 북쪽으로 이동해 감포와 구룡포를 근거

---

[96] 구룡포 일본인촌의 건설 과정과 존재 형태는 中井昭, 1967, 『香川縣海外出漁史』; 박정석, 2017, 「1장 포항 구룡포 일본인촌(日本人村)」, 앞의 책, 66-112쪽; 이창언, 2010, 「식민지시기 구룡포지역의 일본인사회」, 『민속학연구』 27 참고.

지로 조업했다.[97] 어종도 고등어로 바뀌었다.

동해안의 삼치·고등어잡이 어선 대다수는 가가와현 출신이었다. 세토나이카이에 위치한 가가와현 어민들은 1880년대 전반기부터 조선 어장으로 진출하기 시작했다. 1894년에는 '가가와현원양어업조합', 1900년 '가가와현조선해통어조합'을 결성해 조직적으로 진출하였고, 1900년 무렵에는 방어진, 구룡포 등지에 장기간 정박한 채 조업하기도 하였다. 1902년 야마구치현 도미잡이 어선 50여 척이 구룡포에 정박한 이래 구룡포는 통어자들의 어업근거지가 되었다. 1909년에는 가가와현 출신의 하시모토 젠기치(橋本善吉)가 일본 어민으로는 처음으로 구룡포에 정착하였다. 매제와 함께 이주한 하시모토는 4척의 선박을 운영하며 선어 운반업에 종사했다. 어선들의 왕래가 빈번해지고 이주민이 하나둘 늘어가자 잡화상, 중매상, 문옥업자 등도 차례로 구룡포에 터를 잡았다.[98]

강제병합 이후 이주어촌에 대한 일본 각 부·현의 지원은 더욱 강화되었다. 가가와현에서는 1912년 '가가와현조선해출어단'을 조직해 구룡포에 출장소를 두면서 현 출신의 어민들을 지원했다. 토지를 매입해 어선·어구·격납고 등 어로와 관련된 시설, 단원의 휴양소 등을 건립하였고, 공동판매소를 두어 어획물의 공동판매와 일용품의 공동구매를 주선했으며, 어업자금도 지원했다. 이 외에도 어민의 폐풍을 교정하고 근검자를 표창하는 등 어민의 이익 증진과 명예 만회에 진력했다.[99] 이후 관

97　中井昭, 1967, 앞의 책, 366쪽.
98　이창언, 2010, 앞의 글, 6-7쪽;「九龍浦發展槪況」,『釜山日報』, 1915.2.21.
99　여박동, 2001,「근대 가가와현(香川縣) 어민의 조선해어업관계」,『일본학보』 47, 525-526쪽.

공서, 출장소 등이 설립되고 일본인 주거공간이 정비되면서 이주해 오는 일본 어민의 수는 더욱 증가하였다. 이 과정은 관리자로 파견된 가가와현조선해출어단지부위원 가야노 요시로(萱野與四郎)가 지휘했다.[100]

1910년 방어진으로부터 일본인 세 가구가 이주한 이래 구룡포의 이주민 호수는 1912년에 47호, 1916년에 78호로 늘어났다. 1922년 말 구룡포의 일본인 인구는 218호였으며, 1930년대 초반에는 230호, 800명에 달했다. 강제병합 전후부터 증가하기 시작한 구룡포의 인구는 일제강점기 경상북도 내에서는 포항면 다음으로 많았는데, 이주자의 절반은 어업 종사자였고, 그 70% 이상은 가가와현 출신이었다.[101]

구룡포항에 정착한 일본인들은 어선의 정박과 피항을 위해 항만을 정비하고 방파제를 축조하면서 이주어촌을 건설해나갔다. 구룡포는 해안선이 활모양으로 휘어진 데다가 수심도 얕아서 여러 척의 선박이 한꺼번에 정박하기에는 많이 협소하였다. 이에 따라 축항 공사와 함께 방파제 공사를 진행했는데, 1918년 공사비 5천 엔으로 제방을 쌓았으나 1919년 7월 폭풍으로 파괴되고 말았다. 1921년 1월에는 공사비 3만 엔을 투자해 약 2,333평의 항만을 매립했다. 1922년부터는 3개년 사업으로 공사비 35만 엔을 투자해 항구 동쪽을 매립하고 방파제를 건설했다. 공사비는 조선총독부에서 12만 엔, 경상북도에서 13만 엔, 나머지 비용은 창주면에서 지출했다. 방파제는 1926년에 완공되었지만 1930년 태

---

100 가가와현에서는 거제도 지세포는 가가와현 보조어촌으로, 방어진은 가가와현조선해출어단지부 소재지로, 구룡포를 비롯해서 강구와 포항, 감포, 거제도 이리사촌(장승포), 거문도는 가가와현조선해출어단지부위원 소재지로 건설하였다(中井昭, 1967, 앞의 책, 312쪽, 367쪽).

101 「九龍浦發展槪況」, 『釜山日報』, 1915.2.21.

풍으로 크게 파손되었다. 1935년 국고보조로 방파제가 연장되고 항만시설이 확충되었다. 항만시설이 확장된 이후 구룡포항은 고등어 어업 전성기에 어선과 운반선을 합쳐 2천여 척이 드나드는 항구가 되었다.[102]

1920년대 이후 방어진을 근거지로 해서 이루어지던 박망어업이 쇠퇴하고 기선건착망이 활흥했다. 구룡포는 이 기선건착망의 최대 근거지로 되었는데, 고등어 어업과 함께 정어리 어업이 성황을 이루면서 구룡포는 동해안 일대의 어업 중심지로 성장했다. 성어기가 되면 구룡포 앞바다로 수백 척의 어선이 한꺼번에 몰리면서 '선상도시(船上都市)'를 방불케 하였다.

① **구룡포 일본인촌의 건설과 일본인사회**

활모양의 작은 만이 남동 방향으로 펼쳐진 구룡포지역은 해안을 따라 구릉이 형성되어 있다. 구릉의 경사면 아래까지 바닷물이 들어오다 보니 조선인들은 구릉의 상단부에 거주지를 마련하고 있었다. 구룡포로 이주한 일본인들은 해안을 따라 구릉의 아래편이나 경사면, 조선인들이 거주하지 않는 곳에 주택을 짓고 생활하였다. 구릉 상단부에 의치한 조선인 주거지역과 구릉의 경사면 및 하단에 위치한 일본인 주거지역 사이에 관공서가 위치하면서 두 주거지역은 공간적으로 분리되었다.

일본인 이주가 본격화된 1910년을 전후한 시기부터 일본인들은 주거시설과 함께 부족한 용수를 확보하는 데에 많은 노력을 기울였다. 1912년 11월 공동우물을 굴착한 데에 이어 1914년 4월에는 택지를 매입해 가옥을 건축하였다. 그물을 염색하는 가마[網染釜]도 설치했다.

---

102 中井昭, 1967, 앞의 책, 368쪽; 박정석, 2017, 앞의 책, 81쪽.

1916년 78호의 일본인 가구가 이주해 온 것을 계기로 일본인의 이주가 급증하면서 일본인 주거지역은 구릉 하단의 해안을 따라 남북으로 점점 확산되었다.

일본인 이주민이 증가하면서 각종 근대시설들도 들어서게 되었다. 포항헌병분대 구룡포파출소, 구룡포우편소, 구룡포학교조합과 같은 공공기관이 들어섰다. 자녀를 교육하기 위한 교육시설과 심적 안정을 위한 종교시설도 자리하기 시작했다. 1915년 일본인 자녀를 교육하기 위한 구룡포심상고등소학교가 개교하였고, 1917년에는 면사무소 부근에 신사를 조성하는 등 일본인 정착촌의 면모가 점차 뚜렷해졌다. 이 외에 어획물을 저장·제조하는 공장, 선박을 건조·수리하는 공장, 선구 및 어구 판매업소, 선원들의 생필품과 일용잡화를 취급하는 잡화상 등이 설치되었다. 의료기관 및 요리점, 음식점, 목욕탕, 세탁소, 미용실, 여관, 전당포 등 선원들에게 서비스를 제공하는 가게도 문을 열었다. 1920년대 후반 구룡포에는 창주면사무소를 비롯해서 구룡포경찰관주재소, 구룡포소방조, 금융조합과 어업조합 같은 각종 조합이 소재한 것으로 확인된다. 한편 1922년 포항으로 통하는 도로가 건설되면서 기선에 의한 해상교통뿐만 아니라 육상교통도 정비되었다.[103]

구룡포의 일본인들은 향우회 성격의 현민회(縣民會)를 중심으로 결집했다. 1922년경 가가와현 출신 이주자들이 모여 '가가와현민회'를 조직했는데, 구성원 상호 간의 친목도모와 미풍양속 함양, 근검저축 등을 목적으로 하였다. 당시 구룡포에 거주한 전체 일본인 중 과반이 가가와

---

103 「九龍浦發展概況」, 『釜山日報』, 1915.2.21; 「九龍浦の現勢」, 『釜山日報』, 1916.2.1; 中井昭, 1967, 앞의 책, 367쪽; 이창언, 2010, 앞의 글, 97-98쪽.

현 출신이었는데, 그만큼 구룡포에서 가가와현민회의 영향력이 컸다. 다른 지역에서 온 이주민들은 가가와현민회의 기득권 주장과 텃세에 대응하는 과정에서 오카야마현 출신의 도가와 야스부로(十河彌三郞)를 중심으로 결집하였다. 이들은 숫자상으로 열세였으나 포항의 '경일일본인회'와 긴밀한 관계를 가진 도가와의 영향 아래에서 결집해 그 세력도 대단했다. 가가와현민회와 도가와를 중심으로 형성된 집단이 구룡포의 일본인사회를 주도했던 것이다. 이들 두 일본인 집단은 지역의 현안을 결정하는 과정에서 자주 충돌했다. 하지만 앞에서 살펴본 방파제 건립이나 축항공사와 같은 지역의 개발과 관계된 사안에서는 서로 협력하였다.[104]

방파제를 축성하기 위한 구룡포 축항공사가 완공된 이후 구릉 하단의 일본인 거주지역은 해안 쪽으로 더욱 확대되었다. 이 공간은 축항을 통해 조성된 매립지와 함께 일본인들의 새로운 주거공간이 되었다. 이에 따라 이전보다 많은 일본인 어민과 상인이 정착할 수 있었다. 일본인 거주지는 이후로도 해안을 따라 지속적으로 확대되었다.

② 일본인촌 이주어민의 어업활동

구룡포 인근 해역에는 특히 초가을부터 겨울 사이에 많은 어선들이 몰려왔다. 삼치, 고등어, 방어, 대구, 전복 등이 주로 어획되었는데, 삼치 유망업이 가장 많았다. 이주자의 어획물은 대부분 어업조합의 공동판매소로 출하되었다.

구룡포 이주어민의 어업활동에서는 하시모토를 비롯해서 가야노 요시로, 이시하라 에이(石原榮)와 같은 운반업자들의 활동이 활발했다. 이

---

104 이창언, 2010, 위의 글, 97-98쪽.

들은 매입한 생선에 얼음을 채워 조선 각 지역뿐만 아니라 도쿄, 나고야, 교토, 오사카, 시모노세키 등 일본으로 수송하였다. 이 외에도 효고현의 하야시카네구미(林兼組), 야마구치현의 야마카미구미(山神組), 가가와현의 아라우오구미(有魚組) 등의 여러 운반업자들이 왕래하면서 구룡포 어민들의 어업활동을 지원했다.[105]

동해 연안의 어업이 본격적으로 성행한 것은 1920년대 후반으로, 1920년대와 1930년대 2차례에 걸쳐 축항공사가 이루어진 것도 이러한 필요성 때문이었다. 특히 기선건착망 어업이 본격화된 가운데 정어리, 고등어 등을 어획하면서 구룡포의 일본인들은 크게 번성했는데, 정어리는 전체 어획량의 절반 이상을 차지했다고 한다. 어획량이 증대되면서 생선을 가공·판매하는 근대식의 공장과 회사도 설립되었다. 이 시기 구룡포는 방어진과 함께 강원도와 함경도지역으로 사업을 확장하려는 어업인들의 근거지가 되었다. 몇몇 일본인들은 정어리의 기름을 이용한 경화유 공업에 관여하게 되면서 큰 부호로 성장할 수 있었다.[106]

③ 구룡포 조선인과의 관계

일본인들이 이주하기 이전 조선인들은 주로 해안에 인접한 구릉의 상단부에 거주하면서 농업과 어업에 종사하고 있었다. 구룡포로 이주한 일본인들은 조선인 거주지를 피해 구릉의 경사면과 하단에 자리 잡았는데, 조선인과 일본인 주거지역 사이에 관공서 등이 있어 두 민족의 거주지는 공간적으로 분리되어 있었다. 때문에 조선인과 일본인이 일상적으

---

105 「九龍浦發展槪況」, 『釜山日報』, 1915.2.21.
106 이창언, 2010, 앞의 글, 98-104쪽.

로도 부딪힐 일도 많지 않았다. 일본인이 운영하는 상점에 조선인이 점원으로 고용되거나 일본인 가정에서 허드렛일을 하는 정도의 관계를 가지는 정도였다. 교육기관 또한 민족별로 분리되었다.

그러나 어업이라는 동일한 업종을 생업으로 하는 이상 경제적 이해는 공유할 수밖에 없었다. 이주어촌이 건설된 이후 구룡포는 일본인 주도하에 '근대적 어항' 내지 '동해안 어업근거지'로 변모해갔다. 이 과정에서 조선인들은 자본과 기술을 보유한 일본 어민에게 고용되는 어업노동자로 전락했다. 이는 일제강점기 후반 큰 자본이 필요한 기선건착망 동력선을 이용한 고등어잡이가 본격화되면서 더욱 심화되었다.

1930년 무렵 성어기 동안 구룡포항에 운집한 600여 척의 어선에 승선했던 1만여 명의 선원 중 95%는 조선인 선원이었으나 대부분 일본인 선주에게 고용된 사람들이었다. 이들은 낮에는 바다에서 어로작업을 하고, 밤에는 항만에 정박한 채 선상생활을 했는데, 고된 노동에도 불구하고 임금은 일본인의 절반 수준으로 적게 지급되었다. 조선인 어민의 불리한 사정은 고용에서뿐만 아니라 선박 보유 현황을 통해서도 살펴볼 수 있다. 1928년경 구룡포어업조합에 등록된 조합원의 선박 278척 중 조선인 소유의 선박은 129척으로 절반보다 약간 적었다. 그나마 조선인이 보유한 선박은 대부분 소규모의 목선이었고, 값비싼 발동기선은 모두 일본인이 소유하고 있었다.[107]

---

107 이창언, 2010, 위의 글, 104-108쪽.

제3장
재조선 일본인사회의
'자치' 단체와 교육사업:
거류민단과 학교조합

1. 일본인 거류민단체와 교육

　일본인 거류민들은 자신들이 살던 일본의 지역에서 그랬던 것처럼 개항장거류지에서도 주민 대표를 두고 단체를 구성했다. 거류민 수가 적었던 초기에는 당번제로 한 가구가 대표를 맡는 방식을 취하기도 했으나 개항장 인구가 증가하면서 거류민역소, 거류민회, 일본인회라는 명칭의 단체가 설립되었다. 이들 단체는 일본의 지방 행정기관[町村役場]과 유사하게 부과금을 거류민들로부터 징수하였고 이를 재정 기반으로 삼아 거류지 행정업무를 담당했다. 그 후 러일전쟁을 거치면서 재조선 일본인 인구가 급증하였고 임의단체라는 한계를 극복하고자 법인 형태의 거류민단이 설립되었으나 1910년 한국강점 이후 거류민단은 해체 수순을 밟게 된다.

　이들 거류민단체는 재조선 일본인 연구에 있어서 빼놓을 수 없는 주제로 다루어져왔다. 초기 연구는 대개 일본인 민중의 침략적인 행위를 밝히는 소재로, 거류민단체의 활동이 분석되었다.[1] 여기에 거류민단체의 인적 구성과 성격, 거류민단체의 법인화 과정, 총독부와 본국 정부에 대한 재조선 일본인사회의 청원활동이 검토되었다.[2] 이를 통해서는 일본인

1　손정목, 1982, 『韓国開港期 都市変化 過程 硏究-開港場·開市場·租界·居留地』, 一志社; 손정목, 1992, 『韓国地方制度·自治史硏究(上)-甲午更張~日帝強占期-』, 一志社.

2　木村健二, 1986, 「明治期の日本居留民団」, 『季刊三千里』 通卷47号; 木村健二, 1989, 『在朝日本人の社会史』, 未来社; 木村健二, 1993, 「在外居留民の社会活動」, 大江志乃夫ほか 編, 『岩波講座近代日本と植民地』 第5巻, 岩波書店; 山中麻衣, 2001, 「서울거주 일본인 자치기구 연구」, 가톨릭대 석사학위논문; 김승, 2012, 「개항 이후 부산의 일본거류지 사회와 일본인 자치기구의 활동」, 『지방사와 지방문화』 15(1).

사회의 '자치(自治)'에 관한 여론과 함께 재외거류지에서 시행된 거류민단법이 지니는 속인(屬人)적 성격이 논의되었다. 거류민단의 해체와 관련해서는 1914년 새로운 지방제도인「부제(府制)」의 시행과 이후 지역사회의 변화와 함께 분석되었다.³「부제」의 제정 과정과 이에 따른 민족별 거주공간의 분리 현상, 재편된 지역사회의 도습이 주된 논점이었다.

한편, 일본인사회의 '자치'에 주목한 연구를 비판하면서 거류민단법의 성립을 거류지사업 확대의 일환으로 보고 거류지의 유산이 식민지 통치의 기반이 되었다는 점이 지적되었다.⁴ 여기에 거류민단법의 속인적 성격뿐만 아니라 공간이라는 측면에서 거류민단법의 제정 과정이 분석되었다. 거류지, 거류지 밖 10리, 내륙이라는 공간 분할에 주목하여 그중 거류지 밖 10리라는 조문이 거류지 경계의 소멸을 불러왔으며, 거류민단법 성립은 위법적인 일본인의 잡거 상태가 거류민단법이란 형태로 귀착된 것이라는 점이 강조되기도 했다.⁵ 이처럼 선행연구에서는 일본인사회의 청원활동, 거류민단법의 제정 과정과 속인적 성격, 지방제도의 개편이 주로 논의되어왔다.

개항 시기부터 1910년대 중반까지 일본인사회의 관심사는 '자치'의 존속에 있었다. 일본인사회의 '자치'론을 좀 더 자세히 들여다볼 필요성이 여기에 있다. 해외거류지에서의 행하는 거류민들의 사업을 재조선 일

3　姜再鎬, 2001,『植民地朝鮮の地方制度』, 東京大学出版会; 홍순권, 2004,「일제시기 '부제'의 실시와 지방제도 개정의 추이-부산부 일본인사회의 자치제 실시 논의를 중심으로」,『지역과 역사』 14; 홍순권, 2010, 앞의 책.

4　박양신, 2012,「재한일본인 거류민단의 성립과 해체-러일전쟁 이후 일본인 거류지의 발전과 식민지 통치기반의 형성」,『아시아문화연구』 26.

5　박준형, 2014,「재한일본 '거류지'·'거류민'규칙의 계보와「居留民團法」의 제정」,『法史學硏究』 50.

본인들이 말하는 대로 '(지방)자치'로 칭하는 것은 이치에 맞지 않다. 하지만 일본인사회의 '자치'론에는 일본인들의 시대 의식과 현실 인식이 고스란히 스며들어 있다. 거류민단체의 변천과 법인화 과정 그리고 해체 과정을 통해 시기에 따라 변모한 일본인사회의 '자치'론을 살펴보는 일은 그 배경에 있는 재조선 일본인사회에 공유되었던 식민자의식에 대한 검토로도 이어진다.

일본인 거류민단체가 행한 '자치' 사업 중 가장 많은 부분을 차지한 것이 교육사업이었다. 해외거류지에서 본국의 학교와 비교해 손색이 없는 교육을 제공하는 일은 거류민사회의 안정적 발전과 직결되는 중요한 과제였다. 거류민단체의 1년 예산 중 가장 큰 항목이 교육사업이었던 점을 보더라도 교육에 대한 거류민사회의 관심과 투자를 짐작할 수 있다.

이러한 관점에서 이 장에서는 재조선 일본인사회가 형성되는 시기에 일본인사회에서 중심적인 역할을 했던 거류민단체의 변천 과정과 주요 사업인 아동교육에 초점을 맞춰 살펴보고자 한다. 거류민역소와 거류민단을 거쳐 학교조합으로 이어지는 일본인 단체의 변화를 축으로 하여, '자치'와 교육이라는 키워드를 통해 일본인 식민자 사회의 성장과 동반되어 표출되는 식민자의식을 검토하는 것이 이 장의 목적이다.

2. 개항 초기의 거류지 행정

1) 개항 초기 일본인 거류민단체

초기 개항장에서 치안과 질서 유지를 포함한 경찰 업무는 본래 영사관의 업무였다. 부산거류지에서 거류민들이 경찰 비용의 일부분을 부담하는 경우가 있었지만 기본적으로 영사관이 거류민 보호·관리 및 거류지 공공업무를 담당했다. 하지만 거류민 인구가 증가하면서 영사관 단독으로 이러한 업무를 담당하는 것이 물리적으로 힘들어졌다. 그 결과 거류민사회가 직접 거류지의 행정업무를 맡아 처리하게 된다. 부산의 예를 보면 거류민 총대가 영사의 위임을 얻어 행정 사무를 처리하는 것으로 거류지규칙에 명시되기도 했다.[6] 거류지의 행정업무를 영사관이 도맡아 책임지기에는 거류민 인구가 급증했고 그에 따라 업무 분야도 방대해졌기 때문이다. 인천영사는 "모든 업무를 영사관이 주재하는 것은 매우 힘든 일이며 우리 인천항과 같이 발전한 거류지는 오히려 어느 정도 거류민 자치에 맡기는 것이 편리"하다며 위임한 배경을 설명했다.[7] 거류민 인

---

[6] 「外務省記錄」3-12-2-43, 「淸韓兩國ニ於ケル居留地制ニ関スル法律並日本專管居留地經營中租稅ノ徵收ニ関スル法律制定一件」, 1899.10.26, 釜山領事新勢原五郎 → 外務大臣靑木周藏, 公第268号 부속서류; 釜山領事館 編, 발행 연도 불명, 『釜山領事館制定諸規則』, 3-15쪽(부산시민도서관 소장). 이하 외무성 기록 자료는 「外務省記錄」분류번호, 「서류철명」, 날짜, 송신자 → 수신자, 문서번호, 「건명」으로 표기한다. 본문 중 1차 사료의 출처는 본 장의 기초가 된 李東勳, 2009, 『在朝日本人社會の形成-植民地空間の變容と意識構造』, 明石書店의 2장과 3장 참조.

[7] 「外務省記錄」3-12-2-43, 「淸韓兩國ニ於ケル居留地制ニ関スル法律並日本專管居留地經營中租稅ノ徵收ニ関スル法律制定一件」, 1899.11.8, 仁川領事伊集院彦吉 → 外

구가 증가함에 따라 일본 영사관에서는 일종의 '수익자 부담원칙'에 입각하여 행정업무를 거류민 '자치'에 일임하는 방침을 취하게 된 것이다.

이후 질서 유지와 거류민 관리에 중점을 두었던 거류지규칙은 거류지 현황에 맞는 형태로 개정을 거치게 된다. 그에 따라 거류지의 공공 행정을 논의하는 의결기관과 이를 수행하는 집행기관이 설치된다. 1880년대 경성, 인천, 원산의 거류지규칙을 살펴보면 선거를 통해 구성되는 거류민의회와 집행기관인 총대역장(總代役場)의 설치가 규정되어 있었다. 또한 거류지 행정에 대한 비용 부담을 명문화하는 경향도 보였다. 「재원산제국거류지규칙」의 제1조에는 거류지에서 건물을 빌리거나 소유하는 자 혹은 각종 영업에 종사하는 자는 공공의 의무를 부담한다고 규정되었다.[8] 이러한 규칙 제정 과정을 거쳐 거류민단체는 일본의 지방자치단체인 시정촌(市町村)과 유사한 조직으로 변모하게 된다.

하지만 해외 거류지라는 환경에서 오는 한계 또한 분명히 존재했다. 영사관이 제정하여 공포한 거류지규칙은 법률이 아니라, 엄밀히 보면 개인 간의 계약에 지나지 않았기 때문이다. 이러한 한계에도 불구하고 인구 증가와 함께 거류민단체는 계속해서 성장했다. 여기에 19세기 후반 일본의 시정촌제도 시행은 거류지규칙에 적지 않은 영향을 미쳤다. 인구가 증가하고 거류민단체가 행하는 업무가 확대되면서 재조선 거류민단체는 일본의 시정촌제도를 모방하는 형태로 변모하게 된다.

務大臣靑木周蔵, 公第190号.

8   二口美久 編, 1896, 『在朝鮮国元山港領事館制定諸規則便覧』.

2) 거류지규칙과 거류민규칙

본국의 시정촌제도와 유사한 형태로 거류지규칙을 개정하는 것이 논의되었다. 1889년 6월 외무성에서는 전체 70조로 구성된 「재조선국일본인거류지규칙안」을 작성하고 이에 대한 검토를 재조선 공사관 및 영사관에 요청했다.[9] 전년도인 1888년 시행된 시정촌제도의 취지를 해외 거류지에도 적용한다는 안이었다. 하지만 일본 국내의 시정촌과 해외 거류지의 상황은 동일하지 않으므로 조문과 적용에 대한 검토가 필요했다. 거류지규칙이라면 적용 범위는 거류지라는 구역에 한정되지만 실제 재조선 일본인들의 거주 행태는 이와는 달랐다. 거류지에 따라 정도의 차이는 있었지만 일본인들의 거주 지역은 일본전관거류지를 벗어나 조선인 거주 지역으로 확산된 경우가 많았다. 특히 인천의 경우 전관거류지가 협소했던 탓에 일본인 거주 지역은 거류지 외부와 각국 거류지 및 조선인 거주지로 확산된 상황이었다. 따라서 하나의 정형화된 거류지규칙을 제정하고 모든 거류지에 일률적으로 적용하는 것은 현실적으로 불가능했다. 결국 이러한 문제점으로 인해 해당 규칙안은 실현되지 못했다. 1895년에도 유사한 형태의 거류지규칙안이 검토되었으나 마찬가지로 제정에 이르지는 못했다.

이러한 상황 속에서 거류지 행정업무는 교육과 토목을 시작으로 위생과 소방 영역에 이르기까지 점차 확대되었다. 거류지에는 소학교를 비롯하여 상수도, 신사, 병원 등의 시설이 설치되었다. 여기에 거류민의 영

---

9 「外務省記錄」3-12-2-25, 「朝鮮国日本人居留地規則改正一件」, 1889.6.22 発遣, 外務次官 → 在京城·仁川·元山領事.

주(永住)와도 관련된 공동묘지와 화장터 설치 문제는 거류민사회 내에서 과제로 대두되었다. 이렇듯 거류민단체의 행정업무가 확대되면서 거류지규칙의 개정도 요구되었다.

이러한 흐름 속에 기존의 거류지규칙은 개정되는데 일본의 시정촌제도를 참조한 형태로 「재부산제국거류지규칙」(1893), 「인천항거류민규칙」(1896), 「경성거류민규칙」(1896) 등의 거류민규칙이 만들어졌다.[10] 당시 일본의 시정촌제도는 프로이센의 지방자치제도를 모방하여 제정된 것으로, 지방의회 참정권의 등급선거제[11]에 그 특징이 있었으며 참정권은 토지세 혹은 국세를 2엔 이상 납세하는 자에게 부여되었다. 거류지규칙 중에서 「인천항거류민규칙」의 조문을 살펴보면, '연령 만 25세 이상 거류민 남자로 토지 혹은 가옥을 소유하는 자이거나 1년에 영업과금을 5엔 이상 납부하는 자, 상사 및 회사의 대리인은 선거권을 지닌다'는 규정이 있었다.[12]

개정규칙에 기초하여 설치된 거류민의회와 총대역장은 광범위한 자치권을 행사했다. 시정촌에 부여된 입법권(조례권)은 거류민단체에게 없

---

10 「外務省記錄」 3-8-2-201, 「居留民団法並ニ同施行規則制定資料雜纂」, 1904.10.18, 釜山領事有吉明 → 外務大臣小村壽太郎, 機密第43号; 「外務省記錄」 3-8-2-201, 「居留民団法並ニ同施行規則制定資料雜纂」, 1905.1.27, 仁川領事加藤本四郎 → 外務大臣小村壽太郎, 機密第1号, 「專管居留地及居留民団法案ニ対スル意見上申」.

11 등급선거제란 유권자를 정촌(町村)세 납입액이 많은 순부터 가산하여 납입총액의 반에 이른 자까지를 1등급으로 하여, 2등급(혹은 3등급)으로 나눈 후 각 등급 선거인이 각각의 의원 정수를 선거하는 제도였다.

12 등급은 과금납액이 많은 순부터 3등급으로 나누어졌으며, 각 등급마다 같은 수의 의원을 선거하는 제도였다. 1903년 4월 유권자는 1급(30명, 5%), 2급(155명, 26%), 3급(420명, 69%)의 구성이었다. 「外務省記錄」 3-12-2-16, 「朝鮮国仁川港日本人居留地規則設立並改正一件」, 1903.11.17, 仁川領事加藤本四郎 → 外務大臣小村壽太郎, 公第182号, 「居留民規則中改正一件」의 부속서류.

었지만 자치권 행사라는 측면에서 보면 유리한 측면이 있었다. 군장, 부현지사, 내무대신이 감독권을 행사했던 일본의 정촌(町村)에 비해 해외거류지는 실질적으로 일본 영사가 단독으로 감독권을 행사했기 때문이다. 이로 인해 영사의 인가 유무에 따라 거류민회의 활동 범위는 확대될 여지가 충분히 있었다. 또한 조선 정부의 행정·사법권으로부터 자유로운 형태로 거류민단체가 여러 권리를 행사하는 측면도 있었다. 이러한 거류지 상황에 대해 1897년 인천에 부임한 시노부 준페이(信夫淳平)는 "제국 영사가 본토 내지의 지방장관이라면 거류민단체는 마치 시정촌과도 같은 형태를 지닌 일종의 자치단체로 보아도 무방하다"고 하며 시정촌과 비교하여 손색이 없는 거류민단체의 발전상을 평가하기도 했다.[13]

당시 거류지규칙의 명칭은 두 종류가 있었다.[14] 바로 거류지규칙과 거류민규칙이다. 거류지의 상황이 지역마다 달랐으며 규칙의 적용 범위가 상이했다. 거류지규칙의 적용 범위에 대해서는 '본 거류지' 혹은 '거류지 내'라고 정하여 거류지로 한정하는 규칙도 있었지만, '본 항구에 재류하는 자'와 같이 적용 지역을 두루뭉술하게 정한 경우도 있었다. 거류지규칙 중에서 눈길을 끄는 것은 인천항의 예이다. 거류지 설치 당시 인천의 일본 전관거류지는 소규모였으며 이후 각국거류지와 청국거류지가 일본 전관거류지를 둘러싸는 형태로 설치되었다. 인구가 증가하면서 일본인들의 거주지는 전관거류지를 넘어 각국거류지와 청국거류지 및 조선인 거주지로 확산되었고 '본 거류지'라는 조문으로는 거주 행태

13　信夫淳平, 1901, 『韓半島』, 東京堂書店, 5쪽.
14　이하 거류지규칙은 「外務省記錄」 3-8-2-193, 「居留民團法並同施行規則制定一件」, 1903.10.2 発遣, 珍田捨巳外務總務長官 → 柴田家門內閣書記官長, 機密送第37号, 「第十九回帝國議会ヘ提出スヘキ法律案通知ノ件」의 부속서류 참조.

를 아우르지 못하는 상황이 되었다. 이에 따라 '거류지 밖에 거주하는 일본인에게 미치지 아니한다'(1887년 제정)는 조문을 개정하여, 「인천항거류민규칙」에는 '거류지 내외 상관없이 주거하는 자는 모두 거류민으로 본다'라고 규정되었다. 일본인의 거주지 확산 상황을 고려하여 거류지라는 공간이 아니라 사람을 기준으로 하여 거류지규칙의 적용 범위가 규정된 것이다. 타 지역에서도 일본인의 거주지 확산에 발맞추어 거류지규칙의 적용 범위를 확대하는 양상을 보였다.

이와 함께 해외 거류민에게도 일본의 국내 법률을 적용하려는 논의가 있었다. 1895년 외무성에서는 '조선국 거류 제국신민에 대한 법률 명령 시행규칙'과 관련 안을 검토 중이었는데[15] 이는 일본공사관 및 영사관에 제령권과 벌칙권을 부여하고 거류민에게 일본의 법률 명령의 전부 혹은 일부를 적용하도록 하는 내용이었다. 이 안은 결국 검토에 그치게 되지만 해외거류지에 대한 일본 국내 법률의 적용이 본격적으로 논의되었던 상황을 엿볼 수 있다.

3) 개항 초기 거류민 교육

앞서 언급했듯이 거류민들이 거류지 업무 중 가장 많이 신경을 쓴 분야는 교육이었다. 개항 초기 거류지의 상황을 보면 소학교육을 불교 사찰에 위탁하는 경우가 많았다. 원산에서는 "본원사 설교소 주임 승려인

---

15 「外務省記録」 3-12-2-31, 「朝鮮国居留帝国臣民ニ対シ法律命令施行規則同細則並訓令案朝鮮国帝国居留地規則及同施行細則制定一件 附朝鮮居留帝国臣民ニ対シ法律命令施行規則公布一件」, 1896.5.5 発遣, 外務大臣陸奥宗光 → 内閣総理大臣伊藤博文, 送第255号.

이사카와라는 자가 유지 두세 명의 도움을 얻어 사찰 창고 안에 아이들을 모아 책 읽기와 습자를 가르친 것"이 거류민 교육의 시초였다고 전해진다.¹⁶ 그 외 거류지에서도 정토신종 오타니파 동본원사(東本願寺)에 아동교육을 위탁한 사례가 다수 확인된다. 여러 거류지에서 일본 국내와 동일한 "데라코야(寺子屋) 풍의 교육"¹⁷이 행해진 것이다. 하지만 학령아동 인구가 증가하면서 위탁 형태의 교육에서 거류민단체가 직접 소학교를 운영하는 형태로 탈모하게 된다. 다음은 개항 초기 부산 거류지의 상황이다.

> 본 항구 공립(共立)소학교는 1880년(메이지 13) 거류민사회 나 협의를 거쳐 설립된 것으로 일본인 자녀에 대한 교육을 지속적으로 개선하여 현재에 이르고 있다. 남녀 학생은 이미 3백 명에 달하며 인구의 증가에 따라 점점 발전하였다. 학과는 심상 및 고등과의 두 학과로 나뉘며 본국 학교와 동일한 교과서를 사용하고 있어 교육은 조금의 차이도 없다. 교장 이하 교원들은 본국에서 이에 상당한 면허를 취득한 자들로 …… (학교) 운영 경비는 거류지회의 결의와 인가를 거쳐 매년 지출되고 있으며 일체 다른 보조금은 받고 있지 않다. 이를 종합해서 말하면 전체적인 조직이 우리 시정촌 소학교와 동일하다고 볼 수 있다.¹⁸

---

16 「外務省記錄」3-10-2-2, 「在外國各日本居留地共立學校關係雜件」第一卷, 1899. 7.1, 元山二等領事小川盛重 → 外務大臣青木周藏, 送第83号, 「元山公立小學校ニ關スル報告ノ件」의 부속서류.

17 平壤民団役所 編, 1914, 『平壤発展史』, 民友社, 149쪽.

18 「外務省記錄」3-10-2-2, 「在外國各日本居留地共立學校關係雜件」第一卷, 1890.

한반도에서 첫 개항지였던 부산에서는 1877년 개항 후 얼마 지나지 않은 시기에 소학교 교육이 시작되었다. 본국으로부터의 보조금 지원 없이 거류민들에게 부과한 세금으로만 학교가 운영되었고 그 이유에서 공립(公立)이 아닌 공립(共立)학교라는 명칭이 붙여졌다.[19] 개항 후 십여 년이 지난 시기에 학생 수가 3백여 명에 이르렀던 점이 확인되는데, 이러한 학령아동의 급증은 다른 거류지에서도 확인된다. 인천에 설립된 소학교의 경우, 1890년에 81명이던 졸업생이 1901년에는 340명으로 증가했다.[20] 이후에도 거류지 아동의 증가는 계속되었고 1903년 재한 거류지 소학교의 재학생 수는 2천 명을 넘게 된다(〈표 1〉 참고). 학생 수와 학급 수를 보면 부산, 인천, 경성 지역의 거류지 소학교는 상당한 규모였음을 알 수 있다.

소학교 취학률은 거류지에 따라 다소 차이를 보였지만 전체적으로 90%에 가까웠고, 이러한 상황은 일본 국내와 크게 차이가 없었다. 거류지 소학교의 편제와 교원 그리고 사용되는 교과서 또한 본국 일본과 크게 다르지 않았다. 일반적으로 학교의 편제는 심상과(尋常科, 4년)와 고등과(高等科, 4년)의 2개 과로 구성되었고 교원 면허를 지닌 자가 초빙되었으며 일본에서 제작된 교과서가 조달되었다. 거류지 소학교의 특징이라

11.15, 釜山領事立田革 → 外務次官岡部長職, 送第135号, 「共立小学校ヲ市村立学校ニ準シ教員退隠料遺族扶助料法施行之件」.

[19] 경성에 설립된 소학교 또한 동일하게 공립(共立)으로 불렸다. 京城居留民団役所 編, 1912, 『京城発達史』, 49쪽.

[20] 심상과와 고등과 졸업생 합계는 1890년 81명, 1895년 127명, 1901년 340명이었다. 「外務省記録」 3-10-2-2, 「在外国各日本居留地共立学校関係雑件」 第二巻, 1902.2.7, 仁川領事加藤本四郎 → 外務大臣小村寿太郎, 公第26号, 「居留地小学校ニ内地ノ小学校ト同等ノ取扱ヲ与ヘラレ度儀ニ付稟請ノ件」의 부속서류.

<표 1> 1903년 거류민 학교 관계 자료

지역	거류민 인구	학생 수(심상+고등)			미취학 아동	취학률	학교 수	학급 수	교원 수
		남	여	계					
부산	9,799	522	405	927	135	87.3%	1	19	26
인천	5,136	242	196	438	22	95.2%	1	8	11
경성	3,034	177	135	*315	31	91%	1	7	10
원산	1,668	83	96	184	0	100%	1	*8	6
목포	1,045	-	-	87	18	82.9%	1	3	3
군산	684	-	-	42	0	100%	1	*6	2
진남포	547	15	22	37	0	100%	1	1	2
마산	333	-	-	12	0	100%	1	*3	2
평양	210	-	-	8	0	100%	1	1	1
계	22,456	-	-	2,050	206	90.9%	9	56	63

출처: 학교 관계 자료는 「外務省記錄」 3-10-2-55, 「韓国各居留地小学校教育費国庫補助雑件」에 의거한다. 거류민 인구(1903년 통계는 구할 수 없으므로 1902년 말 통계를 이용)는 「外務省記錄」 7-1-5-4 「海外在留本邦人職業別人口調査一件 第四卷」.

비고: 경성의 학생 수 합계에 오류가 보이나 원자료 그대로 표기했다. 마산의 교원 수는 승려(知恩院 파견) 1명, 조교원(助教員) 1명이다. 진남포 교원은 승려 2명(오타니파 본원사 출장소 주임승려 외 1명)이다. 학급 수는 지역마다 기준이 다른 것으로 보이며 교실 수 혹은 학년 학급 수가 혼용된 듯하다.
* 표시는 교원 수보다 학급 수가 많은 곳으로 학년 학급 수인 것으로 보인다.

면 한국어[韓語] 교과목이 개설되어 있었고 실용회화를 중심으로 한국어를 가르친 점 정도가 될 것이다.

거류민 학교의 교육제도 또한 일본에서 제정된 「소학교령」에 준거하고 있었다. 「인천거류민교육규정」을 포함한 몇몇 규정에는 본국의 소학교령 제1조의 취지를 준수할 것이 명시되어 있었다.[21] 부산거류지에서 제정된 「소학교규칙」이나 「교원채용내규」 등도 일본의 예에 따라 제정

---

21 인천거류민교육규정의 조문은 「外務省記錄」 3-10-2-15, 「韓国各居留地小学校教育費国費補助雑件」, 1902.3.15, 仁川領事加藤本四郎 → 外務大臣小村寿太郎, 公第44号의 부속서류에서 확인할 수 있다.

된 것이었다.²² 전반적으로 본국 일본의 교육제도에 준거하여 거류지 소학교가 운영된 점을 알 수 있다.

하지만 재정 측면에서 보면 거류민 학교의 상황은 본국과 달랐다. 국가보조금을 받는 시정촌 학교와는 달리 거류지 소학교는 거류민들이 학교 경비를 부담하는 형태였다. 거류민단체가 거류민들로부터 징수하는 부과금과 학생들로부터 징수하는 수업료가 거류지학교 운영경비의 주된 재정원이었고 이러한 거류민에 대한 교육비 부담은 거류민회가 제정한 규칙에 명시되어 있기도 했다. 앞서 언급한 「인천거류민교육규정」의 제1조에는 '인천에 거류하는 제국신민은 본 규정이 정한 바에 따라 학령아동 교육 및 소학교 설치 유지와 관련한 부담을 질 의무가 있다'고 규정되어 있었다. 하지만 이러한 규정은 거류민단체가 임의로 제정한 것으로 엄밀하게 따지면 법적 구속력은 없었다. 자체적으로 교육비 징수에 대한 근거를 마련하고자 한 시도였지 법적 근거가 없었던 것이다.

이상으로 개항 초기 거류지의 교육사업을 정리하면 거류민단체의 주요 업무가 교육이었다는 점, 이른 시기부터 학교가 설치된 점, 학령아동 인구가 가파르게 증가한 점, 본국의 교육제도에 준거하여 학교가 운영된 점, 교육비에 관해서는 자기 부담 원칙이 적용된 점을 확인할 수 있다.

---

22 「外務省記録」3-10-2-7,「朝鮮国釜山公立小学校生徒ニシテ本邦小学校ヘ転校等ノ節ハ一般小学校生徒同様便宜供与一件」, 1894.10.30, 釜山総領事室田義文 → 外務次官林董, 公第256号의 부속서류.

3. 거류민단체의 법인화 과정

1) 거류민사회의 청원활동

거류민사회가 성장함이 따라 거류민단체가 지닌 법적인 한계를 극복하려는 움직임이 생겨났다. 1898년 부산영사 이주인 히코키치(伊集院彦吉)가 외무성에 보낸 「거류지규칙개정안」을 통해서는 당시 현황을 엿볼 수 있는데, 제1조를 보면 '본 거류지는 개인과 동일한 권리를 지니고 의무를 부담하며 일반적으로 거류지 공공 사무는 영사의 감독을 받아 스스로 처리한다'고 규정되었다.[23] '법인'과 같은 명확한 명칭이 사용되지는 않았지만 거류지가 자연인과 동일하게 법적인 권리와 의무의 주체가 된다고 규정하고 있는 것으로 보아 이전과 비교해 발전된 형태였다. 하지만 이주인 영사는 "엄격하게 이론을 적용하면 영사가 이런 종류의 규칙을 제정·발포할 권한이 있는지는 매우 의문"이라면서 거류지규칙의 법적 근거에 대해 지적했다.[24] 거류지규칙은 외무대신의 인가를 받아 영사가 발포하는 것으로 법적 근거와 구속력이 있다고 보기는 어려웠던 것이다.

---

23 「外務省記錄」 3-12-2-31, 「朝鮮国居留帝国臣民ニ対シ法律命令施行規則同細則並訓令案朝鮮帝国居留地規則及同施行細則制定一件 附朝鮮居留帝国臣民ニ対シ法律命令施行規則公布一件」, 1398.8.30, 釜山一等領事伊集院彦吉 → 外務次官小村寿太郎, 公第166号, 「居留地規則改正ニ関スル件」.

24 「外務省記錄」 3-12-2-43 「清韓両国ニ於ケル居留地ニ関スル法律並日本専管居留地経営中租税ノ徴収ニ関スル法律制定一件」, 1899.11.8, 仁川領事伊集院彦吉 → 外務大臣青木周蔵, 公第190号.

이러한 한계를 극복하기 위해 거류민단체의 법적 지위를 공고히 하고자 하는 논의가 이루어졌으며 1899년 부산과 인천을 중심으로 거류민단체를 법인화하려는 운동이 일어났다. 부산 거류민 총대가 영사관에 제출한 건의서를 통해서는, 당시 거류민단체가 학교 신축, 상수도 설치, 해안가 매립 등의 사회기반시설 확충을 필요로 했던 점을 알 수 있다. 그러나 규모가 큰 공사를 시행하기 위해서는 상당한 자금의 조달이 필수였으나 임의 단체에 불과했던 거류민단체는 공채 발행이 불가능했다. 하나의 예로 인천거류지에서 앞바다 매립 공사가 논의되었을 당시, 거류민들이 개인 명의로 공사비를 은행에서 빌리는 형태로 이루어졌다. 거류민단체인 총대역장에게는 법인격이 없어 법적 주체가 되지 못했기 때문이다.

이와 함께 거류민단체는 부과금 체납자 문제를 안고 있었다. 1902년과 1903년 경성거류민역소의 결산표를 보면 거류지 부과금의 징수율이 약 50~70%에 머물렀던 것을 알 수 있다. 당초 예산의 30% 이상을 차지하는 호수(戶數) 부과금의 징수율은 1902년에는 68%, 1903년에는 54% 정도에 그쳤다.[25] 토지 부과금이나 게이샤에 대한 부과금의 상황도 비슷했는데, 예산안대로 부과금 징수가 어려웠던 당시 거류지의 상황을 짐작할 수 있다.

그 배경에는 거류민단체 재정의 대부분이 거류민 부과금에 의존하고 있는 구조적인 문제가 있었다. 거류지 부과금의 종류에는 토지, 가옥, 영업, 호별(戶別), 무역액에 부과되는 형태가 있었다. 경성의 경우 영업, 호

---

25 이하, 경성거류민단의 결산표는 「外務省記録」 3-8-2-201, 「居留民団法並ニ同施行規則制定資料雜纂」, 1904.10.9, 京城領事三増 → 外務大臣小村寿太郎, 機密第24号, 「專管居留地及居留民団法案諮詢ノ件ニ関スル答申」 참조.

수, 토지 부과금이 주요한 수입원이었으며 이는 전체 예산의 약 60%를 차지했다. 또한 거류민단체의 주요 수입원인 부과금을 체납하는 거류민이 상당수 존재한다는 점도 문제였다. 그 배경에는 거류지의 특성상 거류민의 전출입이 빈번하게 이루어진다는 점도 있었겠지만, 거류민단체의 설립 근거가 모호하다는 문제도 있었다. 거류민단체가 부과하는 부과금의 법적 근거에 의문을 제시하거나 납부를 거부하는 거류민이 존재한 것이다. 하나의 예로 한국 정부가 경영하는 일어학교 교사였던 일본인은 거류민단체가 "편의를 위해 거류민들이 합의하여 성립된 하나의 개인 공동 조합"에 지나지 않는다는 점과 자신의 거주지가 일본거류지로부터 떨어져 있다는 점을 들면서 부과금 납부를 거부했다.[26] 이러한 체납자에 대해 거류민역소는 강제적인 징수권을 행사하기 어려웠다. 거류민단체의 부과금은 영사가 허가한 거류지규칙에 의거하고 있었고 거류지규칙의 법률적 근거가 미흡했기 때문이다. 거류지 부과금과 시정촌 세금은 그 성격을 달리했으므로 시정촌에서 행하는 체납자 처분을 그대로 적용하기는 어려웠던 것이다. 예외적으로 인천영사가 일본의 국세체납자처분법을 준용하는 명령을 발하여 납부를 종용한 사례가 있었지만, 부과금 체납자 문제는 지속되었다.

    이러한 상황하에서 거류민 인구가 증가하고 행정업무가 확대되면서 거류민단체를 법인화하려는 움직임이 일어나게 된다. 거류민단체를 법

---

26 「外務省記録」3-8-2-359, 「朝鮮国京城帝国居留民規則設立一件」, 1902.10.25, 京城領事三増久米吉 → 外務大臣小村寿太郎, 機密第22号, 「居留民費徴収方ニ関シ在京城領事ヨリ具申一件」;「外務省記録」3-8-2-201, 「居留民団法並ニ同施行規則制定資料雑纂」, 1904.10.9, 京城領事三増 → 外務大臣小村寿太郎, 機密第24号, 「専管居留地及居留民団法案諮詢ノ件ニ関スル答申」.

인화하려는 운동에 대해 영사관 측은 우선 신중한 태도를 보였다. 당시 부산영사는 거류민단체에 대해 "불완전하지만 자치 행정을 행하고 있어 실질적으로 본토의 시정(市町)과 동일한 체제"라고 평하면서도 법인화 문제에 대해서는 입장을 분명히 하지 않았다.[27] 법인화 문제에 앞서서 재외 전관거류지에 적용할 통일된 규칙 제정, 즉 표준적인 거류지규칙의 제정이 선결 문제라고 보았다. 이에 부산영사는 법인화 문제는 상당한 검토를 요하는 문제라는 의견을 달아 외무성으로 답신했다. 거류민단체의 법인화 문제는 한국 정부뿐 아니라 각국거류지의 권리와도 상충할 수 있는 문제로 법적인 검토를 필요로 한다고 판단했던 것이다. 거류민사회의 법인화 건의서를 받은 외무성에서는 거류지제도 및 부과금 징수에 관한 법률안을 검토하게 된다. 하지만 외무성 안은 제국의회에 제출되지 못한 채 폐안이 되고 만다.[28] 외무성에서는 일본의 법률을 해외거류지에서 시행하는 문제와 거류민의 권리·의무에 대한 법적인 검토가 필요하다고 판단한 것이다.

그 후 1902년 11월에 작성된 외무성 자료를 통해서 거류민에게 헌법을 적용하는 문제가 논의된 것이 확인된다.[29] 당시의 대일본제국헌법

---

27 「外務省記錄」3-12-2-43, 「淸韓兩國ニ於ケル居留地制ニ關スル法律並日本專管居留地經營中租稅ノ徵收ニ關スル法律制定一件」, 1899.10.26, 釜山領事新勢原五郎 → 外務大臣靑木周藏, 公第268号.

28 「外務省記錄」3-12-2-43, 「淸韓兩國ニ於ケル居留地制ニ關スル法律並日本專管居留地經營中租稅ノ徵收ニ關スル法律制定一件」, 1900.12.8 起草, 「淸韓兩國ニ於テ日本臣民ノ居留スル地區ヲ法人ト爲スノ法律案」. 논의 내용에 대해서는 박준형, 2014, 앞의 글.

29 헌법 적용에 관한 내용은 「外務省記錄」3-8-2-193, 「居留民團法並同施行規則制定一件」, 1902.11.7 起草, 「帝國憲法ハ在外帝國臣民ニ其效力ヲ及ボサザルヤ否ヤノ件」.

이른바 메이지헌법에는 영토 조항 규정이 없었으므로 헌법의 효력이 미치는 범위가 명확하지 규정되어 있지 않았다. 외무성은 헌법 제1조의 '대일본제국은 만세일계의 천황이 이를 통치한다'는 조문에 규정된 '제국'이 영토와 신민을 가리키는 것으로 간주하고 해외 거주자들도 천황의 통치를 받는 것으로 해석했다. 기본적으로 법은 신민을 따라간다는 해석과 「영사의 직무에 관한 법률」 및 「청한재류민취제법」과 같은 기존의 법률 조문을 들어 헌법의 해외유효설을 취한 것이다. 이러한 법해석을 바탕으로 외무성은 "헌법은 국가 법규의 기본이 되는 것으로 국가를 구속하고 국가권력의 발동은 항상 헌법의 제한을 받으며 국가 성립 요소인 신민에 대해서는 거류지 내외를 막론하고 모두 효력이 있다"고 결론을 내리게 된다. 거류지의 일본인들에게도 헌법이 유효하게 적용된다고 본 것이다.

하지만 외무성은 헌법의 모든 조항이 재외거류지에 적용된다고 보지는 않았다. 헌법 제21조에 '일본 신민은 법률이 정하는 바에 따라 납세의 의무를 지닌다'고 규정되어 있었지만 외무성은 거류민단체의 부과금이 지방행정기관의 세금과는 다른 성격의 것으로 납세의무 대상에 해당하지 않는다고 보았다. 외무성은 거류민단체에 대해 '외국에 있는 거류지는 조약에 의해 거주 영업을 허가받은 일종의 단체로 국내 시정촌 자치단체로 보기는 힘들다'면서 시정촌과 거류민단체의 성격이 다른 점을 명확히 했던 것이다. 결국 외무성의 해외거류지 헌법유효설은 큰 틀의 방침이었고 그 적용은 제한적이었다.

2) 「거류민단법」의 제정 과정

영사관의 보고와 거류민사회의 청원안에 대한 검토를 거쳐, 1903년 즈음 외무성에서는 「재외제국전관거류지및거류민단법안」을 검토 중이었다.[30] 제1조에서는 재외제국전관거류지의 법인화가 규정되었고, 제2조에서는 전관거류지 부근 지역에 대한 확대 적용이 규정되었다. 제3조는 전관거류지가 없는 지역에서 그리고 외국인 거류지와 잡거지 및 그 부근 지역에서 설립된 거류민단의 설립이 규정되었다. 당시 외무성에서는 재외거류지를 전관거류지와 그 부근, 그 외 기타 지역으로 분류하고 전관거류지를 법인화하는 안과 그 기타 지역에서 거류민단을 설립하는 두 가지 형태의 법인화를 구상하고 있었다.

이 안에 대해 당시 부산영사였던 아리요시 아키라(有吉明)는 거류지 바깥 지역에서 거류민 증가 현황을 언급하면서, 구역을 명확히 하는 것보다 '막연한' 조문으로 할 것을 건의했다. 또한 재한 임시 공사였던 하기와라(萩原守一)는 법인화가 법률의 개정을 필요로 할 뿐만 아니라 해외거류지나 잡거지를 본토의 시정촌과 동일한 법인으로 하는 것은 법리적으로 적절하지 못하다며 우려를 표명했다. 이 문제를 해결하기 위해 하기와라는 법인의 성립 요건을 정한 민법의 개정 혹은 새로운 법률의 제정이 필요하다고 보았다. 당시 민법 제33조에는 '법인은 이 법률과 기타 다른 법률에 의하지 않으면 성립하지 않는다'고 규정하고 있어 이 조항을 수정할 필요가 있었다. 혹은 거류민단체에 법인격을 부여하는 새로운

---

30 안에 대해서는 「外務省記錄」 3-8-2-193, 「居留民團法並同施行規則制定一件」, 1903.10.2 発遣, 珍田捨巳外務総務長官 → 柴田家門內閣書記官長, 機密送第37号, 「第十九回帝國議會ヘ提出スヘキ法律案通知ノ件」.

법을 제정하는 방법을 검토하게 된 것이다.

그 후 1904년 외무성에서는 현지 공사관 및 영사관에 법률안을 송부하고 이에 대한 의견을 취합했다.[31] 당시 인천영사는 거류지의 현황에 대해 "인천의 일본 전관거류지는 매우 협소하고 지금 재류민의 대부분은 각국거류지, 청국거류지, 조선인 마을에 흩어져 있어 도저히 지역에 의해 거류지 단체를 조직하기는 힘든 상황"이라고 설명하면서 구역에 구애받지 않으면서 거류민에 적용될 수 있는 규칙이 제정되어야 한다고 답신했다. 거류지라는 일정 구역을 법인화하는 것보다 광범위한 지역에 적용할 수 있는 거류민단 법안이 적합하다는 의견이었다. 거류민단법을 시행하게 되던 전관거류지에서 떨어진 내륙 지역에서도 거류민단 단체의 설립이 가능하다는 판단에서였다. 당시 재한 공사였던 하야시 곤스케(林權助) 또한 전관거류지의 법인화에 대해 반대 의견을 피력했다. 전관거류지가 법인이 되면 거류지 밖 10리 이내 거류민은 거류민단체는 물론이고 각국거류지회에도 이중으로 세금을 낼 가능성이 있다는 점을 지적하기도 했다.

결과적으로 현지의 의견이 받아들여져 법률안은 수정되었다. 외무성은 각지의 다양한 거류지 상황을 고려하여 모든 형태에 적용 가능한 법률안 제정 논의에 들어갔다. 이 기간 중 거류민들의 청원활동도 이어져 재한거류민장 회의에서 의결된 건의서가 정부 기관에 제출되었다. 경성 거류민단 민장이었던 나카이는 도쿄로 가서 외무성 통상국을 방문하였으며 제국의회 의원들에게도 청원활동을 했다. 이러한 과정을 통해 작성

---

31 「外務省記錄」3-8-2-201,「居留民團法並ニ同施行規則制定資料雜纂」, 1904.9.14 發遣, 小村外務大臣 → 在韓林權助公使·在淸國內田康哉公使,「專管居留地及居留民團法案諮詢ノ件」.

된 외무성의 법률안은 법제국과 추밀원에서 검토되었다. 이 과정에서 법제국은 '해외에 있는 제국신민의 권리와 의무는 헌법 규정이 미치지 않으므로 필수적 입법 사항이 아니다'라는 견해를 밝혔다.[32] 앞서 살펴본 외무성의 헌법유효설과는 달리 법제국에서는 재외거류지 헌법무효설이 기본 입장이었다. 또한 법제국에서는 해외거류지에서 시정촌과 동일한 공법인(公法人)을 설치하는 것은 법리적으로 무리가 있다고 판단하고 법률이 아닌 칙령 형태의 제정을 제안했다. 이와는 달리 추밀원에서는 법률로 제정하는 안을 주장했는데, 논의 끝에 사안이 중대하므로 법률로 정하는 것으로 결정되었다. 이 과정에서 거류지 구역이 아닌 거류민단이란 단체를 설립하는 안이 결정되었다.

이후 법률안이 제국의회에 제출되어 중의원 거류민단법안위원회에서 법률안이 심의되었다. 이 위원회에서 외무성 통상국장 이시이 기쿠지로(石井菊次郎)는 "외국의 거류지는 사생아와 같다고 말하지만 일본의 거류지는 크게 성장하여 뱃속의 어린아이가 아니다"라고 비유하면서 일본 거류지가 상당한 규모로 발전한 점을 강조했다.[33] 또한 이시이는 중의원 본회의 중 질의응답에서 이 법률은 제국이 영사재판권을 지닌 곳이 아니면 집행하기 어려운 사안이라고 답변했다.[34] 당시 거류지에서는 영사재판권이 보장되고 있는 상황이었으며, 법률안에서 규정하고 있는 거류민단 사무 또한 행정, 교육, 위생, 토목 등 광범위했다. 조약에 의해 공인

---

32 「外務省記錄」 3-8-2-193, 「居留民團法並同施行規則制定一件」, 1905.2, 「居留民團法案」의 부속서류.

33 第21回帝國議會衆議院, 居留民團法案委員會會議錄(筆記)第2回, 1905.2.21. 참고로 이시이는 1896~1897년까지 인천영사를 역임한 인물이다.

34 「衆議院議事速記錄第18號」, 『官報』 號外, 1905.2.19.

된 거류지라고 하지만 거류지에서 법인의 설치는 상대국의 주권을 침해하는 요소를 지니고 있었다. 러일전쟁 후 일본 내각의 대한방침과 제1차 한일협약의 체결을 거치면서, 당시 한일 간 외교 관계에서 볼 때 거류민단법의 시행이 크게 문제의 소지는 없을 것으로 판단했던 것으로 보인다.

　제국의회의 심의를 거쳐 1905년 3월 「거류민단법」이 공포되었다. 이는 해외에 있는 제국신민의 단체에 대해 법률적 자격을 부여한 법률로, 기본적으로는 본국의 행정단위인 시정촌에 준거하여 본국의 법률체계와 한국의 지역적 사정을 감안한 형태로 입안된 법률이었다.[35] 앞서 언급한 이시이가 '거류민단법의 취지는 사람을 기준'으로 한 것이라고 평했던 것처럼 거류민단법의 조문은 국제법상 속인주의에 기초한 법률이라고 할 수 있다.[36]

　이어서 1906년 7월 「거류민단법시행규칙」이 공포되었다. 거류민단법 공포 후 시행규칙 사이에는 시간차가 존재하는데 그 사이에 을사조약이 체결되고 대한제국의 외교권이 박탈되었고 거류민단법의 시행을 지원했다. 거류민단법의 시행은 국제법적으로 보면 해외거류지에 속인적으로 법률을 적용한 사례였다. 거류민단법은 거주국의 주권을 침해하는 성격이 강했지만 보호국화를 거쳐 시행에 이르게 된 것이다. 결과적으로 거류민들은 외국의 거류지에 있으면서도 일본 국내법의 영향권 아래에 놓이게 되었다.

　이 과정에서 대한제국의 보호국화와 통감부 설치는 일본 법률을 한

35　統監府地方部, 1908, 『民団制度実例』, 95쪽.

36　「外務省記録」3-8-2-211, 「居留民団設立一件」, 1905.6.21, 外務省通商局長石井菊次郎 → 天津総領事伊集院, 「居留民団法実施ノ地区ニ関スル件」.

국에 적용하는 경우의 권한 이전 문제를 낳았다. 한국에 적용되는 법률 중 일본의 각 대신이 가진 권한이 한국통감에 이관되는지가 명확하지 않았던 것이다. 이 문제는 중의원 위원회에서 논의를 거쳐 대신의 권한이 한국통감에 이관되는 것이 결정되었다.[37] 1906년 「내국 관헌의 관장에 속한 사항과 관련하여 통감의 권한에 관한 법률」(법률 제57호)과 「한국 내 내국 관헌의 관장 사무를 통감 직무로 속하게 하는 건」(칙령 제167호)에 의해 구체적인 권한 이관이 정해졌다. 이를 통해 일본인 거류민 권한을 포함하여 한반도에 관한 것은 한국통감이 행하게 되었다.

4. 거류민단의 설립과 거류민 교육

1) 거류민단의 설립과 운영

거류민단법의 시행으로 일본인 단체는 해외에 체류하면서도 일본 국내법의 속인적 법제의 영향권 아래에 놓이게 되었다.[38] 이에 따라 통감부에 종속되는 경향도 한층 강해졌다. 이는 1896년 제정된 「재경성제국거류민규칙(在京城帝國居留民規則)」과 1906년 통감부 설치 이후의 상황을 비교하면 보다 분명해진다. 통감부 설치 이후 일본 영사관은 이사청(理事廳)으로 바뀌었다. 이에 따라 영사가 거류민단체에 대한 감독권을

37　서영희, 2003, 『대한제국 정치사 연구』, 서울대출판부, 330-332쪽.
38　中內二郞, 1941, 『居留民団の硏究』, 三通書局, 2-4쪽.

〈표 2〉 구-류민간법 시행 이후 한반도에 설립된 일본인 거류민단

거류민단	설립일	1906년 8월 말		1907년 6월경		1908년 6월 말	
		호구	인구	호구	인구	호구	인구
부산거류민단	1906.7.15	4,131	15,877	4,018	15,948	4,776	18,704
인천거류민단	1906.7.15	3,046	12,710	3,058	12,376	2,966	11,612
경성거류민단	1906.7.15	3,000	11,380	4,035	14,314	5,240	17,788
평양거류민단	1906.7.15	1,469	4,405	1,538	5,201	1,864	6,634
진남포거류민단	1906.7.15	727	2,739	748	2,904	774	2,661
군산거류민단	1906.7.15	406	1,510	602	2,362	818	3,162
마산거류민단	1906.9.1	589	2,313	731	2,727	910	3,355
원산거류민단	1906.9.1	946	5,015	1,029	4,447	1,040	4,232
목포거류민단	1906.10.15	516	2,128	606	2,459	756	2,901
대구거류민단	1906.11.1	649	1,928	698	2,416	859	2,882
용산거류민단	1907.9.15					1,396	4,653
신의주거류민단	1908.2.15					549	1,574
총 12개 거류민단		15,479	60,005	17,063	65,154	21,948	80,158

출처: 統監府, 1907, 『統監府施政一班』, 8-9쪽(1906년 8월 말); 統監府総務部, 1907, 『韓国事情要覧』, 55쪽 (1907년 6월경); 統監官房 1908, 『韓国施政年報』 第1次, 402-408쪽(1908년 6월 말).

단독으로 행하는 체제에서 이사관과 한국통감이 이중으로 감독하는 체제로 바뀌었다. 아울러 한국통감은 거류민단에 대해 민회해산권과 민장임명권을 행사하게 되면서 감독권이 강화되었다. 결과적으로 거류민사회의 청원운동의 의도와는 달리 당국의 규제에 놓이게 되었다.

〈표 2〉에서 확인할 수 있는 것처럼, 1906년부터 1908년에 걸쳐 일본인 거류민간이 차례로 설립되었다. 「거류민단법시행규칙」의 조문을 보면 거류민단은 입법권, 조직권, 재정권을 지니고 있었다. 경성거류민단의 경우를 보면, 의결기관인 민회 의원 20명과 집행기관인 민장(民長),

조역(助役), 회계(會計), 서기(書記)로 구성되었다. 임기 2년인 민회의원을 뽑는 참정권은 거류민단세를 연간 5엔 이상 납부하는 만 25세 이상의 남성에게 주어졌다.[39] 임기 3년의 민장은 '거류민회에서 이를 선거하여 감독 장관의 인가를 받아야 한다'고 규정하여 공선(公選)제 형식을 취하고 있었다. 여기에 관리(官吏), 신관(神官), 승려, 학교 교원의 피선거권은 부정되었다.

거류민단의 한계로 지적되어온 점은 개선되었다. 재정 면에서 거류민단은 민단세, 사용료, 수수료 및 부역 현품을 부과·징수하는 권한을 가지게 되었으며 민단세 체납자에 대해 강제 조치도 가능해졌다. 거류민단은 거류민의 권리·의무 및 거류민단의 사무에 관해 규칙을 제정할 수 있다고 규정되어 입법권을 행사하게 되었다. 경성거류민단의 경우를 살펴보면, 1911년 11월 당시 제정된 규칙은 20항목에 이르렀다.[40]

경성거류민단 민회를 구성할 첫 의원 선거는 1906년 10월에 실시되었는데 선거가 가까워오자 일본인사회 내에서 선거 열기가 고조되었다. 거류민단 설립 이후 처음으로 실시된 선거였던 탓에 과열 양상을 띠었던 것이다. 일부에서는 투표를 조건으로 장사 거래를 요구하는 일도 있었다.[41] 지역 내에서 동부유지자회(東部有志者會), 서부유지자회(西部有志者會), 동지회(同志會) 등의 모임이 결정되었고 각 모임에서는 지지 후보를 발표했다. 당시 유권자는 660여 명이었으나 실제 투표자는 500명 정도였다.[42] 당선자는 나카무라 사이조(中村再造), 와다 쓰네이치(和田常市),

---

39 統監府地方部, 1908, 『民団制度実例』.
40 京城居留民団役所 編, 1911, 『現行京城居留民団規則類集』.
41 「京城選挙の彙報」, 『朝鮮新報』, 1906.10.8.
42 「議員選挙期日の確定」, 『朝鮮新報』, 1906.9.19; 「京城選挙模様」, 『朝鮮新報』, 1906.10.9.

야마구치 다헤에(山口太兵衛), 모리 가츠지(森勝次)를 포함한 20명이었다. 이들 4명은 1880년대에 개항 초기 이주한 인물로 일본인사회 내에서 '개척자'로 존경받는 사람들이었다. 그 외 의원의 대부분은 상인들이었는데 그들 중에는 청일전쟁과 러일전쟁 전후하여 전당포 경영 혹은 부동산 급등으로 부를 축적한 인물이 다수였다. 이들 스토리는 일본인사회에서 '성공담'으로 전해지고 있었다.[43]

이렇게 구성된 거류민단과 거류민회에 대해 통감부는 보호와 감독의 이중정책을 폈다. 거류민에 대한 통감부의 기본 입장은 당시 미우라 야고로(三浦弥五郎) 경성이사관이 행한 연설에서 확인할 수 있다. 1906년 11월 구마가이 경성거류민단 민장이 개최한 원유회에서 미우라는 "한일 양국은 한일 협약에 따라 일신동체(一身同體)를 이루게 되었다. 신민 상호 간의 관계 또한 이와 마찬가지로 거류민단 사무에 관해서 공동으로 대처하고 위생·교통 등에 관해서도 일치 협력하여 시설의 완비를 이루도록 해야 할 것이다. 요컨대 일본거류민은 경성 시정(市政)의 고문(顧問)이 되어 솔선해서 거류지의 발전에 실질적 성과를 거둘 것을 희망하며 본인도 제군들과 함께 이러한 취지에서 일치 협력할 것을 약속한다"[44]는 취지의 연설을 한 바 있었다. 통감부는 조선인을 이끌고 지도할 '고문'으로 거류민들의 역할을 설정하고 이에 대한 협력을 요청한 점을 알 수 있다.[45] 하지만 이러한 기본 입장과는 달리 통감부는 거류민사회에 대한

---

43 「成功談」, 『朝鮮』 19호, 1909.9, 69-70쪽; 「京城の成功者昔物がたり」, 『朝鮮及満州』 118호, 1917.4, 148-151쪽.

44 「熊谷民長園遊会」, 『朝鮮新報』, 1906.11.25.

45 원문에서는 유액(誘掖)이란 표현을 사용하였다. 朝鮮総督府, 1914, 『朝鮮統治三年間成績』, 11쪽.

감독권을 점차 강화하게 된다.

2) 거류민정책의 변화와 재조선 일본인사회의 대응

통감부 설치 이후 거류민단 감독과 관련한 일련의 조치가 이루어진다. 그 첫 단계로 1906년 5월 15일 통감부령 제15호 「거류민단법시행규칙」이 개정되었다. 제17조 피선거권을 제한하는 조항의 내용이 '관리(官吏)'에서 '이사청 관리 및 거류민단 관리'로 수정되었다. 이에 따라 이사청 관리를 제외한 관리, 즉 통감부 관리에게 민단 의원으로 뽑힐 수 있는 피선거권이 부여되었다.[46] 이어 1908년 7월 22일 통감부령 제23호에 의해 동 규칙이 개정되어 민장의 관선(官選)제가 시행되었다.[47] 제5조 제3항에서 '민장은 거류민회에서 이를 선거하고 통감의 인가를 받아야 한다'[48]는 조문이 개정되어 '민장은 통감이 이를 임명한다'[49]로 수정된 것이다. 민장 관선제 이외에도 임기 2년 조항이 삭제되어 당국이 임명한 민장이 지속적으로 근무하는 것이 가능해졌다.

이러한 일련의 조치는 거류민단 측과 사전 협의 없이 일방적으로 이루어진 것이었는데 거류민단에 대한 통감부의 감독권 강화를 알리는 신호탄이었다. 이에 대해 일본인사회는 지금까지 유지되어온 '자치'의 정신을 파괴하는 행위라며 비판의 목소리를 높였다.[50] 경성을 비롯하여 부

---

46 統監府, 『公報』, 1908.5.16.
47 統監府, 『公報』, 1908.8.1.
48 吉野勝·吉田英三郎, 1906, 「居留民団法要義」, 22쪽.
49 統監府地方部, 1908, 『民団制度実例』, 7쪽.
50 「民団自治の破壊」, 『京城新聞』, 1908.7.23.

산, 군산, 목포의 거류민단에서도 반대 성명을 발표하고 대응에 나섰다.[51] 잡지 『조선』 편집장 샤쿠오 순조(釈尾春芿)도 민장 관선 문제를 포함해 조선에서 관민(官民) 사이에 반목이 일어나는 이유로서 '관존민비(官尊民卑)의 폐해', '통감부의 간섭 압제 정책', '이토(伊藤) 통감의 한국본위주의(韓國本位主義) 정책'을 들면서 비판을 가했다.[52]

> 관리가 입을 열면서 말하길 재류민은 분명 해외로 돈벌이에 나선 자들이며 깡패들과 같은 사람들이다. 오늘날에는 상당한 재산을 모으고 상당한 위치를 가진 자들이나 20년 혹은 10년 전까지는 맨몸이었던 자이며 교양도 없고 품위도 없으며 단지 모험심이 약간 풍부한 자들로 한국인의 무지를 이용해 뜻밖의 이익을 보려는 자들에 지나지 않는다. …… 그리하여 이토 통감이 부임하자마자 도처에 있는 재류민을 부랑민이라 부르며 재류민을 안중에 두지 않는 태도를 보였는데 이는 하급보다 상급 관료가 더 심했다. 속물관리 무리는 더욱 재류민을 경시하였고 통감부 사람들은 그 하급 무리에 이르기까지 기세가 등등했다. 그중에서도 특히 이사관이라는 자는 행정과 사법 두 가지 권력을 장악한 셈이라 관직은 낮아도 인민에 대한 권세는 다른 관리의 위에 있었다.[53]

이렇듯 통감부 설치 이후 거류민에 대한 관리들의 인식이 드러나고 감독권이 강화되자 거류민사회가 반발에 나선 것이다. 앞서 언급한 미우

---

51 「民長官選の統監府令に対する在韓居留民団の叫び」, 『朝鮮』 7호, 1908.9, 7-8쪽.
52 「朝鮮に於ける我官民の反目」, 『朝鮮』 7호, 1908.9, 24-31쪽.
53 위의 글, 25-26쪽.

라 이사관의 '고문'이란 표현은 외면적인 입장에 불과했다는 것도 샤쿠오의 비판을 통해서 엿볼 수 있다.

통감부의 민장 관선화에 맞서, 1908년 9월에는 40여 명으로 구성된 '관선철폐기성동맹회(官選撤廢期成同盟會)'가 조직되었다. 제1회 총회에서 상당한 회비가 모금되는 등 일본인사회로부터 지지를 얻었다.[54] 이 시기는 거류민단 선거가 임박한 시기로 민장의 관선화는 선거운동의 중요한 논점이 되었다. 경성 내에서는 '관선철폐기성동맹회', '혁신동지회(革新同志會)', '중앙조합(中央組合)', '경성공민회(京城公民會)' 등이 결성되어 각각의 후보를 공표했으나 기성동맹회가 추천하는 후보자가 대부분 당선될 것으로 예상되었다. 실제로도 당선된 의원 20명 중 15명은 관선철폐기성동맹회의 후보자였다. 기성동맹회의 후보가 얻은 득표는 전체의 약 73%를 차지했고 관선제 철폐가 일본인사회의 지지를 얻었던 점이 확인된다. 그 외 기성동맹회에 대항한 혁신동맹회나 그 밖의 동맹회가 추천한 의원이 당선되었으나 지지자의 상당수는 관리였을 것으로 추측된다.[55] 통감부 관리가 의원으로 당선된 예는 없었으며 이전과 큰 변함 없이 의원 20명 중 16명은 상인으로 구성되었다.

이후로도 관선제에 대한 반대운동이 전개되었으며 같은 해 11월에는 민회의 대표의원이 이토 통감에게 진정서를 제출하기도 했으나 돌아온 답변은 없었다. 이에 굴하지 않은 거류민단 의원들은 본국의 중의원을 대상으로 청원활동을 전개했으며 개정 법안이 중의원에 제출되기도 했다.[56] 1909년 2월 16일 중의원 의회에서 오우치 쵸조(大內暢三) 의원

---

54 「官選撤廃期成同盟会」, 『京城新聞』, 1908.9.27.
55 「議員総選挙」, 『京城新聞』, 1908.10.9;「一昨夜の民団役所」, 『京城新聞』, 1908.10.10.
56 「民長官選問題」, 『京城新報』, 1909.2.9;「民団法の建議」, 『京城新報』, 1909.2.18;「民

은 '주한 동포는 우리 국권 확장의 공로자'로 평가하면서 공선제로 복귀할 것을 주장했다. 아울러 그는 통감부 관리들이 거류민들을 무능한 자, 교육을 받지 못한 자로 치부하고 민장 관선제를 발표하여 자치제를 어지럽혔다고 비난했다.[57] 민장 관선제는 스스로 조직을 구성할 수 있다는 자치제도의 핵심적인 권리를 침해한 내용이다.

통감부가 민장 관선제를 시행한 이유에 대해서는, 식민지화 이후 조선인들에게도 동등한 선거권, 피선거권을 주지 않으면 안 되는 점에 대한 논의가 통감부 내부에 있었을 것이라는 해석이 있다.[58] 그러나 이 주장의 근거가 된 관리의 발언[59]은 일본인사회의 여론을 진정시키기 위한 것으로 통감부의 거류민정책 전환을 가져온 직접적인 원인에 대해 언급한 것은 아니다. 이 발언은 외국인 거류지를 폐지했던 일본의 경험을 살리는 형태로 한반도의 외국인 거류지 폐지에 관한 논의가 1908년 시점에 통감부 내에 존재했다는 것을 보여주는 것이다.

오히려 관선제 시행의 배경에 대해서는 "조선에서의 자치적 기능은 매우 유치하고 민장 선거 시에 벌어지는 경쟁은 작은 일본인사회의 질서를 깨고 있다"[60]는 비판에 주목할 필요가 있다. 통감부는 관선제를 단

長官選問題と帝国議会」, 『朝鮮』 13호, 1909.3, 9쪽.

57　東京大学出版会, 1980, 『帝国議会衆議院議事速記録』 23, 135쪽.

58　木村健二, 1989, 앞의 책, 78쪽.

59　"朝鮮に於ける自治的機能は頗る幼稚にして民長選挙の競争は小さき日本人社会の秩序を破り(前略)韓地に於ては治外法権撤去さるる期も会ひ長からざることと思ふ其際は居留民長たんかは無くなりて京城を初め各地其日韓両民を支配すべき市長を置かるるに至るであらう其際に是非官選で無くてはならぬから, 先づ其前準備と考へて善かろう", 「石塚総務長官代理を訪ふ」, 『朝鮮』 7호, 1908.9, 63쪽.

60　「石塚総務長官代理を訪ふ」, 『朝鮮』 7호, 1908.9, 63쪽.

행한 이유에 대해 거류민단 경비의 절약과 민단 의원 선거 시의 파벌 형성 문제를 꼽았다.[61] 경비 절약의 경우, 통감부 관리들이 민회 의원 또는 민장에 당선되면 무보수로 일하게 되는 것이 그 이유였다. 파벌 형성 문제에 관해서는 "당시 민단 의원은 여하튼 고향별로 세력을 형성하여 세력 쟁탈로 흘러갈 때가 많았고 민장 선거 때에는 쓸데없는 분쟁을 빚었는데 그 폐해는 나아가 민단의 행정업무를 저해할 정도의 상태"[62]라는 기술에서 짐작할 수 있듯이, 통감부는 과열 양상을 띤 선거 열기와 이익 집단의 형성에 대해 문제를 인지하고 있었다. 이러한 인식은 당시 통감부 서기관이었던 고다마 히데오(兒玉秀雄)가 제국의회 개정 법률위원회에서 행한 답변에서도 확인된다.

> 한국에 체류하는 본국인은 오래전부터 거주해온 사람과 근래 이주한 사람이 있어 자연적으로 서로 간의 감정이 좋을 리가 없기에 처음 5년간 시험 삼아 했던 민선(民選)을 폐지하고 관선으로 하였다. 당시 신의주, 대구와 같은 곳에서는 민장 선거 때문에 분쟁이 일어나 며칠 업무를 쉬는 일조차 있었다. 이것이 민선의 폐단이 아니고 무엇이겠는가? 그 후 원산, 신의주, 대구에서 임용된 관선 민장은 거류민들의 화합이나 모든 면에서 좋은 성과를 거두고 있다. 또 이번 본회의에 (개정안을) 제출한 자가 법률 미비에 편승하여 관선제로 바꾸었다고 주장하지만 결코 그러한 일은 없다. 그리고 통감부가 거류민을 압박한다고 하였으나 통감부에서는 거류민들의 편의를 헤아리고 개량

---

61 「朝鮮に於ける我官民の反目」, 『朝鮮』 7호, 1908.9, 29쪽.
62 京城府, 1936, 『京城府史』 第2卷, 800쪽.

에 힘쓸 뿐 압박한 적은 없다.[63]

이어서 고다마는 위원회에서 원칙상 민선을 불허할 이유는 없다면서 적당한 시기에 이르면 민선으로 복귀시키는 것 또한 가능하다고 생각한다고 대답하는 등 잠정적인 조치라는 설명을 덧붙였다.[64] 결국 당시 의회 다수석을 차지하고 있던 이토 히로부미의 정우회(政友會)는 개정안에 대해 반대를 고수했고 다른 의원들로부터 별다른 호응을 얻지 못함에 따라 관선화 반대운동은 흐지부지 일단락되고 말았다.

그 후 1909년 11월 경성거류민단 구마가이(熊谷) 민장이 임기 만료로 사임하게 되면서 관선제 폐지가 또다시 쟁점으로 부상했다. 새로운 민장의 임용에 대해 통감부가 취한 조치는 거류민의 여론을 의식한 것이었다. 미우라 이사관은 와다 민회 의장을 통해 적임자를 추천하도록 했는데[65] 이는 민회의 의사를 확인하는 방법으로 하나의 절충안이었다. 이에 따라 거류민단은 협의회를 열고 고조 간도(古城管堂), 기쿠치 겐조(菊池謙讓), 와다 쓰네이치 3명을 추천했다. 이에 통감부에서는 고조를 민장으로 선정하고 임명을 발표하게 된다.[66] 통감부가 당국에 대한 비판도 서슴지 않는 기쿠치와 같은 언론인보다 무난한 인물을 선호하는 것은 당연했다.

---

63 「民長官選問題」, 『京城新報』, 1909.2.26.
64 「民団長民選案」, 『京城新報』, 1909.3.14.
65 「民長後任の選定」, 『京城新報』, 1909.11.8.
66 「京城民長の任命」, 『京城新報』, 1909.12.5. 古城管堂는 제국대학 의과대학 출신의 인텔리로 1887년 인천 일본인거류지 공립병원장으로 초빙된 인물이다. 1903년 재차 도한하여 민단의원, 동양생명보험회사 임원 등을 역임했다. 川端源太郎, 1913, 『朝鮮在住内地人実業家人名辞典』第一編, 朝鮮実業新聞社, 185-186쪽.

민장 관선제는 일본인사회 내에서 주요한 이슈였음에는 틀림없지만 온도차가 존재하기도 했다. 관선제 반대에 적극적이었던 것은 기성동맹회를 비롯하여 민단 관계자와 일부 언론인들이었고 이들을 제외한 일반 거류민은 민장 관선제와 같은 정치적 문제에 그다지 관심을 기울이지 않았던 것으로 보인다. 이것은 일본인사회의 계층에 따른 인식 차이로 설명할 수 있다. 또한 "주한 일본인은 이제 조금씩 먹고사는 것 이상의 문제에 대해 다소의 노력과 희생을 하겠다는 마음가짐을 양성하지 않으면 종국에는 한국인[67]처럼 될 우려가 있다는 것을 잊어서는 안 된다"[68]는 주장에서 엿볼 수 있듯이 일반 거류민에게 관선제 문제는 먹고사는 문제와 거리가 있는 정치적 문제였다. 러일전쟁을 전후 일확천금의 꿈을 가지고 한국에 건너온 거류민들에게 '신천지(新天地)'에서 물질적으로 성공하는 것이 일차적이고 현실적인 목표였을 것이다. 이러한 거류민들의 의식은 '돈벌이 근성'으로 불리면서 식민지에서 개선이 필요한 문화로 지적받기도 했다.[69]

3) 중등교육기관의 설립

'거류민단법'의 제정은 거류민 학교의 운영에도 영향을 미쳤다. 통감부 설치 이전 거류민 학교는 일본 정부 입장에서 보면 공립(公立)이 아닌 사립학교였다.[70] 거류민단법은 법률적 근거가 모호했던 거류민단체를 법

67　원문은 ヨボ.
68　「民長官選問題と帝国議会」, 『朝鮮』 13호, 1909.3, 9쪽.
69　위의 글: 「朝鮮問題は在韓邦人にて解決せざるべからず」, 『朝鮮』 14호, 1909.4, 55쪽.
70　「外務省記録」 3-8-2-201, 「居留民団法並ニ同施行規則制定資料雜纂」, 1905.1.27,

인으로 인정한 법률이었고 이를 통해 거류민단체는 실질적으로 '외국 영토 내에 설치된 속인적 행정기관'[71]으로 기능하게 되었다. 거류민단이 시정촌과 거의 동일한 지방행정기관으로 간주됨에 따라 거류민단이 운영하는 학교 또한 공립학교로 인식된 것이다.

거류민단법의 성립 이후 거류민 학교에 대한 관리·감독 업무도 문부성에서 통감부로 이관된다. 통감부는 거류민 학교에 대한 보조금을 지원하게 되는데 이는 일본의 국고보조금제도와 동일한 성격의 것이었다. 1906년 15,000엔이었던 보조금은 1911년에 91,800엔으로 증가했다.[72]

통감부 시기에 들어서서 중등학교 설립 문제 또한 해결되었다. 거류지 내 소학교를 졸업한 후 진학을 희망하는 학생은 일본 학교로 진학할 수밖에 없었다. 대부분 부모의 출신 지역이나 연고가 있는 규슈 및 주고쿠(中國)지역으로 진학했다.[73] 통감부가 설치되고 거류민단법이 시행되면서 중등학교 설립에 대한 논의가 본격화되었다. 우선적으로 여학생이 다닐 고등여학교의 설립 문제가 논의되었다. 그 결과 1906년 부산여학교를 시작으로 경성과 인천에 고등여학교가 설립되었다. 여학생이 다니는 고등여학교의 설립이 남학생이 다니는 중학교보다 앞섰던 것이다. 이는

仁川領事加藤本四郎 → 外務大臣小村寿太郎, 機密第1号,「專管居留地及居留民団法案ニ対スル意見上申」의 부속서류 중「專管居留地及居留民団体法案ニ関スル調査事項」.

71 中内二郎, 1941, 앞의 책, 2-4쪽.

72 이후에도 보조금제도는 총독부 시기에도 이어졌고 1910년대 중반에는 약 30만 엔, 1920년에는 약 84만 엔에 달했다. 朝鮮総督府学務局, 1921,『內地人教育の状況』, 21-22쪽.

73 예를 들어 1899년 3월 원산소학교 고등과 졸업생 6명 중 3명은 나가사키현 상업학교, 야마구치현 상업학교, 구마모토현 여학교에 진학했다.「外務省記録」3-10-2-2,「在外国各日本居留地共立学校関係雑件」第一巻, 1899.7.1, 元山二等領事小川盛重 → 外務大臣青木周蔵, 送第83号,「元山公立小学校ニ関スル報告ノ件」의 부속서류.

딸의 진학을 위해 일본으로 유학 보내는 점이 힘들다는 부모들의 의견이 반영되었기 때문이었다.[74] 이러한 상황 속에서 고등여학교의 설립은 거류지 내의 경사였다. 경성고등여학교 개교식에는 한국통감 이토 히로부미를 비롯 조선주차군사령관 하세가와 요시미치(長谷川好道) 등의 귀빈이 참석하여 성황을 이룬 것을 보더라도 고등여학교 개교가 거류민사회에서 지닌 의미를 짐작할 수 있다.[75]

아울러 중등학교 설립을 통해서는 일본인사회의 거류의식 변화를 읽을 수 있다. 한반도 내 일본의 영향력이 커지면서 '정주(定住)'를 의식하게 된 거류민들이 중등교육에 투자를 한 것으로 볼 수 있는 것이다. 고등여학교의 설립 목적 또한 이러한 '정주'의식의 확산과 밀접한 연관이 있었다. 경성고등여학교 개교식 축사에서 미우라 경성이사관은 "한국 내 여자 교육을 목적으로 하는 본 학교는 장래의 현모양처이자 해외 발전을 확실히 이루어낼 조력자로서 부끄러움이 없는 부인을 양성"하는 것을 교육 목표로 내세우고 있었다.[76] 고등여학교는 단순히 진학교가 아닌 일본의 '해외 발전'이라는 목표 아래 이루어진 일종의 '투자'인 셈이었다. 아울러 여학생들에게 해외 발전을 보조하는 역할이 설정되면서 고등여학교의 설립이 추진된 점 또한 확인된다.[77]

고등여학교에 이어 중학교 설립을 요구하는 여론이 확산되었다. 이

---

74 京城居留民団役所 編, 1912, 앞의 책, 221쪽.
75 「時事日誌」, 『朝鮮』, 1908.7, 73쪽.
76 「三浦理事官祝辞」, 『京城新報』, 1908.5.26.
77 참고로 경성고등여학교 교원의 대부분은 일본에서 초빙되었는데 교토여학교에 근무하던 자가 학감으로 초빙되었으며 조선인이 채용되기도 했다. 일본 유학 경험이 있는 조선인으로 조선어 교육을 담당한 것으로 보인다. 「韓国高等女学校」, 『京城新報』, 1908.4.26.

는 통감부가 설립 주체가 되는 관립(官立) 중학교 설립을 청원하는 운동으로 발전해갔다. 1907년 경성거류민단에서는 학교의 성격상 통감부립으로 설립하는 것이 지당하다면서 청원서를 경성이사청에 제출했다.[78] 또한 경성거류민단 민장은 관립중학교 설립을 건의하기 위해 도쿄의 관련 부처를 방문하기도 했다. 하지만 상위 기관인 통감부로부터 긍정적인 답변을 얻지 못했던 것으로 보인다. 그러자 경성거류민단 측은 자치적으로 설립할 것을 결정하고 1909년 4월 경성중학교를 설립하게 된다.[79] 소학교와 마찬가지로 경성중학교의 편제 역시 일본과 거의 동일했다.[80]

그 후에도 경성중학교를 관립으로 하려는 운동은 계속되었다. 거류민단 측은 지금 거류민단이 지닌 능력으로 통감부의 지원 없이 온전한 중학교 시설을 갖추는 것은 도저히 불가능하다고 주장했다.[81] 관립 형태를 고집한 배경에는 거류민에 부과금에 의존하는 거류민단의 재정적인 문제가 있었다. 또한 일본 내 관립 고등중학교 설립이 적지 않은 영향을 미친 것으로 보이며 일본의 예를 들면서 관립 형태의 설립을 지속적으로 주장한 것으로 보인다. 교육의 기준이 일본에 있었던 점, 즉 '본국과 동일한' 교육을 지향한 것이 확인되는 대목이다. 그 후 상세한 과정은 미상이나 거류민사회의 청원이 받아들여지면서 관립중학교 설립은 1910년에 실현된다. 관립중학교 설립은 일본의 한국강점의 기운과 무관하지 않았던 것으로 보인다.

78　京城居留民団役所 編, 1912, 앞의 책, 208쪽.
79　「中学校案可決」, 『京城新報』, 1909.3.7.
80　京城居留民団役所 編, 1912, 앞의 책, 225쪽.
81　「時事評論:京城民団立中学校の新設」, 『朝鮮』, 1909.4, 7쪽.

4) 거류민 학교 지원책과 교육제도의 정비

통감부 시기에는 교원에 관한 제도 개선도 이루어졌다. 거류민 학교에 근무하는 교원에게 일본의 학교와 동일한 대우를 해주는 것이 목적이었다. 퇴직한 교원에게 지급되는 '퇴은료'(연금) 규정과 관련해 문부성은 1904년 9월 거류민 학교로부터 초빙 의뢰가 있을 경우「소학교령시행규칙」제127조의 휴직 처분이 적용되도록 했다. 거류민 학교에 재직하는 기간을 휴직으로 인정하여 연금 자격 상실로 이어지지 않도록 하는 조치였다.

또한 문부성은 1905년 3월「재외지정학교제도」를 시행했다.[82] 재외지정학교제도란「재외지정학교직원퇴은료 및 유족부조료법」(법률 제64호)과「재외지정학교에 관한 규정」(문부성령 제20호)에 의거한 제도로 지정 학교의 교원에게 연금을 지급하도록 한 제도였다. 이를 통해 지정된 거류민 학교의 교원은 일본의 공립학교 교원에 준한 처우를 받게 되었다. 주로 한국과 중국의 거류지 학교에 재직 중인 교원의 신분을 보장함으로써 거류지에서 일본 국내와 동일한 교육을 제공하는 것이 취지였다. 더 나아가 "일본인으로 하여금 마음 놓고 외국에 거주할 마음이 생기도록 하여 거류민 수를 증가시키고 국력을 해외에 신장"시키는 것이 궁극적인 목적이었다.[83]

---

82 재외지정학교제도에 관해서는 渡部宗助, 1982a,「在外指定学校一覧(1906~1945)」,『在外指定学校関係資料1』, 国立教育研究所; 渡部宗助, 1982b,「在外指定学校40年の歴史について」,『研究集録』第4号, 国立教育研究所; 渡部宗助, 1983,「在外指定学校に関する法制度と諸調査」,『在外指定学校関係資料2』, 国立教育研究所 등 참조.

83 문부성의 각의제출서 중 일부분이다.「外務省記録」3-10-2-55,「韓国各居留地小学校教育費国庫補助雑件」, 1904.10.27, 文部大臣久保田譲 → 外務大臣小村寿太郎, 文

이를 위한 한 방편으로 문부성은 1906년 6월 오사카부와 규슈 및 주고쿠 지방 7개 현에 더해 사범학교 졸업 후 의무 복무 기간 중에 있는 교원이 거류민 학교에서 근무할 수 있도록 하는 훈령을 내렸다.[84] 거류민 학교에 근무하면 재직 기간을 가산해주는 제도도 만들어졌다. 1907년 4월 '한국에 재근하는 거류민단립 재외지정학교 교원의 퇴은료 및 유족부조료에 관한 법률'(법률 제44호)이 제정되어 재직 3년 이상의 직원에 대해 재직 연수를 50% 가산해주는 제도였다. 통감부의 제출서를 보면 교원들이 특별한 대우를 받아야 하는 이유로 "위생 보건 설비가 결여되고 민속이 아직 미개한" 한국에서 재직하는 교원의 부담을 고려해야 한다는 기술이 보인다. 이 법률은 타이완에서 시행 중인 가산제도를 참고로 하여 통감부가 작성·제출한 것으로 보이는데[85] 교원 초빙이 쉽지 않았던 거류민 학교를 지원하기 위한 제도였다.

　재외지정학교제도가 시행된 후 1906년 8월에 인천거류민단립심상고등소학교가 처음으로 지정을 받았다. 법률 제정 당시 지정권자는 외무대신과 문부대신이었으나 통감부 설치 후에 한국통감으로 이관되었다. 그 결과 인천소학교는 한국통감 이토 히로부미의 명의로 지정을 받았다.

部省文書課辰発普247号의 부속서류.

84　7개 현은 야마구치, 나가사키, 후쿠오카, 사가, 히로시마, 오이타, 구마모토현이었다. 「外務省記録」3-10-2-2, 「在外国各日本居留地共立学校関係雑件」第三巻, 1906.6. 6, 文部次官心得文部省專門学務局長福原鐐二郎 → 外務次官珍田捨已, 文部省文書課午発第178号; 京城居留民団役所 編, 1912, 앞의 책, 165쪽.

85　타이완에 재근하는 관리의 은급 및 유족부조료(台湾ニ在勤スル官吏ノ恩給及遺族扶助料)(1900년 3월 법률 제5호) 제1조에 50% 가산 규정이 있었다. JACAR(아시아역사자료센터) Ref.A01200026200, 公文類聚·第三十一編·明治四十年·第十八巻·警察·行政警察, 社寺·教規·神社, 賞恤·褒賞·恩給·賑恤, 「韓国ニ在勤スル居留民団立在外指定学校職員ノ退隠料及遺族扶助料法ヲ定ム」.

1910년 4월 말 통계를 보면 한반도에 설립된 거류민 학교 129개교 중 지정을 받은 학교는 21개교였다.[86] 거류민단에서 설립한 학교 중에 어느 정도 규모가 있는 학교가 지정을 받았던 까닭에 지정률은 16%에 그쳤다. 이러한 한계점을 개선하기 위해 통감부는 1910년 6월 「재외지정학교규정」(통감부령 제23호)을 공포하고 지원 대상을 거류민 학교 전체로 확대했다.[87] 이를 통해 지정학교 외의 학교에 근무하는 교원도 동일한 대우를 받을 수 있도록 했다.

여기에 거류민 학교와 일본 내 학교와의 연계 문제도 해결되었다. 1907년 3월 문부성은 한국의 거류민단립 소학교에 재적 중인 아동 및 졸업생에 대해 시정촌립 소학교와 동일한 지위를 인정하는 것을 공시했다(문부성 고시 제73호). 거류민단립 학교에 한정된 제도였지만 거류민 학교에서 일본 내 동일 학교로 전학을 가능케 했다는 점에서 의의가 있었다.

거류민 아동에 대한 교육제도도 제정되었다. 1909년 2월 제정된 「소학교규칙」(통감부령 제3호)은 거류민 교육을 규정한 최초의 규정이었다.[88] 기본적으로 일본의 「소학교령」(1900년 8월 칙령 제344호) 이른바 「제3차 소학교령」으로 불리는 규칙에 준하여 만들어진 규정이었다.[89] 「소학교규칙」 제1조를 보면 "소학교는 아동 신체의 발달에 유의하고 도덕 교육 및

86　統監府 編, 1910, 『在韓国本邦人学事概況(明治43年4月調)』.

87　『(統監府)公報』第155号, 1910.6.4. 학무국이 작성한 기안 서류는 朝鮮総督府学務局 学務課, 「法令関係書類」(국가기록원 관리번호 CJA0004671), 1910.4.15[기재가 선명하지 않으나 기안(起案) 날짜로 보임], 「在外指定学校規定制定ノ件」.

88　『(統監府)公報』第88号, 1909.2.13.

89　소학교령의 제정 및 개정 과정에 관해서는 文部省 編, 1972, 『學制百年史』記述編, 306-333쪽.

국민 교육의 기초 및 그 생활에 필요한 보통의 지식과 기능을 가르치는 것을 본연의 취지"로 한다는 조문이 존재했는데 이는 「소학교령」의 조문과 동일했다. 학교 편제를 포함하여 수업연한, 교과목, 교칙 역시 일본의 「소학교령」 및 「소학교령시행규칙」에 준거하고 있었다. 전체 73조로 구성된 「소학교령」에 비하면 「소학교규칙」은 25개조로 구성되었는데 상세한 내용은 일본의 법령을 준용하는 방식이 취해졌다. 이는 거류지 상황에 따라 유연하게 대처할 필요가 있었기 때문으로 보인다.

「소학교규칙」과 「소학교령」을 비교하면 다른 점도 보인다. 일본의 「소학교령」의 경우 1900년 전면 개정을 거쳐 초등교육의 구상화가 실현되었지만 「소학교규칙」에는 수업료 규정이 존재했다. 거류민 학교의 수업료는 심상소학교의 경우 1개월에 40전(錢) 이하, 고등소학교는 80전 이하로 상한금액이 정해졌다(제25조). 의무교육이 시행된 일본 국내와 달리 수익자 부담 방식의 수업료 규정은 거류민들의 불만 요소이기도 했다. 하지만 거류지 부과금과 수업료에 의존하는 재정구조를 고려하면 의무교육 실시는 현실적인 안이 아니었다.

1910년 3월에는 「통감부중학교규칙」(통감부령 제9호)이 제정되었다.[90] 경성민단에서 설립한 중학교가 통감부 관립(官立)이 되면서 「통감부중학교관제」(칙령 제99호)와 함께 제정된 것이었다. 중학교가 통감부립이 되면서 학교 설립 형태에도 변화가 일어났다. 이후 재조선 일본인 학교의 설립 형태는 크게 통감부 및 총독부가 세운 관립(官立)학교, 거류민단·학교조합이 세운 공립(公立)학교, 사립(私立)학교의 세 가지 종류로 분류되었다.

90　『(統監府)公報』 호외, 1910.3.30.

「통감부중학교규칙」을 보면 수업연한이 5년으로 정해지는 등 일본의 중학교와 크게 차이가 없었다. 하지만 학교 편제를 보면 제1부와 제2부 학급으로 구성된 점이 차이가 있었다. 제1부 학급의 교과목은 본국의 「중학교령시행규칙」(1901년 문부성령 제3호)에 준거하고 있었으나 제2부는 달랐다. 제2부 학급은 실업교육 중심으로 교과목이 편성되었으며 특히 4학년 이상의 학생들에게는 한국어·경제·부기 등의 과목이 설치되었다. 제2부 학급은 한국의 현지 실정에 맞춰 실용학문에 중점을 두었던 것이다. 아울러 소학교와 마찬가지로 통감부립중학교에 대해서도 본국의 부현립중학교와 동일한 대우를 받도록 하는 조치가 취해졌다.[91] 하지만 이는 제2부 학생들에게는 적용되지 않았던 것으로 보아, 제2부 학급을 일본 국내의 중등 교육 과정과 동일하게 인정하지 않았던 점을 알 수 있다.

지금까지 통감부 시기에 이루어진 거류민 학교 지원책과 교육제도의 변화를 살펴보았다. 그 과정을 보면 일본 본국 정부가 발한 칙령 및 법률, 문부성령 및 고시 그리고 통감부령이 얽히면서 다소 복잡하게 교육제도가 규정된 것을 알 수 있다. 통감부 시기는 거류민 학교업무가 문부성에서 통감부로 이관되는 과도기적 시기였으며 감독권한 역시 모호하게 이중 체계였다. 이 과정에서 일본 국내의 교육제도를 거류민 학교에 적용하는 문제는 대체적으로 통감부령 제정을 통해 해결되는 형태를 보였다. 대표적인 제도인 「소학교규칙」과 「통감부중학교규칙」을 살펴보면 기본적으로 일본의 교육제도를 준용하는 형태가 취해졌지만 어느 정도

---

91 1910년 6월 문부성 고시 제163호, 『(統監府)公報』 156号, 1910.6.11; 宋炳基 編, 1973, 『統監府法令資料集』 下編, 大韓民国国会図書館, 562쪽.

한국의 실정 또한 반영된 것을 확인할 수 있다.

이러한 과도기적 시기에 거류민들은 자녀 교육에 대해 어떠한 인식을 가지고 있었으며 어떠한 논의가 이루어졌을까. 가장 주목되는 인식은 '내지(內地)', 즉 모극인 일본을 모르는 아동이 증가할 것이라는 우려였다. 실제로 학령아동들을 대상으로 의식 조사도 이루어진 바 있었다. 1914년 경성 내 소학교 학생 약 6천 명을 대상으로 한 조사에서 약 2천 명이 '내지를 모르는' 것으로 조사되었다.[92] 또한 통감부중학교 재학생을 대상으로 한 조사에서는 '내지에 관한 확실한 경험 및 실제적인 지식을 가진 것으로 인정된 학생'이 51% 정도인 것으로 조사되었다. 당시 학생 588명 중 '내지', 즉 일본 국내에서 태어난 학생은 524명(89%)이었으며 10% 정도가 조선 태생이었던 것을 감안하면 단순히 출생지를 기준으로 한 것이 아니라 일본에 관한 경험과 지식을 실제 조사한 결과였음을 알 수 있다.

교육 현장에서도 증가하는 조선 태생의 아동을 대상으로 모국 일본을 어떻게 가르칠 것인지가 과제로 대두되었다.[93] 총독부 학무국 관리나 교육계 인사 사이에서도 모국에 관한 관념이 희박해질 것이란 우려가 공유되었다. 당시 학무국장인 세키야 데이자부로(関屋貞三郎)는 1911년 8월 소학교 교원을 대상으로 한 하계강습회에서 "조선을 알면서 일본 내지를 모르는 자가 많다. …… 일본 모국에 대한 관념이 옅어질 우려가 없지 않다"고 언급하면서 "교육 훈련 시에는 항시 이를 유념하고 충군애국

---

92 통감부립중학교가 행한 조사 결과이다. 幣原坦, 1919, 『朝鮮教育論』, 六盟館, 303쪽.
93 1918년경 인천심상고등소학교가 행한 조사에 의하면 전체 학생 중 조선 태생의 아동(897명)이 '내지(內地)' 태생의 아동(735명)을 상회했다고 한다. 幣原坦, 1919, 앞의 책, 304쪽.

(忠君愛國)의 정신"을 교육할 것을 훈시했다.[94] 데라우치 마사타케(寺內正毅) 총독 또한 강습회에 참가한 교원을 관저로 불러, "모국을 떠나 새로운 땅에 이주한 자들은 쉽사리 모국의 감화가 옅어지는 경향"이 있다고 하면서 "모국을 사랑하고 천황폐하에 대한 봉공의 관념을 양성하는 과정이 본국에 비해 한층 노력과 궁리를 필요로 한다"는 등의 취지의 훈시를 했다. 또한 데라우치는 "폐하와 국가에 대한 관념", "조선인을 지도하는 마음가짐"이란 표현을 써가면서 식민지에 거주하는 아동이 가져야 할 마음가짐을 강조하기도 했다.

이러한 당시 논의를 통해서는 모국을 모르는 아동이 증가한다는 우려 속에서 본국과 동일한 교육을 제공한다는 거류민 교육에도 변화가 생겨난 것을 알 수 있다. 교육 과정에서 '내지'에 관한 관념과 충군애국의 정신 함양이 강조되었으며 여기에 조선인을 지도하는 역할이 새롭게 추가된 것을 엿볼 수 있다. 이는 식민지화 이후 기존의 거류민 교육이 식민지에서 상위계층인 '내지인'을 양성하기 위한 교육으로 설정되었음을 의미하는데 이러한 흐름은 제6절에서 살펴보는 학교조합의 도입 과정에서도 확인할 수 있다.

---

94 이하 강습회와 관련된 내용은 『朝鮮総督府官報』 314호, 1911.9.13.

5. 1910년 한반도의 식민지화와 거류민단의 해체

1) 재조선 일본인사회의 반대운동

'한국병합에 관한 조약'이 공포된 것은 1910년 8월 29일이었다. 그 전날인 8월 28일 『경성신보(京城新報)』에는 「한일관계의 복고(復古)」, 「시국경과(時局經過)에 대한 상세 보도」라는 기사가 실렸고 거류민들 사이에서 병합 조약 체결에 대한 소식이 퍼진 상태였다.[95] '한국병합'에 관한 조약 체결이 보도되자 거류민 언론에서는 '반도 문제의 해결', '시국 해결'이라고 보도하며 이를 환영했다.[96] 경성거류민단에서도 9월 2일 거류민단 민장과 민회 의장이 대표로 통감 관저를 방문하여 감사 및 축하의 말을 전했다.[97]

일본의 한국강점은 거류민과 관련된 제도에 변화를 가져왔다. 1910년 8월 29일 제령 제1호 '조선에서의 법령 효력에 관한 건'이 공포되어 「거류민단법」 및 「거류민단법시행규칙」을 잠정적으로 유효케 하는 조치가 내려졌다. 여기에 당국은 훈령 제16호를 공포하고 거류민단에 대해 "지금 당장 이것을 폐지할 수 없는 사정이 있으므로 일단 잠시 그 존재를 인정하고 장래에 이를 대신할 지방제도의 완성을 기다린 후에 정리를 해야 할 것이다"라는 입장을 보였다.[98] 이어 9월 30일 공포된 칙령 제354호

---

95 『京城新報』, 1910.8.28.
96 『京城新報』, 1910.8.30, 1910.9.1.
97 「民長の統監訪問」, 『京城新報』, 1910.9.3; 「活気ある京城民会」, 『京城新報』, 1910.9.3.
98 『朝鮮総督府官報』 統監府訓令 제16호, 1910.8.29.

「조선총독부관제(朝鮮總督府官制)」에 의거 거류민단에 관한 업무는 통감부 총무부 지방과에서 총독부 내무부 지방국으로 이관되었다. 또한 같은 날 공포된 칙령 제357호「총독부지방관관제」에 의해 경성부(京城府)가 경성거류민단의 감독기관이 되었다.[99]

이렇듯 당시 한반도에 존재했던 11개의 일본인 거류민단은 '외국의 영토 내에 설치된 속인적 행정기관'[100]의 성격을 지니고 있어 한반도의 식민지화와 동시에 해체되어야 할 존재로 인식되었다. 하지만 거류민단 문제는 거류지 폐지와 함께 지방제도가 정비된 이후로 연기된다. 1910년 9월 7일 통감부령 제57호에서 '거류민회 의원은 그 임기가 만료되어도 계속해서 당분간 재임하는 것으로 간주한다'는 고시(告示)가 내려져 10월로 예정되어 있었던 의원 선거는 중지되었다.[101] 그 후 총독부 외사국(外事局)에서는 1911년 1월부터 7월까지 일본인 거류민단의 상황, 외국인 거류지에 관한 현황 조사를 실시했다.[102]

거류민단의 해체에 관한 소식이 퍼지자 재조선 일본인들은 "일본과 조선 두 나라의 국민을 같이 통치하는 것은 50년 후에나 실시되어야 할 이상(理想)주의로 지금 즉시 실현하려는 것은 대단히 성급한 생각"[103]이며, "조선인의 면(面)이나 동(洞)과 같은 자치기관과 동일하게 취급하는 것은 도저히 불가"[104]하다고 주장하며 반대에 나섰다. 일본인사회에서는

---

99 『朝鮮総督府官報』, 1910.9.30.
100 中内二郎, 1941, 앞의 책, 2-4쪽.
101 『朝鮮総督府官報』統監府令 제57호, 1910.9.7;「議員選挙の中止」, 『京城新報』, 1910.9.7.
102 朝鮮総督府外事局,「居留地関係書類」(국가기록원 소장 CJA0002272, CJA0002273).
103 「総督府と民団」, 『京城新報』, 1910.11.23.

조선인과 같은 지방자치 체제 아래에 놓이게 되는 상황은 최대한 피하고자 했던 것이다.

일시 중지되었던 경성거류민단 선거가 치러지고 첫 번째 민회가 열리자 초점은 거류민단의 장래로 모아졌다. 거류민단에서는 추후 구체적인 계획에 대해 총독부에 문의했으나 답변을 얻을 수 없었다.[105] 당시 총독부 조사국은 거류민단에 관해 조사를 실시했으며 1911년 8월경 총독부 측과 본국의 척식국(拓殖局) 및 법제국(法制局) 사이에 거류민단 처리를 둘러싼 논의가 이루어지고 있었다. 부서 간의 의견차가 드러나는 가운데 법령 제정이 불확실하다는 정보가 총독부 측에 전달되는 상황이었다.[106] 1912년 3월에 이르러서는 거류민단 폐지에 반대하는 민단 의원의 건의서가 채택되었고 자치제 문제에 관한 진정위원회가 설치되었다. 이 건의서는 거류민단 해체의 필요성은 인정하면서도 해체 이후에 본국의 시정촌 수준에 버금가는 새로운 형태의 자치제도를 도입할 것을 주장했다. 다음은 건의서의 주요 부분이다.

> 민단법 적용과 그 시행규칙은 이미 폐지해야 할 성질을 가지고 있어 이것을 폐지하는 것을 처음부터 피할 수 없다. 단지 폐지 이후 이를 대신할 제도에 대해서는 미리 직접적으로 이해관계가 있는 민단에 자문을 구하기를 바란다. …… 현 제도가 폐지된 이후 새로운 제도는 제국 본토의 현행 시정촌제와 비교하여 한층 완비된 자치제도를 본

---

104 「時事: 民団の存廃如何」, 『朝鮮』 41호, 1911.7, 7쪽.
105 「京城新民会」, 『京城新報』, 1911.2.11.
106 「民団制と調査難」, 『京城新報』, 1911.8.27.

토에서 이주할 주민을 대상으로 특별히 시행하는 것이 바람직하다. …… (본국인의) 이주에 진척이 있으려면 제국 본토에 있는 것에 비해 충분한 권리와 이익을 누리게 하여야만 자진하여 부모의 나라를 떠나 조선이란 땅에 뼈를 묻는 것을 감수할 것이다. 자주적인 지방자치제도는 인민이 가장 중시하는 것이니 서둘러 이를 완성할 필요가 있다.[107]

거류민단 해체 문제에 대해서도 일본 국내의 시정촌제도가 언급된 점을 찾아볼 수 있다. 앞서 살펴본 교육 문제와 같이 재조선 일본인들은 본국 일본을 기준으로 삼고 있었던 것이다. 민단 의원들은 지방자치제도에 준하거나, 더 나아가 이보다 나은 형태의 자치제도를 시행해달라고 주장했는데 총독 관저를 방문하여 그 취지를 전달하기도 했다.[108]

1912년 8월과 9월경 검토 중인 '부제안(府制案)'에는 3가지 안이 있었다. 총독부 취조국(取調局)의 원안을 총독관방 총무국과 일본 내각의 척식국이 수정한 안, 총독부 외사국장 고마쓰 미도리(小松緑)의 안, 총독부 내무부 안이 검토되고 있었다.[109] 결과적으로는 내무부 안이 채택되는데 거류민 관련 내용을 요약하면 ① 1912년 내에 거류민단제도 폐지, ② 거류민의 교육 부문은 학교조합이 담당하고 위생 사업은 부(府)로 이관, ③ 기타 사업은 부로 승계, ④ 일본인과 조선인으로 구성된 자문 기관

---

107 「民団廃止と建議」, 『朝鮮新聞』, 1912.3.16.
108 「自治制問題陳情」, 『朝鮮新聞』, 1912.3.26.
109 「府制案関係書類」(국가기록원 소장 CJA0002541). 3가지 안에 관해서는 姜再鎬, 『植民地朝鮮の地方制度』, 143-155쪽.

설치로 정리할 수 있다.[110] 그 결과 거류민단제 폐지와 더불어 일본인 교육을 담당할 학교조합의 설치가 결정되었다.

이러한 결정이 신문보도를 통해 알려지자 각지의 거류민단에서는 1912년 9월 21일과 22일 양일에 걸쳐 거류민단 의원 연합협의회를 개최하고 방안을 논의했다. 이 자리에서 두 가지 결의 사항이 채택되었다. 첫째로 거류민단 지역 내에 있는 일본인에 대하여 지금의 거류민단제도 이상의 완전한 자치제도를 시행할 것과 둘째로 지방의 상황에 따라 조선인과 일본인의 합동 특별 자치제를 시행하라는 내용이었다. 그리고 운동 방법으로 내각총리 및 척식국 총재, 귀족원과 중의원에 대한 탄원활동을 전개하기로 결정되었다. 이어 민회 의원들은 야마가타 이사부로(山縣伊三郎) 정무총감(政務總監)을 방문하여 '원래 제도의 구별은 백성의 민도(民度)가 같지 않기에 존재한다. 우월한 백성들은 우월한 제도를, 미개한 백성들은 미개한 제도를 필요로 한다'는 내용의 결의안을 제출했다.[111] '민도'가 다른 일본인과 조선인에게 지방자치제도는 분리되어 시행되어야 한다는 논리였다.

2) 새로운 지방제도「부제」의 시행

지방제도의 개편과 재조선 일본인사회의 반발이 지속되면서 거류민단은 곧바로 해체되지 못했다. 1913년 1월에는 거류민단 해체를 앞두고

---

110 「府制案関係書類」(국가기록원 소장 CJA0002541);「민단廃止案決す」,『朝鮮新聞』, 1912.8.16;「民団廃止後の組織」,『朝鮮新聞』, 1912.8.20;「民団廃止と当局」,『朝鮮新聞』, 1912.9.21.

111 「民団聯合会決議」,『朝鮮新聞』, 1912.9.25;「聯合会と統監訪問」,『朝鮮新聞』, 1912.9.25.

민회 의원 선거가 열렸지만 종전과 변함이 없는 선거 열기를 보였다.[112] 하지만 당선된 의원 구성에는 다소 변화가 나타났다. 당시까지 민회는 해당 지역의 유지들이 대다수를 차지했다. 다소 "무식하더라도 재산을 가진 자의 이해관계에 따라 민단이 좌지우지되는 상태였다"[113]는 언급에서 짐작할 수 있듯이 이전에는 고액의 호별세(戶別稅)를 내는 상인들이 의원석을 거의 독점하던 상황이었다. 이러한 상황에 다소 변화가 나타나 언론인, 실업가, 변호사, 의사 등의 인물이 의원에 당선되었다. 한국강점을 전후하여 다양한 계층의 일본인들이 식민지 조선으로 이주하면서 상인 중심이었던 유력 인물의 면면에도 변화가 나타난 것이다.

한편, 앞서 본 것과 같은 과정을 통해 지방제도는 확정되었지만 거류민단 해체까지는 시간이 소요되었다. 이는 외국인 거류지 폐지 문제와 관련이 있었다. 지방제도의 정비는 일본인 거류민단 해체 외에 각국 거류지와 중국인 거류지의 폐지 문제가 맞물려 있었기 때문이다. 당시 조선에는 인천, 마산, 군산, 진남포, 목포, 성진에 각국거류지가 존재했고 인천, 부산, 원산에는 중국인 거류지가 있었다.[114] 총독부는 일본인 거류민단과 함께 외국인 거류지를 폐지함으로써 지방제도의 정비를 목표로 하고 있었다. 1912년 8월 총독부는 조선 주재 외국 영사와 직접 교섭을 시도하였으며, 도쿄 외무성과의 협의를 통해 1913년 2월에 이르러서는 외사국의 방침이 결정된 상태였다. 같은 달 총독부와 경성 주재 각국 영사 간의 회의가 시작되었고 의정서가 체결된 것은 1913년 4월이었다.

---

112 「京龍の逐鹿界」, 『朝鮮新聞』, 1913.1.17.
113 木村友之太丞, 1922, 『京城回顧錄』, 朝鮮研究会, 268쪽.
114 朝鮮総督府総務部外事局 編, 1911, 『外国居留地統計』.

4월 말에 실시된 도(道)장관 회의에서 데라우치 총독이 거류민단 해체에 대해 확언할 수 있었던 것도 외국인 거류지 문제가 확정됐기 때문이었다.[115] 중국거류지에 관한 협정은 이보다 늦어져 같은 해 11월에 체결되었다. 외국인 거류지 폐지 문제가 해결되자 일본인 거류민단의 해체도 현실화되었다.

이러한 과정을 거쳐 1913년 10월 총독부 제령 제7호를 통해 「부제」가 공포되었다. 1914년 4월 1일부로 시행되었으며 동시에 「재조선 각국 거류지 제도 폐지에 관한 조선총독부 외사국장 및 해당국 영사관 협의회 의정서」 및 「재조선 중국거류지 폐지에 관한 협정」이 총독부 고시를 통하여 공포되었다.[116] 거류민단이 해체되자 일본인사회의 '자치' 역사를 기념하는 행사가 열렸다. 경성거류민단에서는 1914년 3월 31일 경성호텔에서 기념회를 개최하고 경성신사에서 '경성거류민단 해체 봉고제(京城居留民團解體奉告祭)'와 '자치제 옥쇄 보고제(自治制玉碎報告祭)'라는 행사를 개최했다.[117] 1885년 총대역장으로 출발한 경성거류민단체의 역사를 되돌아보고 기념하는 행사였다. 이는 30년의 '자치' 역사에 대한 회고와 함께 총독부의 거류민단 정책에 비판을 가하는 의미도 있었다.

「부제」가 시행된 지역은 일본인 집단거주지가 있었던 지역으로 전체 12곳이었다.[118] 「부제」는 외면적으로 지방제도의 통일을 내세웠지만 실

---

115 『朝鮮総督府官報』, 1913.5.27; 「時事寸言」, 『朝鮮及満州』 70호, 1913.5, 8쪽.

116 「朝鮮総督府令告示 103, 104호(号外)」, 『朝鮮総督府官報』, 1914.4.1.

117 「民団解体奉告祭」, 『朝鮮公論』 통권 제14호, 1914.5, 51-52쪽; 木村友之太丞, 1922, 앞의 책, 291-295쪽.

118 거류민단이 설립되어 있던 지역인 인천, 군산, 목포, 대구, 부산, 마산, 평양, 진남포, 신의주, 원산과 거류민단이 설립되어 있지 않았던 청진에 부가 설치되었다.

질적으로는 일본인이 다수 거주하는 지역을 중심으로 시행되어 민족별 지방제도의 적용이라는 성격이 강했다. 「부제」이후 거류민단의 사업은 원칙적으로 부청에 승계되었지만 일본인 교육은 학교조합으로 이관되었다. 또한 부청의 자문기관으로 부협의회가 설치되어 일본인사회의 유력 인물이 임명되었다. 자치기관인 거류민단이 해체된 후 학교조합과 부협의회가 일본인사회의 이익을 대변하고 여론을 집약하는 조직으로 부상했다.

그중 부협의회는 일본인과 조선인 유지들로 구성된 자문기관이었다. 의장은 부윤(府尹)이었다. 「부제」제13조에 의하면, 부협의회 위원은 주민 가운데 조선총독의 인가를 얻어 도장관(道長官)이 이를 임명한다고 규정되어 관선(官選) 형식을 취하고 있었다. 관선제로 한 배경과 관련해서는 일본인이 인구 수에서 열세인 점이 고려되었다.[119] 내무부장관 우사미 가쓰오(宇佐美勝夫)는 공선제를 채택하게 되면 다수를 차지하는 조선인이 일본인들을 압도하게 될 것이라면서, 조선인사회의 감정도 고려해 관선제로 정했다고 언급했다. 또한 일본인과 조선인의 수 또는 비율이 명기되지 않은 이유에 관해서는 전 거류민단 의원 오무라(大村)의 건의에 대한 관계자의 답변에서 그 이유를 엿볼 수 있다.[120] 이를 통해서는

---

[119] "부협의회 의원의 선임에 대하여 기존의 선거제도를 유지하려는 생각으로 여러 연구를 거듭했으나 만약 이것을 선거제로 하면 선거인 수에서 조선인이 내지인에 비해 훨씬 다수를 차지하기 때문에 선거 결과는 분명 내지인이 압도당하게 될 것이다. 그렇지만 선거 자격에 제한을 두고 이러한 폐해를 막고자 하면 조선인의 감정이 좋지 않을 것이다. 그래서 어쩔 수 없이 선거제도를 없애고 관선제로 하게 된 것이다." 「府制施行と內地人」, 『朝鮮公論』 통권 제13호, 1914.4, 19-20쪽.

[120] "새로운 부제에 의거하여 협의회가 조직되었을 때 당연히 이 협의회는 하나의 자문기관으로서 의결권은 없지만 협의회로서 의견은 발표할 수 있으므로 자문 사항이 제출되었을 때 만약 협의원 중에 일본인보다 조선인이 과반수를 차지하는 경우에는

조선인들이 과반수 이상을 차지하게 될 것이라는 우려에 기초하여 민족 비율에 대한 조항을 굳이 삽입하지 않았던 것을 알 수 있다.

부협의회가 조선인 중심으로 운영될 가능성을 배제하려는 총독부의 고심은 1914년 경성부협의회의 인적 구성을 살펴보면 더욱 명확히 드러난다. 경성부협의회는 일본인 8명, 조선인 8명의 동수로 구성되었다.[121] 경성부협의회 일본인 위원의 경력을 살펴보면 오쿠보(大久保雅彦)를 제외한 7명은 모두 거류민단 의원 경력이 있는 자였으며 회사 경영자 혹은 임원이 다수를 차지하였다. 한편 조선인 위원은 한성부민회(漢城府民會), 일진회(一進會), 동양척식회사, 중추원 관련 인물이었다. 그 외 한성일어학교 출신의 위원을 포함해 일본의 식민정책에 협조적인 인물들로 구성되어 있었다.

부협의회의 민족 구성은 표면적으로는 '일시동인(一視同仁)'이란 당시 총독부의 슬로건에 충실한 듯 보이지만 의원의 경력을 살펴보면 그렇지 않았다. 총독부는 식민지배정책에 협조적인 조선인을 기용하였고 협의회 운영에 대한 통제가 가능했다. 거류민단과 부협의회 의원 사이에는 인적 연속성이 보이는데 이는 부협의회의 설치 목적과 관련이 있다고 할 수 있다. 총독부는 일본인사회의 유력 인물을 부협의회 위원으로

조선인의 의견이 결국 의회의 의견으로 이어질 우려를 피할 수 없기에 당국에서는 미리 이런 사정이 고려되기를 요구하였다. 이 문제를 포함하여 부제에서 일본인과 조선인의 수를 정하지 않았던 것도 이러한 이유 때문이라는 답변을 들었다." 「當局の意嚮と協議員に対する希望」, 『朝鮮及滿州』 77호, 1913.12, 32쪽.

121 1914년 4월 7일부로 12개 부협의회 위원이 임명되었는데 민족별로 보면 일본인 66명, 조선인 46명 총 112명이었다. 부별 위원 수는 「府制施行規則」 제2조에 의거한 것으로 京城府 16명, 仁川府 10명, 群山府 6명, 木浦府 8명, 大邱府 10명, 釜山府 12명, 馬山府 8명, 平壤府 12명, 鎭南浦府 8명, 新義州府 6명, 元山府 10명, 清津府 6명이었다.

포섭하여 거류민단 해체에 대한 불만을 잠재우려 했던 것으로 보인다. 여기에 의결권이 없는 자문기관에 지나지 않는다는 점은 부협의회를 형식적인 기관으로 만들었다. 결국 부협의회가 갖는 정치적 영향력은 미미했으며 부협의회 위원은 명예직에 가까웠다.

3) '일시동인'과 '민도(民度)' 사이에서

1914년 거류민단 해체에 이르기까지 일본인사회는 다양한 방법으로 반대운동을 전개했다. 이에 대해 총독부의 방침은 확고했는데 일본인 거류민단의 해체와 각국 거류지의 폐지를 통해 민족을 불문하고 동일한 지방제도를 시행할 방침을 세우고 있었기 때문이다. 게다가 거류민단의 존속은 총독부가 내걸었던 '일시동인'의 논리와는 모순되었다. 이러한 취지에서 데라우치 총독은 "내지인과 조선인을 동일한 행정 아래에 두어야 양국의 융합, 동화가 결과로 나타날 것"[122]이라고 언급한 바 있었다.

이러한 총독부의 방침은 식민지 통치 3년간의 성과를 보고하는 기록에도 나타나 있다. 총독부는 "신영토에서 동화의 목적을 달성하기 위해 조선인을 지도 계발함에 있어 유감이 없도록 하고 완전한 효과를 내기 위해서는" 재조선 일본인사회의 협력이 필요하다고 보았다.[123] 아울러 병합 이전 "내지인 중에는 교만한 태도로 조선인을 모욕하는 자가 적지 않았다"고 언급하면서 이는 조선인들의 악감정을 살 뿐이며 양 민족이 접근하는 데 지장을 초래할 것이라고 보았다. 아울러 조선인들이 이

---

122 「朝鮮統治の経過及施政の方針」, 『朝鮮公論』 통권 제4호, 1913.7, 7-9쪽.
123 朝鮮總督府, 1914, 『朝鮮統治三年間成績』, 11-12쪽.

미 천황폐하의 적자(赤子)이자 우리 동포이므로 이들을 대할 때는 동정을 가지고 대할 것을 훈계한 점이 기술되어 있다. 또한 이 기록에는 일본인사회의 기풍이 달라져 영주의식을 지니고 조선인들을 이끌고 지도하는 일본인들이 늘어났다는 기술이 보인다. 3년간 식민통치에 의해 한반도가 어떻게 개선되었는지를 보고하는 것이 목적이었던 자료를 통해 당시의 양 민족 간의 상황을 파악하기는 힘들다. 외면적이기는 하나, 조선인을 지도하고 이끄는 역할이 재조선 일본인들에게 설정되어 있었던 점은 확인된다.

이러한 총독부의 탄압에 대해 거류민단 관계자와 언론인들은 거류민단 폐지 문제와 조선인 동화는 별개의 문제라고 주장했다. 일본인들은 '일시동인'과 '동화'정책은 총독부의 허울 좋은 구실일 뿐 결국 오래된 거류민 '자치'의 역사를 파괴하는 것에 지나지 않는다고 비난했다. 당시 경성거류민단 민장은 조선인사회와는 "생활 풍속과 관습이 다르고 문화 수준에 차이"가 있기 때문에 "이 부제는 임시방편으로 옥과 돌을 혼합하여 일시적 통일을 기하는 것에 지나지 않는다"고 강하게 비판했다.[124] 다른 거류민단 관계자도 민단의 해체로 인해 "새로이 편입된 저급 하위의 국민"인 조선인과 함께 동일한 부(府) 행정 아래에 놓일 것에 대해 반대를 분명히 했다. 다음은 잡지 『조선공론』의 사설 일부분이다.

특히 납세와 병역 그 외 국가에 대한 여러 의무를 놓고 볼 때 우리 모국인이 부담하는 것은 조선인과 비교가 되지 않는다. 따라서 향유해야 할 권리도 새롭게 편입된 조선인과 대오(隊伍)를 같이 할 수 없다

---

124 「法令の活用と其至難」, 『朝鮮及滿州』 77호, 1913.12, 27쪽.

는 것은 두말할 나위 없다. 그들도 같은 폐하의 적자(赤子)이다. 같은 제국의 동포이다. 그럼에도 조선인은 아직 저급 하층의 새롭게 편입된 백성에 지나지 않는다. 민도(民度)에서 후배(後輩)의 자리를 벗어나지 못했다. 이에 반해서 모국인은 신진문명의 교육을 받고 입헌제국의 통치하에서 성장하여 의무 및 권리 사상이 두텁고, 자조(自助) 및 자치의 관념이 풍부하여 문명국민으로서의 능력을 충분히 갖추고 있다. 이렇듯 큰 차이가 나는 별개의 두 나라 국민을 공연히 일시동인(一視同仁)이란 미명에 얽매여 형식적인 동화(同化)라는 공상(空想)을 추구한 나머지 (두 국민을) 동일시하고 뒤섞으려는 당국의 견해는 일의 경중을 분별하지 못하는 모순된 정책이라 말하지 않을 수 없다.[125]

당시 총독부가 내걸었던 '일시동인'과 '동화' 정책이 실체가 없는 형식적인 슬로건에 불과하고 조선인과 일본인을 하나의 제도 안에 묶는 것은 모순이라는 것이 일본인사회의 주된 주장이었다. 이러한 일본인사회의 여론은 '우월한 백성들에게는 우월한 제도를, 미개한 백성들에게는 미개한 제도를'이라는 주장에 축약되어 있다. 인천을 거점으로 한 『조선신문』에서도 동일한 주장이 보인다. 일본인과 조선인 "그 능력, 성질, 습관에서 도저히 메꿀 수 없는 현저한 차이"가 있다며 공연히 양자를 섞어서 동일한 제도 아래에 두도록 하는 것은 "공평함을 내세워서 소란을 초래하는 경향"이 있다는 의견이었다.[126] 이어 "평등 속에 차별을 두고 민

---

[125] 「社論: 在鮮母国人の自治制存廃問題を論ず」, 『朝鮮公論』 통권 제8호, 1913.11, 4-5쪽.
[126] 「府制令に対する安立」, 『朝鮮新聞』, 1913.11.9.

도에 따라 제도를 정하는 것이 양자에게 제각각의 본분을 깨우치게 하는 방법"이라고 주장했다. 결국 새로이 시행되는 「부제」는 이와는 너무나 동떨어져 있으므로 '민도'의 차이에 따른 민족 간의 구별을 역설했다. 거류민단 해체와 「부제」 시행을 겪으면서 재조선 일본인들은 총독부가 내걸었던 '일시동인'과 '동화'라는 논리가 허구적이고 명분에 지나지 않으며 슬로건에 불과한 것을 파악한 것이다.

이러한 일본인사회의 반대운동에도 불구하고 「부제」는 1914년 4월에 12개 지역에서 시행되었다. 청진을 제외한 대부분의 부(경성, 부산, 인천, 원산, 군산, 목포, 대구, 마산, 평양, 진남포, 신의주)는 거류민단이 설립되어 있던 지역이었다. 총독부는 표면상 「부제」 시행의 목적이 지방제도의 통일에 있다고 주장했지만 결국 일본인 거주를 기준으로 한 지방제도의 개편이었던 것을 알 수 있다. 이는 개성, 전주, 해주, 함흥, 광주 등 도시 규모는 있지만 조선인 인구가 대부분인 재래도시에서는 「부제」가 시행되지 않은 점을 통해서도 확인된다. 즉 일본인 집단 거주 지역을 다른 지역과 떼어놓고 이를 지방행정단체로 독립시킨 것이 부였던 것이다.

6. 학교조합의 운영과 일본인사회의 여론

거류민단이 해체되면서 일본인사회의 구심점으로 등장한 것이 학교조합이다. 학교조합이란 재조선 일본인 교육의 재정을 담당하는 모델로 도입된 제도이다. 도입 과정은 두 시기로 나눌 수 있다. 첫 번째 시기는 1909년 12월 「학교조합령」이 제정된 시기부터 1913년 10월 개정까지의 기간이다. 1909년 학교조합제도가 도입될 당시는 소규모 거류민사회에 적합한 모델로 도입되었으나 개정 후에는 재조선 일본인사회 전반에 확대 적용되었다.

통감부 시기 학교조합제도가 입안되는 과정을 직접적으로 보여주는 1차 사료는 현재 찾을 수 없다. 하지만 조문 내용을 살펴보면 일본의 정촌(町村)학교조합을 참고로 제정된 것임을 엿볼 수 있다. 1888년 제정된 정촌제를 보면 정촌조합에 관한 조문이 있었다. 제116조에는 '몇몇 정촌의 사무를 공동 처분하기 위해 협의에 의하여 감독 관청의 허가를 받아 정촌조합을 설립할 수 있다'고 규정하고 있었는데 농촌지역의 마을[村] 혹은 도시 지역의 마을[町]이 두 지역 이상 모여 공동으로 행정업무를 처리하기 위한 제도가 정촌조합이었다.

좀 더 구체적인 정촌학교조합에 관한 규정은 1890년 10월 법률 제89호로 제정된 「지방학사통칙(地方學事通則)」과 1900년 개정된 「소학교령」에서 찾아볼 수 있다. 그중에서 「소학교령」을 살펴보면, 정촌의 재정 상황이 심상소학교 설치를 부담하기 힘들 경우(제27조) 혹은 정촌 내 취학아동 수가 심상소학교를 구성하지 못할 정도로 적을 경우(제28조) 정촌학교조합을 설립할 수 있도록 규정하고 있다. 즉 정촌학교조합은 재정 기반이 약한 지역 혹은 학령아동이 적은 마을에서 다른 마을과 공동으로 조합을 결성하여 학교를 설립할 수 있게 한 제도였다.

이러한 일본의 학교조합제도에 착안한 「학교조합령」이 통감부령 제71호로 제정된 것은 1909년 말이었다.[127] 제1조에는 '학교조합은 법인으로 하고 관청의 감독을 받아 법령의 범위 안에서 전적으로 교육 사

---

[127] 『(統監府)公報』 호외, 1909.12.27.

무를 처리하는 것을 목적으로 한다'고 규정되었다. 조합을 설립하고자 하는 거류민은 조합구약을 제정하고 통감의 인가를 받아야 했다. 학교조합은 교육사업에 특화된 단체였으나 지역에 따라서는 위생업무를 겸할 수도 있었다. 도입 초기 조합을 통한 학교 설립 형태는 소규모 집단거류지가 드문드문 존재하던 거류민사회에 적합한 제도로 인식되었다. 이러한 점은 일본의 정촌조합의 규정과 일맥상통하는 점으로 재정 기반이 약한 지역 혹은 학령아동이 적은 지역에서 조합을 설립하고 공동으로 학교를 설립하는 방식이 거류민 학교에 적용된 점을 알 수 있다.

1910년 3월 경기도 강화학교조합과 충청남도 단산학교조합, 평안남도 광양만학교조합을 시작으로 각지에 학교조합이 설립되었다.[128] 학교조합이 신설되는 형태도 있었지만, 기존의 거류민회·일본인회와 같은 거류민단체가 학교조합으로 변경되는 방식이 취해지기도 했다. 1910년 전후 경기도 내 거류민단체의 상황을 살펴보면, 기존의 일본인회 혹은 총대역장이 학교조합으로 전환된 점과 1911년 말 이후 신설된 모든 거류민단체가 학교조합으로 설립된 것이 확인된다. 그 배경에는 총독부의 학교조합 일원화정책이 있었던 것으로 보인다.[129] 총독부는 '금후 새로 소학교를 설립하려는 경우는 반드시 학교조합립으로 하고 또한 지금까지 일본인회 혹은 거류민회 등이 설립한 학교도 가능한 학교조합

---

128 『(統監府)公報』 145호, 1910.3.26.
129 "학교조합령 공포 후 내지인 단체가 경영하는 소학교의 대다수는 점차 학교조합립으로 변경되었으나 아직 일본인회 혹은 거류민회 등이 설립한 학교가 있다. 또한 본 년도에도 일본인회 혹은 학교유지회 등의 이름으로 학교를 설립하려는 곳이 있다. 이래서는 (학교의) 유지를 확실히 할 수 없을 뿐 아니라 단체 재정 등의 감독에도 적지 않은 지장이 있으며·……." 朝鮮總督府學務局學務課, 「法令關係書類」(국가기록원 소장 CJA0004671), 1911.4.26, 朝鮮總督府 → 各道長官, 第31號, 「學校組合設置ノ件」.

립으로 변경'할 것을 내용으로 하는 안을 작성하여 각 도장관에게 송부했다.[130] 법인격이 없는 일본인회와 같은 임의 단체는 규모 및 시설이 완전하지 않으므로 이에 대한 관리·감독도 또한 제각각이어서 통일감이 없다는 것이 이유였다.[131] 이러한 이유를 들어 총독부는 법인 조직인 학교조합의 설립을 장려했던 것이다.[132] 이를 통해 소규모 집단거주지에도 임의 단체가 아닌 법인을 설립할 수 있는 길이 열리게 된 것이다. 그 후 총독부의 학교조합 일원화 방침 아래 각지에서 학교조합 설립이 이어지게 된다.

앞서 언급한 것처럼 1910년대 초 지방제도 제정에 관해서는 3개 안이 존재했다. 채택된 내무부의 안 이외 2개안의 경우, 새로 설치되는 부가 교육을 포함한 모든 재정을 관장하는 것으로 정하고 있었다. 이에 비해 내무부 안은 학교조합이 별도로 일본인사회의 교육재정을 담당하는 것으로 정하고 있었다. 결과적으로 내무부의 안이 채택되어 1912년 가을에 이르러서는 기존의 거류민단 사업 중 교육 관련 재산이 학교조합으로 승계되는 안이 거의 확정 단계에 있었다.[133] 이렇게 내무부의 안이 채택된 배경에는 조선인과 일본인사회의 교육재정을 분리하는 것이 현

---

130 위의 자료의 부속서류.

131 朝鮮総督府 編, 1914, 『朝鮮統治三年間成績』, 61쪽.

132 이러한 방침은 신문기사에서도 확인된다. "지방에 거주하는 내지인은 통감부령에 의거하여 학교조합을 설치하고 있으나 그중에는 여전히 일본인회라고 하는 작은 단체를 조직하고 있는 곳 또한 적지 않다. 이렇게 법령에 의하지 않은 조직은 불비(不備)한 점이 많을 뿐만 아니라 학교 경영 차원 면에서도 제대로 된 교원을 초빙하기 힘들다. 또한 보통교육의 통일시키는 데 있어 폐해가 있으므로 당국자는 되도록 학교조합으로 바꾸도록 하고 있다." 『京城新報』, 1911.3.5.

133 「民団廃止案決す」, 『朝鮮新聞』, 1912.8.16;「民団廃止後の組織」, 『朝鮮新聞』, 1912.8.20;「民団廃止と当局」, 『朝鮮新聞』, 1912.9.21.

실에 적합한 것으로 보았기 때문이다. 아울러 거류민단 예산 중 높은 비율을 차지하는 교육비 부담이 있었다. 러일전쟁 후 거류민 인구가 급증하는 가운데 교사(校舍) 신축은 거류민사회의 주요 과제였는데 이는 거류민단 재정을 압박하는 큰 요인으로 작용했다. 특별한 수익 사업 없이 60% 이상의 수입을 거류민 부과금에 의존하고 있는 상황에서 일본인 교육재정을 따로 분리하여 학교조합을 운영하는 것으로 정해진 것이다.

경성거류민단의 사례와 함께 당시 거류민단의 교육사업을 살펴보면 교사 신축을 위한 채권 발행이 불가피한 상황이었다.[134] 당시 거류민단에서 예산 절약이 꾸준히 논의되는 와중에도 1906년부터 1914년에 걸쳐 8개 학교가 신축되었다.[135] 당시 전체 예산에서 교육비는 57%(1911), 49%(1912), 40%(1913)를 차지했고 상당한 부담으로 작용했던 점을 알 수 있다.

총독부 측도 거류민단 현황 조사를 통해 이러한 거류민단의 재정 상황을 인지하고 있었다. 외사국의 조사에 의하면 전체 거류민단 재산 중 교육과 관련된 것은 149만 엔이었고 부채는 약 33만 엔이었다.[136] 부채

---

134 "세입·세출안은 급하지 않은 사업은 모두 제외했으며 또한 경비를 절약하고 삭감할 수 있는 부분은 최대한 줄였으나 교육사업을 위한 민단 채권 4만 엔의 발행은 어쩔 수 없었다." 京城居留民団役所 編, 1912, 앞의 책, 222쪽.

135 히노데심상소학교(日ノ出尋常小学校, 1906), 난다이몬심상소학교(南大門尋常小学校, 1908), 류잔심상고등소학교(龍山尋常高等小学校, 1909), 사쿠라이심상소학교(桜井尋常小学校, 1910), 게이조고등여학교(京城高等女学校, 1910), 모토마치심상소학교 및 쇼로심상고등소학교(元町尋常·鐘路尋常高等小学校, 1911), 세이다이몬심상고등소학교(西大門尋常高等小学校, 1914)의 교사가 신축되었다. 木村友之太丞, 1922, 앞의 책, 193쪽.

136 朝鮮総督府外事局, 「居留地関係書類(民団関係調査ノ分)」(국가기록원 소장 CJA0002273), 「府管内朝鮮人戸口調」.

액의 대부분은 경성과 부산거류민단에서 학교 신축비로 조달된 채권이었다. 거류민단이 해산되는 1914년의 현황을 보면 전체 부채액은 289만 엔에 달했다.[137] 그중 경성거류민단의 부채액 약 28만 엔은 당시 경성부의 1년 예산 41만 엔(1914년도 예산)의 67%에 달하는 금액이었다. 총독부는 이러한 상황을 인지하고 거류민단의 해산을 앞둔 시점에서 더 이상의 채권 발행은 허가하지 않는 방침을 취했다.[138] 총독부도 거류민단의 재정 상황, 특히 교육비 부담으로 인한 부채액의 증가를 파악하고 제재를 가한 것이다.

이러한 상황 속에서 총독부는 일본인과 조선인 교육을 부로 통일하는 방법 대신 민족별로 분리하여 일본인사회에게 일임하는 방식을 택한 것으로 보인다. 하지만 민족별로 교육재정을 분리한 조치는 일본인사회의 비판을 피할 수 없었다. 한국강점 후 총독부가 내걸었던 '동화'나 '일시동인'이란 방침과 모순되었기 때문이었다. 인천에서 발행된 『조선신문』 논설을 통해서는 이에 대한 일본인사회의 여론을 엿볼 수 있다.

> 동화책을 위해 민단제를 철폐할 것이라고 하는 것은 치졸하다. 동화를 위한다면 무엇보다 동화에 큰 효과를 가져올 교육을 똑같이 하는 것이 가장 시급하다. 특히 학교조합만을 잔존시키고 동화라고 하는 것은 다소 엉뚱하다. 하지만 그럼에도 이렇게 주장하는 것은 미명(美名)으로 포장된 표면상의 말일 뿐이다. 누가 이런 감언에 속을 자 있

---

137 朝鮮總督府, 『朝鮮總督府統計年報』 1913년도판, 815-816쪽.
138 「各地民団債」, 『朝鮮新聞』, 1913.5.12; 「朝鮮時事記要」, 『朝鮮公論』 통권 제3호, 1913. 6, 64쪽.

겠는가. …… 지금까지 민단이 있던 곳과 학교조합이 있던 곳에 모두 새로운 학교조합이 세워져 자치(自治)가 일부큰 존치되었다. 이처럼 이도 저도 아닌 시설을 만드는 것보다 왜 교육 사무를 부로 이전하지 않는 것인가. 당국 및 어용신문들은 부로 통일하는 것의 이익을 주장하고 있다. 그렇다면 교육 사무는 어떡할 것인가. 왜 부로 일괄 통일하지 않는 것인가.[139]

이를 통해서 알 수 있듯이 일본인 교육재정을 학교조합으로 승계하는 것은 총독부의 '감언' 혹은 '미명'에 지나지 않으며 총독부의 진의는 다른 곳에 있다는 주장이었다. 이에 대해 경성거류민단 의원은 현재 민단 비용의 대부분 이상은 학교 경비에 들어가고 있다면서 "학교조합만을 남겨두고 민단을 없앤다는 것은 자치기관은 빼앗지만 비용이 많이 드는 학교는 너희들 쪽에서 알아서 하라고 하는 것과 다름없다"고 비판했다.[140] 총독부가 학교조합을 존속시킨 의도가 결국 재정 부담의 회피에 있었음을 지적한 것이다. 경성거류민단 의원을 지낸 다키야마 고조(牧山耕蔵)도 자신이 경영하는 『조선공론(朝鮮公論)』의 사설에서 아동 교육을 위해 매년 학교를 1개씩 짓지 않으면 안 되는 상황에 대해 언급하면서, 총독부가 학교조합령을 만들어 어느 정도 자치를 미국인에게 허용한 이유는 재정적 부담을 거류민사회에 떠넘긴 것에 지나지 않는다며 총독부의 행태를 비꼬았다.[141] 이러한 의견들을 종합해보면 거류민단의

---

139 「府制の発布と学校組合令の改正(三)」, 『朝鮮新聞』, 1913.11.8.
140 「時事所感二則」, 『朝鮮及満洲』 51호, 1912.5, 17쪽.
141 「舌語熱舌」, 『朝鮮公論』 통권 제15호, 1914.6, 53쪽.

교육사업이 학교조합으로 승계된 것은 교육 부문의 '자치'를 민간의 일본인사회에 허용했다기보다 재정 부담을 전가한 측면이 강했다는 것을 알 수 있다.

한편, 「부제」가 시행된 해인 1914년을 기준으로 학교조합은 252개가 설치되어 있었다. 당시 일본인 인구의 학교조합 가입률은 약 84%에 달했으며 1920년에는 약 94%로 증가했다.[142] 거류민단 해체 후 학교조합은 일본인사회를 아우르는 조직으로 부상했다. 학교조합의 운영을 의결하는 조합회 의원은 관리(官吏), 회사 임원, 실업가 등 지역의 유력 인물로 구성되었다. 경성학교조합의 의원 구성을 보면, 우편소장, 경성일보사 이사, 총독부 시학(視學) 출신자를 포함해 총독부에 협조적인 인물이 상당수를 차지했다. 관리들이 학교조합 의원직으로 진출하는 모습을 보이자, 이에 대해 향후 학교조합의 운영에 대해 일본인사회는 우려를 표명하기도 했다.[143]

학교조합 설립 후 학교조합비 부담이 주요 문제로 논의되었다. 학교조합비 부담은 앞서 살펴보았듯이 거류민단 시기부터 이어져온 재정 구조가 그 배경에 있었다. 학교조합의 수입원은 주로 조합비와 수업료였다. 1914~1918년 사이 경성학교조합의 수입을 보면 이들 수입이 조합비 예산의 약 50~60%를 차지했다. 여기에 1910년대 학령아동의 급증은 더욱더 학교조합의 재정에 압박을 가했다. 1915년 조사에 의하면 20개 학급 이상을 보유한 소학교가 다수 있었다. 교육 환경을 개선하기

---

[142] 조합원 수와 조선인 인구는 朝鮮総督府内務局 編, 1923, 『大正十二年度学校組合財政状況要覧』; 朝鮮總督府, 『朝鮮總督府統計年報』 각 연도판 참조.

[143] 「剰す処一週日耳-京城学議逐鹿戦」, 『朝鮮新聞』, 1920.6.2.

위해서는 교사 신축이 필요한 상황이었지만 신축을 위한 채권 발행은 조합비 인상으로 이어지는 악순환으로 이어지고 있었다. 경성학교조합의 경우 1호(戶)당 평균조합비가 8엔(1914)에서 21엔(1918)으로 증가한 점이 확인된다.

이러한 학교조합의 재정 문제와 교육비 부담 문제의 시정을 요구하는 일본인사회의 목소리가 끊이지 않았다. 특히 1920년대 이후 문화정치시기에 이루어진 조합회 의원 선거 당시 다양한 의견이 나왔다. 수업료 면제를 포함한 소학교 교육의 무상화를 주장하는 의견이 있는가 하면 교원 급여에 대한 극고 지원을 주장하는 의견도 있었다. 일본의 국고보조금제도를 언급하면서 조선에서도 국고보조금 지원을 주장한 것인데 일본인사회의 논의 기준이 본국에 있었던 것을 여기에서도 확인할 수 있다. 이에 반해 '내지'와 같은 무상교육 시행을 반대하는 의견도 존재했다. 수업료를 징수하지 않게 되면 조합비가 1호당 3엔 50전 증가하게 되므로 "조합원의 부담을 고려하지 않은 느리는 공론에 지나지 않는다"는 현실론이었다.[144]

재조선 일본인 학교는 기본적으로 수급자 부담 원칙에 따라 운영되었으며 일부 보조금을 제외하고 일본인사회가 교육비를 부담하는 구조였다. 교육비를 일본인사회가 부담하면서도 총독부가 교원 인사권을 행사하는 것은 부당하다는 비난을 받기도 했다. 무상교육이 실시되고 있는 '내지' 상황과 비교해 식민지 조선에 사는 일본인들은 내지인으로 대우받고 있지 못하다는 주장을 펼친 것이다.

지금까지 살펴본 것처럼 재조선 일본인사회의 '자치'단체의 설립과

---

144 「学校組合改造の叫び(続)―理論より実行」, 『朝鮮新聞』, 1920.6.5.

해체 그리고 단체의 주요 사업이었던 교육사업을 검토하면, 당시 재조선 일본인사회의 주요 논의는 '자치'에 있었음을 알 수 있다. 이는 결국 조선인사회와의 구별과 분리를 주장한 것으로 이 같은 주장을 뒷받침하기 위해 동원된 논리의 기준은 항상 본국에 있었다. 아울러 민족 간의 상이한 '민도'라는 논리도 이러한 논리를 뒷받침하는 이유로 동원되었다. 거류민단 해산 후 학교조합으로의 승계 과정을 겪으면서 일본인사회는 총독부의 교육정책이 재정적 부담의 회피에 있음을 파악했다. 총독부는 거류민단의 해산과 학교조합으로의 승계 등 일련의 지방제도 개정에 대한 취지를 '동화'와 '일시동인'이란 논리를 동원하며 설명했으나 재조선 일본인사회는 이러한 경험을 통해 총독부의 식민지배정책이 지닌 허구성을 인지하게 되었던 것이다.

제4장
재조선 일본인의
경제·정치활동과 '식민자의식'

1. 재조선 일본인사회의 성장 배경

1) 이주 초기 상인들의 경제활동

(1) 식민지 개척의 선봉에 선 상인들

개항 초기 조선으로 건너온 사람들은 일부 영사관 관리를 제외하고는 대부분 돈을 벌기 위해 건너온 자들이었다. 그렇기에 이들의 최종 목표는 '두려운', '신개척지' 조선에 누구보다 빨리 건너와 수단과 방법을 가리지 않고 경제적으로 성공하는 것이었다. 이들이 경제적 성공을 위해 조선에서 보인 강력하고 폭력적인 행위들이 실제로는 국가의 위광이 있었기에 가능한 일이었음은 말할 것도 없다. 그런데 이들 가운데는 국가와 무관하게 개인의 '개척정신'과 '능력'으로 식민지에서 성공의 실마리를 잡았다고 하는 사람들도 많았다. 초기 도항한 일본인들 중에는 그러한 힘의 관계를 기민하게 읽고 빠르게 상행위에 나섰던 자들이 '성공'할 확률이 높았다.

한 예로 1884년 겨우 20세의 나이에 무일푼으로 도항하여 나중에 경성에서 일본 상인의 개척자로 불리며 보스적인 존재가 되었던 야마구치 다베에(山口太兵衛)의 경우가 그러하다. 그는 당시 한성의 여러 군영이 우피의 반입에 내국 관세를 징수하고 있던 것에 대해 납세를 거부하였고, 이 때문에 상품을 차압당한 적이 있었다. 야마구치는 이를 부당하다고 하며 영사에게 교섭을 의뢰하였으나 '소극주의'로 일관한 영사로는 해결이 안 될 것이라고 간파하였다. 결국 영사의 보호나 지원을 빌리지 않고 조약상의 보장을 근거로 해서 단독으로 해결해야 한다고 판단한 그는 먼저 영사관 경찰을 찾아가 "지금 조선인 강도에게 재물을 약탈당했다"라며 신고서를 제출하였다. 그러고는 곧바로 일본도를 가지고 남대문의 차압 현장에 이르러 큰소리를 쳤는데, 문지기도 그 모습에 두려움을 느껴 물건을 내어줄 수밖에 없었다고 한다. 야마구치의 행위는 지극히 개인적이었지만 일본 국가의 위력이 뒷받침되지 않았다면 이러한 억지스러운 행위가 태연하게 통했을 리가 없었다.[1]

이러한 체험을 몇 차례 거친 초기 재조선 일본인 '성공자'들은 스스로 '국사(國士)'를 자처하게 되고 때로는 국책에 자진해서 협력하려는 분위기마저 생겨났다. 부산의 개척자라고 불리는 대지주 하자마 후사타로(迫間房太郎)가 1899년 마산포사건 때, 러시아의 마산포 조차를 방해하기 위해 참모본부로부터 기밀자금을 받아 마산포의 토지를 자신의 명의로 샀다는 이야기는 유명하다.[2] 조선으로 건너온 지 얼마 되지 않아 동양척식주식회사에 이어 조선 제2의 대지주 불이농장의 주인이 된 오사카 출신의 후지이 간타로(藤井寬太郎)의 회고담을 보면 이러한 의식이 잘 드러난다.

> 1908~1909년 무렵에는 해산 군인이 폭도화했던, 당시 의병이라고 불린 불령단의 출몰 횡행으로 고민이었다. 각 농장은 스스로 무장하여 이를 대비하였는데, 나의 전북농장도 진영대(鎭營隊)의 폐총 30정을 불하받아 농장원 자경단을 조직하고 매일 2시간 정도 군대식 훈

---

1 梶村秀樹, 1992, 「植民地と日本人(1974)」, 『(梶村秀樹著作集 第一卷)朝鮮史と日本人』, 明石書店, 207쪽.
2 釜山府, 1942, 『迫間房太郎翁略傳』, 5-6쪽.

련을 하였으며, 농장의 주위에는 참호를 파서 100명 정도 폭도의 습격에도 괜찮을 준비를 하였다. 특히 그 무렵 농장원의 대부분은 러일전쟁에 참가하여 총알 세례를 받았던 병사였고, 그중에는 금치(金鵄)훈장을 받은 사람도 있었는데, 금일(1937년 무렵-역자)의 만주 무장 이민 이상으로 의기양양했다. 이 훈장을 받은 사람으로 도쿠시마현 사람 스미토모 쇼헤이(住友章平)라고 하는 실제로 대담한 남자가 있었다. 어느 날 충청남도 미륵산에 수백 명의 폭도가 잠복해 있다고 듣고서 농장에서 꽤 거리가 있음에도 불구하고 내가 토벌해주겠다고 하면서 농장의 자경단 외에 병사 3명, 경관 3명으로 토벌대를 조직하고 스스로 대장이 되어 인솔하여 출동한 것이다. …… 그런 사회였기 때문에 당시의 농장은 관헌에 의해 생명재산이 보호되었다기보다도 스스로 보호에 노력했고, 오히려 지방에 분주(分駐)하는 겨우 2~3명의 순사들이 농장에 숙박하면서 그 보호를 하며 토벌을 농장원과 공동으로 하는 상태였다.[3]

초기 이주 일본인들은 시간이 흐를수록 국위의 발양을 자기의 이익으로 보는 의식이 점점 강해졌고, 동시에 자신을 이익을 위한 모든 행위를(그것이 야비한 행위일지라도) '국가를 위해서'라고 합리화해버렸다. 아직 병합이 되기 전임에도 불구하고 국가의 비호 아래 굉장히 거친 방식으로 제국주의의 '식민자'로서 활약하며 식민지에서 자본 축적의 토대를 쌓아간 것이다.

---

[3] 梶村秀樹, 1992, 앞의 글, 208-209쪽.

(2) 초기 개항장에서의 경제적 성장

개항 초기 각 개항장으로 이주한 일본인들이 어떻게 해서 성공할 수 있었는지, 그 토대가 무엇이었는지 구체적으로 살펴보도록 하자. 결론부터 말하자면, 이 도시들에서 자본을 축적하고 '성공'한 일본인들은 대부분 상업과 무역에 종사한 자들이었다.

① 부산

가장 먼저 개항된 부산은 일본과 지리적으로 가까웠기 때문에 '신개척지'에서의 특수를 느리고 건너온 일본인이 많았다. 이 일본인들의 경제활동과 '성공'은 무역의 발달과 긴밀하게 관계되어 있었다. 그런데 무역의 발달은 일찍부터 형성된 일본거류지와 그 속에 설치된 은행, 영사관, 우체국 등 여러 기관들이 뒷받침해주었기에 가능한 것이었다. 특히 은행은 '성공'의 성패를 좌우할 정도로 영향력이 있었다. 한 사례로, 일본 제일은행의 활동을 통해 은행과 재조선 일본인의 관계를 살펴보자.

부산 개항 이후 한국과 일본 사이에 무역이 활발하게 전개되자, 일본 제일은행은 '한국 거류 일본인 상공업자의 편의'[4]를 도모하기 위해 1878년 부산에 지점을 개설하였다.[5] 구체적으로는 무역 거래에서 한전(韓錢)의 교환 및 대부의 편의를 위한 것이었다. 1880년 사금의 집산지인 원산이 개항되자 즉시 출장소를 설치하였고, 1883년 인천이 개항되

---

4 四方博, 1980,「朝鮮における近代資本主義の成立過程」,『朝鮮社會經濟史研究』上, 圖書刊行會, 75쪽.

5 第一銀行 編, 1908,『韓國ニ於ケル第一銀行』, 第一銀行, 1쪽. 부산 제일은행의 개설에는 일본의 대자본가였던 오오쿠라 기하치로(大倉喜八郞)와 시부자와 에이이치(澁澤榮一)의 영향이 컸다.

〈표 1〉 부산의 주요 일본인 상인(1897)

이름	업종	출신지	이름	업종	출신지
坂田與市	무역	福岡	大惠萬藏	오복 겸 소간물	山口
迫間房太郎	무역	和歌山	山本庄三郎	무역 겸 잡화	長崎
沖永誠一	무역	山口	小田喜次郎	정미	大阪
日野彌三	무역	大阪	中川重太郎	과자	長崎
齋藤孝藏	무역	山口	田中恒吉	무역 겸 잡화 석유	三重
內田源次郎	무역	長崎	柴田德造	잡화	長崎
保家貞八	무역	長崎	中村淸七	무역 겸 잡화 연초	山口
小倉孝吉	무역	鹿兒島	迫間保太郎	무역	和歌山
高瀨政太郞	무역	滋賀	上野庄作	무역	長崎
宮原忠五郎	무역	長崎	村山藤太	요리옥	香川
萩野彌一	무역 겸 선박문옥	福井	原田治三郎	요리옥	長崎
大池忠助	무역 겸 여인숙	長崎	河村茂八郎	잡화	大阪
上野八重	무역	鹿兒島	山本純一	잡화	山口
津好宗八	무역 겸 양주 판매	大阪	木本晋二(治)	잡화	山口
西村傳兵衛	무역 겸 선박문옥	山口	野田卯三郎	중개	長崎
藤森龜助	무역	山口	今村政二	중개	長崎
三木久米治	무역 겸 소간물	長崎	石川眞平	중개	福岡
竹內才助	무역	大阪	古藤昇一郎	정미	長崎
中上福三郎	무역 겸 소간물	長崎	森忠藏	도기 판매	佐賀
世良傳兵衛	무역	島根			

출처: 「在外本邦人店鋪調査書-農商務省商工局臨時報告」 第五冊, 1897.

자 11월에 출장소를 설치하여 일본 상인들이 거래하는 데 편의를 봐주었다. 인천출장소는 1888년 9월 지점으로 승격됨과 동시에 경성에도 출장소를 두었다. 이어 진남포, 목포, 군산 등 각 항구가 개항될 때마다 가장 먼저 출장소를 설치하여 일본인들의 환거래, 대부 등의 편리를 도모하였다.[6] 뿐만 아니라 제일은행은 해관세를 취급하여 한국의 재정을 장

---

6 第一銀行 編, 1908, 위의 책, 2-4쪽.

악하였다. 또 일본은행의 막대한 자금을 공급받아 금괴·은괴[地金銀]를 매입하고 일본으로 유출하여 일본의 자본주의와 금본위제 확립에 중요한 업무를 수행하였다. 제일은행권을 발행하여 법정 화폐로 공인받아 유통시키기도 했다. 1905년부터는 제일은행은 전국에 중앙금고 및 지금고(支金庫)를 개설하여 조세와 정부 재정의 출납을 완전히 장악했다.[7] 국가의 중앙은행이 수행해야 할 기능을 일개 일본 상업은행인 제일은행이 하고 있었고, 제일은행의 이러한 기능은 초기 재조선 일본인 자본가들의 성장에 밑거름이 되어주었다.

그렇다면 조선에서 자본을 축적할 수 있었던 일본인들은 어떤 사람들이었을까. 첫째, 이들은 대부분 도항 이전부터 상업에 관계한 자들이 많았다. 예컨대 사카타 요이치(坂田與市)는 집안 대대로 상업에 종사하고 있었고,[8] 나카가미 후쿠사부로(中上福三郞)도 어렸을 때부터 상업에 종사하였다.[9] 가와무라 모하치로(河村茂八郞)는 보통학교를 졸업하고 바로 상계에 입문하였으며,[10] 오이케 츄스케(大池忠助) 또한 대마도에서부터 숙부의 상점에서 상업을 배우고 친형 고오리 긴자부로(郡金三郞)가 부산에서 닦아놓은 토대 위에서 대자본가로 성장할 수 있었다.[11] 야마모토 준이치(山本純一)는 아버지 야마모토 분조(山本文藏)가 이미 1884년 부산으로 도항하여 간장과 된장 제조를 비롯해 포목점을 운영하고 있던 상태였

---

7 강혜영, 1992, 「韓末 日本 第一銀行의 金融侵略과 抵抗에 대한 硏究」, 숙명여대 석사학위논문, 59-60쪽.
8 中田孝之介, 1905, 『在韓人士名鑑』, 木浦新報社, 39쪽.
9 中田孝之介, 1905, 위의 책, 22쪽.
10 中田孝之介, 1905, 위의 책, 18쪽.
11 高橋刀川, 1908, 『在韓成功之九州人』, 虎與號書店, 70쪽.

고,¹² 시바타 주베에(柴田重兵衛)는 일본에서 해운업에 종사하고 있으면서 부산으로 도항하여 자신이 소유한 범선으로 무역을 시작했던 자이다.¹³ 하자마 후사타로(迫間房太郎)는 일찍부터 오사카의 거상 이오이(五百井) 상점에서 일하면서 부산 이오이상점의 지배인으로 도항하였으며,¹⁴ 그의 아들 하자마 호타로(迫間保太郎)는 후사타로보다 4년 늦은 1884년 부산으로 도항하여 아버지와 함께 무역업에 종사하면서 자본을 축적하였다.¹⁵ 즉 부산의 '상층자본가'로 인정되는 이들은 도항 전부터 상업 경험이 있는 자들로, 도항 후에는 이 경험을 이용하여 무역업에 종사한 사람들이었다.

둘째, 이들의 대부분은 처음부터 큰 이익을 남길 수 있는 무역 또는 중매업이나 해운업 등 무역 관련 업종에 종사하면서 자본을 축적하였고, 이후 부동산이나 고리대업을 겸영하면서 더 많은 자본을 끌어모았다. 도항 초부터 무역업에 종사했던 사람들은 시간이 지나도 계속해서 동일 업종을 지속하였고, 최초 중매업 또는 범선 무역이나 내지행상을 했던 자들 또한 나중에는 무역이나 무역과 관련된 미곡을 판매하는 쪽으로 전업·겸업하고 있다. 그런데 이들이 무역에서 큰 이익을 얻을 수 있었던 것은 조선의 상품 거래가 근대화되지 못한 탓이 컸다. 당시 조선은 교통·운수 등이 발달하지 못하여 각 시장의 가격이 달라 상품의 교환비례가 비등가적이었고 도량형도 통일되지 못한 상태였다.¹⁶ 일본인들은

---

12   日韓商業興信所, 1907, 『在韓實業家名鑑』.
13   中田孝之介, 1905, 앞의 책, 46쪽.
14   中田孝之介, 1905, 위의 책, 6쪽.
15   中田孝之介, 1905, 위의 책, 8쪽.
16   김석희·박용숙, 1976, 「개항초기(1876~1885)의 일본인의 상업활동-부산항을 중심

이러한 점을 이용하여 상품 거래 시 폭리를 취하고 있었다. 그러나 이들은 정식적인 무역을 통해서만 자본을 축적한 것이 아니었다. 밀무역을 통해서 더 많은 이익을 남기고 있었다. 부산 개항 이래 가장 많은 자본을 축적한 오이케 츄스케는 공무역 및 밀무역과 고리대업으로 거대 자본을 축적했다. 부산의 개척자라고 불리는 하자마 후사타로가 무역업을 하면서 한편으로는 고리대업과 부동산 투기로 자본을 축적했다는 이야기는 유명하다. 노다 우사부로(野田卯三郎)도 도항 직후 부산에서 미곡의 매입과 범선으로 금건 등의 면직물의 수입 판매를 하였고, 미곡 중매업으로 전업한 후에는 토지 가옥의 매입에 적극 나섰다.[17]

셋째, 이들은 부산에서 최상위 자본가로서의 지위를 동고히 하기 위해 동업조합은 물론 상업회의소를 조직하여 네트워크를 형성하였다. 이들은 거의 모두 상업회의소와 거류지(민)회 의원을 역임하였다. 상업회의소는 구성원들의 이해관계를 조정하고, 정부 또는 지방행정기관에 그들의 이해에 관한 의견을 건의·진정하며 구성원들 사이에서 정보를 주고받으면서 경제적인 이익을 실현하는 집단이었다.[18] 한편 거류지에서 독점적 지위를 누리고 있던 이들 상층자본가들은 동업조합을 결성하여 상품의 수출입량을 통제하거나 상품 거래를 독점하기도 했다. 러일전쟁 이전 부산에는 이미 우피수출상조합(1900), 곡물수출상조합(1900), 수입상조합(1901), 조선해수산조합(1902), 여인숙조합(1904) 등이 일찍부터

으로」, 『코기토』 15, 20쪽.
17 中田孝之介, 1905, 앞의 책, 25쪽.
18 차철욱, 2004, 「개항기~1916년 부산 일본인상업회의소의 구성원 변화와 활동」, 『지역과 역사』 14, 204쪽.

결성되어 있었다.[19] 이들은 주로 상업회의소의 감독하에 있으면서 '영업상의 폐해를 교정하고 공동의 번영을 도모'하였다.[20] 특히 상품무역에서 주도권을 가진 무역상이 동업조합 결성에 적극적으로 나섰다.[21]

② 원산

원산의 자본을 축적한 사람들은 첫째, 부산을 거쳐 이주한 사람들이 많았다. 나가사키현 출신자가 가장 많았는데, 그 가운데서도 대마도와 인근 잇키섬 출신자가 대부분이었다. 대마도인들은 전근대시기부터 왜관무역을 독점하고 있었고, 개항 이후에는 가장 먼저 부산으로 진출하여 상업활동을 하였다. 그렇기 때문에 대마도인들은 다른 지역 출신자들보다 더 빨리 경제적으로 유리한 위치를 점할 수 있었다. 그리고 1880년 원산이 개항된 이후 누구보다도 빨리 원산으로 진출하였다.

둘째, 원산도 부산과 마찬가지로 사업을 겸영하는 경우가 많았다. 오타 기조(太田儀三)는 본인이 소유한 범선으로 원산으로 도항하여 무역과 잡화상을 겸영하면서 거류지 내에서 일찍부터 부동산업을 시작하고 부를 축적하였다. 니시지마 류조(西島留藏)는 무역업, 환전업, 호텔업, 토목건축청부업 등을 겸영하였고, 요코야마 기타로(橫山喜太郞)는 무역과 잡화상점을 겸영하였다. 어느 정도 자본을 축적한 후에는 고리대업 또는 부동산업 등을 겸영하면서 더 많은 부를 축적하였다. 그리고 상업회의소 또는 거류민회 등의 공적 조직을 통해 커뮤니티를 형성하고 이권을 독

---

19 釜山甲寅會 編, 1916, 『日鮮通交史 : 附釜山史』, 286-287쪽.
20 釜山商業會議所 編, 1912, 『釜山要覽』, 284쪽.
21 김윤희, 2013, 「1883년~1905년 인천항 일본상인의 영업활동」, 『사림』 44, 167쪽.

〈표 2〉 원산의 유력 일본인 지점 및 개인 상점(1897)

직종	출신지	대표자
무역 겸 잡화 판매	日印무역합자회사	日印무역합자회사 원산출장소
무역 겸 잡화 판매	共同毛白주식회사	共同毛白주식회사
무역 겸 잡화 판매	日韓무역상사	일한무역상사
무역 겸 조운업	山口	太田지점
무역 겸 잡화 판매	長崎	西島留藏
무역 겸 잡화 판매	對馬	田口吉次郎
무역상	大阪	五百キ長상점
무역상	長崎	稻松支店
무역상	大阪	小倉支店
무역 겸 잡화 판매	東京	奧村松次郎

출처:「在外本邦人店鋪調査書-農商務省商工局臨時報告」第五冊, 1897 참조.

점하였다.[22]

셋째, 처음부터 독립상점을 개설한 사람이 드물었다. 가메타니(龜谷潔之)는 부산의 최상층 자본가인 오이케 츄스케의 상점에 들어가 무역에 종사하였으며, 1896년 오이케상회 원산지점의 정리를 위해 이 지역으로 이주한 후 독립상점을 개설하였다. 기모토 요시히로(木本芳轉)는 1889년 부산으로 도항하여 일한무역상사 원산지점 주임이 되어 이곳으로 이주, 1897년에 독립상점을 개시하였고 사토 나오타로(佐藤直太郎) 또한 일한무역상사 부산지점에서 근무하다가 나중에 원산지점 지배인이 되어 이주하였다. 이와다 우메노스케(岩田梅之助)는 오사카의 이오이상점의 부산 지점원으로 1887년 도항하고 1890년 다시 원산지점 지배인으로 이

---

22 이가연, 2017,「개항장 일본인 자본가 연구-러일전쟁 이전 이주 상층자본가를 중심으로」, 동아대 박사학위논문, 77쪽.

주하였으며, 데라모토 고타로(寺本幸太郞) 또한 이 상점의 원산지점원으로 근무하다가 1902년에 이르러 독립무역상으로 활동하였다.

③ 인천

1883년 조선에서 세 번째로 개항된 인천으로의 일본인 이주의 특징은 다음과 같다. 첫째, 먼저 개항된 부산으로 도항하였다가 인천 개항 이후 이주한 경우와 일본에서 인천으로 곧바로 도항하는 경우이다. 히구치 헤이고(樋口平吾)는 사가 출신으로 어렸을 때부터 고향 특산품인 도자기 판매에 종사하였다. 1877년 가고시마에서 도자기 판매를 하던 중, 조선으로의 판로 확장을 위해 1879년 가고시마를 떠났다. 당시 고향의 도자기 제조자 및 유지들과 합의하여 도자기 수출 판매를 목적으로 한 오다구미(小田組)라는 회사를 조직하고 부산에 도항하여 도자기와 잡화 판매에 종사했다. 1891년 오다구미가 해산한 후 독립 경영을 하던 히구치는 1883년 9월 인천으로 이주, 도자기와 기타 잡화를 판매하는 상점을 열었다. 청일전쟁에 즈음해서 히구치는 상업회의소의 의원으로서 인천 거류민을 대표하여 일본군 군수품 수송위원 6명 중 한 사람으로 선출되어 총 책임자로서 최전방에까지 군수품을 수송하면서 부를 축적했다.[23]

호리 리키타로(堀力太郞)는 1878년 아버지 히사타로(堀久太郞)와 함께 부산으로 도항하여 서양 잡화점을 경영하면서 자본을 축적하였다. 이를 바탕으로 1883년 인천의 개항과 동시에 이주하여 선박을 구입하고 한강 항로를 열었으며, 1898년에는 블라디보스토크 항로, 1899년에는

---

23 이마이 이노스케 외 편, 이동철 외 역, 2007, 『역주 인천향토자료조사사항』 下, 인천대학교 인천학연구원, 447-448쪽; 加瀨和三郞, 2004, 『역주 인천항 25년사』, 인천광역시 역사자료관, 184쪽.

〈표 3〉 인천의 유력 일본인 상점(1897)

직종	출신지	인원	직종	출신지	인원
무역 (32)	兵庫	7	포목상(4)	大阪, 長崎, 滋賀, 群馬	각 1
	長崎	10	조운점(4)	長崎	2
	鹿兒島	4		山口, 福岡	각 1
	大阪	2	비누 제조	大阪	1
	高知, 福島, 大分, 東京, 和歌山, 愛知, 佐賀, 福岡, 德島	각 1	시계점	千葉	1
잡화 (23)	長崎	7	곡물상	長崎	1
	大阪	5			
	東京, 神戸, 佐賀, 山口	각 2			
	岐阜, 愛知, 京都	각 1			
荷受問屋 (11)	鹿兒島	3	합계		77
	山口	3			
	大阪	2			
	京都, 長崎, 大分	각 1			

출처: 「在外本邦人店鋪調査書-農商務省商工局臨時報告」 第五冊, 1897; 김윤희, 2013, 「1883~1905년 인천항 일본상인의 영업활동」, 『사림』 44, 160쪽.

인천-오사카 항로를 열었다. 또 진남포가 개항된 후 1900년에는 진남포와 평양을 연결하는 특별 항로를 열었고, 1901년에는 원산 항로를 개시하여 한국 연안 항해권을 독점하다시피 하였다.[24]

다카스기 노보루(高杉昇) 또한 1882년 부산으로 도항하였다. 앞서 형인 미즈타(水田定七)가 부산에 있었기 때문이었다. 미즈타는 1883년 6월 인천 개항에 즈음하여 인천으로 건너와 잡화상점을 열었고, 다카스

---

24 이마이 이노스케 외 편, 이동철 외 역, 2007, 위의 책, 451쪽; 加瀬和三郎, 2004, 위의 책, 181쪽.

기는 1884년 6월에 인천으로 와서 형과 동업하였다. 1896년 형이 고향으로 돌아간 후 다카스기는 사업을 크게 확장하여, 1900년 위탁판매업을 경영하고 1901년 2월 현재의 무역 및 수상운수업을 개시하였다.[25] 구노 가츠히라(久野勝平)는 부산에서 잡화상을 경영하다가 1883년 인천으로 이주하여 잡화점을 열었고,[26] 도비 후쿠사부로(土肥福三郎)는 나가사키현 잇키 출신으로 1878년 부산으로 도항하여 무역업에 종사하다가 1883년 인천으로 이주하여 무역 및 미곡상을 경영하였다.[27] 이처럼 이미 개항된 부산에서 어느 정도 조선의 환경에 적응한 사람들이 최대의 시장인 한성에 접근하기 쉬운 인천으로 누구보다도 빨리 이주하여 이권을 차지했다고 볼 수 있다.

둘째, 인천도 부산의 경우와 마찬가지로 무역상들이 상층자본가를 유지하는 경우가 많고, 상층자본가로서의 지위를 공고히 하기 위해 동업조합 및 상업회의소를 만들어 서로의 이익을 공유했다. 1885년 설립된 인천상법회의소(1892년 상업회의소로 명칭 변경)는 인천에 거류하는 일본인의 상공업의 발달을 도모하기 위해 설치된 것이다.[28]

셋째, 인천의 이른바 '성공'한 일본인 자본가들도 부산, 원산과 마찬가지로 도항하기 전에 이미 일본에서부터 상업, 해운업에 관련된 일에 종사하였다. 고오리 긴자부로(郡金三郎)는 쓰시마에서 상점을 경영하고 있던 숙부의 양자가 되어 개항 전부터 초량왜관을 오가며 무역에 종사하였고, 인천 최대의 무역상이자 정미업자인 오쿠다 사다지로(奧田貞

---

25 이마이 이노스케 외 편, 이동철 외 역, 2007, 위의 책, 449-450쪽.
26 仁川開港二十五年紀念會, 1908, 『仁川開港二十五年史』, 68쪽.
27 髙橋刀川, 1908, 앞의 책, 100쪽.
28 仁川開港二十五年紀念會, 1908, 앞의 책, 45쪽.

次郎) 집안은 대대로 약종상을 하였기 때문에 일찍부터 상업에 흥미를 가지게 되었다. 인천으로 도항하기 직전에는 내열 연와를 발명하고 판매를 시도하기도 했다.[29] 시바타(柴田孫兵衛)는 인천으로 도항하기 전인 1891년 자기 소유의 배를 가지고 인천으로 와서 몇 달 동안 사업의 성패를 가늠해볼 정도였으며,[30] 다나카 료스케(田口良助)는 대대로 농업과 상업을 겸업하고 있었고 어려서부터 항해를 좋아하여 인천으로 도항하기 이전부터 1868년 이래 규슈 및 한국 항해에 종사하고 있었다.[31] 가고시마 출신의 다나카 사시치로(田中佐七郞)의 집안은 대대로 목재상과 미곡상을 경영하였다.[32] 위에서 살펴본 히구치 또한 어려서부터 도자기 판매에 종사하였고, 다카스기 노보루도 어려서부터 상업에 종사하였으며 친형이 부산에서 먼저 상업에 종사하고 있었기에 그의 도항이 수월하게 이루어질 수 있었다.

일본인들이 조선에서 원활한 경제활동을 할 수 있도록 각 개항장 거류지에는 각종 관공서와 금융기관, 자치단체가 일찍부터 설치되어 있었다. 때문에 개항 초기 이주 일본인들은 각종 특혜를 받으면서 경제적 성장의 토대를 마련할 수 있었다. 그리고 청일전쟁, 러일전쟁 때 일본 정부에 적극 협력하면서 더 많은 부를 축적할 수 있었다. 개항 직후부터 러일전쟁 이전까지 조선으로 이주한 이른바 재조선 일본인 1세대들은 개인의 이익을 추구하면서도 이를 국가의 이익이라고 치환하곤 했다. 그러

---

29 高橋刀川, 1908, 앞의 책, 22-23쪽.
30 中田孝之介, 1905, 앞의 책, 123쪽.
31 이마이 이노스케 외 편, 이동철 외 역, 2007, 앞의 책, 446쪽; 加瀨和三郞, 2004, 앞의 책, 183쪽.
32 이마이 이노스케 외 편, 이등철 외 역, 2007, 위의 책, 449쪽.

나 그러한 의식은 자신들의 개인적 일탈행위, 약탈행위를 정당화하기 위한 자위적인 수단에 불과했다.

(3) '모험 상인'에서 '엘리트 식민자' 사회로 성장

1905년 9월 포츠머스조약이 체결되면서 러일전쟁이 끝났다. 11월에 을사조약이 체결되면서 조선은 본격적인 '보호국' 체제에 들어섰다. 사실상 식민지가 된 것이다. 1906년 2월에는 통감부가 설치되어 이토 히로부미가 제1대 조선통감으로 취임하였다. 위에서 살펴본 것처럼 초기 재조선 일본인들은 개인적 자격으로 '신개척지' 조선에 누구보다 빨리 건너와 경제적 기반을 마련하고 자본을 축적해갔다. 그러나 초기 일본 거류민의 '개척자'적인 역할은 통감부 설치 이후 국가가 직접 그 역할을 담당하면서 소멸하였고, 1910년 강제병합을 거치면서 재조선 일본인사회 구조에 일종의 변동이 발생하였다. 즉 '모험 상인'들의 시대에서 자본력과 조직력의 시대로, 군인·관료·재벌기업들의 중견 엘리트 등 이른바 '엘리트 식민자'들의 시대로 접어든 것이다. 일본 정부는 조선 지배를 확실히 하기 위해 일본인의 조선 이민을 장려하였다. 이에 따라 상인, 노동자, 농민 등이 대량 유입되어 식민자 사회의 저변은 급속하게 확대되어 갔다. 거류민의 증가는 거류지의 확대를 가져왔고, 이를 효과적으로 통치하기 위해 주요 도시에 이사청이 설치되었으며, 이사청 소재지에 거류민단, 그 외 일본인 주요 거주 지역에 거류민회(일본인회)가 설치되었다.

한편 1907년 7월 체결된 제3차 한일협약에 따라 일본은 한국 정부의 각 부서에 다수의 일본인 관료를 파견하였는데 그 수가 굉장했다. 1909년 말 한성의 일본 거류민의 직업별 통계를 보면 관리가 2,134명이었는데, 이 숫자는 일반 고용인과 상업 종사자 다음으로 많았다.[33]

1910년 강제병합으로 조선총독부가 성립된 후 관료의 수가 더 증가한 것은 말할 것도 없다. 조선총독부라는 체계적인 시스템의 정치권력이 등장하고, 이 식민지 정치권력을 정점으로 하여 조선인사회 위에 군림하는 일본 식민자 사회가 형성되었다. 이 식민자 사회는 군대의 후원으로 유지되는 군 주도, 관 우위의 군인·관료들이 그 주인공이었다. 경제의 담당자들도 러일전쟁 이전 조선으로 이주한 모험 상인들 대신에 권력과 밀착한 독점 재벌로 옮겨갔다.[34] 기존의 재조선 일본인들은 선택을 해야 했다. 관료들과 결탁하여 일제의 보호 아래에서 자신의 이익을 최대한 확보하든지, 식민지정책에 직접 참여하여 자신의 의견을 관철시키든지 아니면 식민정책들이 자신에게 유리하지 않다고 판단되면 권력에 맞서서 싸우든지, 어쨌든 적극적으로 식민권력과 마주할 수밖에 없게 되었다. 시스템화되어 있는 정치권력들이 이제는 조선 일본인사회 성장의 결정적 배경으로 등장한 것이다.

2) 일본인 관료들의 활동

(1) 일본 식민지 관료제의 특징

1910년 강제병합을 전후하여 조선에서 일본인사회 성장의 핵심 배경으로 떠오른 집단은 조선총독부의 일본인 관료들이었다. 조선총독부는 일본제국주의의 행정기관인 동시에 조선 전역을 통치하는 식민권력

---

33 京城居留民團役所 編, 1912, 『京城發達史』, 251-252쪽.
34 윤건차, 2013, 「식민지 일본인의 정신구조」, 『제국과 식민지의 주변인』, 보고사, 53쪽.

이었다. 그렇기 때문에 총독부 관료들은 태생적으로 본국의 요구에 부응하여 식민지를 통치하면서 다른 한편으로는 식민지 내부의 다양한 요소들을 조율·통합하고 식민지의 이해를 관철시키는 이중적인 성격을 지닐 수밖에 없었다. 일본인 관료 집단은 일본 본국의 정치 변동에 민감하게 반응하면서 조선 관련 정책 결정에 막대한 영향을 미친 집단이라고 할 수 있다.

조선총독부 관료의 특징을 살펴보면 다음과 같다. 우선 일본은 구미 제국주의 국가와 달리 식민지 관청에 다수의 일본인 관료를 직접 파견하고 있다는 점이 가장 큰 특징이다. 말단 관료까지 포함하여 본국에서 식민지로 대규모의 관료를 보내어 철저하게 말단 지배를 관철시키려고 한 것이다. 특히 조선은 세계 최대의 이주 식민지 중 하나였으며, 위에서 살펴본 것처럼 식민자 중에서 식민지 관료가 점하는 비율이 압도적으로 높았다.

둘째, 일본은 식민지에서 전문적으로 식민지 관료를 양성하지 않고, '내지'에서 전임(轉任)하도록 하였다. 전임 관료들은 사전에 현지어를 습득하지 않았고 식민지에 대해 완전 무지한 상태로 식민지에 부임할 수밖에 없었다. 그만큼 식민지에 대한 이해가 낮았다고 볼 수 있다.

셋째, 일본에는 1929년에 척무성이 설치될 때까지 중앙정부에 본격적인 식민지통치기관이 없었다. 특히 조선에서는 총독에게 입법, 행정, 사법에 걸친 막대한 권한이 부여되었고, 본국 정부에 의한 일원적 체계적인 지배는 행해지지 않았다. 이러한 조선총독의 상대적인 자립성 아래에서 정책 결정 과정에서의 관료의 권위나 권한, 재량 등은 일본 본국 이상으로 큰 의미를 가질 것이 예상되었다.

넷째, 조선총독부 관료는 정주성이 강했다. 즉 조선에서 관료 생활을 시작한 관료들은 조선에서 관료 생활을 마치고 퇴임 후 조선총독부와 관련한 국책회사에 재취직하는 경우가 적지 않았다. 그 때문에 그들은 조선과 본국의 이해관계가 대립할 때, 조선의 특수 사정과 조선총독의 독립적이고 막대한 권한을 무기로 '지역으로서의 조선'을 대변하였다.[35]

이처럼 이들은 일본의 식민지 관료이면서 동시에 조선 거주자로서, 식민지 조선과 특수한 이해관계를 가지고 있었다. 그러므로 일본인 관료의 조선에서의 공직 활동과 일반 재조선 일본인과의 표면적·내면적 관계를 이해하지 못하면, 식민지 조선과 본국 일본의 복잡한 긴장 관계는 설명할 수 없다. 특히 경제 문제에서 일본이 조선에 시행하려는 정책이 조선의 이해관계와 배치된다면 관료들 또한 일본 정부와 대척점을 형성하거나 대립의식을 드러내었다. 이러한 현상은 새롭게 '이입'된 관료들보다 조선에서 오랫동안 관료 생활을 하면서 이미 '토착화 된 일본인들, 또는 계속된 승진으로 정책 결정의 주요 직책에 오른 관료들에게서 더욱 명료하게 나타난다. 이른바 '조선통' 관료들의 '지역으로서의 조선' 의식이 서서히 정립되어갔다고 볼 수 있을 것이다.

(2) '토착 관료'들의 조선 지역의식 형성[36]

1910년 강제병합에서 1919년 8월 관제 개정까지 조선총독부의 관료제는 기본적으로 '일본 육군에 의한 정치적 독립영역의 형성'이라는

35　李炯植, 2013, 『朝鮮總督府官僚の統治構想』, 吉川弘文館, 4-5쪽.
36　조선총독부 관료는 크게는 토착형과 본국형으로 구분할 수 있다. 토착형은 1920년 대까지는 토박이관료를 포함한 구재래관료, 1930년 이후에는 1920년을 전후하여 조선에 부임한 '신재래관료' 중 본국으로 돌아가지 않고 10년 이상 조선에 근무한 관료를 의미하며, 본국형은 '신재래관료'와 본국 정부에서 수시로 조선에 들어왔다

틀로 규정되어 있었다. 이에 따라 데라우치 총독은 1912년 관제 개정을 단행하여 각 부국의 사무를 총독 관방으로 집중시키고, 지방행정을 제외한 경찰, 인사, 회계, 법제 등 전권을 장악하였다. 그리고 시보제도(試補制度)를 도입하였다. 시보제도를 통해 성장한 시보들이나 통감부 시기부터 조선에서 관리 생활을 시작한 일본인 관료들은 이후 총독부의 고위 관료층을 형성하였고 스스로를 '조선통'이라 하며 일본 내의 관료들과는 다른 독자적인 관료의식, 지역의식을 가졌다.

1910년대에는 조선총독부 고위 관료들의 이동이 많지 않았고, 새롭게 임명된다 하더라도 조선 내에서의 이동이 대부분이었다. 그런데 1919년 3·1운동 이후 문화통치기에는 이전의 무단통치에 대한 비판 속에서 고위 관료들 또한 일본에서 새로 충원되었다. 이러한 구성 변화는 1920년대 후반에 두드러지게 나타났다. 이때가 되면 병합을 전후한 시기부터 총독부에 근무했던 '토착 관료'들이 국·과장급으로 성장하고 정책 결정 과정에서 중요한 지위에 오르게 된다. 조선에서 계속 근무했던 관료들은 일본에서 '이입'된 관료들과는 '조선'에 대한 인식에서 차이가 있을 수밖에 없었다. 이러한 변화는 총독부가 '조선 지역'을 중심에 놓고 정책을 결정하는 배경이 되기도 하였다.

그렇다면 '토착 관료'들의 조선에 대한 지역의식은 어떻게 생겨난 것일까. 1932년부터 오랫동안 조선총독부 식산국장을 지낸 호즈미는 토착 관료들을 자신과 같이 일관되게 조선에 머무르며 조선에 뼈를 묻고자

나간 이입관료를 의미한다. 예컨대 1920년대 초중반에는 식산국장 또는 과장들이 본국에서 이입된 관리가 다수였지만 1920년대 후반 이후에는 모두 토착형 관리들이 고위직의 대부분을 차지한다(김제정, 2010, 「대공황 전후 조선총독부 산업정책과 조선인 언론의 지역성」, 서울대 박사학위논문).

하는 사람이라 하였다.[37] 이는 재조선 일본인 다수가 지닌 사고방식과 흡사한 것이었다. 토착 관료들은 가족을 비롯한 생활 기반이 조선에 있었고, 본국 관청으로 전근할 가능성은 거의 없었기 때문에 조선에 애착을 가지고 있었다. 더구나 퇴직 이후의 직업도 조선 내에서 구하는 상황에서 '지역의식'은 자연스럽게 형성될 수밖에 없었다. 특히 경제 관료의 경우 다른 부문의 관료에 비해 업무나 퇴임 후 취업 등에 있어 조선과 관련성이 강하였다.[38]

총독부 일본인 관료들의 퇴임 이후의 직업을 조사한 연구에 따르면, 총독부 국장이나 지방장관직 등 고위 관료로 재직하다가 관직을 떠나 기업이나 단체로 간 사람 49명 가운데 39명은 조선에 남았고 일본으로 간 사람은 9명, 타이완으로 간 사람은 1명이었다. 조선에 잔류하여 기업에 들어간 사람들은 모두 중역 이상의 지위를 가지고 있었다. 또 일반 관료들의 경우 퇴임 후 직업이 확인되는 사람 307명 중 일본 본국으로 돌아간 사람은 60명이고 나머지 247명은 조선에 그대로 잔류하였다. 즉 80.5%에 달하는 사람들이 조선총독부의 관직을 떠나더라도 조선에 머문 셈이다. 이를 타이완총독부와 비교해보면, 퇴임 후 자료 수집이 가능한 280명 중 타이완에 남은 사람은 42명에 불과하며, 213명은 일본 본국으로 돌아갔다.[39]

퇴직 관료가 민간기업의 중역으로 들어가는 현상은 1920년대 중반

---

37 미야타 세쓰코 해설·감수, 정재정 역, 2002, 『식민통치의 허상과 실상: 조선총독부 고위 관리의 육성 증언』, 혜안, 32쪽.
38 김제정, 2010, 앞의 글, 23쪽.
39 안용식·오연숙·오승은·원구환·송혜경, 2007, 「조선총독부하 일본인관료 연구」, 『동방학지』 137, 183-190쪽, 202-203쪽.

부터 본격적으로 등장하였다. 예컨대 체신국 관리 출신은 전기회사, 식산국 출신은 상공회의소 등 경제단체의 임원이나 각종 회사 중역 등 경제계에서 활동하였고, 부윤 출신은 부회의원을 하는 식이었다. 퇴직 후 민간 기업에 들어간 총독부 관료 출신 임원들은 민간기업의 이해관계를 관에 전달하는 총독부와 자본가와의 가교 역할을 담당하였다. 이처럼 퇴직 관료가 '재조선 일본인'으로서 민간기업에 들어가 그들의(자신의) 이익을 대변하는 것은 총독부 관료, 특히 경제 관료가 지역적 이해관계에 얽히는 구조를 창출하였으며, 총독부 관료들의 지역성을 한층 강화시키는 데 일조하였다.[40]

한편, 토착 관료들이 조선과 일본을 별개의 지역으로 인식하고 조선 지역의식을 갖게 되는 데는 1920년대 후반 본국 정부와 총독부 사이에 갈등을 초래한 사건이 연이은 것도 영향을 주었다. 예컨대 1929년 일본의 척무성 설치와 그 감독권을 둘러싼 갈등을 비롯하여 고다마 히데오 정무총감 경질 파동, 충남도청 이전비 문제, 감봉·가봉 삭감 시도 등 인사와 예산 문제 등은 조선에 대한 본국 정부의 간섭과 개입을 배제하고, 식민지 관료가 주도하는 고유의 정치공간을 형성하고자 하는 경향이 강하게 드러난다.[41]

---

40 김제정, 2010, 앞의 글, 23-25쪽.
41 김제정, 2010, 위의 글, 28쪽.

3) 일본인 경제단체의 형성

(1) 초기 상업회의소의 설립과 활동

　재조선 일본인의 사회·경제적 토대 마련에 핵심적 역할을 한 경제단체는 상업회의소이다. 일본인 상업회의소는 거류지의 일본인 상인들을 중심으로 개항 이후 얼마 지나지 않아 설립되었다. 보통 관청으로의 건의, 조선 상인과의 교섭, 일본인 내부의 이해 조정, 상업·구역에 관한 조사·보고·답신, 물품진열소 관리 등의 업무를 담당하였다.

　러일전쟁 이전 회의소의 회원 자격과 의원 선거권·피선거권을 살펴보면, 1879년 설립된 부산상업회의소의 회원 자격은 은행, 무역, 해운 영업자로 한정되었다. 1886년에 설립된 인천의 경우에도 무역상, 은행, 회조(回漕), 잡화상으로 한정되어 있었다. 이 중에 은행, 해운은 정상(政商) 조직이었고, 무역상, 잡화상 등은 일정한 자산을 가진 상층 상인으로, 일본 국내에 본점이 있는 자도 많았다. 한마디로 개항 초기 거류지의 '리더'들이 상업회의소 회원이 되었다. 그런데 1835년경부터 회원 자격이 '재항 상매 일반(在港商買一般)'으로 바뀌어 중매상 이하 소상인도 회원으로 가입할 수 있었다. 그 배경으로는 외국 상인, 특히 청국 상인의 조선 진출에 대항하여 일반 영업자를 망라한 '완전한 (일본인) 회의소'를 조직할 필요가 있었기 때문이다. 이후 1887년에 거류지규칙이 제정되어 영업과금부과기준이 정해지고, 1890년에는 일본 국내에서 상업회의소 조례가 발포되었다.[42]

　당시 부산, 원산, 인천 등 회의소 구성원들의 직업 분포를 보면, 무역

42　木村健二, 1989, 앞의 책, 81-83쪽.

상이 대부분을 점하고 있으며, 잡화상, 하수문옥(荷受問屋)·회조업 등이 뒤를 잇고 있다. 한편 각지 회의소 회두는 제일은행, 일본우선지점의 지배인 등 거대 정상 자본 관련자들이 맡는 경우가 많았다. 왜냐하면 이들은 정부에 대한 요구 실현, 이권 획득과 관련해서 일본 정부와 재조선 일본인 사이에서 연결 파이프의 역할을 할 수 있었기 때문이다. 물론 이들 거대 자본 측에 있어서도 회의소의 활동=무역의 안정·확대는 그들의 이익과도 직결되는 것이었다. 러일전쟁 이전 각 지역 상업회의소의 주요 활동은 〈표 4〉와 같다.[43]

〈표 4〉에서 볼 수 있듯이 일본인 상업회의소는 무역상 등 지역의 유력 상인을 중심으로 정부의 거류민 관련 정책을 이끌어내고, 재조선 일본인 내부의 이해관계를 조정하는 데 최선을 다하였다. 또 조선 측과의 교섭에도 적극적으로 나섰으며 조선에 관한 조사보고 활동을 충실히 수행하여 이후 일본 상인의 조선 진출 및 정착에 큰 역할을 하였다. 이러한 활동은 식민자 사회의 성장에 큰 디딤돌이 된 것은 물론이며, 조선의 경제지배(=식민지화)를 가속화시키는 데도 결정적으로 기여하였다.

(2) 러일전쟁 이후 상업회의소의 활동

러일전쟁 이후 본격적인 통감정치가 시작되는 것과 동시에 상업회의소의 성격이 변해갔다. 즉 재조선 일본인 전반의 대표 기관이라기보다 일부 상층 상인의 이해를 반영하는 기관으로 특화해간 것이라 볼 수 있다. 가장 큰 이유는 일본인들의 조선 이주가 급증한 데 따른 경쟁 구도의 심화에 있지만, 근본적으로는 조선을 단독으로 지배하려는 일제의 목

43　木村健二, 1989, 위의 책, 88-90쪽.

〈표 4〉 러일전쟁 이전 각지 일본인 상업회의소의 주요 활동

구분	연도	지역	내용
정부 또는 정부 출연 기관에 대한 건의	1885	부산	항만 개선
	1896	부산, 경성	경부철도 부설
	1892	경성	경인 가도 개수
	1900	경성	경인철도 운임 인하
	1900~1901	부산, 경성, 목포, 원산	해외 여권 자유도항의 건
	1896	경성, 인천	계림장업단 조직 원조
일본 정부를 통해 조선 정부에 압력	-	전체	'방곡령사건' 배상청구·해제청원, 제일은행권 통용 금지 항의
재조일본인 내부의 이해 조정	-	부산, 인천, 원산, 목포	중대상에 대한 관리 규칙의 제정
	1889	경성	재류영업자맹약 규칙 제정
	1892	경성	동업조합조직의 장려 감독
	1893, 1895	경성	제일은행 지점설치 청원, 荷爲替料 및 송금수수료 저렴화
	1901	목포	일본우선 기항 청원
조선 측과의 교섭	1881~1882	부산	韓人口錢取締規約設定
	1883	부산	조선 측 상무회의국과 조관 체결·이해득실 상의
	1900~1903	부산	조선인 인부 동맹파업 교섭
조사보고 활동	1887~1888	부산	경상 충청 강원 전라도 농상황(農商況) 조사
	1889	원산	방곡 실태조사
	1889	인천	평단 황해도 청국 상인 시찰보고
	1893	인천, 경성	경기 충청도 상황(商況)·농황(農況) 시찰
	1894	인천	영사의 무역 확장 방안 답신
	1903	인천	압록강 방면 조사 답신

출처: 木村健二, 1989, 앞의 책, 93-94쪽 내용 발췌 정리.

적을 이제 달성했고 강력한 정치권력 기관도 설치되었기 때문에 그 이전처럼 상업회의소가 일본인 전체를 대표할 필요가 없어졌다. 대신 상업회의소 고유의 업무에 충실하였다. 러일전쟁 기간에서 병합 전까지 지역

〈표 5〉 재조선 일본인상업회의소연합회 결의 사항

결의 사항	1904년 임시	1905년 제5회	1906년 제6회	1907년 제7회	1909년 제8회
일한관세동맹·조선 쌀 관세 철폐	-	3	1	1	3
권업적 은행·중앙은행	1	1	1	3	1
철도 건설·운임 인하	1	2	1	2	1
해관수속·관세부과법	-	1	2	1	1
도로·교량·항만 정비	-	3	1	-	-
상업회의소 법인화	-	1	1	1	1
농업모범장·수산시험장	1	1	1	-	-
해륙군대·당국으로의 감사장	1	1	1	-	-
도량형·특허의장 보호	-	-	2	-	-
'폭도' 피해 배상·진압	-	-	2	1	-
일본화폐유통·엽전 통용 금지	1	1	1	-	-
연안하천항행권·보호·통일	1	1	-	-	1
기타	6	2	4	5	3

출처:『釜山商業會議所年報』각 연도판; 木村健二, 1989, 앞의 책, 95쪽,〈표 Ⅲ-13〉재인용.

상업회의소 연합회의 결의 사항을 보면 〈표 5〉와 같다.

〈표 5〉를 보면 향후 회의소의 움직임을 읽을 수 있다. 이들은 러일전쟁 전보다 더욱더 구체적인 식민지 개발과 지배정책의 수행을 요구하고 있었다. 이 중에서 무역업의 성패에 결정적인 영향을 끼치는 운수·교통 및 관세와 관련된 내용은 거의 매년 결의되고 있음을 알 수 있다.

이러한 상업회의소에 대해 처음에는 정부당국에서도 이를 장려하는 것처럼 보였으나, 러일전쟁 직후가 되면 비판적인 시각을 드러낸다. 즉 강제병합 전후 일본인들이 조선 개발 이익을 독점하는 것과 같은 모습은 자칫하면 조선인들의 반감을 불러일으켜 지배정책 수행상 장해가 될 수 있다고 판단한 것이다. 그리하여 일본 정부는 조선인 상업회의소를 일본인 상업회의소와 통합하여 일본 정부의 지배하에 두려고 하였다. 그 실현이 바로 1915년 발포된 「조선상업회의소령」이었다.[44] 조선총독부는 「조선상업회의소령」을 제정하면서 상업회의소에 법인 자격을 부여하였다. 그러나 조선인과의 통합을 원치 않았던 일본인 상공업자들은 회원의 자격 요건에 관한 정관을 개정하는 등의 방식으로 대부분의 조선인 상공업자들을 배제하고 일부만 포섭하였다. 일본인 위주의 상업회의소는 지역경제의 장악은 물론, 이전의 거류민단(1913년 폐지)과 같은 자치단체의 성격도 가지게 되었다.

(3) 조선상업회의소연합회의 결성과 활동

앞에서 본 것처럼 「조선상업회의소령」으로 조선인과 일본인의 통합 상업회의소가 출범했지만, 평의원의 80%를 장악한 일본인들은 지역사회의 기득권을 강화하고 기반을 다지기 위해 전력을 다하였다. 1910년대 중반 이후 제1차 세계대전으로 일본 경제는 호황에 접어들었고 이는 조선 경제의 활성화에도 영향을 미쳤다. 재조선 일본인 자본가들은 이를 기회로 삼아 자신이 속해 있는 지역 상업회의소를 통해 경제적 기반을 더욱 확대하고자 하였다. 그러나 당시 지역 상업회의소는 주로 지역의 현안 문제 해결과 지역경제의 기반 확충을 위한 기관에 불과했다. 예컨대 부산의 경우 주 관심사는 관립상선학교 설치 청원, 일본 횡단항로 개설 문제, 조선방직주식회사 설치, 거래소 설치 청원 등이었고, 경성은 가정공업 실시 방법에 관한 현상 모집, 거래소설치 청원, 지방경제 상황 조사 등에 관해 청원활동을 하였다. 이처럼 상업회의소의 요구사항이 지역경제에 한정되어 조선 경제 전체에 대한 체계적인 논의는 거의 이루어

---

44 「制令」, 『朝鮮總督府官報』, 1915.7.15.

지지 못했다. 이러한 한계를 극복하고 일본인 (자본가) 집단의 경제적 요구를 주장·관철시키기 위해 각 지역 상업회의소는 '조선상업회의소연합회' 성립에 적극적으로 나서기 시작하였다.[45]

조선상업회의소연합회는 전선상업회의소서기장회의에서 마련한 연합회 규정에 따라 상설기구로 하고, 사무소는 경성에 두며 정기 연합회는 매년 9월 경성에서 개최하는 것으로 하였다. 그리고 지역 상업회의소에서는 대표위원 2명이 참석하여 제안한 안건에 대해 논의하고 과반수 이상의 찬성을 통해 결의하는 것으로 규정하였다. 그런데 지역 상업회의소가 제안할 수 있는 의안의 수가 제한되어 있었는데,[46] 이유는 동일한 의안이 중복되거나 지역 문제에 국한된 의안이 자주 제출되면서 조선의 전반적인 경제 문제를 논의하고 결의하는 연합회의 개최 취지와 맞지 않았기 때문이었다. 연합회는 조선 전체와 관련된 가장 중요하고 시급한 문제에 모든 역량을 집중해야 그 목적을 달성할 수 있었다. 연합회는 조선총독부의 예산 편성에 맞추어 설립 초기에는 주로 9월 또는 10월에 정기적으로 개최되었다. 그러나 1923년부터 5월로 변경되었는데 이는 일본 정부와 의회의 예산 편성 및 예산 심의 결정 기간이 5월이었기 때문이었다. 연합회의 개최 기일을 보면, 경제적 이익을 위해 조선총독부뿐만 아니라 점차 일본 정부 및 의회까지 영향력을 행사하고자 한 것을 알 수 있다.[47] 연합회의 활동은 1920년대 들어서 두각을 나타내었다. 특히 1922년 산업개발 전략으로 '4대 요항'을 마련하고 일본 정부와 의회

---

45 전성현, 2011, 앞의 책, 111-114쪽.

46 초기에는 제한이 없었으나, 제4회부터 1회의소에 2문제, 제7회부터는 1회로 축소.

47 田中麗水, 1936, 『全鮮商工會議所發達史』 第2編, 朝鮮商工會議所, 釜山日報社, 73-112쪽; 전성현, 2011, 앞의 책, 115쪽.

에 청원운동을 전개하면서 존재감을 과시하였다.

한편 연합회의 주도층들은 각 지역 상업회의소의 회두를 하고 있거나 역임한 자들이었다. 그런데 지역 상업회의소 회두들은 거의 대부분 병합 전 일찍부터 조선으로 건너와 지역에서 경제적 기반을 다지고 자본가로 성장한 사람들이거나, 일본 자본과 연결되는 사람들이었다. 즉 조선에 기반을 둔 자본가들이 연합회를 주도하고 있었고, 그렇기 때문에 이들은 일본 정부와 조선총독부의 식민정책 수립과 집행 과정에서 자신의 경제적 이익의 토대가 되는 '조선 본위'의 경제정책을 원하고 있었던 것으로 파악할 수 있다.[48]

2. 재조선 일본인사회의 정치활동

1) 특별자치제와 참정권운동

(1) 1910년 강제병합과 일본거류민단의 해체

일제강점기 '동화주의'라는 식민지 통치 기조에도 불구하고 조선인과 일본인 사이의 차별은 각 방면에서 쉽게 찾을 수 있다. 그런데 재조선 일본인과 본국 거주 일본인 사이에도 정치적 권리 면에서 차별이 존재하였다. '내선일체'를 강조하면 할수록 재조선 일본인과 본국 일본인 사이의 차별은 더 명확하게 드러났고, 일본으로서는 이 모순을 어떻게 해

---

48 전성현, 2011, 위의 책, 122쪽.

결하는지가 식민통치의 중대한 과제가 되었다. 이 문제를 해결하지 못한다면 그들이 공언한 '내선일체', '내지연장주의' 등의 조선 통치정책은 말 그대로 공언(空言)이 되어버리기 때문이었다.

병합 이전 재조선 일본인들은 대도시 일본인 거류지를 중심으로 거류민단을 만들어 그들만의 자치를 행하고 있었다. 거류민단은 공식적으로 1906~1914년까지 존재했으며 병합 이전에는 통감부의 보호를 받으면서 주로 정치적 세력을 확장하고 경제적 편익을 보장하였다. 타국에 있으면서도 일본의 행정법이 작동되었기 때문에 본국의 시정촌과 비교해도 결코 손색이 없는 자치적 지방행정기관이었다.[49]

그런데 1910년 조선이 강제로 일본의 영토로 편입된 이후 조선 내의 일본인 거류지와 거류민단은 사실상 필요가 없어졌다. 왜냐하면 일본인 거류지나 거류민단은 법률적으로 외국의 영토이기 때문에 가능한 것이기 때문이다. 즉 병합 이전 거류민단은 본래 외국인과 같은 지위인 일본인으로 조직되었기 때문에 1910년 병합과 동시에 자연스럽게 조선총독부 산하 지방행정기관으로 편입되어야 할 것이었다. 그러나 일종의 자치제로 운영되어온 거류민단을 지방행정기관에 편입한다면 그 해체가 불가피하며, 자치적 기능을 상실할 수도 있었다.[50] 재조선 일본인들은 자치기관 및 자치적 기능 상실에 큰 우려를 표하였다. 병합에 따른 거류민단의 폐지와 '획일적 행정제도'의 필요성은 인정하지만, 이러한 조치는 재조선 일본인의 발전에 큰 장애가 되는 것은 물론 오히려 퇴보할 것이 틀림없다고 생각하였다.[51] 그래서 일본거류민단이 존재했던 거의 모든 부

49　高尾新右衛門 編, 1916, 『元山發展史』, 600쪽.
50　홍순권, 2010, 앞의 책, 191쪽.
51　高尾新右衛門 編, 1916, 앞의 책, 601쪽.

에서 자치제를 유지하려는 움직임이 일어났다. 대표적으로 1912년 9월 20일, 서울에서 경성, 부산, 원산, 군산 등 전국 거류민단 대표 47명이 모인 민단연합회의가 열렸다. 이 회의에서 다음과 같은 결의안을 작성하여 야마가타 이사부로 정무총감에게 제출하고 자치제 시행을 위한 운동 방법도 논의하였다.[52]

결의안
① 민단 소재 지역에 있는 내지인에 대해 현행 민단법 이상으로 완전한 자치제를 존속 시행할 것
② 지방의 상황에 따라 조선인 일본인 합동 특별자치제를 시행할 것

운동 방법
① 본 회의는 결의한 목적을 달성할 때까지 존속할 것
② 결의 사항은 조선총독부에 제출할 것
③ 총리대신, 척식국 총재, 귀족원·중의원 의장 및 각 정당에는 별도로 진정서를 제출할 것
④ 결의 사항에 관한 총독부의 의향은 상설 위원으로부터 각지 간사에게 통지할 것
⑤ 진정을 위해 위원을 도쿄로 보낼 것
⑥ 본 회의에 상설위원 3명을 두고 별도로 각지에 1명씩 간사를 선출할 것

1912년 11월에는 전국 11개 일본인 거류민단을 대표하는 재선(在鮮)

52　高尾新右衛門 編, 1916 위의 책, 684-685쪽.

민단의원연합회가 또다시 진정서를 작성하여 정무총감에게 전달하였다. 진정서에서 이들은 민도가 낮은 조선인들과 동일한 자치제 아래에 놓이게 되는 것은 곤란하며, 오히려 현행 민단제 이상의 자치제도를 요구하였다.[53] 이러한 재조선 일본인들의 자치제 존속 요구는 1913년 10월 '부제'가 공포될 때까지 계속되었다. 조선총독부는 1913년 10월 30일 지방제도를 정비하여 '부제'를 공포하고 다음 해 1월 25일 '부제시행규칙'을 발표하였다. 이로써 1914년 4월 1일부터 거류민단 및 거류지제도는 공식적으로 철폐되었다. 이에 대한 재조선 일본인들의 불만은 이루 말할 수 없을 정도였다. 자치권 상실에 대한 불만이 폭증하자 부에서는 여러 대책을 마련하여 불만을 무마시키려 했다. 우선 부의 자문기관인 부협의회를 조직하였고, 거류민단의 교육 업무와 관련해서 학교조합이 이를 승계하도록 하였다. 부제하의 학교조합은 일본인들의 자치적 기능을 일부 인정한 것이었다. 그러나 위에서 언급했듯이 재조선 일본인들은 근본적으로 조선인은 미개하다는 인종차별의식을 가지고 있었기 때문에 법리상 조선인과 동등한 행정체계에 놓이게 되었다는 사실 자체만으로 강한 심리적 거부감을 불러일으킬 수밖에 없었다.

(2) 부제 실시 이후 특별자치제 실시 요구

1914년 부제 실시 이후 재조선 일본인사회에서는 자치제와 관련된 논의와 요구가 계속되었다. 특히 여느 일본 도시와 다를 바 없을 정도로 일본인들이 다수 거주했던 부산에서의 자치제 요구는 매우 강하였다. 부산부 일본인들의 부제 실시에 대한 불만과 자치제 논의를 통해 당시 재

---

53 京城府 編, 1934, 『京城府史』 第2券, 897-900쪽.

조선 일본인들이 처한 상황을 알아보도록 하자. 부제 실시에 대한 불만의 방향은 크게 둘로 나눌 수 있다. 첫째는 부제 실시와 자치제 폐지 자체에 대한 불만으로, 식민지 내에서 재조선 일본인들의 특권 상실과 관련된 문제이며, 둘째는 일본에 대한 불만으로, 이는 본국인에 비해 식민지 일본인들이 차별을 받고 있다는 차별의식에서 기인한다.

부산의 일본인들은 부제와 관련하여, '민의의 전달기관'으로 설립된 부협의회 협의회원들이 조선인이든 일본인이든 모두 관선이며 부윤의 자문에 답하는 기계에 불과하다고 인식하였다. 또 부제의 실시로 일본인들이 기존에 가지고 있던 권리들이 제한되고 조선인 위주의 식민통치가 이루어지는 점에 불만을 가졌다. 그런데 무엇보다 본국의 일본인에 비해 정치적인 차별을 받고 있다는 것에 가장 큰 불만을 토로하였다.[54] 즉 "제국은 …… 제국의 경예, 이익을 가장 중요시하고 식민지의 발달, 주민의 안녕, 행복을 위해 이에 자유를 주고 권리를 주어 기쁘게 의무의 뜻을 일으키도록 해야 한다. 내지 모국이라는 구별 없이, 외지 식민지라는 관념 없이 융합 동화하여 활동하지 않으면 안 된다. 금일과 같이 모국, 식민지를 구별한다거나 식민지에서 신 일본인과 구 일본인의 구별을 세우는 것과 같은 일은 없기를 바란다"와 같은 우려를 하면서 식민지 거주 일본인에게도 본국의 일본인과 동일한 선거권을 부여하기를 희망하고 있다.[55]

한편 이들은 불만을 이야기하는 것과 동시에 자치제 실시를 강력히 요구하였다. 도시의 발전을 명분으로 한 '특별시 제안'이 바로 그것

---

54 홍순권, 2010, 앞의 책, 200쪽.
55 「對植民地希望」, 『朝鮮時報』, 1917.7.1.

이다.[56] 이는 경성, 부산 등 2~3지구에 한해 자치제를 실시해야 한다는 것으로, 대도시에서 기존 재조선 일본인들이 가지고 있던 특권을 그대로 유지하겠다는 의사의 표현이었다. 결과적으로 1910년대 재조선 일본인들의 자치제 요구는 논의 단계에서 끝났지만, 1920~1930년대 지방제도 개정에 상당한 영향을 미쳤다. 부제의 실시와 그에 대한 반동으로 제기된 재조선 일본인들의 자치제 요구는 '내선일체' 또는 '내지연장주의'를 표방한 일본제국주의의 식민지 지배가 가진 자기모순이라고 할 수 있을 것이다.

(3) 참정권 문제와 조선의회 개설을 둘러싼 갈등

1919년 3·1운동으로 부임한 사이토 마코토(齋藤實) 총독은 이른바 '문화통치'로 조선 통치정책을 선회하였다. '문화통치'기를 맞이하여 조선인은 물론이고 재조선 일본인들 또한 언론의 자유, 정치활동의 자유 및 지방자치제 실시, 참정권 획득 문제 등을 조선총독부와 일본 정부에 적극적으로 요구하기 시작하였다. 이 모든 활동은 조선에서 일본인들의 경제적 이권을 확대하기 위한 기반 조성과 관련되어 있다고 할 수 있다. 예컨대 1923년 9월 발생한 관동대지진으로 일본 정부는 긴축정책을 실시했고 그에 따라 조선총독부에는 예산 축소에 의한 자금 압박이 이어졌다. 자금 순환이 어려워진 재조선 일본인들은 대책을 마련하기 위해 동분서주했다. 11월 경성, 평양, 인천의 상공회의소 회두가 도쿄로 가서 보조금 및 사업공채의 유지, 철도속성에 관한 진정운동을 전개하였고, 이듬해 2월에는 경성상업회의소 부회두 와타나베 사다이치로(渡邊定一

---

56 위의 글.

郎)가 동일한 운동을 전개했다. 그러나 정부 당국자와의 접촉이 쉽지 않았거니와 당리당략에 의해 움직이는 정당정치의 구조에서 조선 재주자의 이익 옹호를 위해 진력해주는 유력 정치인은 존재하지 않았다. 1923년 말, 중앙정계의 현실에 실망하고 조선에 돌아온 상업회의소 대표자를 중심으로 참정권 획득의 필요성을 강조하는 목소리가 높아져갔다. 특히 와타나베는 조선에서도 대의사를 배출시켜 총독부와 서로 호응하여 조선문제를 해결해야 한다고 역설하였다. 그 방법으로 각 도 또는 특정 지역에서 일본인 1명, 조선인 1명씩을 선출하여 제국의회에 파견해 정치가와 싸워야 한다고 하였다.[57]

그러나 참정권과 관련된 재조선 일본인들의 요구는 조선총독부와 일본 정부에 쉽게 받아들여지지 않았다. 총독부는 3·1운동과 같은 전 민족적 저항을 원천 봉쇄하기 위해 조선인 유화책을 실시해야 했기 때문에 일본인들의 요구를 무작정 다 수용할 수 없었다. 특히 1920년 민원식 등이 중심이 되어 조직한 친일단체인 국민협회에서도 조선인 참정권 문제에 적극적으로 나서서, 도쿄로 대표단을 파견하여 청원활동을 전개하고 있었다.[58] 만약 재조선 일본인들이 참정권을 얻는다면, '내선일체'

---

[57] 渡邊定一郎, 1924.3, 「朝鮮當面의 重要問題」, 『京城商業會議所月報 朝鮮經濟雜誌』 19, 14쪽; 이승엽, 2013, 「'문화정치' 초기 권력의 동학과 재조일본인사회」, 『제국과 식민지의 주변인』, 보고사, 241-242쪽.

[58] 국민협회는 1920년 조직된 친일단체로서, 민원식이 창설한 친일단체인 협성구락부를 확대·개편한 것이다. 민원식은 국민협회 조직 직후부터 조선 재주민 모두에게 참정권을 부여하라는 취지의 청원운동을 전개하였다. 국민협회의 참정권 청원운동은 1920년 1월 제1회 청원을 시작으로 매해 일본 정부에 1회 건백운동을 전개하여 1931년까지 이어졌고, 박춘금이 중의원의원에 당선된 후 1933년부터 다시 제국의회에 청원운동을 시작하여 1941년까지 계속되었다. 그러나 이미 1923년 3월 제46회 제국의회 귀족원예산총회에서 가토(加藤高明) 수상은 조선·타이완의 참정

논리에 따라 조선인에게도 참정권이 부여되어야 하기에 일본인들은 무작정 참정권 획득을 주장할 수 없는 노릇이었다.

이러한 가운데 참정권 획득을 주목적으로 하는 재조선 일본인 정치단체를 조직하려는 움직임이 시작되었다. 1924년 6월 경성에서 개최된 제1회 전선공직자연합간화회(전선공직자대회)에는 부협의회·상업회의소·학교조합·학교비평의회 의원 등 전국의 일본인, 조선인 대표자 150여 명이 모였다. 이들은 지방자치제 실시, 조선 중의원의원 선거법 시행 등 정치적 권리 요구와 경제적 이권 확대를 요구하는 안건으로 회의를 진행하였고[59] 요구 사항을 관철시켜나가기 위한 정치운동기관으로 갑자구락부(1924.8)를 조직하였다. 갑자구락부는 경성을 거점으로 한 원로 재조선 일본인들의 이권 집단이며, 여기에 소수의 경성부 내 친일 조선인 공직자가 가담한 단체였다. 이들은 참정권 획득을 통해, 일본 본국의 이익을 우선하는 관료에 의지하지 않고 중앙정부로부터 보조금과 사업공채를 얻을 수단을 직접 확보하기로 하였다.[60]

갑자구락부는 제국의회 참가를 전제로 한 참정권 획득 청원에 적극 나섰다. 조선에도 중의원 선거법을 적용하여 참정권을 획득한다는 방침이었다. 그러나 이들은 중의원 선거를 경성, 부산, 대구, 평양 등 대도시에 한하여 시행하자고 주장하였다. 만약 조선에서 중의원 선거법이 전면

권은 주의(主義)로는 찬성하나 실행에는 여전히 고려할 필요가 있다고 답함으로써 국민협회의 참정권 청원운동은 실효가 없음이 드러났다. 국민협회의 참정권 청원 및 건백운동의 전개 과정에 대해서는 松田利彦 저, 김인덕 역, 2004, 『일제시기 참정권 문제와 조선인』, 국학자료원을 참고하기 바란다.

59 『京城日報』, 1924.6.15.
60 우치다 준, 2013, 「식민지기 조선에서의 동화정책과 재조일본인」, 『제국과 식민지의 주변인』, 보고사, 176-177쪽.

실시되면 자신들이 정치적 소수집단으로 전락하고 말 것이기 때문에 일본인이 다수 거주하는 4대 도시에 국한하여 실시하려고 했던 것이다.[61]

한편 1920년대 후반 제국의회 참가를 전제로 한 중의원 선거법의 실시와 자치를 전제로 한 조선의회 설치가 대립하기 시작하였다. 전자는 재조선 일본인들이 고창한 것이고, 후자는 친일단체 간부를 비롯해 조선인 공직자들이 주로 주장한 것이었다. 이들의 대립이 눈에 띄게 드러난 것은 1929년 제6회 조선공직자대회부터였다. 이 대회에서 자치(=조선특별입법기관의 설립)를 요구하는 조선인과 '내지연장주의'(=참정권 공포에 의한 제국의회의 연장)를 고집하는 재조선 일본인 사이에 분규가 발생하였다. 결국 제7회 대회에서 일본인과 조선인이 대립하는 분위기 속에서 조선인 측이 주장한 '조선의회' 설치 의안이 가결되었다. 그러나 조선의회 설치안은 일본 정부에 결국 받아들여지지 않았고 1930년의 지방제도 개정을 통해 지방자문기관을 결의기관으로 하는 것으로 귀결되고 말았다.[62]

제국주의가 식민지에 부여하는 참정권의 형태는 크게 둘로 나눌 수 있다. '동화주의'에 입각해 본국 의회에 식민지 주민의 대표를 선출해 파견하는 것과 '자치주의'에 입각해서 식민지에 자치의회를 설치하는 것이다.[63] 일제는 지배 이념으로 '동화주의'를 채택했기 때문에, 식민지에서 점차 '동화'가 진행되면 그에 따라 식민지 주민에게 참정권을 확대하여 최종적으로는 일본 본국과 동일한 참정권을 부여한다는 계획을 가지

---

61 김동명, 2006, 『지배와 저항, 그리고 협력: 식민지 조선에서의 일본제국주의와 조선인의 정치운동』, 경인문화사, 413-417쪽.
62 우치다 준, 2013, 앞의 글, 187-188쪽.
63 여기서 말하는 식민지 주민은 조선인과 재조선 일본인을 모두 포함한 식민지 거주자라고 할 수 있다.

고 있었다.⁶⁴ 그렇기 때문에 '동화주의'와 전면 배치되는 조선의회 설치는 애초부터 불가능한 것이었을지도 모른다.

그러나 일제강점기 동안 재조선 일본인들에게 참정권을 부여하는 계획은 완전히 실시되지 않았다. 일제는 1945년 4월 「귀족원령중개정」 및 「중의원의원선거법중개정법률」을 공포하였다.⁶⁵ 이로써 매우 제한된 형태지만 재조선 일본인에게 참정권이 부여되어 다음 해 본국의 총선거와 함께 시행할 예정이었으나 그해 8월 패전을 맞이하였다.

2) '지방의회' 참여와 '지역정치'

앞에서 살펴본 것처럼 재조선 일본인들은 본국 거주 일본인과 동등한 정치적 권리를 획득하기 위해 참정권 청원운동에 적극 나섰지만, 참정권은 조선 내의 일본인과 조선인 공동의 문제였다. 결국 재조선 일본인사회의 관심은 참정권 획득 문제보다는 지역 내 실권을 장악하고 특권을 유지할 수 있는 지방의회 참여와 지역정치로 옮겨갔다. 조선에서 지방참정제도는 도평의회(도회), 부협의회(부회), 읍·면협의회(읍회)를 중심으로 의원의 선출 방식과 기관의 역할 변화에 따라 대체로 네 시기로 나눌 수 있다. 병합 이후 1910년대는 지방행정기관장의 임명으로 부군참사자문회와 부협의회가 설치되어 각각 도장관과 부윤의 자문에 응했다. 3·1운동 이후 1920년대는, 지방제도를 개정하여 도평의회, 부협

---

64   김동명, 2018, 『지배와 협력: 일본제국주의와 식민지 조선에서의 정치참여』, 역사공간, 16쪽.
65   「열리다 參政의 大道」, 『每日新報』, 1945.4.2.

의회, 면협의회를 설치하였다. 1930년대는 부회, 도회, 읍회가 의결기관으로 승격되었고 자문기관인 면협의회를 선거로 구성하도록 하였다. 1943년 이후에는 관선과 함께 민선에서 '추천 선거'가 도입되어 부회와 도회가 의결기관으로 존속되었다.

(1) 1910년대 부군참사자문회 및 부협의회

총독부는 병합 직후인 1910년 9월 30일 칙령 제357조「조선총독부 지방관관제」를 공포하였다. 이에 의하면 각 도·부·군은 참사를 둘 수 있었는데, 참사는 명예직으로 도장관 또는 부윤, 군수의 자문역이었다.[66] 참사는 명문 규정은 없으나 전원 조선인으로 임명되었다. 이는 병합으로 기존의 지방위원회가 폐지되어 조선인의 지방정치 참여 기구는 사라지게 되었지만, 일본인이 거류민단을 통해 여전히 지방정치에 참여하고 있는 현실을 반영한 것이었다. 즉 부군참사자문회는 병합 이전에 설치되었던 지방위원회를 대신하는 것이라 할 수 있다.[67]

총독부는 1913년 10월 '부제'를 공포하고 1914년 4월 1일부터 시행하였다.[68] 부제 실시에 의해 부협의회가 설치되었다. 부협의회는 부윤 및 협의회원으로 구성되었고 의장은 부윤이었다. 부협의회의 주역할은 부의 사무에 관해 부윤의 자문에 응하는 것이었다. 정원은 총독이 정했는데, 부의 주민 중 조선총독의 인가를 받아 도장관이 임명했고 2년 임기의 명예직이었다.[69] 시행 초기 정원은 경성부 16명, 인천부 10명, 군산부

---

66 「勅令」,『朝鮮總督府官報』, 1910.9.30.
67 김동명, 2018, 앞의 책, 71쪽.
68 「號外 制令」,『朝鮮總督府官報』, 1913.10.30.
69 위의 글.

6명, 목포부 8명, 대구부 10명, 부산부 12명, 마산부 8명, 평양부 12명, 진남포부 8명, 신의주부 6명, 원산부 10명, 청진부 6명이었다.[70] 전체적으로 조선인이 46명, 일본인이 66명으로 일본인이 더 많았다. 일본인들이 많이 거주하고 일본인들의 인구 밀도가 높았기 때문에 이들의 입장을 배려한 것이었다.

1917년에는 면제를 시행하면서, 면 가운데 인구가 비교적 많고 상공업이 발달한 시가지를 '지정면'으로 정해 차별화시켰다. 지정면은 도시화가 어느 정도 진행되었기 때문에 일본인의 거주 비율이 비교적 높았다. 이러한 지방제도는 지방 말단 행정을 면으로 일원화시키면서 전통적인 촌락공동체를 약화시키는 동시에, 해당 지역 거주 일본인들의 정치적 우위를 보장해주는 것을 목적으로 했다.[71]

(2) 1920년대 부협의회와 면협의회 및 도평의회

3·1운동 이후 조선총독으로 부임한 사이토 마코토는 '문화정치'로 통치의 방향을 전환하고 1920년 7월, 도·부·면 지방행정 자문기관 설치를 골자로 한 지방제도 개정을 단행하였다. 그동안 관선이었던 부협의회원을 민선으로 바꾸고, 면협의회와 도평의회 등을 신설한다는 내용이었다. 부협의회의 경우 자문기관의 역할은 그대로였지만, 종래 임명제를 선거제로 바꾸었고 의원 정수도 늘려 인구 비례로 12인 이상 30인 이하로 하였다. 임기도 2년에서 3년으로 늘렸다.[72] 그러나 자문기관으로서의

---

70 「號外 府令」, 『朝鮮總督府官報』, 1914.1.24.
71 허영란, 2014, 「일제시기 읍·면협의회와 지역정치-1931년 읍·면제 실시를 중심으로」, 『역사문제연구』 31호, 133쪽.
72 「號外 府令」, 『朝鮮總督府官報』, 1920.7.29.

부협의회의 기능은 매우 제한적이어서, '시급'을 요하는 경우나 '경미'한 사건 등은 회의를 소집하지 않고 서면으로 협의회원의 의견을 청취하여 2/3 이상의 동의가 있으면 협의회의 의견으로 간주할 수 있었다. 결국 필요에 따라 회의를 소집하지 않고도 의장인 부윤이 의안을 처리할 수 있는 길을 터놓은 셈이었다.[73]

1920년 부제 개정은 부협의회의 구성에 조선인도 선거권자로 참여할 수 있는 권한을 주었다는 점에서 조선인의 정치적 참여를 다소나마 확대한 것으로 해석되지만, 실제 부협의회의 운영에서는 일본인들의 주도권이 더욱 확실하게 보장되었다. 왜냐하면, 개정된 부제에서는 선거 자격을 '연령 25세 이상의 독립된 생계를 꾸리는 남자로, 1년 이내 부 내에 주소를 지니고 부세 연액 5엔 이상을 납부한 자'로 제한했기 때문이다. 그 결과 실제로 선거에 참여할 수 있는 조선인은 일본인에 비해 절대적으로 적었다. 부와 면 모두를 포함하여 1920년 11월 실시된 선거 유권자수를 민족별로 보면 조선인은 6,347명, 일본인은 56,758명이었다. 부산부의 경우 실제 선거 결과 당선된 부산부협의회원 20명 중 조선인은 4명에 불과했다. 개정 전 부산부협의회원 정원 12명 중 조선인이 4명이었던 것과 비교해볼 때 일본인의 비중이 현격하게 증가했음을 보여준다.[74] 이는 1914년 부제 실시 이후 재조선 일본인들이 끊임없이 요구해왔던 일본인들의 자치제 요구와 지역정치 참여 확대를 어느 정도 실현한 것으로 볼 수 있다. 그러나 계속해서 일부 도시의 '특별시제'를 주장해왔던 재조선 일본인들은 부제 개정만으로는 만족하지 못하였다.

---

73 김운태, 1986, 『일본제국주의의 한국통치』, 박영사, 376-377쪽.
74 홍순권, 2010, 앞의 책, 205-206쪽.

한편 '면(面)'의 경우, 기존에 자문기관이 설치되어 있던 지정면(1917년 당시 24개) 외에 모든 면에 협의회가 설치되었다. 지정면에서는 협의회원을 '공선(公選)'하고 보통면에서는 군수 또는 도사(島司)가 협의회원을 '임명'하도록 했다. 협의회의 자문 사항은 법으로 정해져 있었지만, 대체로 일본 내 시정촌회(市町村會)의 결의 사항에 준하도록 하였다. 그러나 임명직인 면장이 자문기관의 의장을 겸임하고 사실상 전권을 갖고 있었기 때문에 이러한 단체들이 진정한 자치권을 가졌다고 보기 어려웠다. 더욱이 보통면의 협의회원은 군수 또는 도사가 임명했으며, 선거로 뽑는 지정면의 경우에도 경제력을 기준으로 (피)선거권을 부여하는 제한 선거였다. 그러므로 일반 조선인 지역주민의 참여는 제도적으로 배제되고 재조선 일본인들의 비중이 강해질 수밖에 없었다.[75]

'도(道)'에는 도평의회가 설치되었다. 이는 1910년대의 부군참사자문회를 도(=도지사)의 자문기관으로 정식 설치한 것이다. 임기는 3년이며 명예직이었다. 도평의원의 구성은 임명제(관선)와 선거제(민선)를 혼합했다. 피선거권은 1년 이상 도내에 거주하고 독립 생계를 영위하는 25세 이상의 남자에 한정하고, 정원의 1/3은 '학식과 명예'가 있는 자 중에서(관선), 정원의 2/3는 부·면협의회원이 선거한 후보 가운데서(민선) 도지사가 각각 임명했다. 도평의회의 의장은 도지사가 맡았다.[76]

---

75 허영란, 2014, 앞의 글, 133-134쪽.
76 김동명, 2018, 앞의 책, 76-77쪽.

(3) 1930년대 부회와 도회 및 읍·면협의회

1929년 조선에 다시 부임한 사이토는 1931년 4월부터「조선지방제도개정령」을 실시하였다. 주요 내용은 다음과 같다. 우선, 부제의 가장 큰 변화는 기존의 자문기관인 부협의회가 의결기관인 부회로 바뀌었고 이원적으로 운영되었던 학교비평의회, 학교조합이 통합된 것이었다. 이에 따라 부회는 부례(府例)의 제정과 개폐, 세입세출예산의 결정, 부채 등에 관해 의결권을 가졌다. 부회를 의결기관으로 한 것은 그동안 재조선 일본인사회에서 지적해왔던 부협의회의 '자치제로서의 결함'을 부분적으로 시정한 것으로, 1920년대보다 자치적 성격이 더욱 강화되었다고 볼 수 있다. 그러나 임명직인 부윤이 여전히 부회의 의장을 맡았기 때문에 완전히 독립된 의결기관이었다고 하기는 힘들다.[77] 그 외 부회에 부의장 제도를 신설하여 부의장을 부회의원 중에서 선거하고 의장의 유고가 있을 때에는 의장의 조무를 대리하도록 하였다. 부회의원은 부협의원과 마찬가지로 명예직이었으며 모두 선거로 선출되었다. 다만 임기가 3년에서 4년으로 늘었다.[78]

도에서는 도평의회 대신 의결기관인 도회가 설치되었다. 여기서는 주로 도지방비 중 세입세출예산의 결정, 지방세·사용료·수속료·부역 현품의 부과징수, 기채 등에 관해 의결하였다. 도회의원 역시 명예직이었으며 정원의 2/3는 민선으로 부·읍회의원 및 면협의회의원이 선거한 자였으며, 나머지는 '학식과 명예'가 있는 자 중에서 도지사가 임명하는 관선이 여전히 유지되었다. 그러나 임기는 3년에서 4년으로 늘었고 정

---

77 홍순권, 2010, 앞의 책, 219쪽.

78 安藤靜 編, 1931,「朝鮮地方制度改正令」, 朝鮮寫眞通信社, 65-83쪽.

원 또한 최대 인원을 50명으로 올렸다. 그러나 도지사가 의장을 겸임하고 사실상 전권을 가지고 있었기 때문에 조선총독부에서 도로 이어지는 지배구도는 여전했다.[79]

면제는 읍·면제로 바뀌었다. 지정면은 읍으로 바꾸어 읍회를 설치했고, 보통면은 면으로 바꾸고 기존의 면협의회를 유지하도록 했다. 이어 읍·면을 법인으로 규정해서 법령에 의해 공공사무와 귀속사무를 처리하도록 정하였다. 읍회와 면협의회는 모두 선거에 의해 구성되었으나 읍회에는 의결권을 부여하고 면협의회는 여전히 자문기관으로 했다. 그 결과 읍회는 '거의 완전에 가까운 자치기관'이 되었지만 면협의회는 군수의 임명에서 선거로 바뀌긴 했어도 종래와 마찬가지로 자문기관이라는 점에는 변화가 없었다.[80]

지방제도가 각각 부회, 도회, 읍회, 면협의회로 개정되었지만, 각 의원 선거권 및 피선거권은 1920년대와 마찬가지로 해당 지역 1년 이상 거주자, 독립 생계를 영위하는 25세 이상의 남자, 연간 납세액 5엔 이상의 자로 한정되었다. 계속되는 지방제도 개정은 일견 조선인들의 지역정치 참여를 점차 확대하는 것처럼 보였지만, 선거권과 피선거권이 엄격하게 제한됨으로써 조선인들이 지역정치에 적극적으로 관여하기 어려웠다. 오히려 소수자 집단인 재조선 일본인들의 정치 참여가 확대되어 이들이 기존에 가지고 있던 지역 정치의 주도권이 더욱 강화되었다.

---

79 「府令」, 『朝鮮總督府官報』, 1933.2.1.
80 위의 글.

3) 식민정책에의 참여와 청원활동

위에서 살펴본 것처럼 재조선 일본인들은 완전한 자치제 실현 요구, 참정권 획득운동 등을 통해 정치 집단화를 지향하였다. 이는 조선에서 일본인들의 권익을 보장하고 경제적 특권을 계속해서 유지, 확장해나가려는 목적에서의 활동이었다. 그렇기 때문에 이들은 경제적 이익과 직결된 총독부의 정책 수립에 끊임없이 개입하고 참여했으며 자신들에게 유리한 쪽으로 정책을 이끌어냈다. 총독부에서는 식민지 통치의 안정을 위해 이러한 재조선 일본인들의 요구를 정책에 일정 정도 반영하지 않을 수 없었다. 특히 식민지 산업정책 수립 과정에는 일본의 정치 세력과 조선총독부, 재조선 일본인 등의 민간 세력들의 이해관계가 복잡하게 얽혀 있었다. 다음에서는 1921년 조선산업조사위원회 조직을 전후하여 재조선 일본인들이(더 정확하게는 재조선 일본인 자본가들이) 조선 산업정책 수립 과정에 어떻게 참여했는지 알아보도록 하겠다.

(1) 전선상업회의소연합회의 활동

1915년 「조선상업회의소령」으로 각지의 조선인 상업회의소와 일본인 상업회의소가 통폐합되고 경성, 부산, 평양, 대구, 인천, 목포, 군산, 원산, 진남포의 총 9곳에 상업회의소가 설립되었다.[81] 그러나 통합 후 회원 자격을 일본인에게 유리하게 하거나 임원의 대부분을 일본인이 차지하는 등 조선인의 참여를 극히 제한하였다. 게다가 1918년에는 각지 상업회의소를 통합하여 '전선상업회의소연합회'를 결성하고 조선총독부에

---

81 「制令」, 『朝鮮總督府官報』, 1915.7.15.

그들의 요구를 집단적·조직적으로 전달하려고 했다.[82] 개별 상업회의소의 활동으로는 재조선 일본인들의 공통된 문제의 해결하기에 역부족임을 느낀 것이다. 연합회는 결성 직후 조선총독부에 상공업 육성을 위한 철저한 산업정책을 확립하도록 요구하였으며, 구체적으로는 회사령과 관세제도를 없애고 자원과 상품의 수송을 원활하게 할 수 있는 철도망의 증설을 요구하였다. 연합회의 주요 결의 사항은 〈표 6〉과 같다.

이 가운데 연합회에서 가장 시급히 해결해야 할 과제는 회사령의 철폐였다. 회사령 철폐는 일본 자본의 투자 유치를 위해 1910년대에 재조선 일본인 기업가들 사이에서 계속 주장되어왔던 것인데, 1920년 사이토 총독의 부임과 문화통치로의 정책 기조 변화에 편승하여 더욱 강하게 요구되어 1920년 4월 폐지에 이르렀다.

관세제도의 경우, 처음에는 조선의 특수성을 주장하며 '독립관세제도'의 유지를 요구하였으나, 일본 정부의 이입세 철폐가 가시화되자 연합회는 그들에게 유리한 방식으로 관세 철폐를 추진하였다. 즉, 조선에서 일본으로 수이출되는 물품에 대한 관세의 철폐와 함께 일본에서 조선으로 들어오는 공업원료에 대한 이입세의 철폐도 강력하게 주장했던 것이다. 조선총독부는 일단 이입세 철폐를 기정사실화하였지만 1920년 재정 문제로 인해 1년 유보하였다. 그러나 더 이상 관세 철폐를 늦출 수 없었던 연합회 측에서는 총독부와 일본 정부에게 청원서를 제출하고 이에 항의하였다.[83]

---

82 전성현, 2006b, 「1920년 전후 조선 상업회의소와 조선 산업정책의 확립」, 『역사와 경계』 58, 170-171쪽.

83 전성현, 2007, 「1920년대 조선상업회의소연합회의 산업개발 '4대요항'과 정치활동」, 『한국민족운동사연구』 52, 219쪽.

〈표 6〉 전선상업회의소연합회 결의 사항(1918~1921)

차수	날짜	주요 결의 사항
제1회	1918.9.19~9.2?	산업정책 확립, 회사령 폐지, 관세 철폐, 철도 증설, 미곡 검사, 명령항로 개시 등
임시	1919.6.8	철도 증설, 명령항로 실시 등
제2회	1919.10.9~10.11	산업정책 확립, 회사령 폐지, 조선 쌀 증수 요망, 우편전화선 개량 등
임시	1920.2.	철도 증설
제3회	1920.9.27~9.29	철도 증설, 자금융통 완화, 운임 인하 요구, 오지도로 개수 등
임시	1920.12.21~12.23	산업정책 확립, 관세 철폐, 철도 증설, 통신기관 개량, 고등교육기관 설치, 명령항로 개시 등
임시	1921.3.23	산업조사위원회의 개최

출처: 田中麗水 編, 1936, 『全鮮商工會議所發達史』 1卷 第2編, 釜山日報社, 72-94쪽(히라사와 아사코, 2008, 「1920년대 전반 조선총독부의 산업정책 수립과정과 재조일본인기업가」, 연세대 석사학위논문, 23쪽).

    1910년대 말 연합회에서 총독부와 일본 정부에 요구한 것들 가운데 회사령 철폐 이외에는 거의 답보 상태였다고 할 수 있다. 그러나 1920년 부임한 사이토 총독은 지배정책의 변화에 따라 여러 분야에서 새로운 정책을 모색하였고, 정책 수립을 위해 다양한 조사회를 이용하였다. 총독부의 새로운 정책 수립을 위한 자문기관 설립과 식민지 개발 이익을 도모하는 재조선 일본인 자본가들의 산업정책 확립 요구의 교차점에서 탄생한 것이 산업조사위원회였다. 1921년 조직된 조선 산업조사위원회는 산업 분야의 '민의창달(民意暢達)'을 위한 기구였다. 여기서 '민(民)'은 재조선 일본인과 일제에 동조하는 일부 조선인이었고, 대다수의 조선 민중은 포함되지 않았다.

(2) 1921년 산업조사위원회의 조직과 산업정책 참여

1920년 사이토 총독 부임 후 체제 변화에 발맞춰 재조선 일본인 자본가들은 조선의 경제적 문제에 대한 체계적이고 종합적인 대책을 마련하기 위해 산업조사위원회(이하 위원회)의 설치를 요구하였다. 총독부 또한 새로운 정책 수립을 위한 자문기관의 설립 및 운영에 적극 나섰다. 쌍방의 필요에 따른 재조선 일본인 자본가와 총독부의 동반자적 관계는 1921년 위원회와 함께 공식적으로 시작되었다. '일본과 조선 공동의 경제적 이익을 실현하기 위해' 사이토 총독이 설립한 위원회는 이후 식민지 산업정책의 방향을 제시하는 역할을 하였다.

위원회는 조선총독의 자문에 응해 조선 산업에 관한 중요한 사항을 조사·심의하는 기구였다. 위원장은 조선총독부 정무총감이 맡았다.[84] 그리고 1921년 8월 30일과 9월 3일에 걸쳐 총 48명의 위원을 임명하였는데, 명단은 〈표 7〉과 같다.[85]

위원회의 위원은 크게 일본 측(20명)과 조선 측(28명)으로 나뉘었는데, 일본 측은 일본 정부의 관료, 주요 대학의 연구자, 재계 실업가로 구성되었다. 일본 측 위원 설정을 통한 조선총독부의 의도는 조선 산업개발의 당위성과 필요성을 소개하고 일본 정부의 행정적 지원, 학자들의 기술적 지원, 일본 실업가의 자본 투자를 적극 유치하는 것이었다.[86] 조선 측은 재조선 일본인 자본가(10명), 조선인(10명), 총독부 관료(8명)로 구성되었다. 표면적으로 보면 일본 측과 동수로 구성되어 있지만 실제

---

84 「訓令」, 『朝鮮總督府官報』, 1921.6.6.
85 「敍任, 辭令」, 『朝鮮總督府官報』, 1921.8.30; 「敍任, 辭令」, 『朝鮮總督府官報』, 1921.9.3.
86 전성현, 2006b, 앞의 글, 194쪽.

〈표 7〉 산업조사위원회 위원 명단

일본 측		團琢磨(三井物産理事), 木村久壽彌太(三菱總理事), 佐佐木勇之助(第一銀行頭取), 志村源太郎(勸業銀行總裁), 和田豊治(富士紡績會社長), 石塚英藏(東洋拓植總裁), 井上角五郎(代議士, 조선농업개량회사), 原田金之祐(朝鮮郵船社長, 前 경성상의회두), 領木馬左也(住友總本店理事), 山岡順太郎(大阪鐵工所社長), 松本健次郎(田治鑛業會社長), 四條隆英(농상무성공무국장), 松波秀實(농상무성기사, 임학박사), 小野義一(대장성이재국장), 元田敏夫(대장성적식국차장), 松村眞一郎(법제국참사관), 上野英三郎(도쿄제대교수, 농학박사), 岸上鎌吉(도쿄제대교수, 이학박사), 加茂正雄(도쿄제대교수, 공학박사), 高岡熊雄(홋카이도제국대학교수, 농학박사)
조선 측	일본인	美濃部俊吉(조선은행총재, 경성상의회두), 有賀光豊(조선식산은행두취, 경성상의특별평의원), 釘本藤次郎(경성상의소부회두), 藤井寬太郎(不二興業사장), 久保要藏(滿蒙京官局長, 前 경성상의특별평의원), 山山常次郎(代議士, 황해사), 賀田直治(西鮮殖業專務, 경성상의특별평의원), 香椎源太郎(부산상의회두), 松田貞次郎(황해도 실업가, 서선식철이사), 富田儀作(평안남도 실업가, 前 진남포상의회두)
	조선인	李完用(후작), 宋秉畯(백작, 경성상의특별평의원), 趙鎭泰(상업은행두취, 경성상의부회두), 韓相龍(한성은행전무, 경성상의상의 원), 李基升(충청남도 실업가), 鄭在學(경상북도 대구은행장, 대구상의평의원), 朴永根(전라북도 三南銀行 중역), 玄基奉(전라남도 실업가, 前 목포상의상의원), 崔熙淳(평안북도 실업가, 조선산업철도감사역), 趙炳烈(함경남도 실업가)
	총독부	水野鍊太郎(정무총감, 산업조사위원회 위원장), 西村保吉(식산국장), 河內山樂三(재무국장), 和田一郎(참사관), 時實秋穗(내무국장), 柴田善三郎(학무국장), 竹内友治郎(체신국장), 弓削幸太郎(철도국장), 原靜雄(토목부장)

출처: 전성현, 2006b, 앞의 글, 193쪽;「敍任, 辭令」,『朝鮮總督府官報』, 1921.8.30;「敍任, 辭令」,『朝鮮總督府官報』, 1921.9.3.

조선인은 10명에 불과하며, 그나마도 친일적 인물들이 대거 포진해 있어 조선인에게 유리한 산업정책이 수립되기 힘든 구조였다. 결국 위원회는 표면적으로 다수의 민간인을 중심으로 조선 산업에 대해 논의하는 자리였지만 정책당국인 조선총독부와 그 정책을 직접 수행하거나 이를 통해 부를 축적할 수 있는 조선 내 일본인들이 중심이 되었다.

위원회는 6일 동안 세 개의 분과로 나눠 산업정책의 대강을 담은 정부의 공식 초안을 검토하고 수정하였다. 그리고 마지막 날 전체가 모여 각 제안들을 정밀하게 검토한 뒤 총독에게 제출하였다. 위원회에서 결의한 사항은 다음과 같다.

농업
① 산미 개량 증식
② 쌀 이외 식용작물의 개량 증식
③ 수이출에 적당한 농산물의 개량 증식
④ 공업원료에 적당한 농산물의 개량 증식
⑤ 농가 부업을 위한 잠업의 장려 보급
⑥ 소의 개량 증식
⑦ 조선에 적당한 말과 면양의 종류 시험
⑧ 소작관행의 개선 및 소농 보호

임업
① 목재의 개발 및 보호를 위해 국유 임야의 관리 경영 통일
② 민유 임야의 조림 및 황폐한 산야 복구 촉진
③ 불요존(不要存) 임야의 조림 촉진 및 처분

수산업
① 어장 보호 확장 및 어선 어구의 개량 증가 촉진
② 어획물의 처리, 제조 방법의 개량 및 대중국 무역의 진흥
③ 어항 수축
④ 어민 보호 및 수산단체의 개선 발달

공업

① 조선 내의 수요 또는 수이출에 적당한 공업품 제조공업의 발달 도모
② 부담 경감, 원료 공급, 노동능률 증진, 제조 방법 개선, 기타 필요한 사항에 대해 원조
③ 소공업 보호

광업

① 지질조사 촉진 및 생산비 경감
② 선광제련(選鑛製鍊)의 보급 개선
③ 갱부의 보호
④ 보류 금산(金山)을 민간에 개방

연료 및 동력

① 가정 내 연료의 급급을 증가하기 위해 신탄(薪炭) 자재의 증식 및 이용 개선
② 무연탄, 갈탄전의 개발 조장 및 석탄의 이용 증진
③ 수력전기 사업의 발달을 위해 주요 수원 함양(涵養) 및 발전 수계 탐색
④ 동력 통일에 관한 제반 조사 연구

산업자금

① 조선 산업을 진흥하기 위한 필요 자금 집적
② 금융기관의 시설 개선으로 산업자금의 보급 융통

해운시설
① 중국 무역을 조장하는 취지에서 상해 이북의 요항에 대한 항로 개설
② 조선에 적을 둔 선박의 일본 연안 무역에 관해 일본 선박과 동일하도록 할 것

철도시설
① 관사(官私) 철도의 보급
② 철도선로망 조사
③ 기성 철도의 개량 기타 철도 이용에 관한 설비 충실
④ 철도 경영은 조선 산업 발달을 최선으로 고려

도로, 항만, 하천
① 도로 보급
② 기성 도로 구조물 완비
③ 도로 유지 완전
④ 추요(樞要) 항만 설비 완성
⑤ 하천 조사 완료 후 근본적 계획 수립, 시가지 방수
⑥ 내륙 수운의 이용[87]

위원회의 결의 사항을 보면, 식량 및 원료 공급지로서의 식민지 조선의 역할을 명확하게 규정하고 있음을 알 수 있다. 또 대륙 침략의 기반 시설을 마련하기 위해 철도망 보급, 대 중국 항로 개설에 큰 관심을 가지

---

[87] 「通牒」, 『朝鮮總督府官報』, 1921.10.5.

고 있었다. 결국 위원회를 통한 조선 산업정책의 수립은 조선 내 일본인을 중심으로 하는 조선 개발 본위의 산업정책으로 귀결되었다. 재조선 일본인들은 총독부의 통치 대상이면서 또한 민간인으로서 식민지 경영의 한 축을 담당한 식민자라고 할 수 있다. 그렇기 때문에 이들은 식민지 정책 수립에 적극적으로 관여하여 개발 이익을 독점하려고 했다. 위원회의 설치와 이를 통한 조선 산업정책의 수립은 그러한 활동의 일부분이라 할 수 있다.

(3) 조선산업개발 '4대 요항'과 청원활동

위원회에서 제기된 다양한 산업정책들을 신속하게 실현시키기 위해 재조선 일본인 자본가들은 당국을 압박하기 시작했다. 그런 활동의 대표적인 사례가 1922년 2월 조선상업회의소연합회에서 제시한 조선산업개발 '4대 요항'이었다. '4대 요항'은 산미증식, 조선철도 부설 10년 계획안, 이입세(수입 관세) 철폐, 수산 개발이었다. 이들은 '4대 요항'을 결정하고 조선총독부 및 일본 정부에 직접적으로 청원활동을 펼쳤다. 1922년 3월 연합회의 일본인 대표로 선발된 시키 신타로(志岐信太郎), 가시이 겐타로(香椎源太郎), 후쿠시마 소헤이(福島莊平), 가다 나오지(賀田直治), 미노베 준키치(美濃部俊吉)는 '4대 요항'을 들고 처음으로 '동상운동(東上運動)'[88]에 나섰다. 이들은 직접 도쿄로 가서 총리와 중의원·참의원의 유력 의원들에게 한 달 동안 청원활동을 벌였다. 동상(東上)위원의 활

---

88 '동상운동'은 일제강점기 조선의 고유한 용어로, 조선사회와 일본 정부 사이에 제도적인 정치 통로가 존재하지 않던 상황에서 조선인 및 재조선 일본인 사회가 직접 도쿄로 가서 본국 정부 관계자 또는 정당의 정치인을 상대로 청원이나 진정활동을 하는 것을 의미한다.

동은 재조선 일본인 자본가들의 전체적인 이익을 대변하는 역할을 했지만, 위원 개인의 이익과도 밀접하게 관련되어 있었다. 예컨대 시키 신타로는 조선토목건축협회장으로서 철도 건설 등 토목건축업으로 자본을 확대하던 중이었고, 가다의 경우에도 서선식산철도주식회사의 간부로 재임하면서 철도 건설의 필요성을 강조해오고 있었다. 가시이의 경우 '조선의 수산왕'으로 불릴 정도로 수산업계의 대자본가였다.[89]

동상위원들은 당파를 막론하고 조선 관계 제국의회 의원들을 만나 조선의 산업 발전을 위해 더 많은 재정 지원을 요청하였다. 이들은 '4대 요항'을 제시하면서 '타이완과 비교해도 무색할 정도의 느려터진 조선의 철도 건설' 문제를 부각하는가 하면, '제국의 식량부족 문제를 해소하기 위한 쌀 증산지로 조선보다 더 완벽한 데가 없다'고 주장하였다. 또한 총독부의 위신에 '심각한 문제'를 입힌 이입세를 즉각 철폐하라고 촉구하였다. 그러나 이들의 청원활동은 일본 정부의 구체적인 공식 반응을 얻어내지 못했다. 이에 곧바로 2차 연합회 대표위원을 꾸려 그해 9월 말 예산 편성기에 다시 도쿄로 보내어 청원활동을 펼쳤다. 이들은 4일간의 짧은 일정으로 일본 정부 관료를 만나 '4대 요항'은 물론이고 조선에 유리한 예산 편성을 위해 로비활동을 벌였다. 이들은 '진정한 내선융화를 실현하고 문화정치를 충분히 실행하기 위해 일본인과 조선인의 결혼을 촉진해야 한다'고 주장하면서, 그러기 위해서는 '150만 명 또는 160만 명에서 200만 명 정도의 일본인'들이 조선에 정착해야 하는데, 이를 위해 조선 경제의 안정이 필수적이고 조선 경제가 안정되려면 산업정책이 뒷받침되어야 한다는 논리를 전개하였다. 즉 조선의 산업 진흥이 식민지

---

89   전성현, 2011, 앞의 책, 182쪽.

재주 일본인의 안정은 물론 조선의 안전도 보장할 수 있으며, 이것이 진정한 '제국의 위대한 문화적 사명'이라고 주장하였다.[90]

3차 특별위원은 1923년 2월에 도쿄로 파견되었다. 이들은 두 달 동안 제국의회 의원들을 만나 청원활동을 전개했는데, 주목적은 물론 '4대 요항'의 신속한 실행이었지만, 여기에 조선의 대의사가 중앙정계에 진출할 수 있도록 하는 중의원선거법의 조선 시행 요구가 추가되었다.[91] 지금껏 몇 차례 도쿄로 가서 그들의 요구 사항을 관료 및 정계에 전달했지만 쉽게 목적을 달성하지 못한 것은 그들의 뜻을 대변해서 일본 정부에 전달하는 직접적인 통로가 없었기 때문이라고 판단한 것이다.

결과적으로 이들이 주장한 '4대 요항' 중 이입세 철폐와 산미증식은 비교적 신속하게 결정되었다. 그러나 조선철도 부설 10년 계획은 지속적인 청원운동을 필요로 하였다. 이후 연합회는 수시로 도쿄로 가서 일본 정부에 철도 증설 청원활동을 전개할 수밖에 없었다.

---

90 우치다 준 저, 한승동 역, 2020, 앞의 책, 332-334쪽.
91 우치다 준 저, 한승동 역, 2020, 위의 책, 346쪽.

3. 재조선 일본인사회의 '식민자의식' 형성

1) 3·1운동 이전 식민자의식

(1) '제국'의 '경계인'

개항 이후 조선으로 건너온 일본인들은 일반인에서 관료에 이르기까지 표면적으로 보면 강력한 제국주의자이자 국가주의자였다. 어떤 이유로 조선으로 건너왔든, 이들은 스스로 '제국' 일본을 위해 낯선 '신영토'에서 고생을 자처하는 개척자라고 스스로 여기고 있었다. 심지어 본국의 일본인들이 자신들 덕분에 편안히 생활하고 있다고 생각할 정도로 자부심을 가지고 있었다.[92]

초기 일본의 팽창 정책 속에서 국가와 식민지 이주민들은 일본제국주의 건설의 공동체와 같았다. 조선의 개항, 청일전쟁, 러일전쟁, 1905년 조선의 '보호국화'까지 조선에 정착한 보통의 일본인들은 다양한 역할을 통해 대륙으로 뻗어나가는 일본의 노력에 힘을 보태었다. 그러나 재조선 일본인 개개인에게 조선은 각기 다른 의미로 다가왔다. 상인과 자본가들에게 조선은 빠르고 쉽게 돈을 벌 수 있는 곳이었고, 언론인과 대륙낭인들에게 조선은 정치적 야심이 발현되는 무대가 되었다. 개개인의 욕망은 때에 따라 국가의 이익에 반하기도 했지만, 재조선 일본인들은 일본 식민사업 가속화의 원천이었으며, '제국'을 구축해가는 데 핵심적인 역할을 담당하였다. 이런 의미에서 조선에서의 일본제국주의 건설을 추동한

92　梶村秀樹, 1992, 앞의 글, 194-196쪽.

것은 근대화된 국가인 일본의 일관된 힘이라기보다는 근대화하는 일본인들의 다양성이라고도 볼 수 있는 것이다.[93] 그러므로 식민자로서의 일본인들은 그 자신이 비록 '하층' 출신이라고 해도 조선에서 절대적 존재로 군림할 수 있었다. 조선에 있으면서 '비문명'조선인과 접촉하지 않고 살려고 하면 그것도 가능하였다. 조선에서 태어난 일본인이 평생 조선어를 하지 못해도 거리낌이 없었다. 식민지 지배자로서의 우월의식이 있었기 때문에 가능한 일이었다.

그런데 시간이 흐르면서 그러한 신념에 조금씩 균열이 발생하였다. 본국에서 멀리 떨어져 있다는 거리상의 장벽, 일본 정부의 여러 정책 속에서 소외되고 있다는 소외감이 점점 그들을 두렵게 하였다. 특히 아무리 조선인과 벽을 쌓고 있어도 점점 '조선화'되어가는 그들의 상황은 피해의식의 발로이자 이들이 극복해야 할 두려움의 대상이었다. 혹은 일본인으로서의 정체성을 잃어버리고 조선인의 습관과 특성을 익히게 되면, 재조선 일본인 공동체의 사회적 결합에 위협이 될지도 모른다고 걱정하였다. 그러한 두려움은 병합 이후 일제의 조선 통치 기조인 '동화정책' 아래에서 절정에 달하였다. 이때 재조선 일본인들은 일본과 조선 사이에 끼인 존재로, 그 어느 쪽에도 완전히 정착할 수 없는 '경계인'이었다.

(2) 병합과 '식민자의식'

1910년 강제병합 이후 재조선 일본인들은 '경계인'으로서 '조선화'에 대한 두려움을 느끼면서도 한편으로는 스스로 '동화정책'의 수행자를 자처했다. 상대방에 물들지 않으려면 먼저 상대방을 자신의 편으로 동화

---

93 우치다 준 저, 한승동 역, 2020, 앞의 책, 139쪽.

시키면 그만이었다. 이들은 그것이 식민지 거주자의 사명이라고 여겼다. 특히 조선 거주 관료와 지식인들의 인식이 그러하였다. 여기서는 일제의 '동화사업'에 어느 정도 큰 역할을 한 '조선연구회'를 통해 재조선 일본인 지식인들이 조선인의 '동화' 문제와 조선을 어떻게 의식하고 있었는지 살펴보도록 하자.

조선연구회는 1910년 10월 조선 거주 언론인 호소이 하지메(細井肇)가 병합을 기념하여 식민통치에 협력하기 위해 설립한 조선 연구 단체이다. 단체 구성원은 주로 조선총독부 관료, 교사, 언론인 등으로, 제국주의 침략의 담당자로서 조선으로 건너온 인사들이 중심이 되었다(〈표 8〉 참조).

「조선연구회 창설 취지서」에는 단체 설립의 목적이 드러나 있다.[94]

> 조선의 인문을 연구하고 풍속, 제도, 구관, 전례를 조사하여 시설(施設)의 자료로 공급하는 것은 어쩌면 지금 시대의 요구이다. 사교(社交)를 조리(調理)하고 사회의 개선을 기도하며 고상한 취미를 더하여 너그러운 감흥을 부여하는 것은 금일의 필연적 요구이다. 조선연구회는 이 요구에 향해 성실하게 공헌하기 위해 창설한 것이다. 그러므로 유익한 조선의 서사(書史)를 간행하여 연구 자료로 공급하고, 혹은 강연회를 개최하여 사물의 연구와 고결한 사교상의 기관에 충당하고 혹은 저술, 자선, 교학, 풍기에 관해 선량한 계획을 세워 본회의 목적을 달성하는 데 노력할 것이다. 동지들은 분발하여 입회 참가하기를 희망한다.
>
> -1910년(明治 43) 10월 조선연구회

---

94 大村友之丞 編, 1910, 「서문」, 『朝鮮貴族列傳』, 朝鮮研究會.

〈표 8〉 조선연구회 성립 당시 평의원

이름	직책
本間九介	조선총독부 농상공부 촉탁
小田省吾	조선총독부 사무관 문학사
河合弘民	동양협회 전문학교 분교장 문학사
高橋亨	한성고등학교 학감 문학사
前間恭作	조선총독부 통역관
淵上貞助	조선총독부 통역관
福田幹次郎	조선총독부 철도국 통역관
鮎貝房之進	동양협회 전문학교 강사
菊池謙讓	조선통신사장
三宅長策	경성공소원 부장 판사 법학사
廣田直三郎	조선총독부 중학교 교유 문학사
大村友之丞	연구회 간사

출처: 大村友之丞 編, 1910, 「서믄」, 『朝鮮貴族列傳』, 朝鮮研究會.

즉 "옛 조선의 살아있는 자료를 발견하여, 그것을 일본의 식민지가 된 조선을 경영하는 데 쓰기 위함이다. 이것을 학자의 고증본으로 하기에 다소 이의가 있지만 일반에게 통독시키기 위해서"라고 하였다. 그리고 영국이 인도를 경영하면서 많은 경비를 들여 조사 연구에 투자한 것처럼 일본도 "조선의 풍속을 알고 민정(民情)을 알아 확실하게 효과를 올리기 위해 조선 국민의 역사에 경주하지 않으면 안 된다. 조선 연구는 시대의 요구"라고 강조하였다.

초기 조선연구회는 사업 부진으로 1년 정도 운영을 제대로 하지 못하다가 1912년 데라우치 총독의 지원으로 사업을 재개하였다. 데라우치는, 조선(인)에 대한 연구조사는 식민지 경영에 절대적으로 필요한 일이며, 연구 내용을 보통의 일본인들에게도 알려 조선인의 민정, 풍속, 생활 등에 대해 이해하도록 해야 한다고 강조하였다.[95] 이를 통해 볼 때 조선연구회는 '동화사업'의 토대를 제공하면서 재조선 일본인에 대한 교육도 목표로 하였음을 알 수 있다. 조선총독부와 일본 정부가 봤을 때, 병합 초기 재조선 일본인은 일본이 대륙으로 발전해가기 위한 장기적 전망 수립에 도움을 주고 일본의 확장에 선구적 역할을 수행할 주체였다.

조선연구회는 병합 3주년과 5주년을 기념하여 병합 이전부터 조선에서 활동했거나 조선 문제에 관심이 많은 학자, 정치가, 관료들에게 총독정치에 대한 논평을 요청하여 1913년 『조선』과 1916년 『신조선』으로 발간하였다. 대부분 '동화주의'의 실현을 바라는 내용으로, 조선 식민지배의 침략성을 희석시키기 위한 내용으로 채워졌다. 예컨대 조선이 패망한 원인을 부패한 왕조와 민족성 탓으로 돌려 조선 지배를 향한 일본의 침략 의도를 감추고, 이러한 조선에 일본이 '선정(善政)'을 베풀기 위해 식민통치를 하게 되었다고 합리화하는 식이었다. 조선연구회에서 간행한 서적은 조선과 일본은 물론 타이완과 만주에도 배포하여 일본의 식민주의를 확산시키는 데 공헌하였다. 즉 조선연구회는 총독부의 지원을 받으면서 식민통치의 구현을 위해 앞장서고 식민지배 이데올로기 창출에 기여하였으며, 일본인들에게 조선민족에 대한 멸시감을 심어주는 역할을 한 셈이다.[96]

---

95   靑柳綱太郞, 1928, 『總督政治史論』, 267-269쪽.
96   최혜주, 2005, 「일제강점기 조선연구회의 활동과 조선인식」, 『한국민족운동사연구』 42, 474-508쪽.

(3) '동화정책'에 다한 이중성

병합 이후 재조선 일본인들은 조선인을 '동화'시키는 가장 좋은 방법을 논의하고, 그 실행의 주체가 되었다. 그러나 한편에서는 지금까지 자치적으로 운영되던 일본인사회가 총독부의 통제 아래 놓이게 된다는 현실을 자각하였다. '동화정책'을 정당화하기 위해 데라우치는 자신의 정책을 '원주민과 본국민을 전혀 구별하지 않는 것'이라고 말하였다. 총독부가 '일시동인'을 구호로 채택한 이상 조선인과 재조선 일본인은 일본국민, 즉 동일한 '천황의 신민'으로 간주되었다. 데라우치는 적어도 표면적으로는 조선인과 일본인을 구별하지 않으려 했다. 그러나 잘 알려져 있는 것처럼 조선 통치의 각 영역에서 '분리하되 동등하게'의 원칙에 따라 조선인과 재조선 일본인들을 미세하게 구별되고 차별되었다. 특히 법 앞에서 이 둘은 결코 평등할 수 없었다. 조선인에게는 식민지 법률체계가 작동하였다. 그런데 재조선 일본인에게도 본국의 일본인들과는 미세하게 다른 법률이 적용되었다. 그들은 비록 식민지 조선에 거주하고 있지만, 본국 거주자와 다를 바 없는 일본인이라고 자신의 정체성을 굳건히 하고 있었다. 그러나 식민지에 거주하고 있기 때문에 이들은 온전히 본국 법률의 테두리 안에 들어갈 수 없었던 것이다. 재조선 일본인들은 일본과 식민지의 법률체계 사이에서 어중간한 위치에 놓이게 되었다. 이런 상황에서 조선총독부가 조선인과의 '동화'를 강조하고 '일시동인'을 채택하자, 재조선 일본인들은 존립의 위기를 느낄 수밖에 없었다. 여기에 기름을 부은 것이 1914년 부제 실시와 일본인 자치기구인 거류민단의 폐지였다.

1910년대에는 '동화정책'의 실행자로서 식민지 건설의 토대를 마련했다는 자부심을 가지면서도, '동화정책'에 의해 조선인이 일본인과 동등한 체계에 놓이게 된다는 것에 대한 불안과 불만의 양가적 감정이 재조선 일본인들 둘러싸고 있었다. 이는 식민지 건설이라는 대의와 자기이해가 충돌하는 지점이기도 했다. 그렇기에 이들은 '동화정책'을 실행하되, 조선인과 자신들의 명확한 분리를 요구하였다. 이와 관련하여 언론인 샤쿠오 순조는 "지금 조선인들에게는 일본인과 같은 호적이 없고, 교육은 분리되어 있으며, 군 복무의 의무도 없다"고 지적하면서 이는 일본 정부가 "국민으로서의 근본 조건에서 조선인들과 일본인을 다르게 대하고 있는" 가장 확실한 표현이라고 하였다.[97] 그는 그런 구별이 자연스러운 것이며, 문화적으로 더 진보한 재조선 일본인들에게는 정당한 것이라고 옹호하였다. 샤쿠오는 또 서양제국주의 국가에서는 "원주민의 권리를 존중하고 그들의 행복을 증진하고자 하더라도 원주민들을 위해 그 어떤 본국인의 권리도 희생하지 않는다"라고 강조하였다.[98] 그러면서 총독부는 서양제국주의 국가의 온정주의적인 원주민정책과 분리통치의 관행을 잘 결합하는 법을 배워야 한다고 주장하였다. '제국주의' 국가 국민으로서의 특권의식으로 점철된 일본인들의 이 절박한 요구는, 병합 이후 권위를 세워가는 총독부의 입장에서 완전하게 받아들일 수 없었다. 거듭되는 불안과 불만 속에서 시간이 흐를수록 재조선 일본인사회와 조선총독부의 관계는 악화될 수밖에 없었다.[99] 이러한 재조선 일본인들의 불안과 불만은 종종 조선인들에 대한 혐오와 학대, 언어상의 모욕으로 표출되기도 했다. 그럼에도 아직 그들의 이해를 고려하는 집단적인 정치 행

---

97 『朝鮮及滿洲』, 1914.7, 6쪽.

98 위의 책, 3-4쪽.

99 우치다 준 저, 한승동 역, 2020, 앞의 책, 152쪽, 199-200쪽.

태는 거의 발견되지 않았다. 3·1운동 이후 새로운 총독의 부임과 통치 방식의 변화, 1920년대 일본 정계 내 다이쇼 데코크라시의 소용돌이 속에서 이들은 식민지배자로서의 위치를 제도적으로 보장받고 식민지에서의 이익을 창출하기 위해 적극적으로 나서게 된다.

2) '내지연장주의'와 제국주의

(1) '내지연장주의'의 등장

일본은 청일전쟁 이후 타이완을 새로운 영토로 편입하면서 식민통치를 시작하였다. 그런데 당시 일본의 '메이지헌법'에는 영토에 관한 조항이 없었고, 이 문제는 '외지 식민지' 타이완에 법률 적용을 어떻게 해야 하는가로 이어졌다. 즉 일본의 헌법을 비롯한 법률과 제도를 식민지에 그대로 시행할 것인지 아니면 타이완 자치로 할 것인지의 문제였다. 이에 대해 제국의회에서는 곧바로 '타이완에 시행할 법령에 관한 법률'을 제정하여 외지 식민지를 효과적으로 통치하고 위기 상황에 신속하게 대응할 수 있도록 하였다. 타이완총독을 육해군 대장 또는 중장으로 제한 임명하고, 총독에게 '율령'을 제정하는 권한을 부여하였으며, 입법, 군사, 재정 분야에서 총독의 절대적 권한을 인정하였다. 이러한 방식은 이후 일본제국주의 식민지 통치 구조와 권력 형태, 식민정책 전개 내용 등에도 영향을 미친다는 점에서 중요한 의미를 가졌다.[100]

그런데 이러한 타이완 식민통치 방식에 이의를 제기한 사람이 하라

---

100 서종진, 2020, 「일본 제국주의의 '내지연장주의'와 조선총독부의 '문화정치': 3·1독립운동 이후 하라 수상의 '조선 통치사견'을 중심으로」, 『한국정치외교사논총』 41(2), 10-11쪽.

다카시(原敬)였다. 하라는 타이완을 '내지' 일본과 마찬가지로 동일하게 통치할 필요성을 제기하였다. 즉 가능한 한 내지와 근접한 식민통치제도를 마련하고 종국에는 내지와 구별이 없도록 해야 한다고 주장하였다. 식민지 본국에서 적용되는 메이지헌법과 법률을 식민지에도 적용하고, 제국의회의 통제에서 벗어난 총독부의 막강한 권력을 제한하여 제국의회의 통제하에 두는 시스템을 구축하는 것이 하라의 식민지 통치 방침이었다. 이러한 식민지 통치 방침이 바로 '내지연장주의'이다.

하라의 내지연장주의가 조선에 본격 도입된 것은 1919년 3·1운동 이후 이른바 문화통치 시기였다. 1918년 일본의 새 총리로 임명된 하라는 '내지연장'이라는 정책 아래 식민지 조선을 완벽하게 포섭하기를 기대했다. 그래서 사이토 총독에게 자신의 식민지 통치론을 적시한 「조선통치사견」이라는 문서를 전달하였다. 하라는 이 문서에서 조선에 대해 '현행 제도는 근본적으로 잘못된 것이다'라고 단언하였다. 왜냐하면 조선 제도의 모델이었던 타이완의 제도는 '구미 국가의 식민지에 대한 여러 제도를 참조하여 결정한 것'이고, 그 구미 국가의 제도는 '본국과 멀리 떨어져' 본국인과는 언어, 풍속뿐만 아니라 '인종, 종교, 역사 등이' '근본적으로 다른' 영토와 인민을 통치하기 위한 '특수한 제도'였기 때문이었다. 그러므로 지리적, 인종적, 역사적으로 거의 '동일'한 조선 통치를 구미의 제도를 모방하여 시행한 것은 과오이며, 이는 '금회의 소요(3·1운동-역자)'를 보아도 알 수 있다고 하였다. 하라는 조선에 대하여 내지(일본)와 동일한 제도와 통치 방식을 적용하고 조선인을 내지인(일본인)으로 '동화'할 수 있다는 입장이었다.[101]

101　春山明哲, 2008, 『近代日本と台湾』, 東京: 藤原書店, 205쪽.

하라의 입장은 마치 오키나와가 일본의 한 지방으로 통합되고 사람들의 생활방식이 자연스럽게 동화된 것처럼 타이완 또한 그렇게 되어야 한다는 것이었다. 단 내지연장주의의 외지 적용은 '문명의 정도'에 따라 '점진적'으로 진행해야 한다는 단서가 붙었다. 결론적으로 하라는 '동일한 제도는 동일한 결과를 낳는다'는 생각을 가지고 있었고, 그에게 있어 '동일한 결과'는 '동화'였다. 즉 장래 '충량한 일본 국민으로'의 '동화'였다.[102]

(2) '내지연장주의'와 '조선의식'

1921년 하라가 암살당하면서 '내지연장'의 꿈이 사라질 위기에 처했으나, 3·1운동 후 새로 부임한 사이토 마코토 조선총독의 문화통치 속에 적극 반영되었다. 문화통치는 잘 알려져 있다시피 친일파 양성을 통해 민족의 분열을 획책한 기만적인 통치정책이다. 표면적으로는 언론·출판·집회 등의 '자유'를 일정 정도 보장하여 '민의의 창달'을 도모하고 조선인 관리 혹은 조선의 유력자들에게 정책 수립 과정에 일정 부분 참여를 할 수 있게 해주었다. 그러나 조선인의 언론활동은 철저한 검열을 거쳐 일본에 방해가 되지 않는 선에서만 이루어졌고 조선인 유력자들의 정책 수립 참여는 친일파를 양성하려는 목적하에서 이루어졌다. 명목상 문화통치로의 식민정책의 전환은 하라의 내지연장주의라는 기본 방침에 의거한 것이었다.

조선 통치의 새로운 슬로건으로 '내지연장주의'가 조선에 소개되자 재조선 일본인사회에서는 이를 둘러싼 격렬한 논쟁이 전개되었다.

---

102 春山明哲, 2008, 위의 책, 206쪽.

하라 다카시 수상은 조선은 일본의 식민지가 아니며 일본의 연장이라고 갈파하고 …… 우리는 데라우치 등이 주장하고 실행해왔던 조선을 특별지대로 하여 내지 정치와 역행하는 봉건 정치식의 전제정치를 포고하여 극단적인 관치주의를 시행한 것에 반대해왔기에 하라 내각이 성명한 조선을 내지의 연장이라고 본다는 방책에도 조선의 형세를 고려해서 쌍수를 들어 이를 찬성하는 것이다. 내지연장이라고 하는 것은 곧 내지의 입헌정치의 근본 정신을 이곳에도 파급하여 극단적인 전제정치 관치정치를 타파하고 민론을 존중하는 것으로서, 이를 환영하는 것에 주저하지 않으며 …… 우리는 이 관제 개정에 따라 무단정치에서 문화정치로 옮기어 관치정치에서 민본정치로 옮기는 것을 기대하고 이를 환영하는 바이다.[103]

위 논설은 당시 재조선 일본인사회가 '내지연장주의'를 어떻게 이해하고 있었는가를 보여준다. 이들은 '내지' 일본의 '입헌정치의 근본 정신'이 '외지' 조선에도 파급되어 조선이 '일본의 식민지'가 아니라 '일본의 연장'이 될 것이라고 이해하였다. 이들은 정치적인 면뿐만 아니라 경제적인 면에서도 조선과 일본이 하나의 지역 경제로 통합되는 것으로 파악하였다. 이런 맥락에서 재조선 일본인들은 관세 철폐를 문제 삼기도 했다.

그러나 정치·경제적으로 '조선'과 '일본'을 통합시켜야 한다고 보았

---

103 釋尾旭邦, 金泰勳 編, 1998~2001, 「齊藤新總督を迎へて朝鮮の統治開發策を論ず. 朝鮮統治方針の一變內地延長主義」, 『朝鮮及滿洲』, 東京: 皓星社, 98-103쪽; 기유정, 2011b, 「식민지 조선의 일본인과 "조선의식"의 형성-3·1운동 직후 "내지연장주의(內地延長主義)" 논의를 중심으로」, 『대동문화연구』 76, 379쪽 재인용.

던 재조선 일본인사회의 주장에는 다양한 쟁점이 내포되어 있었다. 대표적으로 내지의 시민권적 권리를 외지로까지 확장한다그 했을 때, 외지의 '지역' 내에 존재하는 민족적 차이는 어떻게 해결할 것인가라는 점이다. 당시 하라 내각의 '내지연장주의'는 민족적 차이를 고려하지 않고 단순하게 적용하는 것이었지만, 재조선 일본인들은 실제 이것이 조선에 적용되었을 때 조선인과 일본인의 시민권적 권리가 얼마나 동등하게 연장될 수 있는 것인가를 둘러싸고 논쟁을 거듭하였다. 이 과정에서 '조선인'의 요구를 일정하게 수용하는 조선총독부의 회유적 전략에 대해 재조선 일본인들은 이를 '선인본위(鮮人本位)'라고 비판하고, '조선인의 비위를 맞추는 데 열중하여' '삼십만의 재조선 내지인'의 문제는 생각하지 않고 있다고 불만을 토로하기도 하였다.[104] 게다가 조선 통치의 안정은 소요에 놀라 이들의 의견을 수렴해주는 것이 아니라, 일본인의 대량 이주를 통해 이룩될 수 있다고 주장하였다. 즉 조선 통치는 관료만으로 되는 것이 아니며, 개항 이후 조선으로 건너가 '개발'과 '성장'을 이끈 재조선 일본인사회가 조선 통치와 개발의 주역임을 강조하고 있는 것이다. 1920년대 조선인들을 회유하고 포섭하기 위한 일련의 정책들은 재조선 일본인들의 이러한 입장을 더욱 강경하게 하였다.[105]

---

104 釋尾旭邦, 金泰勳 編, 京城有志懇話會, 1998~2001, 위의 책, 112쪽. "최근 당국자는 조선인의 소요에 놀라 혹은 내선인 차별 철폐를 주창하고 혹은 선인본위(鮮人本位)를 주장하고 조선인의 비위를 맞추는 데 열중하여 한 마디도 우리 삼십만의 재조선 내지인(內地人)의 문제는 미치지 않은 것이 아닌가. 이들은 사실상 종래 관료만으로 조선이 통치되고 개발되어왔다고 생각하고 있는 것인가. 만약 그렇다면 처음부터 실패이다. 조선은 통치에서 말하더라도, 개발에서 말하더라도, 내지인을 많이 이주시켜 그 발전을 도모하는 것이 무엇보다 중요하다고 말하고 싶다"(기유정, 2011b, 위의 글, 381쪽 재인용).

105 기유정, 2011b, 위의 글, 382-383쪽.

그러나 한편으로 재조선 일본인들은 3·1운동과 같은 전 민족적인 저항운동이 또 언제 발생할지 모른다는 두려움 속에서 자신들의 기득권을 지키고 확장하기 위해서는, 썩 내키지는 않지만 변화된 조선 통치 방식에 편승하는 것이 도움이 될 것이라는 것을 잘 알고 있었다. 그렇다면 1919년 3·1운동이 재조선 일본인들의 '식민자의식' 변화에 어떤 영향을 주었을까.

3·1운동 당시 일제 헌병과 경찰, 민간의 일본인사회에 대한 공격은 일상적으로 일어났다. 일본인 상점에 돌을 던지거나 근처 일본인의 집을 찾아가 퇴거를 요구하는 등 일본인들을 직접 공격하는 일이 발생하였다. 익명으로 일본인들에게 살해 협박하는 자들도 있었다.[106] 경성에서는 일본인들의 거주지인 '혼마치'에 조선인이 방화할 것이라는 소문이 나돌기도 하였다. 이처럼 재조선 일본인들의 안전을 위협하는 분위기 속에서 일부 일본인들은 자체적으로 자경단을 조직해 대응에 나섰다. 마을마다 야간 경비소를 설치하고 일본도를 들고 거리를 순찰하거나, 재향군인회와 소방대를 중심으로 야간 경비대를 조직하기도 했다. 민간 일본인들이 '소요' 조선인을 경찰과 함께 진압한 경우도 있었다.[107] 그러나 재조선 일본인사회는 3·1운동의 발생 원인을 제대로 파악하지 못했다. 적어도 3·1운동 발생 초기 재조선 일본인사회는 국제 정세에 무지한 조선인들이 '민족자결주의'를 맹신한 탓에 벌인 '만세소동'으로 폄훼하였다. 시간이 경과하여 만세시위가 마무리되고 '문화정치'로 전환됨에 따라 '무단

---

106 이가연, 2019, 「경남 밀양지역 3·1운동의 배경과 전개과정」, 『한국독립운동사연구』 68, 98쪽.

107 이동훈, 2019, 「일본인 식민자 사회가 바라본 3·1운동: '재조일본인'의 '조선소요' 인식」, 『일본비평』 21, 84-85쪽.

정치' 시기 행해진 억압적인 통치와 조선인에 대한 일본인의 횡포를 일부 인정하면서 자성을 촉구하는 의견이 등장하였다.[108] 조선총독부 성립 이래 철저한 특권의식 속에서 조선인과 차별화된 재조선 일본인으로서 공유해온 권력과 경제적 이권을 이제는 일정 정도 조선인들과 공유해야만 살아남을 수 있다고 판단하기 시작한 것이다. 이제 그들의 동맹이 될 조선인들을 찾아 협력을 구하는 것이 새로운 세상을 맞이하는 하나의 방식이 되었다. 1919년 3·1운동 이후 등장한 다양한 친일단체들은 주류 사회로 진입하려는 조선인 엘리트와 특권을 지키기 위한 재조선 일본인들의 욕망이 만난 지점이었다.

이제 재조선 일본인사회는 자신들의 정치 권리 문제를 '일본인' 자체가 아니라 '조선'이라는 지역의 정치적 위치 변화 속에서 고려하기 시작하였다. 1920년대를 기점으로 하여 이들의 정치의식에는 자신들의 정치적 이해를 '조선'이라는 거주지역과의 관계 속에서 적극적으로 접근하려는 경향이 발생하였다. 이러한 지역적 접근이 조선인과 일본인의 민족적 차등 지배에 대한 문제의식을 대체한다는 것은 아니다. 그러나 조선인과의 통합 지배에 대한 반발심을 가지면서도, '조선'의 정치적 지위('식민지' 혹은 '지방')에 대해 재조선 일본인사회가 정치적 권리를 고민하는 모습은 분명 새로운 것이었다.[109] 재조선 일본인들은 스스로를 '조선의 민중'으로 규정하고 조선에 대한 그들만의 고유한 자기의식을 만들

---

108 이동훈, 2019, 위의 글 96-97쪽.

109 釋尾旭邦, 金泰勳 編, 1998~2001, 「齊藤新總督を迎へて朝鮮の統治開發策を論ず.朝鮮統治方針の一變內地延長主義」, 『朝鮮及滿洲』, 東京: 皓星社, 98-103쪽. "조선의 현재 내지인은 최근 출가적(出家的) 정신이 없어지고 이 땅을 자기의 분묘로 생각하고 있는 자가 많으며, 조선을 사랑하는 관념이 왕성하다. 따라서 조선 개발과 조선 통치에 관해서도 상당한 연구와 의견을 가지고 있는 자가 점점 많아지고 있다."

어냈다. 이러한 '조선의식'은 일본제국주의의 판도 내 조선의 정치적 위치에 대한 고려 위에서 자신들의 정치·경제적 이해를 헤아리는 사고방식이었다. 특히 경제적 부분에서 '지역의 이익=재조선 일본인들의 이익'이라는 공식이 계속해서 강조되면서 이후 '내지본위' 대(對) '조선본위'의 정책 담론 구도가 만들어지게 되었다.[110]

(3) 전시체제기, '황민화'정책으로의 적극 협력

한편 1930년대 후반이 되면, 재조선 일본인사회는 전시체제 아래 일제의 '황민화'정책에 적극 협력하게 된다. 황민화정책의 가장 핵심은 '내선일체'라고 할 수 있다. 내선일체는 대륙 침략정책의 안정적 수행을 위한 기본 전제로서 조선인들을 '충량한 황국신민으로 만드는 것'이었다. 또한 '내선인 간에 일체의 구별을 철폐'할 것임을 내비침으로써 조선인들의 자발적 협력을 이끌어내려 한 측면도 있었다. 침략전쟁 수행에 있어 조선인들의 협력이 절대적으로 필요한 현실적 요구에서 시작되었지만, 슬로건으로 그칠 뿐 구체화되지 못했다. 이때 재조선 일본인들은 각종 민간·관변단체를 결성하여 내선일체, 창씨개명, 신사참배, 지원병 등을 선전하면서 식민지 지배와 전쟁 수행에 적극 협력했다. 대표적인 단체로서 녹기연맹(1933), 국민정신총동원조선연맹(1938), 황도학회(1940), 조선임전보국단(1941), 대동아문학자대회(1942) 등이 있다. 이 단체에는 일본인들만이 아니라 친일 조선인들도 대거 참여했다.[111]

1938년 7월 7일 중일전쟁 발발 1주년이 되는 날 발회식을 거행한 국

---

110 기유정, 2011b, 앞의 글, 385-401쪽.
111 이승엽, 2000, 「내선일체운동과 녹기연맹」, 『역사비평』 50, 209-210쪽.

민정신총동원조선연맹은 전국에 지역연맹을 조직하여 국책 협력을 선동하는 중심적 역할을 했다. 실천 강령은 황국정신 현양, 내선일체 완성, 비상시 국민생활 혁신, 전시 경제정책 협력, 근로 보국, 성업 보국, 군인원호 강화, 방공방첩, 실천망의 조직과 지도의 철저 등으로 이루어져 있었다. 이 단체는 1940년 국민총력조선연맹으로 개편되었다.[112] 1940년 12월 25일 서울 부민관에서 조직된 황도학회는 각계 46명이 참가한 조선인과 일본인의 통합 조직이었다. 명칭 그대로 이 단체는 황도사상의 학습·보급, 신사참배 장려 등이 주사업이었으며, 회원과 일반인을 대상으로 황도강습회 등을 개최했다. 조선임전보국단은 1941년 10월 임전대책협의회와 흥아보국단을 통합하여 결성되었고 황민화사상 통일 및 전시하의 국책 협력 등이 그 목적이었다. 대동아문학자대회는 '대동아공영권' 구상을 선전하고 실천하기 위해 아시아 각국의 친일 문학인을 동원하여 개최한 문학행사였다.

전시체제기 결성된 대부분의 단체들이 조선인과 일본인들의 협력으로 구성되었다면, 녹기연맹은 재조선 일본인들만의 민간단체로 시작되었다. 1925년 2월 11일 경성제국대학 예과 교수 쓰다 사카에(津田榮)가 경성천업청년단, 1928년 그의 부인 세쓰코(津田節子)가 자매단체인 '묘관 동인의 모임(妙觀同人の集い)'을 결성했는데, 1933년 2월 11일 이 두 단체를 통합하여 녹기연맹이 발족되었다.[113] '일본 국체의 정신에 즉하여 건국의 이상 실현에 공헌'하자던 녹기연맹은 주로 일반 사회 교화, 일본사상 연구, 중견인물 양성, 사회 후생시설 설치 등의 사업을 수행했다.

112　임종국, 1991, 『실록 친일파』, 돌베개.
113　다카사키 소지 저, 이규수 역, 2006, 앞의 책, 160쪽.

중일전쟁 이후에는 조선인들에게도 개방하여 일제의 통치정책인 '내선일체'에 조응한 단체가 되었으며, 총독부와 일본 정부에서 요구한 국민정신총동원운동 및 내선일체운동에 전면적으로 참여하였다. 기관지『녹기(綠旗)』를 발행하여 전시 선전활동을 수행한다거나, 내선일체의 이념과 논리를 만들어 생산·공급하기도 했으며 여성의 전쟁동원 및 '가정으로부터의 황민화'를 주도했다. 전시체제하 총독부에 의해 급조된 외곽단체와는 달리, 녹기연맹은 독자적인 이념적 지향 위에서 개인들의 자발적 참여로 구성된 민간단체로서 전시체제하 '황민화'운동의 한 부분을 담당했다. 이러한 녹기연맹의 활동을 통하여 위로부터 강제된 전시체제의 형성 이면에서 그것을 보족했던 당시 재조선 일본인사회의 상황을 살펴볼 수 있다.[114]

3) '조선본위'로서의 '조선주의'

(1) '조선본위'의 식민지 재정정책 요구

일제강점기 재조선 일본인들은 식민자이면서, 본국 거주 일본인들과 달리 정치·경제적 이해에 상당한 영향을 줄 수 있는 문제들에 대해 조선의 속지법(조선에 적용되던 제령들과 헌법)에 영향을 받던 '조선 거주자'였다. 그렇기 때문에 일제강점기를 이해할 때 일본인과 조선인이라는 이분법적 구분 속에서만 식민정책의 결정 및 그 실행을 살펴보는 것은 빈 공간이 많을 수밖에 없다. 재조선 일본인들은 일본과 조선 사이에 존재

---

114 정혜경·이승엽, 1999, 「일제하 녹기연맹의 활동」, 『한국근현대사연구』 10, 368-369쪽.

하면서 식민권력 내부에 균열을 만들거나, 식민정책을 수정·견인하는 역할을 하였다. 이 과정에서 재조선 일본인들은 '조선'이라는 지역의 식민자 세력으로서 지역적 정치의식을 드러냈는데, 이는 재조선 일본인들의 경제적 이해관계가 걸린 식민지 재정정책 수립에서 더욱 뚜렷하게 드러났다.[115]

19~20세기 초 제국주의 국가들의 식민지 재정정책은 크게 흡수주의, 방임주의, 무육주의(撫育主義)로 나눌 수 있다. 흡수주의는 행정상 식민지를 부용국(附庸國)으로 보고 경제상으로는 독점적인 보호 정책을 행하며, 재정상으로는 식민 모국의 수익 창출을 목적으로 하는 것이다. 흡수주의정책하에서 식민지는 처음부터 경제적으로 불완전하거나 아니면 그 나름의 경제 구조를 인정받지 못했으며, 오직 제국주의 정부가 유감없이 식민지에서 사업을 독점하였다. 노골적인 정부 독점제도는 특히 회사의 사업 독점으로 변형되었고, 정부는 점차 독점권을 특권 회사에 임대하여 식민지에서의 특권은 물론 편리를 얻을 수 있게 했다. 정부는 대신 회사 수익의 일부를 국고로 흡수하였다. 이때 회사는 부여된 특권을 이용하여 식민지에 대한 항로, 무역, 금융 등은 물론 식민지의 산업을 독점하고 수출입품의 가격 또한 회사 스스로 결정하였다. 그러나 이 정책은 제국주의 초기 잠시 등장하였을 뿐, 방임주의 식민정책이 대두되면서 점차 사라졌다.[116]

방임주의 식민정책은 행정상 식민지를 외국으로 보고, 경제적으로

---

115 기유정, 2011c, 「식민지 조선의 일본인과 지역 의식의 정치효과: 1920년대 조선 재정에 대한 일본인 상업자들의 정책개입을 중심으로」, 『한국정치학회보』 45(4), 198쪽.

116 小林丑三郞, 1913, 『植民地財政論』, 明治大學出版部, 12-15쪽.

자유롭게 방임하며 재정상으로 독립된 경영을 하는 것을 의미하였다. 이들은 자유 독립주의에 기반하여 식민지를 국법상 외국과 동일시하고 때로는 식민 모국과 어떠한 관계도 없는 상태로까지 방치하기도 했다. 그러나 이는 곧 식민지 설정의 본의와 맞지 않는 정책이라는 비판을 받았다.[117] 그리하여 나온 것이 무육주의 식민정책이다. 무육은 말 그대로 '어루만지듯이 잘 보살펴 기르는 것을 의미'한다. 일본을 비롯한 대부분의 제국주의 국가들이 이 무육주의를 채택하였다.

무육주의 식민정책은 식민지를 부용국 또는 외국으로 보지 않고 식민 모국 아래의 특별한 자치체로 간주하였다. 즉 식민지와 본국이 긴밀한 관계를 유지하면서도, 기본적으로는 각기 구별된 독립 재정체계를 운영하여 본국과 식민지가 서로에게 통치 부담을 전가시키지 않도록 한다는 것이었다. 그렇지만 경제적 이익에 관한 감독권은 본국 정부에게 있었고, 본국 정부는 경제상 식민지의 개발·동화에 노력해야 했다. 만약 발달의 정도가 낮을 때에는 재정적 보조를 해주어야 하고, 경제가 발달하여 재정이 독립될 정도에 다다르면 특별 재정을 인정하고 동화의 정도에 따라 진정한 자치 재정을 부여하는 방식이다. 그러나 자치를 요구한다 해도 국가의 감독이 사라지는 것은 아니다. 이들에게 있어 감독이 없는 자치는 독립이고 독립은 곧 분리를 의미하며 분리가 된다는 것은 식민 상태에서 벗어나는 것을 의미하기 때문이었다. 무육주의에 있어서 식민지의 자치는, 식민지와 식민 본국의 경제 및 거래가 대부분 서로 통하고, 적어도 식민지의 발달이 내지의 어느 지방과 동일한 정도 이상 달해야 가능한 것이었다. 그와 같은 정도에 달하기까지 본국은 사상, 풍속,

---

117　小林丑三郎, 1913, 위의 책, 18쪽.

경제적 거래 등에 관해 노력하여 동화정책을 채용해야 한다는 논리도 있지만, '동화'는 식민지의 성질에 따라 아예 불가능한 경우도 있었다. 특히 본국과 식민지와의 현격한 민족의 차이와 거리가 소히 먼 경우에는 동화정책 시행이 불가능하였다.[118]

초기 일제의 식민지 재정정책의 원칙은 이 무육주의에 근거한 것이었다. 이 원칙에 따라 일본 정부는 본국과 조선 재정을 구별하고 본국의 일반회계에서 분리된 특별회계로「조선총독부특별회계」를 만들어 조선의 재정을 자립시켰다.[119] 그런데 이 재정자립주의는, 일차적으로는 본국 정부의 식민통치 부담을 최소화하고자 하는 것이었지만, 결과적으로 그것은 조선총독부가 본국의 간섭 없이 독자적으로 식민정책을 추진할 수 있게 하는 효과를 발휘하였다. 동시에 상대적으로 많은 재정 부담을 요구하는 산업정책들(예컨대 철도 건설과 같은 토목건축사업)에서 조선이 매우 더딘 진행을 할 수밖에 없게 하는 효과를 내기도 하였다. 이러한 가운데 1919년 발생한 3·1운동은 조선총독부로 하여금 기존의 재정 운영 방침을 전면 재검토하도록 했다. 즉, 조선의 민심 수습을 위한 예산을 확보하기 위해 본국의 긴밀한 협조와 지원을 얻어낸다는 것이었다. 당시 조선총독부가 이러한 원칙하에서 주로 고려했던 투자 대상은 교육과 산업 분야로, 특히 산미증식계획이나 철도 부설계획과 같은 산업개발에의 투

---

118 小林丑三郎, 1913, 위의 책, 23-24쪽.

119 '조선총독부특별회계'는 조선의 재정 자립을 위해 필수적이었지만, 러일전쟁의 후유증으로 인한 일본 정부의 심각한 재정 위기 및 강제병합 당시 정치 과정의 결과로 초래된 조선 통치에 있어서의 경비 절감의 급박성(경비의 과다지출) 등으로 인해 총독부는 출범 당초부터 일본 정부의 적극적인 지원을 기대하기 어려운 상황에서 나온 것이기도 했다고 추측된다(문명기, 2009,「대만·조선총독부의 초기 재정 비교연구: '식민제국' 일본의 식민지 통치 역량과 관련하여」,『중국근현대사연구』44, 101쪽).

자를 통해 경제적인 면에서 통치의 주도권을 장악하려 하였다. 조선총독부의 이와 같은 경제정책 방향은 재조선 일본인사회의 이해와 직결되었다. 산미증식은 조선 농업이 미곡을 중심으로 상업화될 수 있다는 것을 의미했고, 철도 부설은 상공업 인프라 구축 차원에서 일찍부터 재조선 일본인들이 일관되게 요구한 것이었기 때문이다. 이와 같은 재정운영 정책의 기조 전환은 정치적으로도 중요한 결과를 가져왔다. 즉, 재정자립주의의 원칙 아래서 상대적으로 본국의 정치·경제 상황에 큰 영향을 받지 않았던 기존의 조선총독부의 정책이 이제부터는 본국 정·재계의 변화에 깊이 연동될 수밖에 없었기 때문이었다. 이와 같은 경제기조의 변화 상황에 대하여 재조선 일본인들은 어떻게 대응했을까.[120]

(2) 산업재정확보운동과 재조선 일본인들의 '지역의식'

재조선 일본인사회가 산업재정확보운동을 시작한 것은 1920년대 초, 일본 정부가 본국의 경제 불황을 극복하기 위해 긴축재정정책을 내세우면서부터였다. 3·1운동 이후 조선총독부는 이미 1921년 '산업조사위원회'에서 결정되었던 산업개발계획에 따라 본국 대장성에 전년보다 증액된 2천만 엔(보급금)을 산업재정 지원금으로 요구한 상태였다. 그러나 경제 불황을 이유로 보급금은 1,591만 엔, 공채는 3천만 엔으로 삭감되었고, 1922년에는 다시 공채를 2,115만 엔으로 삭감하였다. 이와 같은 상황에서 전선상업회의소연합회에서는 1922년 2월 17일, '산업조사위원회'의 논의 사항 중 4가지 사안을 중심으로 각 사업의 완성에 요구되는 기한과 총 비용을 추산한 계획안 '4대 요항'을 만들고 본국의 정재

---

[120] 기유정, 2011c, 앞의 글, 200-201쪽.

계 인사들을 직접 만나 이를 청원하는 운동을 전개하였다.[121]

당시 재조선 일본인사회는 1910년대와는 달리 적극적으로 나서서 직접 본국 정부를 설득시키기 시작하였다. 그리고 이 과정에서 재조선 일본인들은 자신들은 식민 관료와는 달리 과거에도 현재에도 미래에도 조선에서 생활할 '조선 거주자'임을 피력하기도 했다. 당시 산업재정확보운동은 조선 식민자 세력 안에서 관료 세력과 재조선 일본인들이 일정하게 다른 이해 동기를 가지고 있었고, 재조선 일본인 사이에서도 직접적으로 이해관계가 얽혀 있는 세력과 간접적인 이해 서력이 존재하는 등 내적인 차이가 존재하였다. 그러나 이와 같은 식민자 내부의 미묘한 입장 차이들이 당시 주요한 쟁점은 아니었다. 산업재정확보운동은 본국 정부가 조선의 산업개발계획에 대해 본국 내의 변수와 관계없이 얼마만큼 지속적이고 일관된 지원을 해줄 수 있느냐의 문제를 둘러싸고 전개되고 있었기 때문이었다. 즉, '제국'이라는 특수한 국가 형태 위에서만 존재하는 식민지와 모국이라는 공간의 지역적 차이를 두고 발생한 식민자 세력 간의 갈등이었던 것이다. 이른바 재조선 일본인과 조선총독부 같은 조선 거점 식민자 세력과 본국민과 정부 세력의 갈등이었다. 이와 같은 갈등에는 조선과 본국의 통치시스템이 이원화되어 있었던 상황도 영향을 미쳤다. 주지하듯이 본국과 조선은 식민 시기 전반에 걸쳐 정부 간 관계뿐만 아니라, 법률 행정체계에서도 일반적인 중앙-지방의 관계와 달리, 행정적으로 통합되지 못했다. 이원적 통치시스템은 식민지와 모국 간에 통합적인 지배정책이 요구되었을 때, 양자 사이에 불협화음이 발생하는 원인이 될 수 있었다.

---

121 4대 요항은 산미증식, 조선철도 부설 10년 계획안, 이입세 철폐, 수산개발이다.

조선산업개발계획과 그 재정 확보 문제는 이와 같은 정치 구조적 상황에서 발생할 수 있는 모순을 가장 잘 보여주는 사례 중 하나였다. 예를 들어, 산미증식계획의 경우, 본국의 식량부족 문제를 조선에서 해결한다는 제국주의적인 차원에서의 정책적 의의를 가지고 수립되었지만, 사업 자체의 시행은 중앙 부서와 조선총독부의 유기적인 소통이 결여된 채 마치 '조선총독부의 조선 통치사업'의 일환으로 해석·진행되는 경향을 보였다. 본국의 대장성이나 농림성이 산미증식계획 자체의 시행뿐만 아니라, 이후 미곡의 이출입 통제 문제에서도 중앙 책임부서로서의 역할을 하지 않고 있었다. 사업 시행에서 요구되었던 재원은 필연적으로 대장성을 비롯한 내각의 합의와 지원을 요구했던 것이었지만, 사업에 대한 정치적 책임을 통제하지 못하는 이원화된 행정시스템은 조선산업개발계획을 지연시키면서 두 정부(본국 정부와 조선총독부) 간 갈등의 원인이 되었다. 이러한 이유 때문에 당시 재정 문제를 해결했던 방식 역시 조선총독부와 중앙정부 간의 행정적 소통이 아닌, 조선총독이나 정무총감 같은 고위급 관료들과 일본 수상과의 면담을 통해 문제가 해결되는 정치적 형식을 취하고 있었던 것이다.[122]

그러나 이와 같은 여러 장애에도 불구하고 재조선 일본인과 조선총독부의 요구는 본국에 어느 정도 관철되었다. 예컨대 조선에서 산미증식계획은 지속되었고, 조선철도 부설의 경우 공채 모집 단계로 이어졌다. 이러한 결과는 재조선 일본인들이 조선의 산업개발과 관련하여 철저하게 자신만의 논리를 만들어 일본 정부를 압박했기 때문에 가능했다. 이 논리는 주로 '본국이 조선에 대해 갖는 시선 혹은 태도'라고 여기던 여러

---

[122] 기유정, 2011c, 앞의 글, 201-210쪽.

편견을 반박하는 가운데 탄생하였다. 이들은 조선의 산업개발이 부진한 것과 산업개발에 요구되는 지원이 계속해서 연기되는 행태가 병합 이래 일본 정부와 사회가 가져왔던 조선에 대한 편견에서 비롯되었다고 보고, 이를 비판하는 논리들을 개진시켜 이해를 관철시켰다. 이 과정에서 조선 거주자이자 조선의 식민자 세력으로서 재조선 일본인과 총독부의 관료들이 '조선'이라는 공간을 어떻게 해석하며 자기 동일시하고 있는지 그 '지역의식'의 논리를 확인할 수 있다.[123]

(3) '조선의식'의 제국적 경향

당시 이들이 본국에 대해 가지고 있던 가장 큰 불만 중 하나는 본국 정부와 사회의 조선에 대한 무관심과 무지였고, 일본 내에서 조선의 정치적 지위를 열등한 것으로 취급하는 경향이었다. 그러나 재조선 일본인들에게 '조선'은 병합을 통해 새롭게 창조된 통치 공간으로서, '동양평화를 영원히 유지하고 제국의 안전을 장래에 확보한다'는 메이지 '천황'의 병합 조칙에 근거하고 있다는 측면에서 추상적 대의의 공간으로 접근된다. 조선을 특수한 정치적 사명을 가진 공간으로 규정하는 방식이다. 이러한 '지역의식'의 논리를 전개한 재조선 일본인들은 조선의 정치적 지위나 조선 통치의 이념과 관련한 문제에서 당시 일본 정계의 분위기와는 분명히 차별화된 '조선의식'을 드러냈다. 재조선 일본인들은 조선의 정치적 지위를 본국의 일개 지방이나 식민지라는 차원에서 규정할 수 없는 특수 지역이라 규정하였다. 이 과정에서 이들은 일본을 중심으로 한 국민국가의 통치논리를 넘어서 '조선'을 일정하게 해석하고 자

---

123 기유정, 2011c, 위의 글. 211쪽.

기 동일시하려는 경향을 보여주었다. 이들은 조선을 본국의 지방으로 통합되어 있지 않지만 식민지는 아니며, 중앙의 지배를 받아 엄격하게 통합된 일개 지방으로 환원될 수도 없는 위치에 있다고 해석하였다. 이러한 이들의 조선에 대한 접근 방식은 국민국가적인 통치논리로는 설명되기 어려운 부분이 있다.

재조선 일본인은 조선을 항상 일본이라는 국민국가를 넘어서서 '제국'과 관련시켜 해석하는 경향을 보였다. 본토를 중심으로 한 국민국가의 '밖'이 아닌 '제국'의 '안'에 조선을 위치시키고, 정치적 대의나 사명 같은 통치이념상에서 조선을 사고해야 한다고 강조했던 '조선의식'의 제국적 경향은 조선의 민족적 정체성과 관련한 문제에서도 독특한 시도를 하게 하였다. 즉, '조선=조선인'이 아니며, 조선을 탈민족적 공간으로 정의하려는 경향을 내포하고 있었던 것이다. 이와 같은 '조선의식'의 제국적 경향은 결과적으로 이들의 이해를 본국에 관철시키는 데 어떤 효과를 발휘했을까. 이 의식이 발휘한 가장 긍정적인 효과는 바로 자칫 '지역주의'로만 한정되어 해석될 수 있는 조선에 대한 이해를 보다 보편적이고 정치적인 가치 위에서 논할 수 있도록 한 것이다. 1920년대 초중반 재조선 일본인사회와 조선총독부가 드러내고 있던 '조선의식'의 '제국적 경향'은 결과적으로 조선의 이해에 일정하게 부응하는 요구들을 얻어내는 데 유효한 도구가 되었다.[124]

---

[124] 기유정, 2011c, 위의 글, 214-215쪽.

제5장
식민자 일본인의 식민주의 문화:
신사와 유곽

1. 거류민신사(神社)에서 식민지신사로의 전환

1) 거류민신사의 창건

(1) 초기 거류민신사

개항 초기 일본인 거류민들은 자신들이 살던 지역에서 그랬던 것처럼 거류지에 신사를 만들고 기원의 장소로 삼았다. 거류민들은 신사에서 항해 안전과 사업 번창을 기원했는데 거류민사회가 형성된 곳이라면 어디에서나 볼 수 있는 풍경이었다. 일본의 대륙 침략과 관련하여 신사가 운명 공동체였던 점은 익히 알려진 사실이다. 한반도와 중국 동북부지역에 창건된 신사 정보를 망라하여 수록한 『대륙신사대관(大陸神社大觀)』에서도 이러한 취지의 기술을 찾아볼 수 있다. 이 책의 편저자이자 대륙신도연맹 대표인 이와시타 덴시로(岩下伝四郎)는 서문에서 "일본 민족의 위대한 대륙 발전"과 함께 시작된 신사 창건은 "우리 민족의 해외 발전과 해외에서 이루어진 신사 봉제는 항상 표리일체"를 이루었다고 언급했다.[1] 이와시타의 표현처럼 일본의 대륙 침략과 밀접한 형태로 신사 창건이 이루어졌으며 일제강점기를 거치면서 신사의 역할은 한층 중요시되었으며 시기에 따라 변모했다.[2]

거류민신사의 창건 및 변모 과정은 일본의 천황제 이데올로기에 기

---

1 '식민지신사' 연구에 활용되는 기초적인 문헌이다. 岩下伝四郎 編, 1941, 『大陸神社大觀』, 大陸神道連盟.

2 일본이 아시아에 건설한 식민지 도시에 예외 없이 신사와 유곽이 보인다. 橋谷弘, 2004, 『帝国日本と植民地都市』, 吉川弘文館.

반한 '국가신도'의 역사와 관련된다. 일반적으로 '국가신도'는 "신사를 통해 천황제 내셔널리즘을 국민에게 교화시키고자 하는 제2차 세계대전 이전 일본의 사회체제"로 정의할 수 있다.³ 재조선 일본인사회가 폭발적으로 증가하는 러일전쟁 시기는 '국가신도'가 형성되는 시기로 신사가 갖는 국가기관으로서 성격이 점차 강화되는 시기였다. 신도(神道)는 일반 종교와는 다른 법적 지위를 부여받았으며 행정 조직 측면에서도 국가제사기관으로 분류되기 시작했다.⁴ 지역 레벨에서 보면 메이지 말기부터 진행된 '지방개량운동'의 일환으로 신사 합사가 각지에서 행해졌으며 비교적 역사가 짧은 소규모 신사에 대한 정리와 통합으로 이어졌다. 같은 시기 식민지 조선에도 '국가신도'의 이념이 이식되었다. 이처럼 재조선 일본인들이 한반도에서 신사를 창건한 시기는 '국가신도'가 한반도에 전파·이식되는 역사와 맞물려 있다.

'국가신도'가 한반도로 이식되고 강화되는 과정에서 거류민 창건 신사는 식민지 지배정책에 부합하는 형태로 변모했다. 총독부가 신사제도를 정비하면서 기존의 거류민신사는 제도 안으로 편입되었으며 비교적 새롭게 형성된 거주지에서는 제도에 준하는 형태로 신사가 새롭게 창건되었다. 이 장에서는 거류민 창건 신사가 총독부의 식민지 지배정책과 어우러지면서 변모하는 양상을 살펴본다.

한반도에 설치된 최초의 신사에 대한 기록은 부산에 설치된 왜관(倭

---

3   전후에 이르러 신도의 사상적이고 이데올로기적인 측면이 강하게 의식되면서 등장한 것이 '국가신도'론이었다. '국가신도'의 정의와 연구사 정리는 阪本是丸, 2010, 「「国家神道」研究の40年」, 『日本思想史学』 42; 青野正明, 2015, 『帝国神道の形成-植民地朝鮮と国家神道の論理』, 岩波書店; 村上重良, 1970, 『国家神道』, 岩波書店 등 참조.

4   島薗進, 2010, 『国家神道と日本人』, 岩波書店, 15-17쪽

館) 기록에서 찾아볼 수 있다. 조선이 왜인의 내왕과 체류를 허가한 왜관은 조선과 일본 간의 외교 관계에 따라 설치와 폐지를 거듭했다. 임진왜란으로 폐쇄되었던 왜관은 1601년(선조 34)에 절영도왜관이 세워진 후 1607년 두모포에 새로 설치되었다가 1678년 다시 초량으로 이전하게 된다. 기록물에 따라 다소 내용이 상이하지만, 초량왜관 시기 고토히라(金刀比羅)신사, 이나리(稲荷)신사, 변재천당(弁財天堂) 등이 있었던 것이 확인된다.[5] 이들 신사는 쓰시마번 3대 번주 소 요시자네(宗義真)와 쓰시마번(對馬藩) 상인들에 의해 건립된 것이었다. 일반적으로 항해의 안전을 기원하는 고토히라신사, 일본 전역에 퍼진 민중신앙으로 농업의 풍년과 사업 번창을 기원하는 이나리신사, 재물신 변재천을 모신 변재천당은 당시 쓰시마번 사람들의 신앙을 그대로 옮겨놓은 곳이었다.

초기 왜관에 세워진 신사는 비교적 소규모(가로, 세로 1.2m 내외)로 설치되었으며 거류민들이 해양 안전, 사업 번창, 부귀영화를 기원하는 사적 신앙의 장소로 기능했다. 이후 고토히라신사에는 스미요시삼신[住吉三神, 메이와(明和) 2년], 스가와라신(菅原大神, 메이와 2년), 아마테라스 오미카미[天照大神, 게이오(慶応) 원년], 하치만신(八幡神, 메이지 13년) 등의 다양한 신들이 차례로 합사되었다.[6] 1877년 부산항이 개항된 후에는 거류민 단체가 이들 신사를 운영했고 기부금 모금을 통해 신사 개축이 이루어졌다. 1899년에 고토히라신사는 '거류지신사'로 바뀌었다가, 그 후 '용

---

5 용두산신사의 연혁에 대해서는 大曲美太郎 編, 1936, 『龍頭山神社史料』, 龍頭山神社社務所; 大曲美太郎 編, 1936, 위의 책; 小山文雄, 1934, 『神社と朝鮮』, 朝鮮佛教社 참조.

6 大曲美太郎 編, 1936, 위의 책, 59-60쪽 및 137-138쪽.

두산신사'로 개칭되었다.[7] 그리고 왜관 시기 용미산에는 진구황후와 같이 삼한정벌에 나섰던 다케시우치노스쿠네를 모신 다마타레(玉垂)신사가 있었던 것으로 보이는데 다마타레신사는 1899년 용미산신사로 개칭되었다. 이처럼 왜관 시기 창건된 신사가 개항 후 거류민신사로 기능했고 이후 용두산신사와 용미산신사로 변모하는 과정은 일반적인 거류민신사의 예라기보다는 왜관이 존재했던 부산지역의 특수한 사례로 볼 수 있다.

부산에 이어 개항한 원산과 인천의 사례를 통해서는 좀 더 일반적인 개항지 거류민신사의 건립 과정을 살펴볼 수 있다. 원산에서는 개항 후 얼마 지나지 않은 1882년에 아마테라스대신궁(天照大神宮)이 세워졌다. 거류민단체인 총대역소(總代役所)를 중심으로 하여 "원산 거류민들의 수호신으로 이세신궁(皇大神宮)으로부터 아마테라스의 신령을 받들어" 신사를 건립했다고 전해진다.[8] 이 대신궁은 거류지 내 언덕에 건립되었으며 "여름이 되면 나무 아래에 조선인이 낮잠을 자고 복전함은 조선인들의 먹잇감이 되는 등 불경스럽기 그지없는" 상태였다는 일본인 측의 서술을 찾아볼 수 있는데, 그 이유로 신사를 총대 사무소로 옮긴 적도 있었다.[9] 1898년에는 같은 장소에 가로 7.2m, 세로 3.6m 규모의 작은 배전이 세워졌다. 그 후 대신궁 건축이 결의되면서 소학교 뒤편이 진좌지(鎭座地)로 정해진 것은 1908년의 일이었다.[10]

인천항에서도 개항 후 비교적 이른 시기에 신사 건립이 추진되었다.

7　大曲美太郎 編, 1936, 위의 책, 63-64쪽.
8　岩下伝四郎 編, 1941, 앞의 책, 428쪽.
9　高尾新右衛門 編, 1916, 『元山発展史』, 啓文社, 255쪽.
10　高尾新右衛門 編, 1916, 위의 책, 488쪽.

당시는 거류민 인구가 약 1,300명 정도이던 시기였고 다이이치은행(第一銀行) 인천지점장, 니혼유센(日本郵船) 인천지점장, 거류민 총대, 인천병원장 등 유력 인물들이 신사 창건을 주도했다. 그들이 작성한「인천대신궁창립에 관한 취지서」를 보면 건립 당시의 논의 과정을 엿볼 수 있다. 건립 취지 부분을 보면 "영적인 곳[靈境]을 정하여 신사를 건립하고 우리나라 신인 아마테라스를 모시는" 것을 통해 "첫째로 신을 공경하는 평소의 바람을 이루고 둘째로 노동의 여정을 풀고 마음을 기쁘게 할 경승지를 만드는" 것에 의의가 있다고 기술되어 있다.[11] 이렇듯 신사는 신앙의 대상이라는 역할뿐만 아니라 휴식과 위안의 공간으로도 기능했다. 다양한 수목과 화초를 심거나 경내를 단장하여 공원으로 활용할 계획이라는 기술을 통해서도 거류지 공원과 함께 신사의 건립이 추진된 점을 확인할 수 있다.

인천대신궁의 창건 비용은 인천 및 경성의 주요 인물을 비롯하여 인천항을 오가는 선박의 선장으로부터 기부금을 받아 마련되었다.[12] 당시 인천영사였던 하야시 곤스케(林權助)는 이 계획에 대해 이해를 표하면서 이세신궁으로부터 신주(靈代)를 모시는 과정에 협조했다. 신주를 실은 배가 인천항에 도착하자 관민(官民)에 상관없이 많은 거류민들이 방파제로 나가 환영했다. 이런 과정을 거쳐 1890년 10월 일본공원을 진좌지로 하여 천궁(遷宮)과 제례의식이 거행되었다. 당초 인천대신궁은 '거류지 공유물'로 영구 보존할 계획으로 건립되었으나 후에 거류민단체로 소유

---

11 원문에는 '主意書' 혹은 '趣意書'로 표기되어 있다. 이하 인천대신궁 창건 과정에 대해서는 仁川府庁 編, 1933,『仁川府史』, 1347-1348쪽.

12 인천 거류민이 1,274엔, 경성 거류민이 318엔 55전, 선박 선장이 110엔을 기부하였다. 仁川府庁 編, 1933, 위의 책, 1348쪽.

가 승계되었다. 이 과정에서 대신궁의 운영과 유지는 거류민단체의 주요 업무 중 하나로 자리 잡았다. 대신궁의 예제일(例祭日)은 거류민 학교의 휴업일로 정해졌으며 거류지 내 주요 행사로 치러졌다.[13]

개항지와는 달리 내륙의 잡거지에서 신사의 창건은 비교적 시간을 필요로 했다. 1892년경 서울에 거주하는 일본인들이 아마테라스 오미카미(天照大神, 이하 아마테라스로 표기)를 제신으로 삼으려는 움직임이 있었고 이에 따라 요비소가 설치되었다.[14] 거류민회 결의를 거쳐 본격적으로 신사 창건이 진행된 것은 1898년이었다.[15] 일본영사관은 남산 북쪽 기슭에 대한 임대차계약을 체결하고 왜성대공원 및 남산대신궁 조성에 나섰다. 거류민회는 대표를 이세신궁으로 파견해 대마(大麻)와 신보(神寶) 등을 수령했다. 아울러 이세신궁 건축에 쓰이는 자재를 일부 불하받아 이세신궁 정전의 12/100에 해당하는 규모로 신전을 축조했다. 이렇게 진좌된 남산대신궁에는 전문적인 신직(神職)이 고용되었으며 매년 1월 1일의 원시제, 2월 11일의 기원절, 9월 24일의 신궁대제전을 비롯하여 천황의 탄생일인 천장절이 예제일로 정해졌다. 남산대신궁 외에도 그 주변에 산코(三光)신사나 텐만궁(天満宮, 菅原神社) 등이 건립되었다. 거류민

---

13 「外務省記録」 3-12-2-43, 「清韓両国ニ於ケル居留地制ニ関スル法律並日本専管居留地経営中租税ノ徴収ニ関スル法律制定一件」 1899.11 8, 仁川領事伊集院彦吉 → 外務大臣青木周蔵, 公第190호의 부속서류, 「仁川居留民教育規程」 제32조. 원산에서도 대제일(大祭日)은 휴업일로 정해졌다. 「外務省記録」 3-10-2-2, 「在外国各日本居留民共立学校関係雑件」 第一巻, 1899.7.1, 元山二等領事小川盛重 → 外務大臣青木周蔵, 送第83号, 「元山公立小学校ニ関スル報告ノ件」의 부속서류, 「元山公立小学校校則」.

14 아울러 남산대신궁의 창건 과정에 대해서는 문혜진, 2019, 앞의 책 제3장 및 제4장.

15 이하 경성신사의 연혁에 관해서는 岩下伝四郎 編, 1941, 앞의 책, 319-320쪽; 京城居留民団役所 編, 1912, 『京城発達史』.

들에게 친숙한 출신지의 지역신앙 혹은 민간신앙이 이식된 것이다.

같은 내륙 지역이면서 경상도의 주요 재래 도시로 성장한 대구에서 요배전이 건립된 것은 러일전쟁 후인 1905년이었다. 러일전쟁과 경부선 철도 부설의 영향으로 거류민이 증가하자 "전통적으로 신을 공경하는 관념을 막을 길 없어 사당을 모시고 아침저녁으로 경배하고 보본반시(報本反始)의 예를 드리려는" 움직임이 있었다고 한다.[16] 이에 거류민 대표는 통감부와 수비대의 도움을 받아 당시 관찰사 이용익과 접촉했다. 그 결과 '한일 공동의 공원'으로 하는 것으로 승인을 얻게 되었고 신사 건축이 진행되었다. 진좌지로 선정된 곳은 예로부터 토속신앙인 성황당이 있어 조선인들에게도 경외의 대상이 되어온 달성산이었다.[17] 신전은 기부금으로 조성되었으며 이듬해 11월 3일 천장절에 공사가 마무리되었다. 그 후 1907년에는 예정대로 공원 조성이 이루어졌다.

이러한 대구 사례에서 눈길을 끄는 것은 조선인 토속신앙의 공간이 신사 진좌지로 선정된 점이다. 달성산이 선정된 이유에 대해서는 예로부터 토속의 특수 신앙이 있어 분묘 설치가 금지되었을 뿐만 아니라 "영적이고 신비한 장소로 오랫동안 사람들로부터 경외를 받아온 공간"이었다는 서술이 보인다.[18] 대구의 사례는 조선인들이 경외해온 장소를 그대로 활용한 점이 특징적이라 할 수 있다. 아울러 전관거류지가 존재하지 않

---

16 이하 대구대신궁의 연혁에 관해서는 大邱府 編, 1915, 『大邱民団史』, 秀英舍, 178-179쪽; 岩下伝四郎 編, 1941, 앞의 책, 45쪽, 385-386쪽; JACAR(아시아역사자료센터) Ref.B02031402700,「帝国議会関係雑件」,『説明資料関係』第三十四卷(외무성외교사료관).

17 岩下伝四郎 編, 1941, 앞의 책, 385-386쪽.

18 JACAR(아시아역사자료센터) Ref.B02031402700,「帝国議会関係雑件」,『説明資料関係』第三十四卷(외무성외교사료관).

는 잡거지인 대구의 특징이 반영되어 '한일 공동의 공원'이란 타협점이 도출된 점도 특징적이다. 앞서 보았던 인천대신궁 사례에서 본 것처럼 공원과 신사 건립이 동시에 추진된 점 또한 눈길을 끈다.

일본의 한국강점 이전 개항장과 내륙 지역에 거류민신사가 건립되었지만 신사와 관련한 제도는 아직 정립되지 않은 상태였다.[19] 유일한 예로, 개항이 가장 빨랐던 부산에서 일본의 우지코(氏子)제도가 시행된 것이 확인된다. 우지코란 우부스나가미(産土神), 즉 해당 지역을 지키는 신이 수호하는 곳에 사는 주민들을 의미한다. 일본에서는 이들 주민들 중에서 대표를 선출하여 신사의 관리 및 유지를 지원하는 것이 관례였다. 이러한 일본의 우지코제도가 부산에 이식된 것인데, 부산거류민단에서는 통감부 시기인 1906년부터 1909년에 걸쳐 우지코 총대(總代, 대표)와 신직 관련 규칙을 제정했다.[20] 처음으로 제정된 것은 '신직봉무규칙'(1906)이었다. 이 규칙에는 신직의 임무와 함께 거류지 예제일 등이 규정되었다. 여기에 '신직 봉무 및 급여 규정'(1907)과 '신직에 공진금품 취급에 관한 건'(1908) 등이 규정되었다. 이들 규칙에 의하면 신직은 거류민단장의 관리·감독을 받았으며 실질적으로 거류민단에 소속된 관리와 거의 동일한 취급을 받았다. 또한 1908년 제정된 '신직경비공진규칙'

---

19 당시 거류민규칙을 정리한 이하의 자료에서 신사 관련 규칙은 확인되지 않는다. 二口美久 編, 1896, 『在朝鮮国元山港領事館制定諸規則便覧』; 釜山領事館 編, 『釜山領事館制定諸規則』(발행 연도 불명, 부산시민도서관 소장); 釜山理事庁 編, 1909, 『(明治四十二年六月三十日現行) 釜山理事庁法規類集』; 京城居留民団役所 編, 1911, 『現行京城居留民団規則類集』 등.

20 『釜山居留民団例規集』에는 「神社経費供進規則」(1908), 「神職ニ於テ供進金品取扱方ノ件」(1908), 「神職奉務規則」(1906), 「神職奉務及給与規定」(1907), 「神社氏子総代規則」(1908), 「氏子総代選挙手続」(1909), 「氏子総代服務規定」(1908)이 확인된다. 釜山居留民団役所 編, 1909, 『釜山居留民団例規集』.

제1조를 보면 "용두산 및 용미산신사 경비는 민단이 이를 공진(供進)한다"고 규정되어 거류민단의 신사운영비 부담이 명문화되어 있었던 점이 확인된다. 여기에 '신사 우지코 총대 규칙'(1908), '우지코 총대 복무 규정'(1908), '우지코 총대 선거 절차'(1909) 등 우지코 총대와 관련한 규정이 차례로 규정되었다. 우지코 총대 정원은 18명이었으며 각 구역마다 2명씩 대표를 선출하는 형태였다. 총대는 거류 기간이 2년 이상이어야 하고 1년 민단세 5엔 이상을 납부해야 하는 자격 제한이 있었다.

개항 초기 거류민신사가 창건되는 과정을 정리하면, 항해 안전과 사업 번창을 기원하는 소규모의 사당이 먼저 세워졌으나 거류민사회가 형성되면서 천황의 조상신인 아마테라스를 제신으로 하는 신사 혹은 이세신궁 요배소가 각지에 세워졌다.[21] 각지에 거류민단체가 설립되면서 신사는 '자치(自治)' 형태로 운영되었다. 공원과 함께 조성된 점도 특징적이었는데, 거류민신사가 신앙과 함께 휴식 및 위안의 장소로 기능했던 점을 알 수 있다. 왜관의 역사를 지니면서 개항의 역사가 비교적 긴 부산에서는 신사를 관리·감독하기 위한 일본의 제도가 다른 지역에 비해 일찍 도입되었고, 신사의 운영을 담당할 신직과 우지코 조직이 결성되었다.

이렇듯 거류민들은 신사 건립을 통해 모국에서의 삶의 방식과 영적인 위안을 해외거류지에서도 이어가고자 했다. 아울러 거류민신사 창건은 거류민들의 민족적 정체성 유지와 밀접한 관련이 있었다. 이후 청일전쟁과 러일전쟁을 거치면서 거류민 인구가 증가하고 각지에 새로운 거주지가 형성되면서 거류민신사는 변화를 거듭하게 된다.

---

21   아울러 일제의 한국강점 이전의 거류민신사의 창건 과정과 그 성격에 대해서는 山口公一, 2009, 「「韓国併合」以前における在朝日本人創建神社の性格について」, 『日韓相互認識』 2.

(2) 초기 거류민신사에 모신 신들

거류민신사에 모신 제신(祭神)을 살펴보면 거류지 유형별로 다소 차이가 있음을 알 수 있다. 먼저 개항장을 살펴보면 고토히라신(金刀比羅神)을 모시는 사당이 많았다. 고토히라신사는 부산, 원산, 인천, 군산, 청진, 목포 등에서 설치되었다. 흔히 일본에서 '곤삐라상'이라고 불리며 일반 민중들에게 친숙했던 고토히라신은 바다 수호 및 항해 안전의 신이다.[22] 가가와현이 그 발상지이지만, 근세 이후 북해항로가 개척되는 등 항해 기술이 발달함에 따라 곤삐라신앙은 일본 전역으로 확산되었다. 개항기 한반도로 건너온 규슈·주고쿠·시코쿠(四國) 출신의 거류민들에게 곤삐라상은 친근한 신앙 중 하나였다.

이어서 많이 확인되는 것이 이나리신사이다. 이나리신사는 부산, 인천, 나남, 청진, 밀양, 겸이포에 설치되었다. 이나리신앙은 벼농사 및 농경과 관련된 믿음 외에도 다양한 의미를 지니는 신앙으로 일본 전역에 분포하는 신앙이다. 일반적으로 농업의 신 혹은 사업 번창을 약속하는 신으로 추앙받아왔으며, 지역별로 신이 가져다주는 은혜나 혜택은 차이가 있다. 이처럼 이나리신앙이 지니는 다의성은 일반적으로 민중들의 다양한 소원에 응답하기 위한 의미가 있었다고 설명된다. 거류지 내 이나리신사의 건립도 동일하게 해석된다.

이 외 학문의 신인 스가와라 미치자네(菅原道真)를 모시는 텐만궁이 인천과 경성에 세워졌다. 그리고 일부 지역에서 스미요시신사(住吉神社)와 하치만궁(八幡宮)이 설립되었다. 그 밖에 경상남도 진해에는 생업을

---

22 이하 특별한 인용이 없는 한 일본 신앙에 관해서는 國學院大學日本文化研究所 編, 1999,『神道事典』, 弘文堂 및 박규태, 2017,『일본 신사(神社)의 역사와 신앙』, 역락 참조.

지켜주고 복을 가져다주는 에비스신사(惠比寿神社)가,[23] 인천 월미도에는 화재를 막아주는 아타고신사(愛宕神社)가 세워졌다. 이러한 신사를 통해서는 거류민들의 출신지별 특색과 거류민들이 지닌 사적 기원의 다양성을 엿볼 수 있다.

무엇보다 개항장의 거류지와 내륙의 잡거지를 통틀어 가장 많이 모신 것은 천황가의 조상신인 아마테라스 오미카미였다. 일본의 한국강점 이전에 창건된 거류민신사의 상당수가 아마테라스를 제신으로 삼고 있었다.[24] 부산의 용두산신사에 아마테라스가 합사된 것은 1865년이었다. 그 경위는 미상이지만 "당시 거류민 대부분이 쓰시마 이즈하라(嚴原) 출신으로 신을 공경하는 관념이 두터웠기 때문에 관련이 있는 신령을 모시기를 간청"하였다는 기록이 보인다.[25] 아울러 앞서 언급한 인천의 '취지서'를 보면 "충군애국의 지성(至誠)을 함양하고 밖으로는 해외에 제국의 국위를 선양"하기 위함이라고 기술하였다. 이러한 창건 취지는 인천대신궁의 진좌 과정에서도 확인된다. 아마테라스의 신령을 모시기 위해 인천영사 하야시는 외무성을 통해 미에현에 그 절차를 문의한 바 있었다. 당시 지방 신사가 이세신궁으로부터 신주를 받은 전례가 없었던 까닭에 그 과정은 쉽지 않았다. 그러던 중 이세신궁의 제주(祭主)인 구니노미야 아사히코친왕(久邇宮朝彦親王)이 "문제가 국내와 달라 해외 동포

---

23 「韓国に惠比寿神社建立」, 『全国神職会会報』 97, 1906.
24 스가 고지는 신직연합회의에서 논의된 내용을 통하여 1910년 '한국병합' 전에 세워진 거류민신사가 아마테라스로 대표되는 황조신이 중심이었던 점을 밝혔다. 菅浩二, 1997, 「併合以前の「韓国の神社」創建論-御祭神論を中心に-」, 『神道宗教』 167.
25 나가사키 현립 쓰시마 역사민속자료관 소가(宗家)문고 소장인 『龍頭山神社御祭神記』의 대조표에서 인용함. 徳竹由明, 2009, 「『龍頭山神社御祭神記』について」, 『巡礼記研究』 6, 巡礼記研究会, 97쪽.

들의 경신애국(敬神愛國) 정신이 지극"하고 "천황의 위엄(皇威)을 해외에 선양하는 일"이라며 특별한 이해를 표한 까닭에 전례를 깨는 형태로 신주가 인천 거류지로 보내지게 되었다.[26]

서울에서도 이른 시기부터 아마테라스를 모시는 대신궁 창건이 논의되었다. 경성신사의 역사를 알 수 있는 자료에 의하면 신사 창립은 "조선이 아직 이방의 나라였던 1892년경부터 거류민들이 우리 제국신민 특유의 표상으로서 황조신인 아마테라스신을 모실 것을 제창하여 요배소"를 설치한 것이 그 시작이었다고 기술되어 있다.[27] 여기서 말하는 대신궁이란 명칭은 작은 규모에 어울리지 않는 명칭이지만, 이는 '황대신궁(皇大神宮, 즉 이세신궁의 내궁)을 요배하는 장소'라는 의미에서 붙여진 것이다.

초기 거류민신사에 모신 제신을 정리하면, 고향에서 친숙했던 고토히라신사와 이나리신사가 다수 세워진 것을 알 수 있다. 이를 통해서는 해양 안전과 사업 번창 등 세속적인 기원을 하는 장소로 건립이 된 것을 알 수 있다. 러일전쟁을 거치면서 신사가 국민의식을 형성하는 공간으로 인식되기 시작하면서 이세신궁을 요배하거나 아마테라스를 제신으로 하는 신사가 세워졌다. 아마테라스를 제신으로 한 신사는 거류민들에게 제국신민으로서 정체성을 육성하는 장소로 기능했다. 이후 통감부가 설치되고 일본의 한국강점의 기운이 높아지면서 황조신을 제신으로 삼는 경향은 더욱 명확해진다.

이처럼 개항기 거류민신사는 세속적인 신앙과 아마테라스로 상징되

---

26 仁川府庁 編, 1933, 앞의 책, 1349쪽.
27 京城府, 「京城神社御由緒記」, 『国幣社関係綴』(국가기록원 소장 CJA0003582).

는 '국가신도'가 공존하는 공간이었다. 이러한 세속적인 신과 황조신의 공존은 일본인들의 신앙 역사에서 특별한 현상은 아니었다. 공(公)적인 국가신도와 사(私)적인 신앙이 융합된 현상에 대해 시마조노 스스무(島薗進)는 이중구조론을 들어 설명한 바 있다.[28] 이중구조론은 아마테라스를 주요한 제신으로 모시면서도 사적인 신앙의 신들을 모시는 구조를 일본 특유의 것으로 보는 관점이다. 이러한 관점과는 달리, 거류민 계층별로 신사를 필요로 하는 이유가 달랐다고 보는 견해도 있다.[29] 거류민 상층부는 '국민적 일체성'을 유지하기 위한 목적으로 중간과 하위층에서는 경제적 성공을 기원하는 목적으로 신사 창건을 희망하고 창건에 나섰다는 해석이다. 이들 해석에서 벗어난 양상도 보이지만, 본국 일본과 마찬가지로 거류민신사에서도 공적인 신앙과 사적인 신앙이 충돌하지 않고 조화롭게 공존한 점은 동일했다. 여기에 국민 통합을 위한 장치로 신사의 역할이 설정된 점 또한 유사하다. 하지만 일본의 한국강점 이후 한반도에서는 사적인 신과 공적인 신 사이에 위계적 질서가 점차 명확해지는 과정을 거치게 된다.

28　아오노 마사아키도 이중구조론을 들어 설명하고 있다. 青野正明, 2015, 앞의 책, 終章; 島薗進, 2010, 앞의 책, 50-51쪽.
29　山口公一, 2009, 앞의 글, 54쪽.

2) 일본의 한국강점 이후 신사제도의 정비

(1) 1910년 전후 거류민 신사 현황

일본의 한국강점 이후에는 신사 관련 제도가 정비되었으며 일본 본국의 신사 관련 제도가 식민지 조선에 이식되는 과정을 거쳤다. 한반도에 거주하는 일본인 인구와 이들의 집단 거주지가 확산되면서 신사수는 점점 증가했다. 당초 개항장의 거류민들이 설치한 신사는 일제강점기를 거치면서 시대의 요청에 따라 변모했다.

앞서 언급한 것처럼 서울 남산에 진좌된 남산대신궁에서는 개축이 이루어졌다. 거류민단은 적립금을 이용하여 배전을 신축하고 경내를 확장하는 공사가 이루어졌다. 1913년 남산대신궁이란 명칭은 경성신사로 개칭되었고 그 주변 지역에는 1910~1920년대에 걸쳐 이나리신사, 한강신사, 가토신사, 에비스신사 등이 건립되었다.[30] 거류민들 출신지의 수호신을 비롯하여 민중신앙의 신들을 모시는 신사가 혼재하는 양상을 보였다.

1910년 이후 한반도의 신사 현황은 『조선총독부통계연보』를 비롯한 몇몇 자료에서 확인할 수 있다. 통계연보와 1911년 1월 경무총감부가 조사한 '조선의 내지인 경영의 종교 현황'이란 자료를 비교하면 조사된 신사의 수가 상당한 차이를 보인다.[31] 이러한 차이는 조사 방법과 기준의 차이, 즉 개인이 세운 사당을 포함할 것인지 그리고 신사신도와 교

---

30 문혜진, 2019, 앞의 책, 제4장.
31 「朝鮮ニ於ケル內地人經營ノ宗敎情況」(警高機発第470호, 明治44年1月調査), 『社寺宗敎(明治四十四年)』(국가기록원 소장 CJA0004741).

파신도를 구분할 것인지 등 기준이 달랐기 때문인 것으로 생각된다. 총독부에서 신사 관련 업무를 담당하는 내무부는 신사를 비종교로 취급하는 기본 방침을 취했으나 신사신도가 종교로 집계된 곳이 있는 등 기준이 명확하게 통일되지는 않았던 것으로 보인다.[32]

총독부 통계에 따르면 당시 신사의 제신은 31개의 신사 중 아마테라스와 진구황후(神功皇后) 등 황조신을 제신으로 하는 신사가 16개로 반 이상을 차지했다.[33] 이는 타이완 출병 중 현지에서 사망한 기타시라가와노미야 요시히사친왕(北白川宮能久親王)을 제신으로 하는 신사가 많았던 식민지 타이완과는 비교되는 점이었다.[34] 이에 대해 식민지 조선과 타이완에 창건된 신사의 제신들을 비교 분석한 연구에 의하면 식민지에 따라 특징적 제신이 있다는 분석이 있다. 홋카이도, 타이완, 사할린과 비교할 때 조선은 아마테라스와 메이지천황 등 황조신이 중심이었으며 천황제 이데올로기에 기초한 '영토 개척'의 성격이 중시되었다는 것이다.[35]

이 시기 신사의 제신을 살펴보면, 황조신을 제신으로 삼는 경향이 두

---

[32] 아울러 문혜진, 2018, 「식민지 조선으로의 신사신도(神社神道)의 유입에 관한 일고찰」, 『한국학』, 41(2) 참조.

[33] 황조신을 모시는 太神宮 외에도 金刀比羅神社, 稲荷神社, 住吉神社 등이 확인되는데 작은 사당을 포함하면 이보다 많은 신사가 존재했을 것으로 보인다. 朝鮮総督府 編, 『朝鮮総督府統計年報』1910년도판, 658쪽.

[34] 菅浩二, 2004, 『日本統治下の海外神社-朝鮮神宮・台湾神社と祭神』, 弘文堂.

[35] 식민지 시기 '외지(外地)'에 창건된 신사 중에서 조선신궁은 그 제신이 다르기 때문에 이변으로 보는 견해도 있다. 삿포로신사(1871년 진좌), 타이완신사(1901년 진좌), 카라후토신사(1911년 진좌)의 제신은 개척삼신(開拓三神, 즉 大国魂命, 大己貴命, 少彦名命)이었다. 개척한 국토에 천손(天孫)을 내려 보내는 신화에 나오는 오쿠니타마노미코토(大国魂命)를 모시는 논리가 반영되었다고 할 수 있다. 青野正明, 2015, 앞의 책; 菅浩二, 2004, 앞의 책, '서론' 참조.

드러지고 있는 점이 확인되는데 이는 '거류민사회의 통합'이란 관점에서 설명할 수 있다. 예를 들어, 평양의 어느 유력 인물은 "천황 조상신을 모시지 않는 것은 일본인으로서 하나의 큰 결점일 뿐만 아니라 민심 통일과 지역 발전을 생각해서도 상당히 유감스럽다"면서 신사 창건론을 거류민단 민장에게 제안했다.[36] 여기서 '민심 통일'이란 내용은 다양한 지역 출신자로 구성된 거류민사회의 인적 구성과 관련이 있다. 규슈, 주고쿠, 시코쿠 출신자가 다수를 차지했지만 여기에 긴키, 간토, 도호쿠 등지에서 이주자가 증가했다. 이러한 상황에서 재조선 일본인사회에서는 공동의 씨족신(氏神, 우지가미)이나 지역수호신(産土神, 우브스나가미)이 없었으므로 지역사회를 아우르면서 사회 통합을 이끌어낼 존재로 황조신 아마테라스를 모시는 신사의 창건이 이루어진 것이다. 어느 공동체나 성장하는 과정에서 사회 통합이 의식되기 마련으로, 거류민사회의 통합을 이끌어내는 구심점으로 신사를 창건하는 방안이 결의된 것이다.

같은 시기 일본에서는 러일전쟁 후 하나의 국가기관으로서 신사의 성격이 강해지면서 황조황종(皇祖皇宗)사상, 즉 아마테라스와 역대 황조신을 섬기는 사상이 사회 전반에 확산되었다. 식민지의 일본인사회에서도 동일한 경향이 확인되는데 이를 뒷받침하는 것이 신사 창건 논의에서 자주 등장하는 '보본반시'라는 문구이다. 이는 문자대로 해석하면 근본에 보답하고 처음으로 돌아간다는 뜻의 사자성어로 조상의 은혜에 보답한다는 의미이다. 황조신 아마테라스를 모시는 신사를 창건하면서 동원된 것이 조상을 공경한다는 보본반시의 논리였던 것을 알 수 있다.

천황가의 황조신 외에 나머지 15개 신사의 제신은 고토히라신, 이나

---

36 平壤民団役所 編, 1924, 『平壤発展史』, 民友社, 186쪽.

리신, 스가와라신 등이었다. 조선으로 이주하기 이전 일본 국내에서 친숙했던 신들이 대부분이었다. 하지만 사적인 신앙의 신사는 한반도의 식민지화 이후 아마테라스를 모시는 신사를 중심으로 정리·개편된다. 하나의 예로 부산과 인천의 고토히라신사, 이나리신사, 텐만궁은 아마테라스를 모시는 지역 신사의 섭사(攝社) 혹은 말사(末社)로 개편되었다.[37] 거류민들의 사적 기원 장소가 공적인 '국가신도' 아래에 그 위치가 설정되면서 위계질서가 성립된 것이다.

이처럼 황조신을 중심으로 한 공적인 신앙체제로 재편되는 과정은 같은 시기 일본에서 행해진 신사합사(神社合祀)의 움직임과 동일한 방향성을 지녔다고 할 수 있다. 아울러 신사 외관과 설비에 관한 기준이 제시되는 등 신사가 국가제도 안으로 편입되어가는 과정 또한 동일했다.[38] 하지만 신사합사의 형태는 상이했던 것으로 보인다. 조선에서는 신사 실체에 대한 통합·정리보다는 장부상의 정리라는 성격이 강했던 것으로 보인다.

(2) 1915년 「신사사원규칙」의 제정

새로운 지방제도인 부제가 시행되면서 거류민단이 해체된 내용은 제3장에서 살펴보았다. 거류민단 해체 후에 그들이 운영해온 신사를 어느 기관이 운영할지가 문제로 대두되었다. 이에 대해 총독부는 신사의

---

37 섭사와 말사는 일반적으로 신사에 부속된 소규모의 신사를 말한다. 메이지 시기에 정해진 사격(社格)제도에 의하면 제신과 관련이 깊은 신을 모신 섭사가 말사보다 상위에 위치했지만 현재는 거의 구분 없이 사용된다.

38 山口公一, 2014, 「植民地朝鮮における「国家祭祀」の整備過程」, 君島和彦 編, 『近代の日本と朝鮮-された側」からの視座-』, 本郷書房, 114쪽, 주 60.

운영 주체에 대해 '조만간 사단법인 조직으로 할 것'이라는 견해를 내비치기도 했다.[39] 이 과정에서 부 지역에서는 신사를 운영할 주민들의 조직인 우지코 조직이 결성되기까지 신사 업무가 잠정적으로 부청(府廳)으로 이관되었다. 이 영향으로 이후 부 지역의 신사 운영 주체는 대개 '거류민단 → 부청 → 우지코'로 바뀌는 과정을 거쳤다.

아울러 1915년 8월 「신사사원규칙(神社寺院規則)」(조선총독부령 제82호)이 제정되면서 신사에 대한 관리·감독 규정이 강화되었다. 규칙 제1조에는 신사 창건을 위한 절차로 해당 지역에서 숭경자(崇敬者) 30명 이상이 서명하고 조선총독의 허가를 받을 것이 규정되었다.[40] 신사 창건에 있어 관청의 허가주의가 채용된 것이다. 창건을 희망하는 지역은 창건 사유, 신사 명칭, 지명, 제신(祭神), 건물 및 경내의 면적, 도면, 경내 주변 지역의 상태, 창건 비용 및 조달 방법, 유지 방법, 숭경자 수 등을 기록한 신청서를 제출하고 허가를 받아야 했다.

총독부가 「신사사원규칙」을 제정한 취지는 재정적으로 신사의 운영을 안정화시키는 것이 있었던 것으로 보인다. 1915년 9월 중순경 야마가타 이사부로 정무총감은 각 도장관 앞으로 보낸 통첩에서 "신사 사원으로 하여금 필요한 체제를 구비하고 유지 방법을 확실하게 하여 (신사의) 존엄을 지키도록" 당부했다.[41] 야마가타는 이러한 취지에서 신청서가 제출될 경우 창건 비용의 조달 방법, 신전 및 배전의 소유 관계, 출원자의 지위·덕망·자산 상황을 상세하게 조사하도록 지시했다. 주무기관인

---

39 「京城大神宮氏子組織決定」, 『朝鮮新聞』, 1915.6.9, 2면.
40 『朝鮮総督府官報』 911호, 1915.8.16, 같은 해 10월 1일부터 시행.
41 「神社寺院規則施行ニ關スル件」, 『大正四年寺利関係書類』(국가기록원 소장 CJA0004747).

내무부 또한 "존엄을 실추시키는 일이 없도록 하고 더욱이 신사는 우리 국체(國體)와 밀접한 관계가 있어 창건 및 유지와 관련해서는 신중한 주의"를 필요로 한다는 입장을 보였다.[42] 이를 통해서는 신사의 창건에 있어 비용 조달과 유지 비용 등 재정적인 측면을 총독부가 중시했던 점이 파악된다.

이러한 총독부의 방침 아래 규정된 것이 숭경자 30명 이상의 서명 제출이었다. 신사 창건에 지역 유지의 참여를 유도하고 비용을 부담하게 하는 일종의 서약을 받는 셈이었다. 또한 제3조에 "신전 및 배전을 구비할 것"이란 시설 규정을 두었다. 시설 요건은 일정 정도 유예 기간을 두는 것이 가능해 창건 허가를 받은 후에 시설을 짓는 것도 가능했다(단, 신청 후 2년 이내에 시설을 갖추지 않을 경우 허가는 취소된다는 조건). 이는 새롭게 신사를 창건하려는 지역에 대해 유예 혜택을 준 것이었다.

「신사사원규칙」에 이어 관련 규정들이 제정되었다. 본국 일본의 규정을 준용하는 형태로 신사제도가 정비되는 양상을 보였다. 1916년에는 '신사 제식 항례식 및 재계에 관한 건(神社ノ祭式恒例式及斎戒ニ関スル件)'과 '신직 임용 및 복장 규정'이 정해져 제식과 신직에 관한 제도가 정비되었다.[43] 이어 1917년 '신사(神祠)에 관한 건'이 제정되면서 신사와 관련한 기초적 제도 정비는 마무리되었다.[44] 여기서 말하는 신사(神祠)는 신사(神社)에 비해 비교적 작은 사당으로 "신사(神祠)가 아니며 일반인들이 참배할 수 있도록 신들을 모신 곳"으로 규정되었다. 신사(神祠)제도는

---

42 「神社寺院規則」, 『毎日申報』, 1915.8.20, 2면.
43 『朝鮮総督府官報』 1171호, 1916.6.29.
44 『朝鮮総督府官報』 1387호, 1917.3.22.

소규모 사당을 공인하기 위한 제도였으며 숭경자 18명 이상의 서명이 설립 요건이었다. 일본인 인구가 비교적 적은 집단 거주지에서 소규모 사당의 설치를 지원한 제도라고 할 수 있다.

이 시기는 다이쇼천황의 즉위식을 맞이하며 일본 국내의 관련 법령에 준거한 신사 법규의 정비라는 측면 또한 있었다. 이는 '국가제사'가 식민지 조선에서 정립되는 과정으로 거류민 신사는 부현(府縣) 이하 신사에 준하여 제사 등을 행하게 되었다.[45] 제신과 관련해서는 아마테라스와 메이지천황을 중심으로 하는 천황가의 조상신을 모시는 체제가 보다 명확해졌다. 그중 진주신사는 한반도에서 메이지천황을 도신 최초의 신사였으며, 창건과 관련해서는 조선총독 하세가와 요시미치의 배려를 통해 신도 대표가 총독부에 출원하여 신주를 수령하는 형태로 진행되었다. 이 외에도 메이지천황은 청진신사, 춘천신사, 히가시야마(東山)신사, 회령신사 등에서 제신으로 모셔졌다. 이는 '한국병합'을 이뤄 일본의 영토를 확장한 메이지천황의 공을 칭송하는 의미가 강했다. 이와 같은 맥락에서 메이지천황과 쇼켄(昭憲)황후를 제신으로 삼은 히가시야마신사에서는 신사 조성시에 수백 여 그루의 벚꽃 나무를 심기도 했다.

이 시기 신사 창건을 출원한 지역 대표를 살펴보면 지역 일본인사회의 명망가들이 창건을 주도한 것을 알 수 있다. 직업별로 보면 한반도 이주 후 성공을 거둬 재력을 지닌 상인 혹은 실업가가 가장 많았다. 부윤 등 관청 관리가 그다음을 차지했다. 예외적이긴 하나 조선인 대표의 존재도 확인된다. 개성신사의 창건을 출원한 박우혁은 개성군수를 지낸 인물이었다. 신도 대표로 출원하게 된 과정은 미상이지만 조선인 세력이

---

45 山口公一, 2014, 앞의 글, 84-85쪽.

우위를 점했던 개성에서 조선인사회의 협조를 얻는 과정이 필요했던 것으로 보인다. 아울러 신직이 창건 대표로 게재된 경우는 경성신사가 유일했다. 즉, 전문적인 신직보다는 지역 일본인사회의 유력 인물들에 의해 신사 창건이 주도되었다고 할 수 있다.

3) 1910년대 신사 창건의 지역 사례

「신사사원규칙」이 제정된 1915년부터 1919년 말까지 36개의 신사가 창건되었다.[46] 이는 소규모 사당인 신사(神祠)를 제외한 일반적 신사(神社)의 수이다. 1910년대 신사 창건은 두 가지 유형으로 분류할 수 있다. 하나는 개항장과 잡거지의 거류지에 건립된 기존의 거류지 신사가 총독부의 허가를 거쳐 개편된 유형이다. 다른 하나는 거류민 유입으로 새롭게 형성된 집단 거주지에서 신사가 창건된 유형이다. 이 절에서는 유형별로 신사의 창건 과정을 살펴본다.

---

46 수원신사(1915.12.16), 개성신사(1916.2.5), 대구신사(1916.4.22), 인천신사(1916.4.24), 마쓰시마(松島)신사(1916.5.3), 통영신사(1916.5.4), 평양신사(1916.5.4), 경성신사(1916.5.22), 진해신사(1916.6.2), 용천신사(1916.7.18), 함흥신사(1916.8.21), 미즈호(瑞穂)신사(1916.8.30), 밀양신사(1916.9.12), 전주신사(1916.9.27), 진남포신사(1916.9.19), 군산신사(1916.12.19), 원산신사(1916.12.26), 광주신사(1917.5.1), 평안(平安)신사(1917.5.7), 진주신사(1917.5.14), 청진신사(1917.5.14), 히가시야마(東山)신사(1917.5.18), 성진신사(1917.6.8), 대전신사(1917.6.11), 의주신사(1917.6.11), 강경신사(1917.6.12), 삼랑진신사(1917.6.12), 용두산신사(1917.7.10), 북청신사(1917.10.8), 이리신사(1917.10.29), 오바(大場)신사(1917.10.29), 춘천신사(1918.3.11), 해주신사(1918.6.11), 고토히라신사(1918.6.18), 마산신사(1919.6.23), 회령신사(1919.6.5) 등이다. 『朝鮮総督府官報』의 휘보란(彙報欄)을 정리한 것으로 한반도 지명 외의 신사명은 일본어 음독으로 표기했다.

(1) 새로운 일본인 거주지의 신사 창건: 수원신사

「신사사원규칙」 제정 후 처음으로 창건 허가를 받은 곳은 수원신사였다. 앞서 언급한 분류에 의하면 거류민 유입으로 형성된 집단 거주지에서 신사가 새롭게 창건된 유형이었다. 총독부 자료인 '다이쇼 4년(1915) 사찰관계 서류(大正四年寺刹関係書類)'에는 수원신사 창건 신청서와 이에 대한 경기도청의 조사 보고서 및 총독부의 허가 사항이 확인된다. 이는 신사 창건 신청서 중 현재 확인 가능한 유일한 사료라고 할 수 있다.[47]

수원신사의 창건은 1915년 다이쇼천황의 즉위식을 기념하는 취지에서 계획된 사업이었다. 창건 사유 부분을 살펴보면 "우리 일본 국민은 본시 신의 나라(神國) 사람들로 신을 공경하는 관념이 깊다. 특히 우리 조상인 아마테라스를 모시는 것과 우리 조상들의 유훈을 계속 받들어 이를 자손에게 전하고 국위를 선양하는 것은 가장 중대한 국민된 책무"라고 기술되었다. 여기에 황조신을 모시는 국민의 책무가 "식민지에서 더욱 필요"하다는 이유 또한 첨부되어 있었다. 수원신사의 신전은 가로 4.6m, 세로 2.7m 정도의 규모로 작은 사당으로 이세신궁과 동일하게 모두 히노키 목조로 된 유이쓰신메이즈쿠리(唯一神明造) 건축 양식으로 축조되었다.

창건 비용 중 부지 절개, 땅 고르기, 흙 쌓기 비용이 책정된 것으로 보아 나무를 자르고 경사면을 깎는 형태로 진좌 부지가 마련된 것으로 보인다. 경내 주위를 살펴보면 대부분이 팔달산 국유림에 속했다. 동쪽은

---

47 이하 수원신사 창건 신청서는 다음 자료에 의한다. 「神社創立願ニ関スル件」, 『大正四年寺刹関係書類』(국가기록원 소장 CJA0004747).

국유림을 거쳐 공자묘로 이어졌고 서쪽 또한 국유림을 지나 수원공립심상고등소학교 부지로 이어졌으며 북쪽 일대는 모두 국유림이었다.

경기도청의 조사서에 의하면 해당 지역은 "국유지인 곳으로 불하를 받을 수 없는 사정이 있어 별도로 신청하여 무료 사용 허가를 요청"한 바 있었다. 창건 신청을 주도한 자들이 진좌 예정지를 불하받는 방법을 고려했으나 이루어지지 않자 경기도청을 경유하여 총독부에 무상 사용할 수 있도록 요청했던 것으로 보인다. 이 과정을 거쳐 국유지 무료 사용이라는 허가가 내려지면서 신사 창건이 가능했던 것이다. 수원신사처럼 국유지를 진좌지로 선정한 사례는 이외의 지역에서도 확인된다. 평양신사는 국유지 대여를 받는 형태로 조성이 이루어졌으며[48] 진남포신사는 국유지를 영구적으로 대여받아 조성되었다.[49] 신사 창건을 위한 국유지 사용은 총독부가 일본인사회에 제공한 주요한 특혜 중 하나였던 것이다.

총독부가 중요시했던 신사의 재정에 관해서는, 수원신사의 숭경자 1,300호(戶)로부터 매달 2전씩 갹출하는 것이 정해졌다. 거류민들이 신사를 '자치'적으로, 즉 자기 부담 형태로 운영하기 위해서는 비용을 갹출하는 방식이 현실적이었다. 하지만 총독부는 이에 대해 우려를 표명했다. 주무부서인 내무부는 창건을 허가하면서도 "신사 유지 비용을 갹출금에 의존하여 매년 경비가 부족하게 되면 자연적으로 신사의 존엄을 지키기 어렵고 숭경자들의 신앙을 두터이 하기에도 유감스러운 면이 있다"고 지적하면서 갹출금뿐 아니라 기본 재산의 확보를 권장했다.

갹출금과 관련해 관심을 끄는 것은 조선인사회가 창건에 협조적이

---

48   平壤民団役所 編, 1914, 앞의 책, 190-191쪽.
49   岩下伝四郎 編, 1941, 앞의 책, 411쪽.

었다는 기술이다. 창건이 알려지자 "당지에 거주하는 조선인들도 기념사업에 크게 찬성을 표하며 숭경자 가입을 신청"했고 그 수가 680여 호에 이르렀다는 내용이 있다. 서술 그대로 조선인이 스스로 나서서 신사 창건에 찬동했는지는 의문이지만 조선인 출원자가 있었던 것은 사실이다. 이는 갹출금 명부를 통해서도 확인된다. 명부를 보면 개인도 있으나 "평리 및 매산리 내지인 갹출금 협정액" 혹은 "수원군청 직원 갹출 협정액"과 같이 단체의 형태로 기부금 협정이 이루어진 것을 알 수 있는데, 조선인의 경우 "북수리 신풍리 남창리 남수리 산앵리 매산리 조선인 중 680명 갹출금 협정액"이란 기록이 보인다. 앞서 언급한 숭경자 가입 수 680여 호와 수적으로 동일한 부분으로 그 단위가 호수인지 명수인지 불명확하지만 갹출을 약속한 금액이 350엔이었다는 점이 확인된다. 이는 전체 창건 비용 805엔의 44%에 달하는 금액으로 "내지인 조선인이 한마음으로 협력하고 운영"한다는 신청서 내용과 외면적으로 부합하는 금액이었다.

이후 수원신사는 신청 후 2년이 지난 시점인 1917년 10월경에 조성이 완료된다.[50] 새롭게 창건되는 신사의 경우 '창건 신청 → 총독부의 허가 → 신사 조성'이라는 과정을 거쳤는데 수원신사의 경우 허가 시에 모든 시설이 갖춰진 것은 아니었다. 앞서 조문에서 확인했듯이 2년간 유예기간이 주어졌던 까닭에 새롭게 창건하는 신사의 경우 창건 날짜와 신사 조성 시기가 반드시 일치하지는 않는다는 것이다.

수원신사 신청서에는 출원자 48명의 명부가 확인된다.[51] 모두의 이력

---

50 『每日申報』, 1917.10.20.
51 朝鮮總督府, 『大正四年寺刹関係書類』(국가기록원 소장 CJA0004747).

을 밝히는 것은 어렵지만 일본인 14명의 이력을 확인할 수 있다.[52] 우선 출원자들의 면면을 살펴보면 수원 지역의 유력 상인들이 중심이었다. 출원자 대표인 곤도 토라노스케(近藤虎之助)는 오카야마현 출신으로 한성은행 수원지점이 개설될 당시 초빙되어 조선으로 건너온 인물이었다. 이토는 당시 수원학교조합 관리자였으며 이외에도 학교조합 관련 이력을 지닌 자가 상당수 확인된다. 지역에서 '학교조합 의원=지역사회 유지=우지코 총대'라는 등식이 일반적으로 성립했던 것을 엿볼 수 있다.

아울러 출원자의 이력에서 눈길을 끄는 것은 출신지의 다양성이다. 타 지역과 마찬가지로 규슈와 주고쿠 출신이 많았지만 이 외에도 간토(關東)와 호쿠리쿠(北陸) 출신자가 있는 등 다양한 배경을 지닌 사람들로 구성되어 있었다. 이처럼 다양한 출신자들이 거주하는 지역에서 일본인사회를 아우를 수 있는 황조신 아마테라스를 제신으로 삼게 된 것이다. 여기에 '국가신도'가 식민지 조선에 이식되면서 제신으로 황조신이 우선시되는 경향 또한 영향을 미쳤을 것이다.

한편, 출원자 중 조선인은 전체 49명 중 23명으로 47%를 차지했다. 출원자의 반 정도가 조선인으로 구성된 점은 수원의 지역적 특성에서 기인한다고 할 수 있다. 수원은 경기도 관찰부가 있던 주요 재래 도시였다. 1915년 수원지역의 인구 통계를 보면 조선인 7,744명과 일본인 1,261명의 구성이었고,[53] 일본인은 역 주변 시가지를 중심으로 거주지를 형성하고 있었다.[54] 일본인사회가 중심인 부 지역과 비교하면 수원은 확

---

52 출원자의 이력에 대해서는 이동훈, 2018b, 「재조일본인 건립 신사(神社)에 관한 기초적 연구-'한국병합' 전후 변화 양상을 중심으로-」,『한일관계사연구』62 참조.
53 朝鮮総督府 編,『朝鮮総督府統計年報』1915년도판, 68쪽.
54 1912년 말 통계에 의하면 일본인 인구의 약 80%는 남부면과 북부면에 거주했다. 酒

연히 조선인사회가 중심인 지역이었다. 따라서 다수인 조선인사회의 협조를 구하는 형태로 신사 창건이 계획되었던 것으로 보인다. 더 나아가 조선인들을 잠정적 숭경자로 설정하고 비용을 부담하게 함으로써 재정의 안정을 고려한 측면도 있었을 것이다. 신사 창건 과정에서 조선인을 포섭하는 것은 이 시기 총독부가 내걸었던 '동화'와 '일시동인'이란 방침과도 부합하는 것이었다.

하지만 갹출금을 통한 신사 유지비 조달 방법은 얼마 되지 않아 문제에 봉착했다. 수원 거주 일본인에 따르면 "신사 유지비나 공공사업 기부금에 대해서 조선인은 작년(1919)과 재작년(1918)부터 내기를 꺼려 했으며 신사 유지비는 거의 내지 않는" 상황이었기 때문이다.[55] 신사 창건 이후 3~4년이 지난 시점에서 갹출금에 대해 조선인들이 거부 의사를 나타내기 시작한 것이다. 이를 통해서는 앞서 창건 신청서에 기술된 내용, 즉 조선인들이 자발적으로 찬동했다는 내용은 사실과 거리가 있었음을 알 수 있다.

조선인들이 신사비 갹출을 거부한 경우는 다른 지역에서도 확인된다. 경성신사의 연혁을 기술한 자료에 의하면 우지코 총대를 조직할 당시 "조선인 중에서도 우지코 총대를 선출하여 응당한 갹출금을 내도록 했으나 1919년 사건 이래 중단되었으며 1926년 3월 이를 부활시켰다"는 기록을 볼 수 있다.[56] 경성에서도 조선인사회를 포섭하는 형태로 우지코를 조직하고 비용도 부담하게 했으나 3·1운동의 영향으로 중

井政之助, 1914, 『発展せる水原』, 5-7쪽.

55　永留信孝 編, 1920, 『全鮮内地人実業家有志懇話会速記録』, 懇話会事務所, 36쪽.

56　京城府, 「京城神社御由緒記」, 『国幣社関係綴』(국가기록원 소장 CJAC003582).

단되었던 것이다. 따라서 경선신사의 사례를 통해서도 파악되듯이 수원 신사 신청서에 나타난 '자발적 찬동' 부분은 신빙성이 떨어진다고 봐야 할 것이다.[57]

(2) 기존 거류지 신사의 재편: 인천신사

개항기에 설립된 기존의 거류민신사는 「신사사원규칙」 제정 후 개편되는 과정을 거쳤다. 앞서 살펴본 것처럼 인천항에서는 이른 시기부터 신사 창건에 대한 논의가 있었다. 1890년 이세신궁으로부터 대마(大麻)와 신보(神寶)를 받아 대신궁이 창건되었는데 공식적인 절차를 통해 한반도에 창건된 최초의 사례였다. 초기에 세워진 신사는 소규모였다.

1908년에는 개항 25주년을 맞이하여 대신궁 도어식(渡御式)이 열렸다. 일반적으로 마쓰리에서 행해지는 도어식은 대신궁의 신위를 실은 미코시(神輿)를 이고 인천항 거류지를 순회하는 행사였다.[58] 도어식을 행하기에 앞서 대신궁 신직(神職)이 도쿄의 궁내성을 방문해 허가를 받았으며[59] 비용은 거류민들로부터 거둔 기부금으로 충당되었다.[60] 인천에서 최초로 열린 도어식을 축하하기 위해 거리에는 각종 공연이 펼쳐졌다. 도어식이 치러지는 인천 거리는 거류민들의 출신 지역 풍습이 교차하는

---

57 아울러 김대호, 2009, 「1910~1930년대 초 경성신사와 지역사회와의 관계: 경성신사의 운영과 한국인과의 관계를 중심으로」, 『일본의 식민지 지배와 식민지적 근대』, 동북아역사재단 참조.

58 加瀬和三郎, 1908, 『仁川開港二十五年史』, 玉鳴館; 仁川開港二十五年記念会 編, 1908, 『仁川開港二十五年史』.

59 「太神宮神輿渡御式許可」, 『朝鮮新報』, 1908.3.24.

60 『朝鮮新報』, 1908.4.29, 1908.5.1, 1908.5.3 공고란.

공간이었다.[61] 미코시가 이동하는 거리에는 구경꾼들로 넘쳐나 "수십 명의 헌병 순사가 목소리를 높여 사람들의 혼잡을 제어"해야 할 정도였는데 그 인파 사이에는 "백의를 입은 한인들이 삼삼오오" 섞여 있는 모습을 볼 수 있었다. 인천항의 개항을 기념하고 인천의 번영을 기원하는 의미에서 시작한 도어식은 이후 '진센마쓰리(仁川祭)'로 불려지며 정기적 행사로 자리 잡게 된다.[62]

1915년 1월에는 신사 운영에 관한 논의가 있었다. 거류민단 해산 후 신사 운영을 누가 맡을 것인지가 논의되었다. 이 논의를 통해 우지코 조직에 의한 신사 운영 및 신전의 개축이 결정되었다.[63] 같은 시기 다른 부 지역에서도 유사한 내용의 논의가 있었다. 경성신사의 경우 1914년 부제 시행과 동시에 본도의 우지가미제도를 준용하는 형태로 우지코제도가 도입되었다. 새로운 지방제도의 시행에 맞춰 부 일대를 범위로 하는 우지코제도가 폭넓게 시행된 것이다. 경성신사는 경성부 일대를 아우르는 우지가미로 정해졌고 1916년 처음으로 우지코 총대가 조직되었다.[64] 이 과정에서 '내지'의 신사제도에 준거한 '경성신사우지코규약(京城神社氏子規約)'이 정해졌다.[65] 규약의 내용을 보면 우지코 조직은 법인격이 없

---

61 당일 광경에 관해서는 「昨日の渡御式-全市湧くが如し未曾有の盛況」, 『朝鮮新報』, 1908.5.12.

62 인천대신궁의 변화상에 대해서는 박진한, 2013, 앞의 글 참조. 부산 용두산신사에서도 예제가 거행된 날은 '부산의 날'로 지정되어 지역의 마쓰리로 변성했다. 전성현, 2017, 「日帝强占期 神社 例祭와 植民主義 地域文化 : 龍頭山神社를 中心으로」, 『지방사와 지방문화』 20.

63 「仁川太神宮」, 『朝鮮新聞』, 1915.1.17.

64 京城府, 「京城神社御由緖記」, 『国幣社関係綴』(국가기록원 소장 CJA0003582).

65 경성신사우지코규약의 전문은 다음 신문에서 확인할 수 있다. 「京城神社氏子規約」, 『朝鮮新聞』, 1915.6.10 ; 「京城神社氏子規約」, 『朝鮮新聞』, 1915.6.11.

었으며 조합의 형태를 띠었다. 앞서 언급한 부산의 예를 제외하면 우지
코제도가 식민지 조선에 본격적으로 도입된 시기라 할 수 있다.

우지코 조직을 결의한 인천의 유지들은 1915년 2월 '대신궁 우지
코 조직에 대한 허가원'을 인천부청에 제출했다. 허가원에 첨부된 '인
천대신궁 경영에 관한 규정'을 살펴보면 제1조에는 "인천부 미야마치
(宮町) 공원에 있는 대신궁은 인천부내에 거주하는 우지코가 유지 및 경
영한다"고 규정되었다.[66] 이에 따라 선출된 우지코 총대 7명은 신사 경
영에 관한 일체의 책임을 졌다. 또한 4개의 구역에서 선발된 위원은 우
지코 총대를 보좌하면서 신사비 징수와 제사 집행에 관한 업무를 담당
했다.[67] 대신궁의 재정에 관해서는 "매년 약간의 금액을 적립하여 기본재
산을 조성"하는 것이 결정되었다.

아울러 허가원의 내용을 보면 신사는 "우지코 조직이 자치적으로 독
립 경영"한다는 방침이 적시되어 있었다. 하지만 이는 당국의 간섭 없
는 자율적인 신사 운영을 의미하는 것은 아니었다. 여기에서 말하는 '자
치'는 거류민단 해산 후 임시로 부청에 이관되었던 신사 업무를 일본인
사회가 돌려받아 운영한다는 의미였다. 또한 인천부청은 우지코 조직안
에 대해 인가를 내리면서도 신사 운영에 관련해서는 인천부윤의 지휘를
받을 것과 우지코 총대의 변경 및 매년 예산에 관해서 부청에 보고할 것
등을 지시했다.

같은 서류에 첨부된 '신사 및 부속건물 목록'을 통해서는 인천대신궁

---

66 「大神宮氏子総代ノ指令案」, 『府制関係』(국가기록원 소장 CJA0019721).
67 제1조(宮町, 浜町, 新町, 京町通, 龍岡町), 제2조(寺町, 花町, 敷島町, 桃山町, 柳町), 제3조(仲町, 本町, 海岸町, 山手町, 山根町), 제4조(支那町, 港町, 花房町, 松坂町, 萬石町) 및 상동.

의 규모를 가늠할 수 있다.[68] 대신궁 신전은 2평 정도의 목조 단층 건물이었고 배전은 11평 정도였다. 그 외 에마당(絵馬堂), 임시 편전, 미코시 창고, 사무소, 사무소 부속 건물로 구성되었다. 이처럼 비교적 작은 규모의 대신궁은 우지코제도의 도입과 함께 개축이 결정되었고 1915년 5월 미에현 이세에 위치한 제작소에 의뢰했던 신전이 인천으로 보내져 제작되었다. 이와 함께 당시 인천부윤인 히사미즈 사부로(久水三郎) 외 41명을 출원자로 하여 신사 창건이 신청되었다. 창건 허가가 내려지면서 인천대신궁은 인천신사로 개칭되었다. 인천대신궁이 신사로 개편되는 과정에서 이전에 설립된 고토히라신사, 이나리신사, 텐만궁, 아타고신사 등은 인천신사의 섭사 혹은 말사로 재편성되었다.[69]

이러한 인천신사의 창건 과정을 통해서는 「신사사원규칙」 제정 후 기존 거류지 신사의 개편 과정을 엿볼 수 있다. 아마테라스를 모시는 신사를 중심으로 한 위계적인 신사체제가 성립된 것이다. 이세신궁을 정점으로 하여 전국의 신사가 국가기관이 되고 사격(社格)으로 위계가 정해진 '내지'와 유사한 형태였다. 하지만 신사 건립의 역사가 몇십 년에 지나지 않았던 식민지 조선에서는 황조신을 중심으로 한 신사의 위계적 질서가 보다 명확하게 나타났다. 공(公)적인 신을 우위에 두는 신들의 서열화가 이루어진 것이다. 이를 통해서는 '국가신도'가 조선으로 이식되면서 식민지정책에 부합하는 형태로 거류민신사가 변모한 것을 알 수 있다.

---

68   위 자료에 포함된 「神社並付属建物目録」 참조.
69   岩下伝四郎 編, 1941, 앞의 책, 326쪽.

4) 거류민 창건 신사의 변천

「신사사원규칙」 제정 이후 거류민 창건 신사는 관·공립화를 거치면서 총독부의 통제하에 놓이게 된다. 1920년대에는 일본인 인구의 증가와 거류지역의 확산 추세에 따라 신사(神社)와 신사(神祠)가 각지에 설치되었다.[70] 이 시기 경성신사는 국가제사 시설로 구축되면서 변모했으며 부산의 용두산신사와 용미산신사도 일제강점기를 거치면서 공간적인 변화를 거듭했다.[71]

'신사(神祠)에 관한 건'의 제정 이후 읍면지역에서는 작은 규모의 신사(神祠)가 다수 설치되었다. 신사(神祠)는 신사(神社)보다 설치 조건이 비교적 느슨하여 신사의 존엄을 해치지 않으면서 신사와 동일한 역할을 하는 간이신사로 기능했다. 대부분의 경우 지역 유지인 일본인 상공업자들의 주도로 창건이 된 경우가 많았다. 또한 이 시기에는 세속적인 기원의 장소였던 고토히라신사, 이나리신사 등의 거류민 창건 신사가 총독부의 인허가를 받은 지역신사의 섭사 혹은 말사로 개편되어갔다.

이러한 흐름 속에서 1925년 10월에는 서울 남산에 조선신궁이 완성되었다. 조선신궁에 대한 계획은 1912년 총독부 예산안에 포함되면서 시작되었고 1918년에 이르러 남산 중턱에 위치한 한양공원에 조영되는 것이 결정되었다. 1919년에는 관폐대사의 사격 및 제신이 정해졌고 1920년에 조영공사에 들어가 1925년에 완공되었다. 조선신궁의 주

---

70 아울러 1920년대 조선총독부의 신사정책에 대해서는 山口公一, 2005, 「植民地期朝鮮における神社政策と宗教管理統制秩序-「文化政治」期を中心に-」, 『朝鮮史研究會論文集』 43 참조.
71 김승, 2014, 『근대 부산의 일본인 사회와 문화변용』, 선인, 제7장.

신은 황조신 아마테라스오미카미와 메이지천황이었고 조선신궁은 식민지 조선의 총진수(總鎭守)이자 조선에서 가장 높은 관폐대사로 창건되었다. '내지'의 신사와는 달리, 조선신궁은 조선총독부의 권력을 상징적으로 보여주기 위한 시각적인 기능 또한 고려되어 경성 시내가 한눈에 내려다보이는 전당 좋은 곳에 건립되었다. 경성의 도시 계획 관점에서 살펴보면 조선신궁은 일본적 공간 배치론과 식민도시 계획의 특성이 잘 드러난 공간이기도 했다.[72] 조선신궁의 창건을 기점으로 식민지 조선에서는 조선신궁을 정점으로 하는 국가제사 시설의 위계화가 갖추어졌다고 할 수 있다.

1931년 일본의 만주 침략 이후 전시기로 접어들면서 식민지 조선의 신사정책도 변화를 맞이했다. 전쟁을 지원하는 후방 기지로서의 역할이 식민지 조선에 부여되었다. 새로운 조선총독으로 미나미 지로(南次郎)가 부임하면서 '내선일체'를 축으로 한 '황민화'정책이 본격적으로 시행되었다. 이에 발맞추어 신사제도 역시 정비되었다. 1936년 8월 '일도일열격사(一道一列格社)'와 '일읍면일신사(一邑面一神祠)'를 주요 내용으로 하는 신사제도 개정에 대한 칙령이 공포되었다.[73] 1915년 「신사사원규칙」에 이은 대대적인 신사제도의 개편이었다. 제도 정비를 통해 총독부의 재정 지원을 받는 국폐소사(國幣小社)와 함께 신찬폐백료(神饌幣帛料)를 받는 도공진사(道供進社) 및 부공진사(府供進社)가 지정되었다.

---

[72] 青井哲人, 2005, 『植民地神社と帝国日本』, 吉川弘文館

[73] 아울러 1930년대 이후의 상황에 대해서는 문혜진, 2016, 「식민지 조선의 국폐소사(國幣小社)에 관한 일고찰: 국폐소사의 운영 및 제의 양상을 중심으로」, 『로컬리티인문학』 15; 山口公一, 2003, 「植民地朝鮮における神社政策-1930年代を中心に-」, 『歷史評論』 635 참조.

이후 도(道)마다 사격이 있는 신사가 지정되었다. 시기순으로 나열하면 1936년에는 경성신사와 용두산신사, 1937년에는 대구신사와 평양신사, 1941년에는 강원신사와 광주신사, 1944년에는 함흥신사와 전주신사가 국폐소사로 승격되었다.[74] 국폐소사에는 일본 천황가의 황조신인 아마테라스오미카미와 조선의 토착신으로 새롭게 창조된 조선국혼대신이 제신으로 모셔졌다. 이 밖에 아마테라스의 남동생인 스사노오가 단군동일설과 일선동조론을 배경으로 하여 봉제되었고, '한국병합'의 공로가 인정되는 메이지천황 역시 제신으로 모셔졌다. 이러한 '내선일체' 정책에 부합하는 신을 제신으로 삼으려는 총독부의 방침을 둘러싸고 갈등도 있었다. 부산 용두산신사의 경우 아마테라스와 국혼대신을 주신으로 하려는 계획에 대해 신사와 숭경자 총대 측이 고토히라신과 스미요시신을 동일하게 주신(主神)으로 해줄 것을 청원하여 4주(柱)의 신이 봉제되기도 했다.

조선신궁과 각 지역의 국폐소사는 중일전쟁과 태평양전쟁 시기를 거치면서 전쟁 후원과 관련된 의례 시설로 기능했다. 전쟁 수행과 관련한 각종 단체의 의례 및 행사가 국폐소사에서 행해졌다. 아울러 국폐소사는 조선인들에 대한 정신적 동원을 목적으로 한 신사참배가 강제되었던 공간이기도 했다. 일선 학교에서 신도 및 신사에 대한 교육이 이루어졌으며 매월 학생들이 신사 참배에 동원되었다. 국민정신총동원이 시행된 이후에는 일반 국민에 대한 신사참배가 강요되었다. 조선인들에 대한 전쟁동원과 신사참배가 바로 관폐대사 조선신궁과 지역의 국폐소사에서 이

---

74 황해도를 제외한 모든 도 지역에서 관폐사와 국폐사가 창건되었다. 황해도에 위치한 해주신사는 국폐소사로 승격되지 못했다.

루어진 것이다.

'일읍면일신사'제도 시행 이후 1930년대에는 신사(神祠) 창건도 증가했다. 신청자의 면면을 살펴보면 여전히 일본인 신청자가 많았으나 조선인 신청자도 있었다. 이를 통해서는 조선인사회가 우지코제도에 포섭되어가는 과정을 살펴볼 수 있다. 신사는 총독부로부터 폐백료(제사 비용)를 지원받았으며 읍면 단위에 설치된 신사(神祠) 역시 도부읍면의 관청으로부터 지원받았다. 이러한 과정을 거치면서 관폐대사 조선신궁을 정점으로 하여 국폐소사, 도읍면의 신사로 이어지는 위계적인 국가제사제도가 식민지 조선에 정립되었다.

아울러 전시기에는 일본의 대륙 침략이 본격화되면서 천황에 대한 충성심을 고양시키고 전사자를 위령할 호국신사 조영의 필요성이 대두되었다. 이에 따라 제19사단 주둔지인 나남과 제20사단 주둔지인 경성에 호국신사가 설치되었다. 1930년대 후반에는 일본 야마토정권과 관계가 깊은 백제의 부여지역에서 관폐대사 부여신궁의 창건이 계획되기도 했다. 하지만 태평양전쟁의 발발과 물자 부족의 영향으로 창건이 이르지는 못했다.

전시기에는 물자 부족으로 신사 창건이 저조했으나 일본의 패전까지 한반도에는 관폐사 2사 및 국폐사 8사를 비롯하여 총 82개의 신사(神社)와 913개의 신사(神祠)가 설치되었다. '일읍면일신사'제도 시행 이후 읍면에서의 신사(神祠) 설치율은 절반에 미치지 못하였고 목표를 달성하지 못했다. 하지만 전시체제하에서 신사는 조선인을 동원하기 위한 국가제사기관이라는 기능에 더하여 조선인에 대한 지배와 포섭의 공간으로 기능했다. 거류민사회의 사적 기원의 장소였던 신사는 총독부의 지배정책과 전시체제에 부응하며 황민화정책과 천황지배를 정당화하는 형태로

변모한 것이다.[75]

이렇듯 일제강점기를 거쳐 한반도에 이식된 신사는 1945년 8월 일본의 패전 이후 그 모습을 감추게 된다. 신사 대부분은 한국인들이 파괴하였으나 조선신궁과 경성신사와 같이 일본인에 의해 미리 정리된 곳도 있었다.[76] 조선총독부는 승신식(昇神式)을 거행하여 건물 해체 작업을 행했고 관련 재물은 소각되었다. 총독부 내무부가 관리했던 신사 터의 상당수는 해방 후 미군정 관리하에 들어가게 되었고 이후 다양한 형태로 변모하게 된다. 신사가 있었던 장소는 현재 공원, 교회 및 사찰, 학교, 공공시설로 이어져 사용되고 있다. 신사 터에는 자취가 남아 있지 않는 경우가 많지만 일부 장소에서는 신사 관련 구조물이 남아 있어 과거에 신사가 있었음을 말해주기도 한다.

2. 일본인 성매매업의 진출과 식민지 유곽

1) 개항과 일본의 성매매업 진출

한국에서 성매매의 시작이 전근대 시기부터라는 사실은 분명한 것 같다. 다만 성매매업(유곽)과 허가 및 관리제도(규칙)를 갖추기 시작한 것

---

75 山口公一, 2005, 앞의 글, 58-59쪽.
76 해방 후 신사의 변모에 관해서는 지영임, 2016, 「전후 한국에서의 국가신도(國家神道) 시설의 변용-국내에 건립된 신사와 신사터를 중심으로-」, 『일어일문학』 69.

은 전통으로부터 기원한 것이 아니라 일본의 조선 침탈과 관련해서였다. 즉, 에도 시기부터 번성한 유곽의 유녀와 해외까지 진출한 가라유키상 등이 조선에 정치·경제적 침탈을 위해 건너온 일본군과 일본인을 따라 진출하면서 성매매업이 동시에 시작되었던 것이다.[77] 그렇기에 일본군인 및 상인과 함께 이입된 식민주의 문화이기도 한 유곽은 일제강점기와 식민성을 이해하는 데 반드시 확인해야 할 대상이다.[78]

일본의 조선 침탈을 위한 조일수호조규의 체결은 '조계(租界)'라는 특수한 공간으로 제한되기는 했지만 해안 조사와 자국민 보호를 위한 군함, 군대의 상시 정박과 일본인들의 자유로운 도한을 가능하게 했다. 다만 일본과 달리 잠시 거주하는 공간으로만 허가한 조선은[79] 영구 거주할 수 있는 부녀자 동반을 처음부터 불허했다. 그래서 개항장에는 일본 군인과 상인 등이 증가했고 이에 따라 공공연하게 성매매가 자행되었다. 더구나 조선인 여성까지 끌어들여 양국의 심각한 문제가 되기도 했다.[80] 일본은 개항장에서 불법적인 성매매를 관리하기 위한 조치를 취하지 않을 수 없었다.

부산이 개항된 1876년 2명에 그친 일본인 여성이 '부산구조계'가 설정된 1877년 25명으로 늘어났다.[81] 일본은 곧바로 '요리옥과 유사

77　金一勉, 1997, 『遊女·からゆき·慰安婦の系譜』, 雄山閣.

78　일본에 의해 유입된 공창제와 유곽은 이후 일본군 위안소와 깊은 연관 관계를 가질 수밖에 없었다.

79　전성현, 2018a, 「'조계'와 '거류지' 사이-개항장 부산의 일본인 거주지를 둘러싼 조선과 일본의 입장 차이와 의미-」, 『한일관계사연구』 62　339-347쪽.

80　釜山府, 1926, 앞의 책, 119-120쪽.

81　釜山日本人商業會議所, 1907, 『釜山日本人商業會議所年報』.

한 것을 창업하고 작취녀(酌取女)를 고용하는 자는 허가를 받아야 하는 건'(제18호)을 규정했다. 요리옥 허가 규정(제18호)이 1년 늦은 1878년에 설정된 것으로 볼 때,[82] 불법적인 성매매를 관리하기 위한 최초의 조치이면서 성매매업을 일본과 같이 공식적으로 허가한 것이었다. 곧, 1877년 조계 설정과 함께 유사 업종(요리옥, 음식점)보다 먼저 성매매업이 진출했다고 할 수 있다.

1880년 1월, 원산의 개항을 앞두고 부녀자를 동반한 도한이 늘어나서인지 잠깐 "창기와 유사한 일을 하는 자 및 숙박하는 자와 이를 매개하는 자는 엄벌에 처하도록 하는 취지"를 포달하기도 했다. 하지만 이내 불법적인 성매매와 그에 따른 성병이 만연함에 따라 1881년 말 개항장인 부산과 원산에 각각 「가시자시키(貸座敷)영업규칙」, 「예창기취체규칙」, 「매독(黴毒)병원 및 매독검사규칙」 등을 발포하며 면허와 정기적인 성병 검사를 토대로 성매매업을 공식적으로 허가했다.[83]

그런데 1882년 「조미수호통상조약」이 체결되고, 이듬해 1883년 서울과 인천이 개시·개항되면서 상황이 다소 복잡해졌다. 인천 일본영사는 곧바로 부산과 원산처럼 성매매업의 허가를 요구했다. 그러나 일본은 성매매와 성병 관리를 위한 방법에서 우왕좌왕했다. 본국처럼 공창제를 허가하고 관리체제를 구축하고자 했음에도 불구하고 조선 정부와 문명

---

82 釜山理事廳, 1909, 『釜山理事廳法規類集』, 191쪽, 194쪽, 「料理屋及飲食店營業取締規則」, 「藝妓營業竝取締規則」의 연혁 부분 참조. 「요리옥 및 음식점영업취체규칙」 연혁에는 이 규칙이 1878년 9월 제18호로 규정되었다고 하고, 「예기영업과 취체규칙」의 연혁에는 이 규칙이 1877년 9월 제18호로 규정되었다고 하고 있다. 동일한 규칙이라면 연도가 잘못된 것이라고 볼 수도 있을 것이다.

83 高尾新右衛門, 1916, 앞의 책, 35쪽; 外務省警察史 韓國之部, 1989, 『韓國警察史』 4, 高麗書林, 50-57쪽, 230-238쪽.

론의 입장에선 서구 열강의 눈치도 봐야 하는 실정이었다. 따라서 본국의 이른바 '공창제'를 그대로 허가한 부산과 원산도 규제할 필요가 생겼고, 서울과 인천에는 성매매업을 허가할 수 없었다. 부산과 원산에는 곧바로 이미 허가한 성매매업자들에게 1년 이내 폐업을 지시했다.[84]

그런데도 인천에서 불법적인 성매매가 만연하고 매독 환자가 폭증하자, 인천 일본영사는 재차 성매매업의 공인을 요구했다. 일본 외무성은 다시 불법 성매매와 매독 방지를 위한 조치로 부산, 원산과 같이 조선 정부와 서구 열강의 눈을 가릴 수 있는 먼 개항장의 경우 기존 영업은 유지될 수 있도록 방치했다. 반면 서울과 인천에서는 공창지를 계속 허가하지 않았다. 한편, 이른바 「매음취체규칙」을 통해 단속에 주력했다. 하지만 '매음' 처벌이 징역, 송환, 영업정지 등 강력한 것이 아니었기에 서울 및 인천의 불법 성매매와 부산 및 원산의 허가된 성매매업은 계속 유지되었다.[85]

부산의 경우 매독 환자의 수가 줄어들면서 1887년 매독병원이 폐지되고 그 기능이 공립병원으로 이전하는 등 성병 관리는 어느 정도 가능해졌다.[86] 다만, 성매매를 완전히 금지하지 않고 자체의 단속을 표방했기 때문에 성매매와 공창을 공개적으로 드러내는 '가시자시키'나 '창기'라는 명칭을 은폐할 필요가 있었다. 따라서 1890년 기존의「예창기영업

---

84 「在朝鮮釜山元山両港ノ貸坐敷及娼妓営業ノ者自今新ニ営業出願ヲ禁ス又従来営業者一旦廃業ノモノハ再ヒ営業ヲ禁ス」,『公文類聚』第七編, 1883(A15110460800).

85 송연옥, 1998,「대한제국기의〈기생단속령〉〈창기단속령〉-일제 식민화와 공창제 도입의 준비과정-」,『한국사론』40, 223-232쪽.

86 外務省, 1887,「梅毒病院ヲ廃シ更ニ共立病院内ヘ医務所設置方ノ件」,『在朝鮮国釜山港官立病院ヲ廃止シ共立病院設立補助一件』.

규칙」이「예기취체규칙」(布 제8호)으로 바뀌었고, 1891년 요리옥과 음식점에서 영업할 수 있게 했다(達 제5호).[87] 그러자 그동안 허가되지 못했던 인천에서도 1892년「예기영업취체규칙」이 발포되었고, 서울에서도 1896년 예기 가업이 허가되었다.[88]

기존의 가시자시키와 창기가(娼妓稼)가 공식적으로는 폐지되었지만 요리옥과 예기에 포함되어 은폐되었기 때문에 불법적인 성매매는 여전한 문제로 남아 있었다. 더군다나 청일전쟁에 따른 군대의 주둔과 격증하는 일본인, 그리고 1897년 진남포·목포와 1899년 마산·군산·성진 등의 개항으로 성매매는 물론 풍기문란도 나날이 늘어났다. 또한 일본에서 전개된 폐창운동으로 말미암아 1900년「창기취체규칙」(외무성령 제44호)이 제정되었다. 이제 지역마다 다른 규칙이 통일되어 폐업과 창기의 자유가 신장되고 연령도 18세로 상향되었다. 결과적으로 폐창을 원하는 자가 늘어나면서 어려워진 성매매업자들은 조선으로 영업망을 돌렸다.[89]

지금까지 불법적인 성매매와 성병 관리를 위해 개항 초기 일부 지역에서만 성매매업을 제한적으로 허가하여 유지하기도 하고, 일부 지역에서 허가하지 않아 음성화되던 성매매업을 더 이상 제한할 수 없게 되자, 각 지역 일본영사관은 이를 점차 공식화하기 시작했다. 이른바 공창제가 일본인이 거주하는 조선 전역에서 본격화된 것이다. 그 시작은 당연하게

---

87 釜山理事廳, 1909, 앞의 책, 191쪽, 194쪽;『在朝鮮國釜山港領事館制定諸規則便覽』, 93-98쪽

88 송연옥, 2012,「세기 전환기의 군사점령과 '매춘' 관리」,『근대와 성폭력』, 선인, 161쪽.

89 송연옥, 2012, 위의 글, 166-167쪽.

도 개항과 동시에 성매매업이 진출했고 제도적으로 공식화되었던 부산이었다.

2) '공창제'의 공인 과정과 의미

부산 일본영사관은 1900년 「예기영업과 취체규칙」(達 23호)을 제정하여 기존의 요리옥 및 음식점에서 예기의 "ブ류(寄留)·동거(同居)"를 1901년 1월 1일부터 금지했다. 대신, 영사관 경찰서가 지정한 거류지 밖 도미히라초(富平町)에서 영업하는 것은 허락했다. 도미히라초 구역 내에 영업하는 예기는 해당 구역 내의 요리옥에 동거해야 하며 구역 밖에서 영업하는 예기는 요리옥 또는 음식점에 동거할 수 없도록 했다.[90] 이른바 일본처럼 '집창조리제'를 도입한 거류지 밖 성매매를 위한 영업장소를 지정함으로써 조선 최초의 유곽을 계획했던 것이다. 이에 따라 1902년 말까지 도미히라초의 보수천을 둘러싸고 특별요리점이 속속 들어서 공식적인 집창구역이 되었다.[91]

1902년 3월, 원산의 고도부키정(壽町)에도 을종예기와 종업부가 동거하는 특별요리점 영업지가 설정되었다.[92] 그해 12월에는 인천의 요리점들이 출자하여 일본거류지 동남 약 반리 떨어진 이정동에 시키시마루(敷島樓)를 개설해 공식적인 성매매가 가능한 특별요리점 영업지로 만

90　釜山理事廳, 1909, 앞의 책, 191-195쪽, 「料理屋及飲食店營業取締規則」, 「藝妓營業竝取締規則」 참조.

91　전성현, 2018b, 「일제강점기 부산 유곽의 실태와 일본군과의 관련성」, 『역사와 경계』 109, 각주 16 참조.

92　高尾新右衛門, 1916, 앞의 책, 329쪽.

들었다.[93] 이처럼 기존의 개항장에서 요리점과 예기의 분화가 서서히 일어나기 시작했다. 1904년 경성 일본영사관은 「요리점취체규칙」(제3호)을 통해 요리점을 1종과 2종으로 구분하고 2종요리점은 영사관의 지정 구역 내에서만 그 영업을 허가했다.[94] 이에 따라 경성의 일본거류민회가 비용을 들여 거류지와 가까운 쌍림동의 토지를 매수해 특별요리점 영업지인 신마치(新町)를 만들어 11곳의 요리점조합이 공동 출자하여 성매매업을 개시했다.[95] 이때부터 일본영사관(이사청)과 일본거류민회(단)이 중심이 되어 성 관리와 일본인사회의 재원 확보를 위해 유곽 설치를 본격화했다.[96]

거류지 밖 별도의 집창구역를 설정하고 그 구역에서 영업하는 업종과 여성을 기존 범주로부터 구별하여 재설정하는 흐름은 러일전쟁 이후 보호국 시기인 1906년부터 더욱 본격화되어 다른 지역으로 확산되었다. 〈표 1〉을 보면, 강제병합 이전 공식적 집창구역인 이른바 유곽지역이 일본인들이 집단적으로 거주하는 거류민회(단)과 일본인회가 설치된 대부분의 지역에 설치되었다. 또한 청일전쟁과 러일전쟁을 위해 조선에 진주한 일본군 주둔 지역인 용산, 평양, 대구, 함흥, 나남, 대전, 광주 등에도[97] 별도의 집창구역이나 성매매업에 종사하는 예기, 작부가 존재하고 있었다.

---

[93] 小川雄三, 1903, 『仁川繁昌記』, 朝鮮新報社, 146-147쪽.

[94] 京城府 編, 1934, 『京城府史』 제3권, 339쪽.

[95] 京城居留民團役所 編, 1912, 앞의 책, 129-130쪽; 京城府 編, 1934, 『京城府史』 제2권, 720-721쪽.

[96] 保高正記, 1925, 『群山開港史』, 134쪽.

[97] 신주백, 2012, 「한반도에서의 일본군 역사(1904~1945)」, 『군대와 성폭력』, 선인, 〈지도 4-1〉 한국주차군과 헌병대의 배치도 및 〈지도 4-4〉 1911년 7월 현재 조선주차군 배치도 참조.

〈표 1〉 일본이사청 소재(관할)지 성매매 영업 지역(유곽)

지역	연도	장소	명칭	출처, 근거	비고
부산	1901	거류지 외 富平町	특별 요리점	「예기영업병취체규칙」 (達 제23호, 1900)	1907년 綠町 이전
원산	1902	壽町(02) 新町(09)	을종 요리점	「요리점급음식점취체규칙」 (관령 제5호, 1903) 「요리옥음식점취체규츼」 (청령 제2호, 1909) 「을종요리옥영업구역」 (청령 제3호, 1909) 「예기작부취체규칙」 (청령 제4호, 1909) 원산발전사(1916)	요리옥 갑을 구분, 을종요리옥 이사관 지정구역 영업 (1909) 예기 구분 없음. 18세 이상 예기 2종요리점 寄寓 영업 가능(1909)
인천	1902	敷島町	특별 요리점	「요리점음식점취체규츼」 (관령 제3호, 1901) 인천번창기(1903) 「요리점음식점취체규츼」 (청령 제2호, 1909)	이사청 지정구역 영업(을종 예기)
진남포	1904	비석동 柳町 (1904) 마산리 (1908)	특별 요리점	관고시 제39호(1904) 「요리옥음식점영업취체규칙」 (청령 제3호, 1908)	비석동 특별요리점은 영업허가 기한 내 한함(이사청령 제3호, 1908) 이후 柳町유곽
경성	1905	新町	2종 요리점	「요리옥취체규칙」 (관령 제3호, 1904)	2종예기 (관령 제4호, 1904)
용산	1906	桃園洞	2종 요리점	위와 같음	위와 같음 1912년 彌生町 명칭 변경
군산	1907	山手町		「예기음식점취체규칙」(1907) 군산개항사(1925)	
마산	1908	거류민단 구역 외		「宿屋영업취체규칙」 (청령 제1호, 1908)	민단 구역 외 貸座敷, 待合 茶屋, 요리옥, 음식점, 遊船宿, 雇人口入 겸업 가능
평양	1908	평양 외 川坊1里 烏灘洞	을종 요리점	「을종요리옥영업구역지정」 (청령 제4호, 1908)	
대구	1908	八重垣町 (대구 西北隅)	을종 요리점	「요리옥취체규칙」 (청령 제9호, 1908) 「을종요리옥영업구역」 (청령 제11호, 1908)	요리옥 갑을 구분, 을종요리옥 이사청 지정구역 내 영업

지역	연도	장소	명칭	출처, 근거	비고
함흥	1908			예기작부취체 (원산이사청고시 제4호, 1908) 함흥예기작부통행구역폐지 (원산이사청고시 제20호, 1908)	함흥위수군 풍기유지상 함흥 거주 예기작부의 위수사령관 허가 없이 군대숙영구역 내 통행 금지(1908.3). 위 통행 금지의 폐지(1908.8)
청진	1908	敷島町, 大和町	특별 요리점 (1909)	요리옥영업구역 (청고시 7·11호, 1908) 「요리점취체규칙」 (청령 제2호, 1909) 「예기급작부취체규칙」 (청령 제4호, 1909)	보통/특별요리점(이사관 지정구역) 구분, 보통/특별예기 구분, 특별예기와 작부 특별요리점 영업 北星町의 玊カ岡유곽으로 이전?
나남	1910	三輪ノ里	특별 요리점	특별요리점영업구역 (청진이사청고시 제6호, 1909) 「요리점취체규칙」 (청진이사청령 제6·7호, 1909) 「예기급작부취체규칙」 (청진이사청령 제8·9호, 1909)	청진이사청 관할로 제규칙 적용 美輪之里 유곽 명칭 변경
성진	1909			「요리옥음식점영업취체규칙」 (청령 제5호, 1906) 「예기영업취체규칙」 (청령 제6호, 1906) 「요리점급음식점영업취체규칙」 (청령 제2호, 1909) 「예기급작부취체규칙」 (청령 제3호, 1909)	1909년 성매매업으로 18세 이상 작부 영업 설정(1909)
신의주	1910			「요리점급음식점취체규칙」 (청령 제6호, 1910) 「예기급작부취체규칙」 (청령 제4호, 1910)	
목포	1910	민단지역 내 (竹洞)	을종 요리점	「요리점취체규칙」 (청령 제1호, 1910) 「예기급작부취체규칙」 (청령 제2호, 1910) 「을종요리옥영업지역지정」 (청령 제5호, 1910)	
광주	1910	일본인회 지역 내	을종 요리점	「을종요리점영업지역지정」 (목포이사청령 제7호, 1910)	

출처: 『統監府公報』上·下, 1906~1910.

이는 개항과 더불어 공창제를 도입한 일본이 즉시 조선과 서구의 부정적 시선을 회피하고자 요리점과 예기로 은폐했던 공창제를 다시 구분하고 구획하여 이 시기 공인했음을 보여준다. 그 과정은 대처로 각 일본이사청 소재(관할)지마다 유사하게 전개되었다.

먼저, 각 일본이사청은 이른바 풍기문란과 성병 관리, 그리고 재원 확보라는 목적 아래 성매매업의 합법화를 위한 요리점 및 음식점 취체규칙을 신설 또는 개정했다. 개항 초기 사용되다 희피되던 '가시자시키'는 여전히 공식적으로 법규에 사용하지 않았다. 대신, 요리점을 이분화해 성매매업자와 성매매 여성이 영업할 수 있는 요리점을 특별요리점, 2종요리점, 을종요리점으로 명명했다. 대부분의 지역에서 이와 같은 예를 따랐음은 표를 통해 알 수 있다. 다만 마산과 성진은 약간의 차이가 있었던 것으로 보인다. 마산은 요리점 구분과 상관없이 거류민단 구역 밖에서 가시자시키, 마치아이차야(待合茶屋) 등을 영업할 수 있었다. 유일하게 이 시기 공식적인 법규상에 가시자시키가 등장한 사례이다.[98] 성진은 요리점 구분은 없는 대신 작부가 동거하는 요리점이 성매매할 수 있는 요리점으로 활용되었다.[99]

둘째, 성매매업자와 성매매 여성이 영업하는 특별·2종·을종요리점은 대부분 일본인 거류민회(단) 구역 밖에 새롭게 설치되었다. 그런데 이

---

[98] 마산이사청령 제1호 「宿屋營業取締規則」, 『統監府公報』 제57호, 1908. 물론 당시 일본인 신문의 광고나 일본인사회에서는 이와 같은 특별·2종·을종요리점을 가시자시키라고 일반적으로 불렀던 것은 명백한데, 법제상에서는 은폐되어 있었다. 명칭이 다시 공식화된 것이 강제병합 이후 조선총독부 시기(1916년 경무총감부령 제4호 「貸座敷娼妓取締規則」)였다.

[99] 성진이사청령 제2호 「料理店及飲食店營業取締規則」 및 제3호 「藝妓及酌婦取締規則」, 『統監府公報』 제119호, 1909.

사청이 설치되고 일본인 인구 증가에 따른 거주 구역이 점차 확장되면서 다시 일본인사회 내에 위치하기도 했다. 따라서 영사관 시기 거류지 밖이었다가 다시 안에 포함된 지역의 경우 이사청에 의해 재차 외곽 등 다른 지역에 설정되면서 집창구역이 늘어나기도 했다. 예를 들어 원산의 경우 1902년 고토부키초였다가 1909년 신마치가 새로 설정되었다.[100] 진남포의 경우 1904년 영사관에 의해 비석동의 야나기초(柳町)에 설정되었는데, 1908년 이사청에 의해 마산리에 새로 설정되었다. 따라서 비석동의 특별요리점은 영업 기한까지 영업을 할 수 있었고, 이후에 옮겨야 했다.[101] 그런데 식민지 시기 여전히 야나기초 유곽이 존재하는 것으로 볼 때, 집창구역은 계속 늘어나고 있었다고 볼 수 있다.

셋째, 각 일본영사관과 이사청은 요리점 취체규칙과 함께 예기 및 작부 취체규칙을 새로 규정했다. 성매매 여성을 의미하는 '창기'라는 표현도 법규상 계속 회피하며 사용하지 않았다. 대신 각 이사청은 요리점과 마찬가지로 예기도 이분화했다. 즉, 성매매업인 특별·2종·을종요리점에 기류·동거하는 예기를 특별·2종·을종예기로 규정했다. 또한 별도로 작부를 두어 집창구역에서 영업하는 여성으로만 지정했다. 즉, 성매매 여성을 곧바로 의미하는 '창기' 대신 표면적으로 성매매의 의미가 잘 드러나지 않는 특별예기, 2종예기, 을종예기, 그리고 작부가 사용되었다. 더불어 1900년 일본 본국의 「창기취체규칙」에 따라 특별예기, 2종예기, 을종예기, 작부의 연령은 모두 18세 이상으로 상향 조정했다.

다만 앞에서도 언급한 것처럼 예기의 구분 없이 작부만이 18세 이상

---

100 원산이사청령 제3호 「을종요리옥영업구역」, 『統監府公報』 제119호, 1909.
101 진남포이사청령 제3호 「요리옥음식점영업취체규칙」, 『統監府公報』 제83호, 1908.

으로 성매매업에 종사할 수 있도록 규정하는 성진의 예도 있었다.[102] 마찬가지로 예기의 구분 없이 18세 이상의 예기는 2종요리점에 기류할 수 있는 원산의 예도 있었다.[103] 이는 집창지역의 설정과 공창제 공인을 위해 새롭게 요리점과 예기를 이분화해 성매매업과 성매매 여성을 구분했지만 실제로 성매매업에 요리점과 예기까지 포함시킴으로써 모든 접객업과 접객여성이 성매매업에 종사할 수 있었음을 반증하는 것이다. 이와 같은 가시자시키와 창기의 은폐와 공창제 공인을 위한 요리점과 예기의 분화는 더 많은 불법적인 성매매와 성병 증가를 가져왔기 때문에 더 이상 숨길 수가 없었다. 따라서 〈표 2〉와 같이 통감부는 1908년을 전후해 가시자시키와 창기를 다시 공식적으로 사용하기 시작했다.[104] 또한 예기는 특별·2종·을종예기가 아니어도 건강진단이 추진되었다. 특히 경성의 경우 1909년 이사청령 3호로 제정된 「화류병예방규칙」은 이른바 집창구역의 2종요리점, 2종예기, 작부에 대한 것이 아니라 1종음식점과 1종예기 그리고 마치아이(待合)업자에 대한 것이었다.[105] 이처럼 강제병합 직전 일본인 거주지의 공창제 공인은 접객업과 접객여성 전체로 확대되고 있었음을 알 수 있다.

일본의 성매매업 진출과 공창제 공인은 또한 조선인에게까지 영향을 미쳤다. 앞에서도 언급한 것처럼 이미 개항과 동시에 일본인들의 성

---

102 성진이사청령 제3호 「예기급작부취체규칙」, 『統監府公報』 제119호, 1909.
103 원산이사청령 제4호 「예기작부취체규칙」, 『統監府公報』 제119호, 1909.
104 일본이사청 소재지에서 다시 공식적으로 가시자시키와 창기가 사용되기 시작한 것은 1908년 전후이며 이는 조선 정부에 의한 「예기단속령」과 「창기단속령」의 발령과 관련된 것으로 보인다.
105 경성이사청령 제3호 「화류병예방규칙」, 『統監府公報』 제99호, 1909.

〈표 2〉 일본이사청 소재지 접객업 및 접객여성 현황

지역	1906				1908					
	요리옥	음식점	예기	작부	요리점	음식점	가시자시키	예기	창기	작부
부산	43	132	221	-	66	204	16	69	155	536
마산	-	24	-	-	42	23	-	60	-	69
군산	13	31	23	29	31	25	5	31	4	61
목포	7	11	22	-	21	14	-	30	-	69
경성	134	163	240	320	294	236	24	456	289	498
인천	31	129	249	-	41	98	9	75	106	91
평양	84	121	145	108	70	66	11	80	81	277
진남포	11	47	58	12	14	19	3	20	13	29
원산	33	37	-	-	71	35	5	59	49	208
성진	5	5	4	-	7	-	-	4	-	12
대구	24	12	23	49	53	29	-	37	-	148
신의주	-	-	-	-	57	27	-	50	-	132
청진	-	-	-	-	67	40	-	64	-	191
합계	385	712	985	518	843	817	73	1035	697	2321

출처: 統監府, 1907, 「제52표 警察上取締營業」, 『第一次統監府統計年報』, 74-76쪽; 統監府, 1909, 「제107표 警察上取締營業」, 『第三次統監府統計年報』, 198-203쪽.

매매업이 진출한 부산에서 조선인 여성을 성매매 대상으로 삼은 사건이 발생하는 등 조선인 여성의 성매매업도 차츰 생기기 시작했다. 인천에서 일본군이 출입하는 조선인 경영의 성매매업도 존재했고, 청일전쟁 이후 조선인 여성을 고용해 성매매업을 개업하기도 하는 등 점차 성매매업에 종사하는 조선인 업자와 여성도 늘어났다. 특히 1900년대 일본영사관과 이사청에 의해 집창구역 설정에 따른 공창제가 공인되면서 일본인 성매매업자들에게 고용되거나 성매매업을 영위하는 조선인 여성은 더욱 늘어났다.[106] 이에 따라 조선인사회의 풍기문란은 사회적 문제로 대두되었다.

대한제국 경무청도 이점에 주목하며 '강기를 세우고 풍화를 바로잡는' 10여 조를 게재 고시했는데, 그 가운데 '행음(行淫)'도 풍기문란의 중요한 사안이었다. 이어 '매음녀징벌'과 함께 1904년 '한성 내 소위 매음녀의 거류지를 남서 시동(南署 詩洞) 이하로 획정하고' 이즈하도록 했다. 그리고 '조선인에게 매음하는 집은 상화가(賞花家)라는 글을 처마에 크게 써서 걸고 외국인에게 매음하는 집은 매음녀의 별호를 써서 걸게' 했다. 이른바 '상화실(賞花室)'이라는 집창구역을 한성에도 설정한 것이다.[107]

대한제국의 집창구역 설정은 무엇보다 풍기문란 때문이었는데 특히 일본의 공창제 공인과 밀접한 관계가 있었다. 즉, 집창구역이 없이 '매음가'가 일반 민가와 섞여 있을 경우 풍기문란은 물론이고 외국인 상대 매음가도 있어 일반 민가로 출입하는 폐해가 속출했다. 그렇기에 대한제국 경무청은 일본인들의 공창제 공인에 따른 풍기문란의 확대를 성매매 금지가 아니라 공인을 통해 격리했다. 이른바 '매음녀'를 관리하는 쪽으로 전환한 것이었다. '매음녀'의 관리는 검찰과 검숙(檢儵)이며, 성병검사는 광제원, 대한의원에서 한성 안의 기생과 상화실 성매매 여성이 모두 받았다. 검사 결과 성병이 없을 경우 검증장(건강진단장)을 발급했다.[108] 결국, 집창구역의 설정만이 아니라 성매매 여성에 대한 성병 관리체제도 구축하게 되었다.

---

106 송연옥, 1998, 앞의 글, 251-254쪽.

107 「警使禁令」, 『皇城新聞』, 1904.3.29; 「警使生風」, 『皇城新聞』, 1904.3.29; 「賣淫區別」, 『皇城新聞』, 1904.6.8; 「추업확장」, 『大韓每日申報』, 1905.2.27.

108 「花室閉春」, 『大韓每日申報』, 1906.2.11; 「病花無蝶」, 『大韓每日申報』, 1906.3.8; 「娼妓檢査」, 『皇城新聞』, 1906.4.27; 「花泣點梅」, 『皇城新聞』, 1907.3.6; 「檢査花病」, 『皇城新聞』, 1907.11.8.

하지만 법적 구속력이 없었기 때문에 여전히 불법적인 성매매는 물론이고 성병 관리에 대한 반발도 심했다.[109] 따라서 법규에 의한 '취체', '단속'이 필요하게 되어 1908년 경시청령 제5호「기생단속령」과 제6호「창기단속령」을 제정했다.[110] 그런데 이들 단속령이 들어있는 문서인 '기생 및 창기단속령 제정의 건'에는 1900년 10월 일본 내무성령 제44호인「창기취체규칙」이 포함되어 있었다. 이미 살펴본 것처럼 1900년대 일본영사관과 이사청에서 제정된「예기 및 작부취체규칙」은 모두 이「창기취체규칙」을 토대로 작성되었다. 따라서 경시청의 기생 및 창기단속령도 이를 준용한 것으로 이해할 수 있다. 하지만 여기에도 분명한 차이와 함께 일제의 의도가 숨어 있었다.

일본이 자국의 폐창운동과 맞물려 공창제를 제한하고자 하는 취지에서 제정한 것이「창기취체규칙」이라면, 이를 따라 성매매업에 종사하는 여성의 연령을 18세 이상으로 상향 조정하면서도 조선에서 공창제를 공인하는 방향으로 전개한 것이 조선의 개별 일본영사관 및 이사청이었다. 다만 '창기'라는 용어는 여전히 회피하고 특별·2종·을종예기 및 작부로 포장하여 이목을 속이고 있었다. 그런데 경시청령은 기본적으로 중앙정부의 법규인데다 조선인 성매매 여성을 일본이 회피하고 있던 창기라는 용어로 법규에 명시함으로써 본격적으로 사용했다는 점에서 개별 이사청령과 달랐다. 또한 창기의 범위도 기존의 상화실에서 '상화실, 갈보 또는 색주가의 작부를 총칭'하여 확대되었다. 게다가 표면적으로 조선의

---

109 「恩反爲怨」,『皇城新聞』, 1906.4.27;「鐵械傷花」,『大韓每日申報』, 1907.3.19.
110 警視總監部 第二課, 1908,「妓生及娼妓團束令制定ノ件」,『妓生及娼妓ニ關スル書類綴』(CJA0002399).

결혼연령을 따른다는 명목 아래 창기의 연령을 '만 15세'로 대폭 낮춤으로써 일본과 달리 미성년자의 성매매업 종사도 가능하게 만들었다.[111]

이상의 조치는 러일전쟁 이후 조선이 이미 보호국 상태의 반식민지였지만 조선인 내무대신의 인가를 통해 조선 정부가 스스로 공창제를 공인했다는 효과를 발휘하도록 했다.[112] 또한 창기라는 명칭도 일본인들은 회피하도록 하면서 조선인들은 조선의 법규로 명확하게 규정했다. 이는 일본의 문명을 여전히 낮춰보는 문명론적인 서구 열강의 인식을 조선으로 전환하는 것이라고 할 수 있다. 또한 조선의 공창지가 일본영사관·이사청의 공창제 동인에 따른 것이 아니라 오히려 조선 스스로 공인한 것이고 오히려 일본이 추수하는 것으로 비치게 했다. 따라서 이 법규를 전후해 일본인들도 그동안 회피하던 가시자시키와 창기를 공공연하게 사용하기 시작했다.[113] 한편, 성매매 여성의 연령을 만 15세로 하향 조정한 것은 일본의 성매 개업자들을 조선으로 유인하여 일본의 문제를 식민지 조선으로 돌리는 한편, 조선인 여성에 대한 성 착취가 본격화되도록 했다고 할 수 있다. 이러한 의도 속에 1908년의 경시청령은 강제병합

---

111 警視總監部 第二課, 1908, 「娼妓ニ對スル諭告條項」, 『妓生及娼妓ニ關スル書類綴』(CJA0002399).

112 '기생 및 창기에 관한 서류철'에 포함된 부속 문건 중 '기생 및 창기단속령 제정의 건'에는 내무대신 송병준의 인가서류가 함께 포함되어 있고 이 법령은 대한제국관보를 통해 공포되었다[『大韓帝國官報』, 1908(4188호)].

113 〈표 2〉의 일본이사청 소재지 접객업과 접객여성 현황과 같이 『통감부연보』 1907년판에는 가시자시키와 창기 항목이 없다. 그런데 1909년판부터는 가시자시키와 창기 항목이 포함되어 있다. 따라서 1908년 법령 발포 이후부터 요리옥, 음식점, 가시자시키와 예기, 창기, 작부 모두 성매매와 관련될 수 있었다(統監府, 1907, 「제52표 警察上取締營業」, 『第一次統監府統計年報』, 74-76쪽; 統監府, 1909, 「제107표 警察上取締營業」, 『第三次統監府統計年報』, 198-203쪽; 朝鮮總督府, 1910, 「제141표 警察上取締營業」, 『第四次朝鮮總督府統計年報』, 295-300쪽).

직전인 1910년 8월 13일 통감부 경무총감부령 제1·2호로 각각 개정되어 전국으로 확대되었다.[114]

3) 강제병합 이후 공창제의 획일화와 유곽 정리

일본의 강제병합으로 조선이 식민지가 되자 더 많은 일본인들이 조선으로 몰려들었다. 1906년 말 군인을 제외한 조선에 거주하는 일본인은 83,315명이었는데, 1910년 말 171,543명, 1911년 말 210,679명으로 두 배 이상 급격하게 증가했다. 그런데 남녀의 비율을 보면 항상 남자가 많았다. 1910년 말 171,543명 가운데 남자는 92,751명, 여자는 78,792명이었다.[115] 개항 초기부터 부녀자 동반이 금지되었기 때문에 단신으로 조선에 건너온 남자들이 많았다. 더군다나 식민지가 되기 전까지는 임오군란, 청일전쟁, 러일전쟁 등 안정적인 영주의 분위기는 아니었다. 하지만 러일전쟁 이후 조선이 식민지가 되면서 점차 영주를 위한 가족 단위의 이주 식민이 늘어났다. 그렇다 해도 강제병합 직후인 1910년 말 통계를 보면, 여전히 여자가 남자보다 적었음을 알 수 있다. 그런데 일본인 여성의 직업 분포를 보면, 개항 이후 조선에서 공창제가 도입되고 공인되는 과정과 긴밀한 관계를 맺고 있음을 알 수 있다.

1910년 말 재조선 일본인의 직업별 분포에서 본업만을 가지고 살펴보면, 본업을 가진 남자는 총 58,037명이고 이 가운데 상업 15,877명,

---

114 손정목, 1980, 「개항기 한국거류 일본인의 직업과 매춘업·고리대금업」, 『한국학보』 18, 111쪽.

115 朝鮮總督府, 「제40표 朝鮮現在戶口地方別」, 『朝鮮總督府統計年報』, 60-75쪽; 朝鮮總督府, 「제30표 現在內地人及增加」, 『朝鮮總督府統計年報』, 48-49쪽.

잡업 12,336명, 관리 8,214명, 공업 6,520명, 노력 6,251명 순이었다. 이른바 경제 인구가 가장 많고 그다음 식민지 지배를 위한 관공리가 많았다. 이에 비해 본업을 가진 여성은 전체 여성 인구 중 약 11% 정도인 총 8,498명이지만, 그 가운데 예창기작부가 4,093명으로 약 50%를 차지했다. 그 외 잡업과 상업, 그리고 노력 등이 대부분을 차지했다.[116] 예창기작부만 보면, 1907년 본업만 2,562명(가족 포함 2,675명)이었던 것이 1908년 이후 약 4,000명대로 급등했다.[117] 이전부터 성매대업에 종사하던 여성들이 각 이사청의 「예기 및 작부취체규칙」을 통해 공식화되었음을 알 수 있다. 이와 같은 분위기는 조선인에게까지 영향을 미쳐 1908년 경시청의 「예기/창기단속령」과 전국적 확대에 따라 1910년부터 조선인까지 포함되어 성매매업과 그 종사자들이 더욱더 확대되었다.

〈표 3〉은 1900년대 서서히 일본인 거주지역을 시작으로 조선인 거주지역 전체로 확대된 공인된 공창제로 말미암아 접객업과 접객여성의 수도 1910년을 전후한 시기 대폭 확대되었음을 보여준다. 더욱이 1908년 조선 정부(경시청)의 예기 및 창기단속령으로 조선인 성매매업과 여성도 관리·감독의 대상이 되면서 1910년 통계부터 포함되어 더욱 확대되었다. 그런데 공창제의 표상이기도 한 가시자시키 수는 1910년대 초반에는 조선인이 더 많았다. 반면, 창기와 작부 수 등 모든 영역에서 조선인보다 일본인이 기본적으로 2배 이상 월등히 많았다. 인구 대비 10%도 안 되는 일본인이 성매매와 관련된 접객업과 접객여성 수에서

---

116 朝鮮總督府, 1912, 「제44표 現在內地人戶口職業別」, 『朝鮮總督府統計年報』, 81-87쪽. 표의 일본인 접객여성 합계와 2명이 차이가 나는데, 이는 통계연보상의 오기이다.

117 朝鮮總督府, 1912, 위의 글, 86쪽.

<표 3> 민족별 접객업과 접객여성 추이(1910~1916)

구분		1910	1911	1912	1913	1914	1915	1916
요리점	일	807	870	987	1,005(69)	918	919	820
	조	506	177	743	311(74)	377	642	584
	외	44	67	85	111	122	90	55
가시자시키	일	141	195	200	202	207	255	345
	조	238	238	227	245	232	253	290
	외	-	2	2	4	4	2	4
예기치옥	일	14	83	-	31(111)	26	111	133
	조	11	53	-	108	-	117	74
	외	-	-	-	-	-	-	-
합계	일	962	1,148	1,187	1,238	1,151	1,285	1,298
	조	755	468	970	664	609	1,012	948
	외	44	69	87	115	126	92	59
예기	일	977	1,100	1,105	1,131(8)	1,118	1,226	1,110
	조	427	377	417	493	468	612	586
	외	-	-	-	-	-	-	-
창기	일	851	1,247	1,409	1,551	1,453	1,530	2,077
	조	569	616	569	585	662	674	774
	외	6	3	3	8	5	4	3
작부	일	2,263	2,202	2,049	1,903(1)	1,980	1,924	1,123
	조	197	215	371	470	471	482	348
	외	4	1	-	-	-	3	-
합계	일	4,091	4,549	4,563	4,585(9)	4,551	4,680	4,310
	조	1,193	1,208	1,357	1,548	1,601	1,768	1,708
	외	10	4	3	8	5	7	3

출처: 朝鮮總督府, 『朝鮮總督府統計年報』 각 연도판, '경찰상취체영업' 참조.
비고: 접객업 관련이지만 성매매업은 미미한 宿屋, 음식점, 待合茶屋, 遊藝出稼人, 雇人口入業은 제외.

3배 이상 많다는 것은 기본적으로 성매매업 자체가 일본인에 의해 도입되었고 조선의 식민지화 과정에 공인되었기 때문임을 더욱 잘 보여준다.

다만 가시자시키 수만은 1915년을 기점으로 일본인이 점차 많아지고 있지만, 그전까지 조선인이 많았던 것은 주목된다. 단순하게 생각하면 압도적 인구 수 때문일 것이다. 그런데 다른 항목을 고려해보면 가시자시키 수가 유독 많은 것은 이것만으로 설명되지 않는다. 조선 정부에 의한 성매매업의 공식적인 공인인 1908년 예기 및 창기단속령과 관련된다고 할 수밖에 없다. 그뿐만 아니라 일본인의 경우 공식적으로 가시자시키라는 명칭이 은폐되고 요리점이 이분화되어 대체되었기 때문이었다. 따라서 1916년 성매매업의 일원화를 위해 가시자시키가 법령에 다시 재등장하자, 그간 특별요리점 등으로 분화되고 은폐되었던 일본인 성매매업이 가시자시키로 통합되면서 대폭 늘어났던 것이었다.

한편, 성매매와 직접 연관된 가시자시키와 창기가 통감부 및 조선총독부의 공식적인 통계에 잡힌다고 해서 익히 알고 있듯이 이것만이 성매매업과 관련된 것은 아니었다. 여전히 일본인의 경우 기존의 각 영사관령 또는 이사청령으로, 조선인의 경우 경시청령(경무총감부령)으로 성매매업의 관리·감독이 진행되고 있는 등 지역별 민족별로 각각 운용되고 있었다. 또한 조선인의 경우 1908년 단속령에 의해 예기와 창기가 구분되었지만, 일본인의 경우 창기라는 용어 대신 특별·2종·을종예기 또는 작부가 집창구역의 특별요리점 등에 기류·동거하는 경우 성매매업과 관련되었다. 하지만 그 구별도 없는 지역에서는 예기가 집창구역은 물론이고 특별요리점 등에 기류·동거할 때 성매매업과 관련되었다. 그렇기에 성매매업은 접객업 전체와 여전히 관련이 있었다.

또한 지역별 민족별 법제도의 제각각 운영만이 문제는 아니었다. 강제병합 이후 일본과 식민지 조선 사이에서도 혼란이 가중되었다. 가령 일본의 출가자가 2종예기를 보통 예기로 여기고 조선으로 건너왔다가 창기와 같은 신분임을 알고 문제가 발생하기도 했다. 또한 성매매 여성의 주선자가 2종예기 등을 예기라 속여 응모자를 성매매업에 종사하도록 하는 폐해(인신매매)도 점차 늘어났다.[118] 따라서 일제는 식민지내 지역 및 민족 간, 식민지 본국 간 통일된 풍속 및 성 관리는 물론 재원 확보 등을 위해 성매매업과 성매매 여성을 명징하게 구분하는 한편, 정리할 필요가 있었다. 그 결과, 1916년 3월 31일 경무총감부령 제1호 「숙옥영업취체규칙(宿屋營業取締規則)」, 제2호 「요리옥음식점영업취체규칙(料理屋飲食店營業取締規則)」, 제3호 「예기작부예기치옥영업취체규칙(藝妓酌婦藝妓置屋營業取締規則)」, 제4호 「대좌부창기취체규칙(貸座敷娼妓取締規則)」이 발표되었다.[119]

이들 취체규칙을 구체적으로 살펴보면, 첫째, 일제가 그간 제각각 운용되던 접객 영업 관련 법규를 하나로 정리한 방향과 의도를 확인할 수 있다. 먼저, 성매매업의 가시자시키가 법제도에 공식적으로 재등장했다. 이에 따라 이전까지 업종 간 겸업은 물론 예기와 작부의 기류·동거 등이 가능하여 경계가 모호하던 숙옥, 요리옥, 음식점, 그리고 가시자시키 간의 구분이 명확해졌다. 일단 숙옥은 손님을 숙박만 시키고 예기, 기생 또는 작부는 부를 수 없었다(제1호 제7조 13항). 요리옥은 손님과 예기를 숙박시킬 수 없고 손님이 요청할 때만 예기, 작부를 부를 수 있었다(제2호 제6조 10항, 제7조). 음식점은 손님과 예기, 그리고 작부를 숙박시킬 수 없으며 불러 가무음곡(歌舞音曲)도 할 수 없었다(제2호 제6조 10항, 제8조 3항). 가시자시키는 경무부장이 지정한 지역 내 창기만을 기유, 숙

---

118 「貸座敷規則が出來る 藝娼妓の區別が付く」, 『釜山日報』, 1916.2.18(5-5).
119 『朝鮮總督府官報』, 1916.3.31(1095호)(조선총독부경무총감부령 제1호 「宿屋營業取締規則」, 제2호 「料理屋飲食店營業取締規則」, 제3호 「藝妓酌婦藝妓置屋營業取締規則」, 제4호 「貸座敷娼妓取締規則」).

박시켜 영업하며 손님이 요청할 경우 예기와 창기를 부를 수 있었다(제4호 제3조, 제7조 8항). 결국 숙옥과 음식점은 접객여성의 영업이 금지되었고, 요리옥만 손님의 요청이 있을 경우 예기와 작부가 영업할 수 있었으며, 성매매업은 가시자시키만 가능하도록 규정했다.

둘째, 접객업종과 마찬가지로 접객여성인 예기(기생 포함), 작부, 창기 간의 모호한 경계도 명확해졌다. 기생을 포함한 예기는 숙옥, 요리옥, 음식점, 가시자시키 모두 기우, 숙박이 불가능했다(제3호 제3조, 제2호 제7조 1항). 그리고 예기치옥과 자택에 손님을 부를 수도 없었다(제3호 제4조). 대신 요리옥과 가시자시키에서 손님의 요청이 있을 때 가무음곡의 예기 영업은 가능했다(제2호 제7조 2항, 제4호 제7조 8항). 작부는 숙옥, 음식점, 가시자시키는 모두 기우가 불가능했지만 요리옥에서만은 기우가 가능했다. 따라서 술을 따르고 대화하는 것은 요리옥에서만 가능했고, 예기처럼 무용이나 음곡을 연주할 수는 없었다(제3호 제3조, 제4조 1항, 제5조). 창기는 가시자시키 내에 반드시 기우하며 창기와 예기를 영위할 수 있었다(제4호 제19, 21조). 결국 작부는 요리옥, 기생 포함 예기는 요리옥과 가시자시키, 그리고 창기는 가시자시키에서만 각각의 영업을 할 수 있었다. 따라서 성매매업은 창기만 가능하도록 규정했다.

셋째, 성매매업과 성매매 여성이 가시자시키와 창기로 정리되었음에도 불구하고 몇 가지 주목되는 점이 있었다. 즉, 창기의 연령이 17세 이상으로 조정되었다. 기존과 비교하면 일본인 창기의 연령 기준은 1살 내려갔고 조선인 창기의 연령 기준은 1살 올라갔다. 그런데 1916년 통계에 의하면 일본인이든 조선인이든 가시자시키와 창기의 수는 모두 증가했다. 특히 일본인의 증가 폭은 훨씬 컸다. 조선인은 창기 연령이 상향되어도 가시자시키 영업을 일본인처럼 지정구역(유곽)으로 제한하지 않왔기 때문에(제4호 부칙 제42조) 새롭게 진입하는 자가 많았다고 할 수 있다. 반면 일본인 창기는 요리옥 및 예기와 작부 규정에 따라 조정된 것이기는 해도 일본 본국보다 연령이 낮아져 그 수가 증대했다고 할 수 있다. 결국 조선인 성매매업의 확장은 물론이고 일본의 성매매업 진출이 계속될 수 있는 여지를 여전히 열어뒀다고 할 수 있다.

또한 기존 요리옥에 기우하고 있는 예기는 이 법규의 실행 이후라도 경찰서장의 허가를 받으면 3년간 유예할 수 있었다(제3호 부칙 제26조). 뿐만 아니라 토지의 상황에 따라서는 당분간 지정구역(유곽) 내에서만 영업할 수 있도록 한 규정에도 불구하고 예기는 요리옥에 기우할 수 있었다(제3조 부칙 제26조). 이것은 공창의 지정지역(유곽) 내 영업, 가시자시키와 창기로의 획일화라는 법제도의 방향에도 불구하고 여전히 요리옥과 예기의 기우가 가능했기 때문에 공창 이외의 성매매, 이른바 사창도 확대될 수 있었다. 그렇다면 1916년 경무총감부령은 조선인 가시자시키와 창기의 지정구역 미제한, 일본보다 낮은 일본인 창기의 연령, 그리고 제한적이지만 요리옥과 예기의 기우 가능 등으로 인해 성매매업과 성매매 여성의 감시, 감독, 통제가 제한되는 쪽보다는 확장되는 쪽으로 효과가 발산되었다고 할 수 있었다. 그래서 1916년 획일화된 법제도의 규정에도 불구하고 성매매업과 성매매 여성은 지속적으로 확대되었다.[120]

---

[120] 물론 내용의 차이는 있었다. 1920년대 초반까지 공창은 계속 증가세였다. 그러다 1920년대부터 오히려 감소세로 전환했다. 이는 사창의 증가와 함께 조선에서도 폐창운동이 전개되었기 때문이었다. 하지만 1930년대 중반부터 공창의 하락세에도 불구하고 조선인 유곽과 창기는 다시 증가했다. 만주사변 이후 중일전쟁 등 전시체제에 따른 것으로 군과 유곽의 관계가 이전보다 더 밀접해졌기 때문으로 볼 수 있을 것이다. 이에 대해서는 4절에서 살펴본다.

끝으로 접객업과 접객여성에 대한 관리·감독의 주체가 기존의 경찰(경찰서장)뿐만 아니라 새롭게 헌병(헌병분대장, 헌병분견소장)까지 포함되었다. 물론 1910년대 조선총독부의 통치는 헌병경찰을 토대로 한 무단통치였기 때문에 당연했다. 하지만 지금까지와는 다른 측면이 있었다. 즉, 이들 법령을 제정한 목적이 모두 공안, 풍속, 위생 때문이었다. 풍속과 위생은 이전부터 성 관리와 관련해 항상 언급되던 것이었다. 그런데 이는 민간에만 해당되는 것이 아니었다. 특히 일본의 공창제 도입은 항상 군대와도 연관되었다. 청일전쟁과 러일전쟁 시기 군대와 함께 군부대가 주둔하는 지역에는 일찍부터 성매매업과 성매매 여성이 존재했다. 따라서 풍속과 위생은 민간만이 아니라 군대와도 관련되었기 때문에 헌병도 관리·감독의 주체가 되었다.

또한 새롭게 강조된 '공공의 안녕과 질서'에 대한 부분은 사회 전체의 감시체제 구축과 관련되었다. 강제병합 초기 독립운동 등 일제에 저항하는 세력에 대한 부단한 감시가 필요했기 때문이었다. 따라서 숙옥업자는 '정당한 사유가 없는 숙박은 거절'해야 하며(제1호 제7조 15항), 요리옥, 음식점, 가시자시키 영업자는 신분에 맞지 않게 낭비하는 자와 거동이 의심스러운 자를 바로 경찰관 또는 헌병에게 신고해 공안에 해를 끼치지 않아야 했다(제2호 제14조 1·2항, 제4조 제13조 1·2항). 이른바 치안유지와 치안 방해자의 감시체제 구축을 위해 경찰과 특히 헌병이 감시 감독의 주체가 되었던 것이다.

1916년 5월 1일부터 시행되는 경시총감부령 제4호 「대좌부창기취체규칙」 제3조에 따라 각도 경찰부장은 곧바로 규칙이 적용되는 1916년 5월부터 1918년 6월까지 가시자시키업과 창기가의 지정구역, 즉 유곽지구를 새롭게 지정했다. 그리고 제41조에 의해 현재 지정구역 내 특수·2종·을종요리점 영업자는 가시자시키 영업자로, 2종·을종예기 및 기생, 작부 등은 창기가로 지정했다. 마찬가지로 명칭의 구분 없이 지정구역 내 성매매업과 성매매에 종사한 요리점, 예기 및 작부, 기생도 함께 지정했다.[121] 이같이 새롭게 지정된 가시자시키업과 창기가의 유곽지구는 〈표 4〉와 같이 29개소였다.

이들 새로 지정된 유곽지구는 경남이 13개로 전체의 45%를 차지할 만큼 압도적으로 많았다. 경남은 당시 전국 최대의 일본인 거주지였다. 개항과 동시에 일본의 성매매업과 성매매 여성이 제일 처음 진출한 부산을 비롯해 일본인 이주어촌이 일찍부터 설치된 울산, 통영 등 일본인이 특히 많은 곳에는 2개 이상 지정되었다. 또한 러일전쟁과 함께 일본 해군(요항사령부)과 육군(요새사령부)이 주둔한 마산, 진해에도 1개 이상 지정되었다. 그 외에도 도청소재지였던 진주와 어촌인 기장에 1개씩 지정되었다.

경남 이외는 개항장과 개시장으로 강제병합 이전부터 일본인이 많았던 경성, 인천, 원산, 군산, 목포 등 부 지역에 1개 이상 지정되었다. 부 지역이 아니더라도 일본인 진출이 많은 전주, 광주, 대전 등에도 1개 이상 지정되었다. 또한 일본군 주둔지인 경성(용산), 평양, 대구도 강제병합 이전부터 성매매 지정구역이 설정되었기 때문에 1개 이상 지정되었다. 이처럼 모두 이전부터 일본인과 일본군 때문에 지정되었던 곳을 대체로 그대로 이어받았다. 다만 모든 지정구역을 그대로 지정하지 않고 가능한 한 일본인 중심의 부 지역에 1개 정도로 정리하고자 했다.[122] 〈표 4〉와

---

121 「경상남도경무부고시 제7호」, 『朝鮮總督府官報』, 1916.6.24(1167호).
122 경성의 경우 용산을 별도로 해 각각 1개씩 지정했다.

<표 4> 가시자시키 영업구역(유곽지구)

지역	일자			
경기	1916.5.18	경성 新町[123]	경성 彌生町	인천 敷島町
함남	1916.6.1	원산 壽町·幸町의 일부[124]	함흥 풍서리	원산 양지동[125]
경남	1916.6.24	부산 綠町	통영 吉野町	부산 초량동, 부산 영선동, 마산 壽町·元町·萬町 전부·石町 일부, 창원 진해 日ノ出町·連雀町·岩戸町·羽依町·日暮町 내, 진주 대안동·평안동 내, 울산 동면 방어리 내, 울산 대현면 장생포·용금리 내, 통영 이운면 장승포리 내, 동래 기장면 대변리 내[126]
전북	1916.7.5	군산 신흥동	전주 이동면 주동	전주 高砂町[127]
전남	1916.8.22	광주 不動町 일부	목포 櫻町 12번지	

함북	1916.10.9			
		청진 北星町 일부128		
평남	1917.7.9	평양 賑町 및 櫻町	평양 죽전리·이향리·염정리129	
충남	1917.7.19	대전 春日町		
경북	1917.8.24	대구 八重垣町	대구 七星町130	
황해	1918.6.7	황주군 송림면 동검이포리 일부		

출처: 「경기도경무부고시 제1·2호」, 『朝鮮總督府官報』, 1916.5.18(1135호); 「함경남도경무부고시 제3호」, 『朝鮮總督府官報』, 1916.6.1(1147호); 「경상남도경무부고시 제7호」, 『朝鮮總督府官報』, 1916.6.24(1167호); 「전라북도경무부고시 제5호」, 『朝鮮總督府官報』, 1916.7.5(1176호); 「전라남도경무부고시 제18호」, 『朝鮮總督府官報』, 1916.8.22(1217호); 「함경북도경무부고시 제4호」, 『朝鮮總督府官報』, 1916.10.9(1256호); 「함경남도경무부고시 제5호」, 『朝鮮總督府官報』, 1916.12.22(1316호); 「평안남도경무부고시 제4호」, 『朝鮮總督府官報』, 1917.7.9(1479호); 「충청남도경무부고시 제3호」, 『朝鮮總督府官報』, 1917.7.19(1488호); 「경상북도경무부고시 제4호」, 『朝鮮總督府官報』, 1917.8.24(1518호); 「함경남도경무부고시 제4호」, 『朝鮮總督府官報』, 1917.9.1(1524호); 「황해도경무부고시 제4호」, 『朝鮮總督府官報』, 1918.6.7(1750호).

같이 2개 이상의 지역인 부산, 원산, 전주, 평양, 대구 등은 한시적으로 지정되어 기간이 만료하면 폐지될 예정이었다.

하지만 이것도 잘 지켜지지 않았다. 예를 들어, 부산부 영선동, 마산

---

123 1917년 신정 지정지역 일부가 변경되었다[「경기도경무부고시 제1호」, 『朝鮮總督府官報』, 1917.8.27(1520호)].

124 1918년 4월 30일까지 한시적으로 지정되었다.

125 1917년 8월 22일부로 새로 지정되었다[「함경남도경무부고시 제4호」, 『朝鮮總督府官報』, 1917.9.1(1524호)].

126 부산 2개소, 마산, 진해는 1918년 5월 31일까지 진주, 울산 2개소, 통영, 동래는 1919년 5월 31일까지 한시적으로 영업할 수 있었다[「경상남도경무부고시 제8호」, 『朝鮮總督府官報』, 1916.6.24(1167호)].

부 수정 등 일부, 진해권 유곽지구는 원래 1918년 5월 31일까지만 영업이 가능했다. 그 이후에는 새로 지정한 유곽지구로 이전해야 했다. 그런데 이전이 차일피일 미뤄지면서 1918년 5월 22일 「경상남도경무부고시 제4호」로 1920년 5월 31일까지 연장되었다. 다시 1920년 3월 25일 「경상남도고시 제26호」로 당분간 지정효력을 존치해 이후 계속 존재했다.[131] 사실상 한시적이지 않았다고 할 수 있다. 다른 한시적 지정구역도 마찬가지였다. 실제 영업이 금지되었는지 알 수 없고 이후에도 존치되어 유곽지구가 아닐 경우 사창화되었다고 할 수 있다.

또한 각도 경무부고시를 통해 새로 지정된 전국 29개소의 유곽지구 이외 지역에도 여전히 성매매업과 성매매에 종사하는 여성은 존재하고 있었다. 강제병합 이전 공창지역으로 지정된 것도 사실상 별도의 제한을 두지 않아 제4호 부칙 제25조와 제26조에 의해 존치될 수 있었다. 즉, 이 장 〈표 1〉의 일본이사청이 지정한 진남포, 나남, 성진, 신의주 등이 각도 경무부고시에 포함되지 않았지만 여전히 가시자시키옥과 창기가로 영업할 수 있었다. 나아가 새로 지정된 지역에서 신설이나 존치 여부의 규정이 없는 기존 영업자와 종사자도 당분간 영업을 할 수 있었기 때문에 이들까지 포함하면 조선 내 공창은 줄어들지 않았다.

더군다나 조선인 가시자시키와 창기가는 경시총감부령 제4호 부칙

---

127 1916년 10월 31일까지 한시적으로 지정되었다.
128 1921년 9월 14일 함경북도고시 제42호로 영업구역(도면 생략) 확장 지정했다[「함경북도고시 제42호」,『朝鮮總督府官報』, 1921.9.28(2740호)].
129 1917년 12월 31일까지 한시적으로 지정되었다.
130 1916년 5월 17일 조선총독부 「경상북도경무부고시 제1호」 대좌부영업지역지정의 건으로 1922년 8월 15일까지 한시적으로 지정되었다.
131 「경상남도고시 제26호」,『朝鮮總督府官報』, 1920.4.21(2306호).

제42조에 의해 지정구역에 포함되지 않아도 계속 영업이 가능했다.[132] 그렇기에 경남의 경우 조선인 창기가를 목적으로 하는 가시자시키 영업자는 부산부, 마산부, 진주군(진주면), 의령군(풍덕면), 함안군(읍내면), 창녕군(읍내면), 밀양군(부내면), 양산군(읍내면), 울산군(부내면), 동래군(동래면), 김해군(좌부면), 창원군(부내면), 고성군(철성면), 통영군(통영면), 사천면(읍내면, 문선면), 남해군(읍내면), 하동군(덕양면), 산청군(군월면), 함양군(위성면), 거창군(읍내면), 합천군(강양면) 등 부와 면내 지정지역에서 영업할 수 있었다.[133] 사실상 전도에서 조선인 성매매업이 가능했던 것이다. 결과적으로 경시총감부령 제4호의 제3조 유곽지구의 지정은 공창제의 감시·감독을 통한 공안, 풍기, 위생 관리를 위한 조치였지만 유곽지구의 설정과 제한이 실제적인 제한으로 나타나지 않았다. 오히려 공창과 사창의 확대를 추동했다고 할 수 있다. 이는 이후의 상황을 살펴보면 더욱 잘 드러난다.

4) 전시체제기 공창제의 추이와 군과의 관련성

1916년 조선총독부의 공창제 획일화정책에 따라 이전까지 공창에 종사한 업종과 여성은 모두 가시자시키업과 창기가로 규정되었다. 이 과정은 〈표 4〉에서 살펴본 것처럼 유곽지구의 획일적 설정과 기존 지정지역의 한시적 연장, 그리고 조선인 성매매업자 및 여성의 예외 등에 의해 1920년대 초까지 이어져, 〈표 5〉와 같이 가시자시키업과 창기 수는

---

132 「전라북도경무부고시 제6호」, 『朝鮮總督府官報』, 1916.7.5(1176호).
133 「경상남도경무부고시 제9호」, 『朝鮮總督府官報』, 1916.6.24(1167호).

일본인과 조선인 모두 상승세를 보였다. 그런데 1920년대 초중반부터 1930년대 중반까지 가시자시키업과 창기가는 일본인, 조선인 할 것 없이 모두 하향세였다. 다만 1930년대 중반부터는 일본인의 경우 가시자시키는 계속 하향세였지만 창기는 1932년 급락해 중반 이후부터 회복되어 안정세에 접어들었다. 조선인의 경우 1930년대 중후반 가시자시키업과 창기가 모두 상승했다. 동일한 시·공간적 환경에서 이와 같은 다른 추이는 어떤 이유 때문이었는지 구체적으로 살펴볼 필요가 있다. 그 이유가 식민지와 식민지 유곽의 특성을 드러내 줄 것이기 때문이다.

먼저, 1920년대 초반부터 1930년대 초반까지 일본인과 조선인 모두 가시자시키업과 창기가가 하향세인 이유를 살펴보면 다음과 같다. 첫째, 일본 본국의 긴축재정과 세계대공황 등 경제적 불황이 성매매업에도 영향을 미쳤다. 그런데 이와 달리 유흥업인 요릿옥, 카페, 주막 등은 호황을 구가했다. 가볍지 유흥을 즐기며 성적 접촉도 가능한 유흥업의 확대와 함께 비밀리에 성매매를 할 수 있는 사창의 증가는 이 시기 특징이었다.[134] 특히 1920년대 후반부터 식민지에 도입된 카페는 눈에 띄게 늘어났고, 그에 따라 여급의 증가세도 비약적이었다. 이 때문에 평양, 경성, 대구, 부산 등지의 유곽은 불황을 극복하기 위해 건물 내 카페와 레스토랑 분위기가 나도록 만들어 커피 등을 팔기도 했으며, 유곽 안에 홀을 설치하여 창기와 춤도 출 수 있도록 개조하기도 했다.[135] 하지만 성매매업의 하향세는 쉽게 회복되지 않았음을 〈표 5〉를 통해 알 수 있다.

또 다른 이유로는 조선총독부의 일관되지 못한 공창제 관련 법규 때

---

134 손정목, 1996, 「매춘업-공창과 사창」, 『일제강점기 도시사회상연구』, 일지사, 463-472쪽.
135 전성현, 2018b, 앞의 글, 249쪽.

<표 5> 민족별 가시자시키업자(貸座敷業者) 수(위) 및 창기 수(아래) 추이

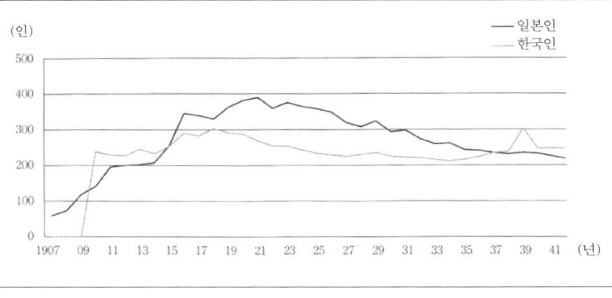

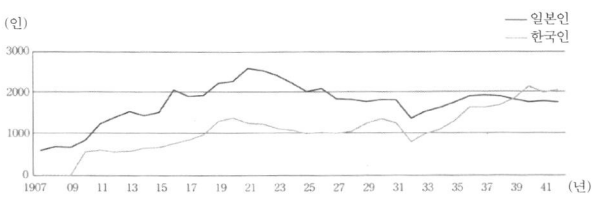

출처: 『朝鮮總督府統計年報』 각 연도판; 金富子·金英, 2018, 『植民地遊廓』, 吉川弘文館, 25~26쪽 재인용.

문이었다. 1916년 「대좌부창기취체규칙」 제3조에 따라 '공안, 풍기, 위생'의 감시와 관리를 위해 한 지역에 한 개의 유곽을 지정해 모두 이전하는 것으로 목표로 삼았다. 하지만 예외 규정(특히 조선인)과 한시적 지정, 그리고 연장 등으로 하나로 정리되지 못한 반면, 유곽지구 이외 지역에도 여전히 성매매업과 성매매 여성이 존재했다. 그 결과 일정 기간 공창도 증가했지만, 이내 경제적 불황과 함께 1920년대 유흥업이 흥성하기 시작하면서 예기, 작부도 비밀리에 성매매업에 종사하게 되었다. 이른바 사창이 본격적으로 확대된 것이었다.[136]

---

136 「京城のエロ街風景」, 『朝鮮及滿洲』, 1934.4, 89-91쪽.

한편, 유곽이 있는 지역의 도시화가 본격적으로 진행되면서 유곽지구는 '풍교'와 '위생'상 걸림돌이 되어 이전 또는 폐지를 주장하는 요구가 나오기 시작했다.[137] 이에 더해 서구와 일본의 공창폐지운동이 식민지 조선에까지 그 영향을 미쳤다. 1919년 3·1운동 직후 기독교단체를 중심으로 전개된 공창폐지운동은 1920년대 내내 전개되었다.[138] 특히 그동안 악덕 포주에 의해 고통받는 창기들의 이야기까지 사회화되면서[139] '자유해방'을 통해 이러한 압박으로부터 벗어나고자 했다. 불황과 함께 이러한 시대적 분위기가 가시자시키업을 위축시켰고 창기의 이탈과 예기나 작부로의 전환을 촉진했다.

이와 같은 추세를 조선총독부도 방관만 할 수 없었다. 1934년 기존의 「대좌부창기취체규칙」을 일부 개정했다.[140] 그런데 개정의 방향이 유곽의 체계적인 정리도, 창기의 자유해방도 아니었다. 그저 창기의 자유 외출을 보장하는 수준에서 유곽을 유지하는 것이었다. 이와 같은 공창의 유지정책은 일본인 창기의 급격한 하향세를 멈추고 다시 안정세로 전환되도록 하는 한편, 조선인 가시자시키와 창기 모두 상승세로 돌아서도록 했다. 이는 일제가 식민지에서 공창제를 계속 유지하고자 한 의도의 또 다른 측면을 드러낸다. 즉, 만주사변과 중일전쟁에 따른 전시체제가 이와 같은 결과를 추동한 면도 컸다. 특히 전시체제가 되면서 총력전 상황의 국가총동원정책이 추진되면서 '유흥향락업'에 대한 영업이 통제되었고 유흥음식세 등의 증세가 이루어졌으며 접객여성이 축소되고 인적 물

---

137 전성현, 2018b, 앞의 글, 250-251쪽.
138 손정목, 1996, 앞의 책, 494-501쪽.
139 홍성철, 2007, 『유곽의 역사』, 페이퍼로드, 94-100쪽.
140 「조선총독부령 제114호」, 『朝鮮總督府官報』, 1934.12.12(2377호).

적 동원의 대상이 되었다. 그런데 이와 같은 흐름에서 공창인 가시자시키와 창기는 빠져 있었던 것이다.[141] 이는 분명 또 다른 의미가 숨어 있었다고 할 수 있다. 즉, 군과의 관계 때문이었다.

식민지 유곽들은 전시체제기 스스로 '전시 위안' 또는 '전시 위문'의 주체가 되었고 또한 군대가 주둔하는 지역에서는 유곽에 '군인 유객'이 증대하고 있었다. 이는 「대좌부창기취체규칙」으로 군(헌병)에 의한 성관리 형태가 일부 진행되다가 1934년 개정에서는 감시·감독의 주체에서 삭제되었지만 오히려 도·부당국과 군이 직접 연결됨으로써 전시체제기에 전면화되었다고 볼 수 있다.[142] 이와 같은 군과 식민지 유곽의 관계는 조선인 유곽과 창기의 수 증대와 관련이 있었다. 따라서 군부대가 드나들며 유숙하는 항만과 일본군이 주둔하는 지역의 유곽은 이른바 군위안소로도 기능했다. 실제 증언과[143] 개별 연구를 통해 부산의 마키노시마유곽,[144] 나남의 미노와노사토유곽, 회령의 기타신치유곽, 경흥의 방진유곽(방진 위안소)[145] 등이 이와 같은 군위안소의 역할을 했다는 점을 확인할 수 있다. 결국 식민지 유곽은 개항과 더불어 조선에 도입되어 거주 일본인과 주둔 일본군의 고유한 식민주의문화로 토대를 구축했다. 뿐만

---

141 박정애, 2009, 「일제의 공창제 시행과 사창 관리 연구」, 숙명여대 박사학위논문, 134-164쪽.
142 김윤미, 2018, 「'조선군 임시병참사령부'의 부산 숙영 시행과 지역 변화」, 『역사와 경계』 109.
143 한국정신대문제대책협의회·정신대연구회 편, 2012, 『강제로 끌려간 조선인 군위안부들』, 한울(수정판), 288-289쪽.
144 전성현, 2018b, 앞의 글.
145 김영·안자코 유카, 2012, 「함경북도의 군사도시와 '위안소'·'유곽'」, 『근대와 성폭력』, 선인; 金富子·金英, 2018, 「제Ⅱ부 조선북부-나남, 회령, 함흥, 경흥-」, 『植民地遊廓』, 吉川弘文館.

아니라 법제도로 공인된 이후 특히 조선인사회로까지 더욱 확대되었다. 이를 토대로 종국에는 식민지 조선여성을 성적으로 착취하는 군위안소로 활용되었다고 할 수 있다.

결론

1. 해방과 재조선 일본인의 귀환

　1945년 8월 8일, 일본은 미·영·중·소 4국에게 포츠담선언을 조건 없이 동의한다고 통고했다. 8월 13일, 연합국을 대표해 미국은 국무장관을 통해 일본의 의사를 다시 확인하고 전후 점령 의사를 통보했다. 다음 날 14일, 일본은 연합국에 다시 포츠담선언의 조건 없는 동의를 최종 통보했고, 천황은 이와 같은 수락 사실을 조서로 작성했다.[1] 그리고 8월 15일 정오, 이 조서는 천황의 육성으로 일본은 물론 식민지 조선에까지 방송되었다. 조선은 드디어 해방을 맞았다.

　일본의 붕괴로 말미암아 식민지에 거주하던 일본인은 잔류냐 귀환이냐를 두고 우왕좌왕하다가 결국 본국으로 귀환해야만 했다. 일본 정부의 공식적인 통계에 따르면, 이들 식민지로부터의 귀환자는 군인과 군속을 포함해 약 630여만 명에 이르렀다.[2] 비공식적인 인원까지 합하면 700여만 명에 이를 것으로 추산되었다.[3] 이 가운데 재조선 일본인은 1944년부터 만주 등지로부터 피난 온 일본인까지 포함해 약 90만 명 정도였다.[4]

1　「交換外交文書要旨」, 『每日新報』, 1945.8.16;「平和再建에 大詔渙發, 詔書」, 『每日新報』, 1945.8.16.
2　厚生省社会援護局援護50年史編纂委員会, 1997, 『援護50年史』, 730쪽.
3　이연식, 2009, 「해방 후 한반도 거주 일본인 귀환에 관한 연구: 점령군·조선인·일본인 3자간의 상호작용을 중심으로」, 서울시립대 박사학위논문, 6쪽.
4　조선총독부, 1944, 『人口調査結果 報告其ノ一』, 1쪽에 이미 조선 거주 일본인이 약 91만 명으로 추산되고 있다. 또한 최영호는 경성 세화회의 취지문과 귀환자 원호업무를 담당했던 마루야마 헤이이치의 회고록 등을 근거로 일본인 민간인만 약 90만 명 정도가 조선에 있었던 것으로 파악했다(최영호, 2013, 『일본인 세화회』, 논형, 38-39쪽). 존 다우어도 마찬가지로 귀환을 앞둔 재조선 일본인은 약 90만 명이었다고

한편 1945년 2월, 조선에 주둔하던 '조선군'은 새롭게 제17방면군 및 조선군관구로 임시 편성되었다. 이후 제17방면군 사령관은 조선군관구 사령관을 겸하며 중국 등지로부터 이동한 제34군, 제58군, 제1방면군 제3군은 물론 직할하는 제120사단, 제160사단, 제320사단, 독립혼성 제127여단, 기타의 방면군 직할부대를 통솔했다. 또한 조선군헌병부대, 대륙철도각부 예하의 조선철도부대도 아울러 지휘하여 조선 전토의 작전 방위에서 소련군 참전에 대비하는 작전을 준비 중이었다.[5] 따라서 애초의 조선군 개편 때보다 점차 주둔 일본군의 수는 더욱 늘어나 해방을 전후한 시점에 약 32만 명을 넘어섰다.[6] 이를 모두 합하면 약 120만 명의 일본인이 조선으로부터 일본으로의 귀환을 앞두고 있었다고 할 수 있다.

일본 정부는 포츠담선언에 동의한 후, 외무성을 통해 '재외 현지기관'은 식민지 및 외국에 거주하는 일본인에 대한 보호와 함께 일단 '잔류'를 지시했다.[7] 그런데 해방 이후 조선인들의 공공기관에 대한 공격과 접수, 공직자에 대한 폭행, 민간 기업에 대한 '자주관리' 움직임 등에 따라 조선의 치안 악화는 심화되었고 조선총독부의 치안유지 기능은 상실되었다. 이 같은 상황은 일본인들을 더욱 동요케 했고 소련군 진주설과 일본인 추방설 등 유언비어로 일본인들은 점차 본국으로 탈출하였다. 미군

언급했다(존 다우어, 2009, 『패배를 껴안고』, 민음사).

5 陸軍省, 1945, 『第17方面軍』(C13020875800); 陸軍省, 1945, 『朝鮮軍管區部隊』(C13020876000).

6 森田芳夫, 1964, 『朝鮮終戰の記錄-米ソ両軍の進駐と日本人の引揚』, 巖南堂書店, 22-23쪽.

7 若槻泰雄, 1991, 『戰後引揚げの記錄』, 時事通信社, 48-49쪽.

결론 377

정의 통제가 정비되지 않은 상황에서 귀환한 일본인은 남부 조선에서만 27만 명 정도로 추산되었다.[8]

조선총독부도 일본인의 귀환 원호를 위해 종전처리본부 보호부와 민간조직으로 각도에 일본인 세화회를 조직하도록 했다. 이에 〈재류일본인 분포 및 수용계획도〉와 같이 조선 거주 일본인을 대략 85만 명으로 계산하고 북부지역은 만주로부터 피난 온 6만 명을 포함한 25만 5천 명, 남부지역은 43만 5천 명, 합계 71만 명의 송환이 필요하다고 예측했다. 더불어 만주와 중국에서 조선을 경유해 송환할 130만 명까지 포함하면 200만 명의 송환을 계획했다.[9]

그런데 조선총독부의 일본인 송환계획과 실행은 소련군이 이미 진주한 북부 조선에서는 실행될 수 없었다. 소군정은 일본과 조선총독부를 송환 협상의 대상으로 삼지 않았다. 만주 등 점령지구의 노동력 확보와 점령군의 '현지조달'이라는 관점에서 일본인 송환은 나중의 문제였다. 우선적으로 노동력 확보를 위해 남성의 분리와 이동을 제한하여 자국의 이해관계를 관철시켰다. 따라서 북부 조선에 억류된 일본인들은 투옥·압송·억류되거나 '가족의 이산'을 경험하며 스스로 탈출하는 위험을 감행해야 했고 이 때문에 더욱 열악한 귀환 환경에 놓이게 되었다.[10] 그러다가 1946년 2월 북조선임시인민위원회의 수립과 토지개혁 실시에 따라 일본인의 이동 제한이 풀려 귀환이 가능하게 되었다. 북부지역의 일본인들은 38도선을 넘어 집단 남하(탈출)하기 시작했고 미군정이 이

---

8   이연식, 2009, 앞의 글, 69-77쪽; 최영호, 2013, 앞의 책, 66-77쪽.
9   交通兵站班, 1945, 『歸還輸送ニ關スル綴』, 970쪽.
10 이연식, 2012, 『조선을 떠나며』, 역사비평사, 108-135쪽.

〈그림 1〉 재류일본인 분포 및 수용계획도(1945)

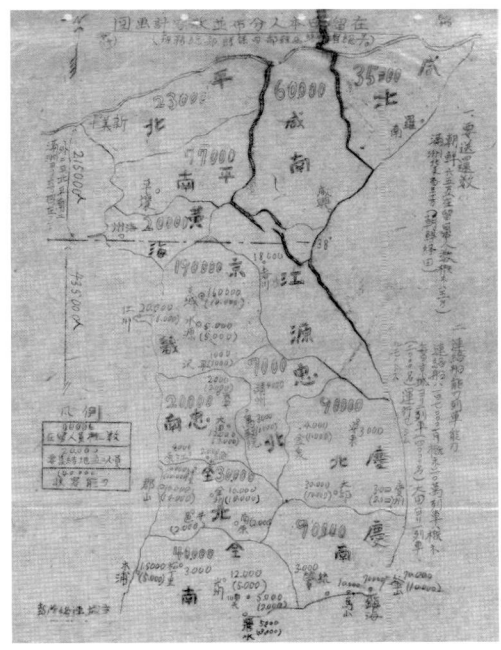

출처: 交通兵站班, 1945, 『歸還輸送ニ關スル綴』.

들 송환업무를 떠맡게 되었다.[11] 그 결과 1946년 12월이 되면서 일본인의 귀환은 거의 마무리되었다.[12]

한편, 남부지역에서는 미군 주둔 이전에 조선총독부에 의한 귀환 원호업무가 일부 실행 가능했다. 그러나 남한에 미군정청이 수립되고 9월 23일 외사과가 공식 송환 담당창구로 확정되자 종전사무처리본부는 사실상 해체되었다. 미군정은 10월 16일 일본인 세화회를 일본인 송환을

---

11 이연식, 2009, 앞의 글 107-124쪽.
12 최영호, 2013, 앞의 책 191쪽, 〈표 4-4〉 부산항 경유 일본인 귀환자 수 참조.

담당하는 유일한 민간단체로 인정하고 이후부터 세화회가 미군정의 공식송환을 보조하는 조직이 되었다. 미군정은 곧바로 송환업무에 들어가 일본인의 송환 순서를 현역 및 제대 군인을 시작으로 경찰, 신관, 광산노동자, 일반 민간인, 고위 공직자 및 회사 간부, 교통·통신 요원 순으로 정했다.[13] 더불어 재산 반출을 금지하며 소지 한도액도 민간인의 경우 1,000엔으로 제한했다. 먼저 일본군이 9월 말부터 12월까지 3개월에 거쳐 176,241명이 귀환했다. 민간인들도 10월 하순부터 본격적인 귀환에 들어가 12월까지 총 469,764명이 귀환했다.[14] 이에 미군정은 1946년 1월 23일부로 일본인의 총 철퇴령을 내려 남부지역에 더 이상 일본인이 거주할 수 없음을 언명했다.[15] 조선인과 결혼한 부녀자와 그 가족, 그리고 북부로부터 귀환하는 사람들을 원호하는 최소 인원만 남았다.[16]

이상과 같이 조선 거주 일본인은 해방을 전후한 시기 개별적 귀환을 제외하고, 남부의 경우 군인은 1945년 11~12월, 민간인은 1946년 1~2월까지 집중적으로 송환되었다. 북부의 경우 1946년 3~10월까지 남부를 거쳐 집중적으로 귀환했다. 귀환한 인원은 공식적으로 군인 약 20만 명, 민간인 약 70만 명, 총 90만 명에 이르렀다.[17] 이미 개별적으로 귀환한 약 30만 명을 합치면 약 120만 명이 한반도에서 귀환했다고 할

---

13 森田芳夫·長田かな子 編, 1979, 『朝鮮終戰の記錄(資料編)』 2권, 巖南堂書店, 6쪽, 10쪽, 20쪽.
14 최영호, 2013, 앞의 책, 133-137쪽.
15 「일인에 총 철퇴의 명령, 건국에 필요불가결한 자는 제외」, 『서울신문』, 1946.1.23.
16 「중요직에 복무자 이외의 무허가 잔류일인은 철퇴」, 『서울신문』, 1946.5.1; 「조선에 있는 일인은 1200」, 『自由新聞』, 1946.5.8; 「일인 437명 잔류」, 『朝鮮日報』, 1946.6.21.
17 厚生省社会援護局援護50年史編集委員会, 1997, 앞의 책, 729-730쪽.

수 있다.

　이렇게 우여곡절 끝에 조선을 떠난 일본인들은 일본의 점령 당국이 귀환항으로 지정한 12개 항구 가운데 주로 하카타, 센자키, 사세보, 마이즈루에 도착했다. 귀환의 기쁨은 잠시, 이른바 패전의 일본은 비참했고 귀환자들을 감당할 행정적, 사회적 여유도 없었다. 친척이나 지인이라도 있는 귀환자는 이들에 더부살이라도 할 수 있었지만 그마저 없는 귀환자들은 귀환항에 마련된 임시 거처 또는 수용소에 머물거나 길거리를 전전해야 했다. 그런데도 일본 정부와 점령 당국의 구호행정은 터무니없이 열악했고 차별적이기까지 했다. 더불어 본국 일본인은 귀환자에 호의적이지 않았고 오히려 차별적 시선과 다방면에서 냉대로 일관했다.[18] 이 과정에서 조선에서 귀환한 일본인들의 인식은 귀환 과정의 '특별한' 체험을 토대로 피해자 의식이 싹텄으며 오히려 식민지 조선의 삶이 더 좋았다는 막연한 향수와 낭만화가 만연하기 시작했다.[19] 이러한 역사적 과정이 피식민자 조선인에 대한 가해의 역사, 식민자로서의 경험을 은폐하고 망각하는 요인이 되었던 것이다.

18　이연식, 2013, 「전후 일본의 히키아게(引揚) 담론 구즈: 해외 귀환자의 초기 정착과정에 나타난 담론의 균열과 유포」, 『일본사상』 24, 85-93쪽.

19　이연식, 2012, 앞의 글 188-200쪽.

2. 향후 연구 과제

우선, 식민지 조선에 거주한 일본인과 일본인사회에 대한 연구의 심화를 위해서는 편의적이긴 하지만 큰 틀에서 범주를 설정할 필요가 있다. 식민지 조선에 거주한 일본인 모두를 식민자라고 한다면 그 구체적인 실상과 특징을 파악하여 개념화하기 어렵다. 그뿐만 아니라 식민지 조선의 일본인과 일본인사회를 구조적이고 입체적으로 파악하기도 힘들 것이다. 따라서 한계는 있지만 식민지 조선 및 조선인과의 관계성 속에서 일본인의 범주를 설정하는 것이 필요하다. 즉, 단순한 부임지, 방문지, 시찰지, 여행지이거나 짧은 기간의 거주지로 식민지 조선을 거쳐간 사람들 모두를 포함하는 것보다는 제국주의자로서 식민지 조선을 그들만의 터전으로 인식하는 태도를 지닌 일본인들을 식민자로 범주화하는 것이다. 이때 제국의식으로 '식민주의', 자치의식으로 '조선주의', 그리고 정주의식으로 '지역주의'는 식민자 일본인의 성격을 무엇보다 명확하게 나타내준다고 할 수 있다.[20]

'조선주의'와 '지역주의'는 삶의 터전에만 개입하는 의식은 아니고 식민지 지배 또는 식민지 통치와도 깊은 연관성을 지녔다. 재조선 일본인들은 조선주의와 지역주의에 기초해 식민권력의 일환이고자 했으며 식민정책 등에 깊이 개입하고자 했다. 이를 위해 다양한 조직과 자치기관에 가담했으며 신문과 각종 시민대회를 통해 여론을 조성하기도 했다.

---

20 '지역주의'라는 의식을 토대로 일본인들은 각종 공공재의 유치, 이전 등은 물론이고 '그레이트~' 또는 '대~ 건설' 등의 슬로건을 통해 대대적인 여론몰이와 운동을 전 조선에서 전개했다.

이는 식민지 지배와 식민지 통치를 둘러싼 식민권력과 식민정책을 연구하는 식민지 정치사 영역이 단순히 중앙정치의 차원에만 머물 수 없고 지역 정치의 차원으로까지 확대되지 않으면 안 되는 점을 잘 보여준다. 따라서 향후 식민지 거주 일본인들이 적극적으로 관여한 각종 경제 및 사회·문화 조직과 단체, 공공의 자치기관 등과 언론, 그리고 시민대회 등에 대한 연구도 필요할 것이다. 더불어 식민지 시기 벌어진 역사적 사건, 특히 3·1운동을 비롯한 각종 정치·사회운동과 전시체제기 식민권력에 의한 강제 동원과 관련해 식민지 현장에서 어떠한 인식 속에 대응하고 협력했는가도 확인할 필요가 있다. 이는 식민자로서 조선인 위에 군림했던 일본인의 위치와 특징을 보다 더 구체적으로 확인할 수 있는 연구 주제라고 생각된다.

둘째, 식민 1세대와 식민 2, 3세대로 구분하는 세대론이 지닌 한계를 극복하기 위해서는 앞에서도 언급한 것처럼 이주 식민 시기와 거주 및 존재 형태에 대한 구분을 통해 다각적이고 다층적인 연구가 필요하다. 조선에 정착한 일본인 스스로 강제병합 이전 도래자와 신도래자로 구분할 정도로 이주 식민 집단 간의 차이는 분명했다. 또한 강제병합과 함께 이전의 경향과는 다른 대량 이주 식민도 발생하는데, 이처럼 이주 식민의 차이와 연계된 일본인들의 다양한 구성은 구분할 필요가 있다. 한편, '일본 출생'과 '조선 출생'의 출생지별 차이도 존재했으며 중년, 청년, 아동 등 연령대별 차이도 있었다. 따라서 이주 식민의 전 시기를 1, 2세대의 세대 구분만으로 단순화하지 말고 이주 식민 시기의 구분과 출생지별 구분, 그리고 세분화된 연령대별 구분 등 다양하고 다층적인 측면에서 입체화할 필요가 있다.

또한 세대론의 근거가 패전 이후 일본으로 돌아간 식민지 조선 거주 일본인들의 사후 기록과 기억에 의해 구축된 것이라면 이들 식민자 일본인의 사후 기록과 기억, 그리고 그 과정의 왜곡, 은폐, 망각된 것이 무엇인지에 대해서도 연구가 축적되어야 한다.[21] 이는 단순한 사실에 대한 교정이 아니라 한일 관계의 회복과 식민성의 극복을 위해서도 반드시 필요하다. 과거의 극복은 과거의 제대로 된 기억으로부터 시작되기 때문이다.

셋째, '지역주의'에 의한 지역성의 발현으로 지역적 구분도 중요하다. 개항 초기 개항장과 개시장에, 식민지 시기 교통요충지와 신흥공업지 등에 일본인들이 주로 집주하는 등 지역적, 공간적 특성에 따른 존재 형태의 차이도 분명 있었다. 물론 이 모든 공간이 대체적으로 도시이긴 해도 농산어촌에 거주한 식민자 일본인 연구로도 확장되어야 한다. 특히 집단적으로 이주한 어촌 또는 농촌, 그리고 광산의 경우 일본인사회가 구축되었기 때문에 이에 대한 체계적인 연구는 필요하다. 더불어 집단 이주지역이 아니더라도 어느 농산어촌이건 반드시 1개는 존재했던 주재소와 학교의 헌병, 경찰, 교사에 대한 연구이다. 이들과 조선인의 관계는 또 다른 점에서 식민자로서 일본인들의 특징을 드러낸다고 할 수 있다.[22] 그렇다고 해도 대부분의 일본인들이 도시 지역에 거주했기 때문에 이들 도시의 공간적 차이에도 주목한 연구가 축적되어야 한다. 그 공간적 차이는 조선인과의 관계와 함께 조선인 거주의 배후지와도 연계해 연구할 필요가 있다.

---

21 차은정, 2016, 『식민지의 기억과 타자의 정치학-식민지조선에서 태어난 일본인들의 탈향, 망향, 귀향의 서사』, 선인.
22 尹健次, 1989, 「植民地日本人の精神構造-'帝國認識'とは何か-」, 『思想』 778, 12-13쪽.

넷째, 식민지 조선에 거주한 일본인들의 활동 영역이 다양했기 때문에 이에 대한 다층적인 연구도 필요하다. 현재까지 연구가 정치, 경제, 사회, 문화, 언론 등에서 개별적으로 진행되고 있지만, 아직 그 전체상을 확인할 수는 없다. 비교적 연구가 축적된 지역 유지 등은 지주와 자본가에 국한되었으며, 이조차도 일부의 지역, 시기, 업종에 편중되어 있을 뿐이다. 지역, 시기, 업종의 확대는 물론 문화, 언론 등 다방면의 연구가 필요하다.

또한 일본인들이 관여한 각종 회사와 조합, 기관과 단체에 대한 연구뿐만 아니라 다양한 분야와 영역의 인물 군상에 대한 연구도 축적되어야 한다. 특히 문화와 언론, 그리고 종교는 일본인사회의 정체성과 동향을 확인할 수 있는 중요한 영역임에도 불구하고 시작 단계에 그치고 있다.[23] 더불어 식민지 정치사 분야의 관료와 관련해 식민지 조선의 토착 관료(生え抜き官僚)들은 식민자로서 일본인과 일본인사회 연구에 중요한 영역이다.[24] 식민지 지배와 식민지 통치의 행정·정책적 파이프라인이기 때문에 이에 대한 연구는 반드시 필요할 것이다.

나아가 식민지 지배 및 식민정책을 효율적으로 수행하기 위해 식민

---

23 장신, 2007,「한말·일제초 재인천 일본인의 신문 발행과 조선신문」,『인천학연구』6; 李相哲, 2009,『朝鮮におげる日本人經營新聞の歷史(1981~1945)』, 角川學藝出版; 홍순권·전성현, 2013, "일제시기 일본인의 부산일보 경영",세종출판사; 전성현 외, 2019,「식민지 '지역언론'에서 '제국언론'으로-신문체제와 지면을 통해 본『조선시보』의 특징과 의미-」,『항도부산』37.

24 生え抜き는 본토박이 또는 외길 근속을 의미하는데 식민지 조선에 부임하여 퇴임 때까지 줄곧 근무한 토착 관료를 의미하며, 예로부터 온 사람(舊來種)과 새로 온 사람(新來種)의 구분 속에 구래종에 속하는 관료들이었다(岡本眞希子, 2008,「朝鮮總督府の高級官僚人事」,『植民地官僚の政治史』, 三元社; 松田利彦, 2009,「朝鮮總督府官僚守屋榮夫と'文化政治'-守屋日記を中心に」,『日本の朝鮮臺灣支配と植民地官僚』, 思文閣出版).

지 일본인과 본국 일본의 중앙정치무대를 연결하는 통로에 대한 구조 등에 대한 연구도 필요하다. 이 파이프라인은 식민지 조선의 일본인이 포함된 기관이기도 했고 인물이기도 했다. 식민지 거주 일본인들은 이와 같은 제도적 장치를 스스로 만들고자 노력했고 이를 통해 식민지 지배와 통치에 관여하고자 했다. 대표적인 기관이 1926년 설립된 '중앙조선협회'였고 인물로는 귀족원과 중의원의 '조선관계대의사'였다.

다섯째, 계급·계층·젠더 차이에 대한 연구도 필요하다. 최근 식민지 조선에 거주한 일본인 하층 계급, 특히 하층 여성과 노동자에 대한 연구는 시사하는 바가 크다. 부유하는 '경계인'으로 놓였음에도 불구하고 자발적으로 식민자가 되고자 보수화하는 경향까지 지녔다. 반면 조선인과 함께함으로써 오히려 연대하며 식민지민으로 스스로를 자리매김하는 예도 있기 때문에 다양한 하층 계급에 관한 연구가 더욱더 요청된다.

더불어 젠더적 관점의 일본인 연구도 필요하다. 기존 연구가 대체적으로 문학, 문화 분야의 상징 연구에 집중되었다면 최근 인류학에 기반을 둔 식민지 조선 거주 일본인 여성에 대한 연구가 축적되고 있다. 앞으로는 젠더적 위계관계만을 단순히 확인하는 것에 만족하지 말고 기존의 계급, 계층적 위계관계는 물론 민족적 위계관계와의 이중, 삼중의 교차에 따른 복잡한 양상도 확인하는 연구로까지 확장할 필요가 있을 것이다.

여섯째, 조선인과의 접촉 양상과 연대 활동 등 민족 간 관계성을 놓치지 않고 식민지 조선에서 삶을 영위한 소위 '선한 사마리아인'들에 대한 연구도 필요하다.[25] 탈식민의 과제는 일제강점기에만 있지 않다. 해방

---

25 미즈노 나오키, 조은진 역, 2020, 앞의 글.

과 함께 식민지에서 벗어나면서 정치적 탈식민을 경험했지만, 아직도 경제적, 문화적 식민성의 자장에 놓여 있는 것도 사실이다. 그렇다면 정치적 식민성을 넘어 경제적, 문화적 식민성도 극복할 수 있는 길은 진정으로 타자인 식민지민과 연대의 관계를 놓치지 않는 삶을 살아가는 것이라고 할 수 있다. 그런 의미에서 탈식민화의 과정으로 이와 같은 타자와의 관계성을 회복하는 것도 중요하다고 생각한다. 이에 대한 소중한 역사적 자산인 조선인과 함께하고자 하며 식민자라는 위치에서 스스로 내려와 조선인과 함께 기꺼이 식민지민이 '되기'로 한 일본인에 관한 연구는 분명히 현재의 동아시아 국가 간의 갈등을 풀어갈 수 있는 가치 있는 연구일 것이다.

 마지막으로, 이상과 같은 연구는 식민지 조선에만 한정되어서는 안 된다. 일본이 식민지화한 국가들은 동아시아 전 지역에 걸쳐 있다. 일본 밖 식민지에 거주했던 일본인은 조선을 비롯해 타이완, 중국(만주), 동남아시아, 남양군도 등 여러 지역에 상당수 존재했다. 이들 국가나 지역에 식민자로 거주한 일본인들의 연구와 서로 비교한다면 조선에 거주한 일본인, 나아가 '풀뿌리' 식민자의 구체적인 특징을 보다 입체적으로 살펴볼 수 있는 토대가 될 것이다. 나아가 서구 제국주의의 식민자와 상호 비교도 19~20세기 전 지구적 제국주의의 모습과 식민지-본국 체제의 보편사적 위치와 모습을 구체적으로 확인할 좋은 기회가 될 것이다.

부록

연표

날짜	내용
1876.2.27	조일수호조규 체결
1877.1.30	일본인 거주지 '부산구조계' 설정
1877.9	「요리옥 및 음식점 영업취체규칙」 규정
1879	부산상업회의소 설치
1880.5	원산 개항
1881.11.1	「대좌부영업규칙」,「예창기취체규칙」,「매독병원 및 매독검사규칙」 발포
1882	원산 아마테라스대신궁 설치
1883	인천 개항
	「조선국에서의 일본인 무역규칙」 체결
1886	인천상업회의소 설치
1889	「조선일본양국통어규칙」 조인
1890	인천대신궁 설치
1892	서울 남산에 요배소 설치
1897	조선어업협회 설립
1898	서울 남산대신궁 조성
1899	부산 지역의 거류지신사가 용두산신사, 용미산신사로 개칭
1900	조선해통어조합 설립, 조선해통어조합연합회 구성
1901	「이민보호법」 개정
1902	「외국령해수산조합법」 제정
1903	조선해수산조합 설립, 〈일본인어업근거지건설 계획〉 발표
1904	「대한방침」과 「대한시설강령」 공포
	한국농사조사위원회 설치
	「어업근거지이주규칙」 공포
	통영군 장승포에 첫 보조이주어촌인 이리사촌 개촌
1905.3	「거류민단법」 공포
	'재외지정학교제도' 시행
1905	「조선연안 및 내해항행약정」 제정
	대구 요배전 설치
1906	이사청 설치

날짜	내용
1906.7	「거류민단법시행규칙」 공포
1907	「토지가옥증명규칙」, 「국유미간지이용법」, 「산림법」 공포
1908	원산대신궁 설치
	부산거류민단 「신사 우지코 총대 규칙」 및 「우지코 총대 복무 규정」 등 제정
	일본 내각에서 「대외정책 방침의 건」 발표하며 '만-한이민집중론' 채택
	동양척식주식회사 설립, 「이주민취급규칙」 제정
	「한일어업협정」 체결
	「한국어업법」과 「어업법시행세칙」 제정·발포
1909.2	「소학교규칙」(통감부령 제3호) 제정
1909.12	「학교조합령」(통감부령 제71호) 제정
1910.3	「통감부중학교규칙」(통감부령 제9호) 공포
1910.6	「재외지정학교규정」(통감부령 제23호) 공포
1910.8	「한국병합에 관한 조약」 체결
1910.9.30	「조선총독부지방관관제」 공포
1910.10	호소이 하지메, 조선연구회 창설
1911.2	「각 도 및 각 부군에 참사를 두는 건」, 「부군참사자문회에 관한 건」 공포
1911	동양척식주식회사, 제1회 이민 모집
1913.10	「부제」(총독부 제령 제7호) 공포
	「학교조합령」(총독부 제령 제8호) 개정·공포
1913	남산대신궁 경성신사로 개칭
1914.4.1	거류민단 및 거류지제도 철폐, 「부제」 실시
1914	불이흥업주식회사 설립
1915	「조선상업회의소령」 제정
	「신사사원규칙」(조선총독부령 제82호) 제정
1916.3	「대좌부창기취체규칙」 발포
1917.6	「면제」 실시, '지정면제' 도입
1917	「신사(神祠)에 관한 건」 제정
1918	'전선상업회의소연합회' 결성
1920.7	지방제도 개정, 도·부·면 지방행정 자문기관 설치에 관한 내용

날짜	내용
1921	'조선산업조사위원회' 조직
1922.2	조선상업회의소연합회에서 '조선산업개발 4대 요항' 제시
1923	동양척식주식회사의 제17회 마지막 이민 모집
	「조선공유수면매립령」 제정
1924.6	제1회 전선공직자대회 개최
1924	전북 옥구군 미면에 불이농촌 건설
1925	서울 남산에 조선신궁 조영
1927.2	'조선재주자의 국정 및 지방행정참여에 관한 의견' 작성
1928	강원도 철원, 평강 일대에 철원농장 조성
1929.12	'조선에서의 참정에 관한 제도의 방책' 작성
1931.4	「조선지방제도개정령」 실시
1933	도제 시행, 도평의회 폐지 및 도회 신설
1934.12	「대좌부창기취체규칙」 개정
1936	「관국폐사 직제 중 개정의 건」 등 신사제도에 관한 5개 칙령(칙령 제250~254호) 공포
1939.11	'제도 개정에 관한 제자료' 작성
1943.3	'조선에서의 참정제도 방책안' 작성
1944.11	'조선 및 타이완 재주민의 처우 개선에 관한 건 취급안' 결정
1945.4	일본 국내의 참정권을 식민제까지 확대한 「귀족원령중개정」, 「중의원의원선거법 중개정법률」 공포
1945.8	일본의 패전과 해방
1945.8	일본인 세화회 조직

자료

자료 1
「동양척식주식회사 이주규칙」(1910년 제정)[1]

제1장 총칙

제1조 본칙은 조선 척식을 위해 필요한 내지 및 조선 이주민의 모집, 분배에 관한 사항을 규정한다.

제2조 본칙의 이주민이라는 것은 조선 밖에서 조선으로, 혹은 조선 내 갑지(甲地)에서 을지(乙地)로 이주해 본 회사와 이주계약을 체결한 자를 일컫는다.

제3조 이주민을 구분해서 다음의 2종으로 한다.

갑종이민 단체를 조직하거나 혹은 조직하지 않고 이주해 토지소유권을 양도받은 자

을종이민 단체를 조직하거나 혹은 조직하지 않고 이주해 소작을 하는 자

단체라는 것은 10호 이상의 조직을 일컫는다.

제4조 이주민은 가족을 대동해야 한다. 단, 특별한 사유로 본 회사의 승인을 받은 자는 예외로 한다.

제5조 본 회사는 매년 이주지 및 수용 가능한 이주민의 호수를 정하여

---

1 동양척식주식회사, 1912, 『朝鮮移住手引草』.

이를 공고해야 한다.
제6조 조선척식사업을 경영하는 자가 사업 경영을 위해 필요한 이주민을 모집할 경우 본 회사는 그 이주민에 대해 본칙 제3장의 규정을 준용할 수 있다. 단, 이 경우 본 회사에 대한 의무와 관련해서는 사업경영자가 연대보증의 책임을 져야 한다.
제7조 어업을 목적으로 한 이주에 관한 규정은 별도로 정한다.

제2장 토지의 대부
제8조 본 회사는 이주민에 대해 본 회사가 소유하거나 혹은 관리하는 토지를 대부한다.
제9조 전조의 대부와 관련해서 단체를 조직한 이주민의 경우에는 단체원(團體員)이 연대해 그 의무를 부담한다. 단체를 조직하지 않은 이주민은 본 회사가 확실하다고 인정하는 2명 이상의 연대보증인을 설정해야 한다.
제10조 토지의 대부면적은 기간지의 경우 전답을 합하여 1호당 2정보 이내로 한다. 단, 토지의 상황 및 이주민의 상태에 따라 이 제한을 따르지 않을 수 있다.
제11조 미간지의 대부 또는 기간지 및 미간지를 함께 대부한 경우 그 면적은 토지의 상황에 따라 제한한다.
제12조 갑종이민에 대해서는 앞의 2조 이외에 별도로 조림(造林) 용지를 대부할 수 있다.
제13조 본 회사는 갑종 이주민에 대해 다음의 조건에 따라 대부지 소유권을 양도하기로 약속한다.
　1. 갑종이민은 계약 당시의 대부지 가격에 연 6분의 이자를 붙여 연

부상환(年賦償還) 방법으로 25년 이내에 지불을 완료해야 한다. 단, 대부지의 가격은 통감의 인가를 받아 정한다.
2. 갑종이민은 대부지에 대한 지세, 기타 공과를 부담해야 한다.
3. 본 회사는 대부지에 대해 소작료를 징수하지 않는다.

전항 제1호, 제2호의 조건을 완료한 경우 본 회사는 그 이주민에 대해 토지의 소유권을 이전한다. 단, 이주비를 대여받은 자의 경우 그것의 상환을 완료하지 않으면 토지의 소유권을 이전하지 않는다.

제14조 을종이민은 대부지에 대해 본 회사가 정한 소작료를 납부해야 한다.

제15조 을종이민의 대부지에 대한 지세, 기타 공과의 부담은 계약 또는 토지의 관습에 따라 정한다.

제16조 도로 또는 배수·관개공사 등의 신설 혹은 개조, 기타 공익을 위해 필요한 경우 이주민은 계약기간 내에 본 회사가 지정한 지적(地積)을 반환할 의무가 있다.

제17조 이주지가 공공으로 사용되거나 혹은 천재지변에 따라 멸실 혹은 경작할 수 없는 상황에 이른 경우, 혹은 전조의 경우 본 회사는 적당하다고 인정되는 지대를 대부하거나 또는 그에 대한 보상을 해야 한다.

제18조 단체로 이주한 이주민 중 제34조에 따라 이주계약을 해제하는 자가 있을 경우 본 회사는 그 단체의 희망에 따라 그들이 선정한 승계자를 승인할 수 있다.

제19조 이주민의 성적이 양호할 경우 본 회사는 그 이주민이 선정한 토지를 매입해 제13조의 규정을 준용하며 이주민에게 대부할 수 있다. 단, 그 면적은 제10조의 대부면적과 합하여 5정보를 넘지 않도록 한다.

제3장 이주비의 대부

제20조 본 회사는 필요하다고 인정될 때는 단체를 조직한 이주민에게 이주비를 대부한다.

제21조 전조의 대부에 대해 단체원은 연대해서 그 의무를 부담해야 한다.

제22조 이주비의 대부금액은 1호당 200엔 이내로 하며, 이주 초년에 필요에 따라 이를 대부한다.

전항의 대부금은 주가(住家)·납옥(納屋)의 건축비 및 경우(耕牛)·농구(農具)·종묘(種苗)·비료(肥料) 구입비 보조에 충당하도록 한다. 단, 경우에 따라 현물로 대부할 수 있다.

제23조 미간지를 대부받은 자에 대한 이주비 대부금액은 전조 이외에 개간비 보조에 충당할 자금을 추가할 수 있다.

제24조 대부금액에는 이자를 붙이며, 그 이율은 연 7분으로 한다.

제25조 대부금의 상환은 25년 이내의 연부상환 방법으로 한다.

제26조 대부금은 이주지에 도착한 후에 교부한다.

제4장 이주계약

제27조 이주민이 되려는 자는 병역처분(兵役處分)을 완료한 만 20세 이상의 남자로서, 신체 건강하고 노동에 적합하며 이주 토착의 의지가 확실한 자이어야 한다.

제28조 단체를 조직해 이주민으로 되려는 자는 단체규약을 체결하고 총대인 1명을 선정해 본 회사의 승인을 받아야 한다.

제29조 단체를 조직하지 않은 이주민이라 하더라도 본 회사가 필요하다고 인정하는 경우에는 전조에 준하여 규약을 체결하고 총대인을 선

정할 수 있다.

제30조 단체규약에는 다음의 사항을 기재해야 한다.

1. 사업의 종류
2. 단체원 상호의 권리·의무에 관한 사항
3. 단체원 상호구호에 관한 사항
4. 총대인에 관한 사항
5. 교육, 위생, 기타 필요한 사항

제31조 총대인은 본 회사에 대해 그 단체를 대표하며, 단체원을 독려해 사업의 성공을 도모하고, 연부상환, 기타 단체원의 의무를 이행하도록 한다.

제32조 이주민은 본 회사가 지정한 공익을 위한 조합 등에 가입할 의무가 있다.

제33조 이주계약을 체결한 경우 본 회사는 이주기일을 지정해 통고해야 한다.

정당한 사유 없이 전항의 기일 후 1개월이 지나도록 이주하지 않은 경우에는 계약을 해제한다. 또한 이로 인해 발생한 손해를 변상하도록 할 수 있다.

제34조 다음의 경우에는 이주계약을 해제하고 대부지의 반환 및 대부 이주비의 상환을 하도록 한다. 또한 이로 인해 발생한 손해를 변상하도록 할 수 있다.

1. 본 회사의 승인을 받지 않고 대부지의 지형을 변경하거나 혹은 대부한 목적 이외의 용도로 사용한 경우
2. 본 회사의 승인을 받지 않고 권리를 양도하거나, 또는 대부지를 전대(轉貸)한 경우

3. 대부의 목적과 달리 대부금을 사용한 경우

4. 지정한 기간 내에 소작료를 납부하지 않거나, 또는 토지 혹은 이주비의 연부상환을 지연해 독촉을 받았음에도 이에 응하지 않은 경우

5. 토지를 황폐화시키거나 혹은 예정한 사업을 진행하지 않은 경우

6. 질서를 어지럽히는 행위를 한 경우

7. 본 회사의 승인을 받지 않고 이주지를 퇴거한 경우

8. 본칙 또는 본칙에 기초해서 정한 사항을 준수하지 않은 경우

제35조 전조의 경우 대부 이주비에 대한 이자는 연 1할의 비율로 책정하고 계약한 시점부터 소급해 적용한다.

제36조 제34조의 경우 갑종이민은 대부기간 내 토지의 대차료를 본 회사에 지불해야 한다.

임차료의 연액은 제13조 제1호 대부지 가격의 1할로 한다.

제37조 제34조에 의거해 계약을 해제한 경우 그 이주민이 이미 지불한 연부상환금이 있다면 대부 이주비의 원리금과 전조의 임차료 변상에 충당한다. 남은 금액은 반환하고 부족한 금액은 추징한다.

제5장 잡칙

제38조 이주민이 되려는 자는 신청서(제1호 서식)에 다음의 사항을 기재해 호적등본을 첨부해서 현거주지 시·구·정·촌장(市·區·町·村長, 조선에 거주한 자는 관할 경찰서장)에게 제출하고, 본조 제2호, 제3호 및 제5호 내지 제7호에 대한 증명을 받아 지방장관을 경유해 본 회사에 신청해야 한다.

1. 사업의 종류

2. 이주자의 성명, 연령

3. 병역의 관계

4. 노동의 적부

5. 자산의 정도 및 부채의 유무

6. 종래의 직업, 경력

7. 상벌의 유무

8. 여비, 농구, 의식 등 준비 정도

9. 이주비 대부를 받으려는 자는 그 금액

10. 이주 희망지와 그 면적

제39조 이주 신청인은 본 회사가 공고한 이주지에 대해 미리 그 희망을 말할 수 있다. 단, 동일한 이주지에 대한 신청인이 본 회사가 예정한 호수를 초과할 경우에는 본 회사가 이를 정하는 것으로 한다.

제40조 단체를 조직해 갑종이민을 희망한 자가 직접 이주지를 선정해 그 매입 대부를 본 회사에 청구한 경우 본 회사는 업무 상황에 따라 이에 응할 수 있다. 단, 그 면적은 제10조의 규정에 의거한다.

제41조 단체규약 및 총대인의 승인 청구서(제2호 서식)는 단체원이 연대해 제38조의 신청서와 함께 본 회사에 제출해야 한다.

제42조 이주 신청을 승인한 경우 본 회사는 신청인에게 이를 통지해야 한다.

제43조 전조의 통지를 받은 자는 계약서(제3호 서식)를 제작해 14일 이내에 본 회사에 제출해야 한다.

제44조 이주민은 본 회사가 특약한 관청 또는 회사 등에 대해 이주지로 가는 여정에서 승차·승선임 및 휴대화물의 운임 할인을 받을 수 있다.

(이하 각종 서식은 생략함)

자료 2
적당한 곳에 어업근거지를 설정할 것[2]

한국 연안에 어업근거지가 없다는 것은 현재 어업상 최대의 결점이다. 이것이 없기 때문에 우리 어민은 어업 경제상 제반 설비를 갖출 수 없다. 뿐만 아니라 어업상 필요한 물품의 공급 등에서도 불편이 적지 않다. 장래 어민의 이익을 도모하고 수산 경영의 목적을 온전히 하기 위해서는 근거지 설정이 가장 필요한데, 토지의 사용권과 함께 우선되어야 할 것이다. 적당한 곳에 일정한 근거지를 설치해 경영상 필요한 제반 설비를 구축할 뿐만 아니라 어업에 필요한 여러 물품과 어획물을 운송하는 선박이 자유롭게 왕래하도록 길을 열어주어야 한다. 이들 근거지는 양국 정부가 서로 협상해 필요한 지구를 조차 혹은 매입한 후 어민에게 대부해 상당한 요금을 징수하되, 어민들이 거주할 가옥은 별도의 보조를 받는 어민이 자비로 건축하게 한다. 상황에 따라서는 건물회사가 건축하는 것이 용이하다. 교통이 매우 빈번하고 어류의 취산(聚散)이 많은 곳에는 처음부터 어시장 및 공동제조장 등을 설치할 필요가 있는데, 이는 정부가 건설한 후 상당한 요금을 징수하며 어민에게 대부한다. 이 외에 근거지에서 어선의 정계장(碇繫場)을 수축해야 할 경우 정부가 직접 경영하는 등 어민을 장려하기 위한 필요 계획을 세워야 한다.

---

2 韓國政府財政雇問本部, 1904, 『韓國水産行政及經』.

자료 3

「어업근거지이주규칙」(1904년 1월 조선해수산조합 발표)[3]

1. 한해 어업 발전을 도모하고 조합원의 복리 증진을 목적으로 각 요소에 근거지를 경영해 조합원을 이주시킨다.
2. 어업근거지에는 각 1명의 감독을 두어 주민을 감독하고 본 조합 및 이주자에 대한 일체 사무를 관장하도록 한다.
3. 어업근거지 감독은 평의원의 협찬을 받아 조장이 이를 임명한다.
4. 어업근거지에 이주하려는 자는 어떤 지방민이 상관없이 다음 각 항에 해당하는 자격을 가진 자로 한정한다.
    (1) 만 22세 이상 50세 미만 남자로, 품행이 방정하고 체격이 건강하며 처자와 함께 이주할 수 있는 자
    (2) 폭 5척 이상의 어선 및 본 조합이 지정한 어구를 소유하고 종업원 2인 이상을 사용할 수 있는 자
    (3) 최근 3년 이상 어업에 종사한 자
    (4) 만 5년 이상 거주할 것을 약속한 자
    (5) 본인은 물론 가족 종업원이라 하더라도 전과가 없는 자
5. 위 자격을 갖고 있지 않아도 배 제작자, 어구 제작인 등 근거지 경영 발달에 직·간접으로 관계된 특수한 기능을 가진 자 중에서, (1), (4), (5)항에 해당되는 자는 평의원 협찬을 얻어 이주할 수 있다.
6. 위 (4)의 자격을 가진 자가 이주하려고 할 때는 호적등본을 첨부하여 시(市)·정(町)·촌(村) 사무소 또는 어업조합을 경유해 신고한다.

---

3   김수희, 2010, 『근대 일본어민의 한국진출과 어업경영』, 경인문화사.

7. 본 조합이 이주를 허가할 때는 규정의 계약서를 받은 후 거주시킨다.
8. 앞의 수속을 마쳤을 때 본 조합은 이주지를 지정하고 감독은 그가 살 곳을 정한다.
9. 어업근거지 주민은 본 조합 정관 및 규정의 제 규칙을 지키고 어떠한 일이 있더라도 그곳 감독의 지휘명령을 위반하지 않는다.
10. 어업근거지 주민의 어획물 및 수요품은 전부 감독자의 지휘 아래서 공동 판매 및 구입을 하며 각자 판매하거나 구입하지 않는다.
11. 개인에게 대여한 토지세는 개인이 납입한다.
12. 주민 어획물을 판매한 대금은 감독이 보관한다. 수요품 대금과 그 밖의 집세를 공제한 잔금은 그 주민의 경제상태를 참작해 우편저금 할 것.
13. 위 결산은 매월 말 1회 하며, 반드시 감독자가 주민에게 청산서를 보내야 한다.
14. 주민은 감독의 허가를 받지 않으면 여럿이 모여 집회 음주를 할 수 없다.
15. 주민은 관혼상제, 기타 사고 및 일반에 관하여 자선, 위생, 절약의 방침으로 규약을 만들고 감독을 경유해 조장의 허가를 받을 것
16. 본 규칙 외 주민에 관한 규정은 조장이 한다.
17. 주민 중 어업근거지 풍기를 혼란케 하거나 규정을 준수하지 않고 여러 번 경고하여도 듣지 않을 때에는 퇴거를 명령한다.

자료 4

「거류민단법」(법률 제4˙호)

제1조 전관거류지, 각국거류지, 잡거지 기타 거주하는 제국신민의 상태에 따라 외무대신은 필요하다고 인정될 경우 지역을 정하고 그 지역 내에 거주하는 제국신민으로 구성된 거류민단을 설립할 수 있다.

거류민단의 설치 및 폐지, 분리 및 합병 혹은 지역 변경에 관한 사항은 명령으로 이를 정한다.

제2조 거류민단은 법인으로 하고 관의 감독을 받아 법령 혹은 조약의 범위 내에서 그 공공사무 및 법령 조약 혹은 관례에 의해 이에 속하는 사무를 처리한다.

제3조 거류민단에 직원(吏員) 및 거류민회를 둔다.

제4조 거류민단의 조직, 거류민단 직원 혹은 거류민회의원의 임면, 선거, 임기, 급여 및 직무권한 등에 관한 사항 및 거류민단의 재산, 부채, 영조물, 경비의 부과 징수 및 회계에 관한 사항은 명령으로 정한다.

제5조 거류민단은 영사, 공사 및 외무대신 순으로 이를 감독한다. 단, 지역 상황에 따라 이차적인 감독은 생략할 수 있다.

전항 감독과 관련하여 필요한 사항은 명령으로 이를 정한다.

제6조 거류민단 설립 시 그 지역 내에 거주하는 제국신민의 공동재산 및 부채 처분 기타 본법 시행과 관련하여 필요한 사항은 명령으로 이를 정한다.

자료 5

「학교조합령」(통감부령 제71호)

제1조 학교조합은 법인으로 하고 관의 감독을 받아 법령의 범위 내에서 주로 교육업무를 수행하는 것을 목적으로 한다. 학교조합은 지역의 상황에 따라 부대사업으로 위생업무를 수행할 수 있다.

제2조 학교조합을 설립하고자 할 때는 설립 지역 내에 거주하는 제국신민들이 조합규약을 만들고 통감의 인가를 받아야 한다.

제3조 학교조합 지역 내에 거주하는 제국신민을 조합원으로 한다.

제4조 학교조합의 폐지 및 조합규약의 변경은 통감의 인가를 받아야 한다.

제5조 학교조합은 조합회 및 관리자를 둔다. 관리자는 이사관이 이를 임면한다. 관리자의 임기는 3년으로 한다.

제6조 학교조합은 재산에서 발생하는 수입 및 수업료와 기타 수입으로 지출에 충당하며 부족할 경우에는 조합비를 부과 징수할 수 있다.

제7조 거류민단법시행규칙 제36조, 제37조, 제39조, 제40조, 제45조, 제46조, 제48조, 제51조, 제53조(단서 조항 제외)의 규정은 학교조합에 이를 준용한다.

부칙

본 법령은 1910년 1월 1일부터 이를 시행한다.

학교조합 설립 시 그 지역 내에 거주하는 제국신민의 공동재산 및 부채의 처리와 기타 본 법령 시행과 관련하여 필요한 사항은 이사관이 이를 정한다.

자료 6
「학교조합령」(총독부 제령 제8호)

제1조 학교조합은 법인으로 하고 관의 감독을 받아 법령의 범위 내에서 내지인의 교육에 관한 사무를 담당한다.
제2조 학교조합을 설치하고자 할 때 발기인은 구역을 정하고 조합규약을 만들어 조선총독의 허가를 받아야 한다.
  조합규약은 조합구역 내에 주소를 두고 독립적인 생계를 유지하는 내지인 3분의 2 이상의 동의를 얻어야 한다.
제3조 학교조합의 구역 내 주소를 가진 내지인을 조합원으로 한다.
  조합원은 본 법령에 의해 영조물을 공용하는 권리를 가지며 조합의 부담을 분담할 의무를 지닌다.
제4조 학교조합의 분리 및 통합 혹은 구역 변경을 하고자 할 때 관계된 조합은 조합회의 의결을 거쳐 조선총독의 허가를 받아야 한다. 조합규약의 설정과 변경 혹은 재산 처분을 필요로 할 시에도 동일하다.
  어느 학교조합의 구역에도 속하지 않는 지역을 조합구역에 편입시키고자 할 경우에는 제2조 제2항 규정에 준거하여 새로이 조합원의 동의를 구할 필요가 있다.
제5조 학교조합에 조합회(組合會)를 둔다.
제6조 조합회 의원은 이를 선거한다.
  조합회 의원은 명예직으로 한다.
  조합회 의원의 선거인 및 피선거인 자격에 관한 사항은 조합규약으로 이를 정해야 한다.
제7조 조합회는 조합에 관한 건을 의결한다.

조합회가 의결할 건은 다음과 같다.
1. 조합규약을 변경하는 건
2. 세입 세출안을 정하는 건
3. 결산보고를 승인하는 건
4. 기본재산, 특별기본재산 및 금품 적립금의 설치 관리 및 처분에 관한 건
5. 부동산 관리 및 처분에 관한 건
6. 재산 및 영조물의 관리 방법을 정하는 건. 단, 법령에 규정이 있는 건은 제외
7. 법령에 정해져 있는 것을 제외한 기타 사용료, 조합비 및 부역 현품 및 기타 부과 징수에 관한 건
8. 조합 부채에 관한 건
9. 세입 세출안으로 정하는 것을 제외하고 새로이 의무 부담을 지우거나 혹은 권리를 포기하는 건
10. 조합에 관한 소송 및 화해에 관한 건

제8조 조합회의 권한에 속한 건의 일부는 그 의결에 의해 관리자로 하여금 이를 전결 처분케 할 수 있다.

제9조 앞의 제4조에서 정한 것을 제외하고 조합회 및 조합회 의원 선거에 관한 사항은 조선총독이 이를 정한다.

제10조 학교조합에 관리자를 둔다.

관리자는 조합원 중에서 도장관이 이를 명한다. 임기는 3년으로 한다.

관리자는 명예직으로 한다. 단, 필요에 의해 유급으로 할 수 있다.

부 지역을 포함하는 학교조합은 부윤이 관리자의 직무를 행한다.

제11조 관리자는 조합을 대표하여 조합 사무의 일체를 담당한다.

제12조 조합회의 의결 권한을 넘어 법령 혹은 조합규약어 위반 혹은 공익을 해한다고 인정될 경우에 관리자는 도장관에게 지휘를 청하여 의결을 취소하고 그 건을 처리할 수 있다.

조합회가 성립하지 않을 때, 회의를 열 수 없을 때 혹은 의결 건을 의결하지 않았을 경우 관리자는 도장관에게 지휘를 청하여 해당 의결을 취소하고 그 건을 처리할 수 있다.

제13조 학교조합에 유급 혹은 명예직 직원을 둘 수 있다.

직원은 관리자가 이를 임면한다.

직원은 관리자의 것을 사무에 종사한다.

제14조 관리자는 조합 직원을 징계할 수 있다. 그 징계 처분은 견책, 25원 이하의 과태료, 해직으로 한다.

제15조 관리자의 직무를 행하는 부윤은 부 관리로 하여금 학교조합 행정에 관한 사무에 종사하도록 할 수 있다. 이 경우 직무 관계는 국가 행정에 관한 직무 관계의 예에 따른다.

제16조 조합회 의원, 명예직인 관리자와 직원은 직무를 위해 필요한 비용에 대해 변상받을 수 있다.

명예직인 관리자 및 직원에게는 비용 변상 외에 근무에 상당하는 보수를 받을 수 있다.

비용변상액, 보수액 및 지급 방법은 조합회 의결을 거쳐 도장관의 허가를 받아 이를 정한다.

제17조 유급 관리자 및 직원의 급여액, 여비 및 기타 지급 방법은 조합회의 의결을 거쳐 도장관의 허가를 거쳐 이를 정한다.

제18조 유급 관리자 및 직원에게는 조합규칙에서 정하는 바에 의하여

퇴은료, 퇴직급여, 사망급여 혹은 유족부조금을 지급할 수 있다.

제19조 수익을 위한 조합 재산은 기본재산으로 하고 이를 유지해야 한다.

조합은 특정 목적을 위해 특별 기본재산을 설치하거나 금품을 적립할 수 있다.

제20조 조합은 영조물 사용에 대해 사용료를 징수할 수 있다.

제21조 조합은 내지인 교육과 관련하여 필요할 경우 기부 혹은 보조할 수 있다.

제22조 조합은 필요한 비용이나 법령에 의해 조합 부담에 속하는 비용을 조달할 의무를 지닌다.

조합은 재산에서 발생하는 수입 및 기타 조합에 속한 수입으로 전항 지출에 충당하고 부족할 때에는 조합비 및 부역과 현품을 부과징수할 수 있다.

제23조 조합비 부과에 관해 필요한 경우 해당 관리 및 직원은 조합원의 가택 혹은 영조물을 임검하거나 장부 물건의 검사를 행할 수 있다.

제24조 조합비 혹은 부역 현품의 부과를 받은 자가 그 부과에 대해 위업 혹은 착오가 있다고 판단되는 경우 조선총독이 정하는 바에 따라 이의 신청을 할 수 있다.

제25조 조합비 및 사용료 부과징수에 관한 사항과 관련하여 조합규약에 5원 이하의 과태료를 부과하는 규정을 둘 수 있다.

제26조 조합비 기타 조합에 속한 징수금은 지방비 징수금에 이어 선취 특권을 지니며 추후 징수, 환부 및 시효에 대해서는 국세의 예를 따른다.

제27조 조합은 부채 상환을 위해, 조합의 영구적 이익이 되는 지출을 위

해 혹은 천재지변으로 인해 필요한 경우에 한하여 조합 기채(起債)를 할 수 있다.

조합은 예산 내 지출을 위해 일시 대출을 할 수 있다.

전항의 대출금은 그 회계연도 내에 수입으로 상환해야 한다.

제28조 조합은 매 회계연도마다 세입 세출 예산을 짜야 한다.

조합 회계연도는 정부 회계연도에 따른다.

제29조 조합비로 비용 조달해야 할 건으로 수년을 기획하여 비용을 지출해야 하는 건은 그 기간 각 년도 지출액을 정하고 계속비로 할 수 있다.

제30조 조합 지불금에 관한 시효에 대해서는 정부 지불금의 예에 따른다.

제31조 조합은 1차적으로 군수가 감독하고 2차적으로 도장관이 감독하며 3차에서 조선총독이 이를 감독한다. 단, 부윤이 관리자 직무를 행할 경우에는 1차적으로 도장관이 감독하며 2차적으로 조선총독이 이를 관리한다.

조합구역이 여러 군(郡)에 걸쳐 있을 경우 감독관청은 조선총독이 이를 지정한다.

감독관청은 조합을 감독하면서 필요한 명령을 발하거나 처분할 수 있다.

제32조 다음의 건은 조선총독의 허가를 받아야 한다.
1. 조합규약을 변경하는 건
2. 조합 기채의 방법, 이자율 및 상환 방법을 정하거나 이를 변경하는 건. 단, 해당 연도 내의 수입으로 상환해야 하는 일시 대출은 여기에 해당하지 않는다.

제33조 다음의 건은 도장관의 허가를 받아야 한다.

1. 기본재산의 관리 및 처분에 관한 건
2. 특별기본재산 및 금품 적립의 설치 관리 및 처분에 관한 건. 단, 금품 적립 등의 목적을 위해 사용하는 경우는 여기에 해당하지 않는다.
3. 부동산 처분에 관한 건
4. 기부 혹은 보조의 건
5. 사용료, 조합비 및 부역과 현품의 부과징수에 관한 건
6. 일시 대출 건
7. 계속비를 정하거나 변경하는 건
8. 세입 세출안으로 정하는 것을 제외하고 그 외 새로이 의무 부담을 지우거나 권리를 포기하는 건

제34조 감독관청의 허가를 필요로 하는 건과 관련해 감독관청은 허가 신청의 취지에 반하지 않는다고 인정되는 범위 내에서 다시 시정하여 허가할 수 있다.

제35조 감독관청의 허가를 필요로 하는 건과 관련해 조선총독이 정하는 바에 따라 허가 직권을 하급 감독관청에 위임하거나 사소한 건에 한해 허가를 받지 않도록 할 수 있다.

제36조 도장관은 조합관리자에 대해 징계를 행할 수 있다. 징계 처분은 견책, 25원 이하의 과태료, 해직으로 한다.

제37조 조합 재무에 관한 규정 및 조합관리자와 조합 직원의 복무규율, 배상책임, 신원보증 및 사무 인계에 관한 규정은 조선총독이 정한다.

부칙

제38조 본령의 시행 기일은 조선총독이 정한다.

제39조 본령 시행 시 이미 존재하는 학교조합은 본령에 의거하여 설치된 것으로 본다.

제40조 청진 이외 부의 부윤은 본령 시행 후 즉시 학교조합의 구역을 정하고 조합규약을 단들어 조선총독의 허가를 받아 학교즈합을 설치해야 한다.

전항의 규정에 의해 설치된 학교조합은 본령이 시행된 날에 설치된 것으로 본다.

제41조 본령 시행 시 필요한 규정은 조선총독이 정한다.

자료 7
「부제」(제령 제7호)

제1조 부(府)는 법인(法人)으로서 관(官)의 감독을 받으며 그 공공사무 및 법령에 따라 부에 속하는 사무를 처리한다.

제2조 부의 폐치 및 부의 구역은 조선총독이 이를 정한다.
부의 폐치 또는 경계 변경의 경우에 있어서 재산 처분을 요할 때 도장관은 부윤의 의견을 듣고 조선총독의 허가를 얻어 그 처분 방법을 정한다.

제3조 부 내에 주소를 가진 자는 그 부의 주민으로 한다.
부의 주민은 본령에 의해 부의 영조물(營造物)을 공용할 권리를 가지며 부의 부담을 분임(分任)할 의무를 부담한다.

제4조 부는 부 주민의 권리, 의무 또는 부의 사무에 관하여 부 조례를 설정할 수 있고, 부 조례는 일정한 공고식으로 이를 고시할 수 있다.

제5조 부윤은 부를 통할하고 이를 대표한다.

제6조 부에 부리원(府吏員)을 둘 수 있다.
부리원은 부윤이 이를 임면한다.
부리원은 부윤의 명을 받아 사무에 종사한다.

제7조 부리원은 유급으로 한다. 단, 부 조례가 정한 바에 따라 명예직으로 할 수도 있다.

제8조 부윤은 부리원에 대하여 징계를 할 수 있으며 그 징계 처분은 견책, 25엔 이하의 과태료 및 해직으로 한다.

제9조 부에 부 출납직을 두며, 관리 또는 부리원 중에서 부윤이 이를 명한다.

부 출납직은 출납사무를 관장한다.

제10조 부윤은 부의 관리로서 부의 행정에 관한 사무에 종사해야만 하며, 그 경우에 직무 관계는 국가 행정에 관한 직무 관계의 예에 따른다.

제11조 부에 협의회를 두며 부윤 및 협의회원으로 이를 조직한다.

협의회는 부윤을 의장으로 하고 협의회원의 정원은 조선총독이 이를 정한다.

제12조 협의회는 부의 사무에 관하여 부윤의 자문에 응해야 한다.

협의회에 자문해야 하는 사항은 다음과 같다.

1. 부 조례의 설정 또는 개폐에 관한 일
2. 세입출 예산결정에 관한 일
3. 부채(府債)에 관한 일
4. 세입출 예산으로 정하는 일을 제외, 새롭게 의무 부담을 하거나 또는 권리 포기를 하는 일
5. 기본재산, 특별 기본재산 및 적립 금곡(金穀) 등의 설정 또는 처분에 관한 일
6. 제2조 제2항의 재산 처분에 관한 일
7. 전 각 호 외 부윤에게 필요하다고 인정되는 일

제13조 협의회원은 부 주민 중에서 조선총독의 인가를 받아 도장관이 이를 임명한다.

협의회원은 명예직으로 하고 그 임기는 2년으로 한다.

제14조 협의회원이 그 직무를 태만하거나 또는 체면을 오손하는 행위를 했다고 인정될 때는 조선총독의 인가를 얻어 도장관이 이를 해임할 수 있다.

제15조 협의회원 및 명예직 부리원은 직무 수행 때문에 발생한 비용을 변상받을 수 있다.

명예직 부리원에게는 비용 변상 외 근무에 상당하는 보수를 지급할 수 있다.

제16조 유급 부리원에게는 부 조례가 정한 바에 따라 은퇴금과 퇴직급여금, 사망급여금 또는 유족부조금을 지급할 수 있다.

제17조 수익을 위한 부의 재산은 기본 재산으로서 이를 유지해야 한다.

부는 특정 목적을 위해 특별한 기본재산을 설정하거나 또는 금곡 등을 적립할 수 있다.

제18조 부는 영조물의 사용에 관해 사용료를 징수할 수 있다.

부는 특히 한 개인을 위한 사무에 관해 수수료를 징수할 수 있다.

제19조 부는 그 공익상 필요한 경우 기부 또는 보조를 할 수 있다.

제20조 부는 그 필요한 비용 및 법령에 따라 부의 부담에 속하는 비용을 지변할 의무를 부담한다.

부는 그 재산에서 생기는 수입, 사용료, 수수료 기타 부에 속하는 수입을 전항의 지출에 충당하고 부족할 때는 부세 및 부역현품(夫役現品)을 부과 징수할 수 있다.

제21조 3개월 이상 부에 체재하는 자는 그 체재 초로 거슬러 올라가 부세를 납부할 의무를 부담한다.

제22조 부 내에 주소를 두거나 또는 3개월 이상 체재하면서 부 내에서 토지, 가옥, 물건을 소유하고 사용하거나 점유하고, 부 내에 영업소를 설치하여 영업을 하거나 부 내에서 특정한 행위를 하는 자는 그 토지, 가옥, 물건 영업 또는 그 수입에 대하여 혹은 그 행위에 대하여 부과하는 부세를 납부할 의무를 지닌다.

제23조 부세, 사용료, 수수료 및 부역현품 및 그 부과징수에 관한 사항은 조선총독이 이를 정한다.

제24조 부세, 사용료, 수수료 및 영조물의 사용 방법에 관해서는 전 조의 규정에 따르는 경우를 제외, 부 조례로서 이를 정하며 부 조례 중 10엔 이하의 과료를 과하는 규정을 설정할 수 있다.

제25조 부세의 부과에 관해 필요한 경우, 당해 관리 관원은 가택 혹은 영업소를 임검(臨檢)하거나 장부물건의 검사를 할 수 있다.

제26조 부세, 기타 부에 속하는 징수금은 지방비의 징수금이 차례로 선취 특권을 가지며 그 추징, 환부 및 시효에 있어서는 국세의 예에 따른다.

제27조 부는 그 부채를 상환하기 위해 부의 영구한 이익이 되어야 할 지출을 할 수 있으며 또는 천재 사변을 위해 필요한 경우에 한해 부채를 일으킬 수 있다.

제28조 부는 매 회계연도 세입출 예산을 조제(調製)해야 한다.
부의 회계연도는 정부의 회계연도에 따른다.

제29조 부비로 지변하야 하는 사건으로 수년을 기해 그 비용을 지출해야 하는 것은 그 기간 각 연도의 지출액을 정해 계속비로 할 수 있다.

제30조 부는 특별회계를 설정할 수 있다.

제31조 부는 지불금에 관한 시효에 관해서는 정부 지불금의 예에 따른다.

제32조 부의 재무에 관한 규정 및 부리원의 복무 기율, 배상책임, 신원보증 및 사무인계에 관한 규정은 조선총독이 이를 정한다.

부칙

제33조 본 령 시행의 기일은 조선총독이 이를 정한다.

제34조 거류민단, 각국거류지회 및 한성위생회에 관한 법령은 이를 폐지한다.

제35조 거류민단의 사무 및 권리, 의무에 있어서 교육에 관한 것은 학교조합이 이를 승계하고 기타는 부가 이를 승계한다.

전항 학교조합 및 부가 승계해야 하는 것에 관한 구분은 조선총독의 허가를 얻어 도장관이 이를 정한다.

각국거류지회의 사무 및 권리 의무는 청진 각국거류지회를 제외하고 부가 이것을 승계한다. 단, 각국거류지 내에 있는 외국인 묘지 및 인천 각국거류지회의 적립금은 이 한도에 둔다.

한성위생회의 사무 및 권리, 의무는 경성부가 이를 승계한다.

전 4항에서 규정하는 것 외 재산 및 부채의 처분을 요할 때에는 도장관이 조선총독의 허가를 얻어 그 처분 방법을 정한다.

제36조 본령 시행에 즈음하여 필요한 규정은 조선총독이 이를 정한다.

자료 8
'대(對) 식민지 희망'(1917)[4]

(1)

우리 일본 제국은 쇄국적 봉건 제도를 고집하며 외국과 교섭 없이 수백 년 문을 닫고 이른바 도원국의 태평한 꿈을 꾸었다. 그 결과 외란(外亂)으로 인한 위난(危難)은 면했다 해도 이 때문에 적극적으로 감행해나가는 기상이 결핍되고 웅대한 계획을 세우지 못하였는데, 이룬 바는 없었지만 메이지의 유신으로 이행되어 현재 개혁의 운이 열렸다. 만약 도요토미 히데요시(豊太閤)의 '문록(文祿)의 역'(임진왜란-역자)이 성공했다면 어떠했을까. 또는 도쿠가와 이에미츠(德川家光) 시대에 도요토미의 책략을 이어갔다면 어떠했을까. 시대를 내려와 최근 '메이지 27~28년의 역'(1894~1895년 청일전쟁-역자)에서 사이고 다카모리(西鄕隆盛)의 정한론 당시에 개혁의 운이 나타났다면 어떠했을까. 그럼에도 천운의 순환, 대기운의 끊임없는 움직임 끝에 청일전쟁에서 남쪽의 타이완을 편입하였고 '37~38년의 역'(1904~1905년 러일전쟁-역자)에서 가라후토(樺太) 남쪽의 반을 역시 편입하였으며 이어 조선의 병합을 보았다. 더 나아가 우리의 위엄은 만몽의 영구한 조차를 보기에 이르렀다. 동방의 고립된 섬을 지킨 자치 자활의 민과 국가는 일축하여 다른 구미 각국과 어깨를 나란히 하며 국외에 식민지라는 것을 가지기에 이르렀다. 그 이후 십여 년의 세월이 지났는데, 그 경험과 시설 과연 식민지적 경영의 능력이 있는가라고 의심하는 사람도 있지만, 금일 눈에 보이는 것은 어떠한가.

---

4 『朝鮮時報』, 1917.7.1. 1면.

타이완으로 가라후토로 조선으로 또 만몽의 조차지로 그 경영의 흔적은 시간에 비해 꽤 상승한 성적이라고 할 수 있을 것이다.

(2)

다만 우리가 희망하는 바는 반드시 외국의 선례를 따를 필요가 없다는 것이다. 신기축을 세우고 신기록을 작성하는 것은 꽤 잘한다. 이 때문에 우리 제국은 하등 외국을 고려하지 않고 제국의 명예, 이익을 위주로 하며, 다음으로 식민지의 발달, 주민의 안녕, 행복을 추구한다. 또 이곳에 자유와 권리를 주고 기꺼이 의무의 뜻을 일으켜 모국과 구별 없이, 식민지라는 관념 없이 융합 동화의 한 길로 활동할 수 있는 묘책을 내야만 한다. 금일과 같이 모국과 식민지를 구별하고 혹은 식민지에서 신 일본인과 구 일본인을 구별을 하는 것과 같은 일은 없기를 바란다. 이것은 요컨대 우리 제국이 연장된 것으로서, 균등하게 국민 일치가 되어 식민지적 기분을 없애는 것이다.

(3)

영국은 식민지 경영에 있어서 선각자이자 성공한 국가이다. 고 이토 히로부미 통감의 조선 통치에 대해서 영국의 크로마 경과 유사하다는 설이 있었는데, 그렇다면 영국인의 식민지에 대한 것은 어떠한가.

*식민지 시민에게도 선거권

영국 내무대신은 하원 연설에서 영국 정부는 자치령을 시민에게 내리고 6개월 이상 영국 본국에 거주한 자에게 대하여 선거권을 부여하는 법률안을 제출할 것이라고 한다.

즉 이상과 같은 것이다. 원래 우리 식민지는 영국과 동일한 논리가 아니라 해도 우리 제국은 비교적 식민지를 멸시하는 경향이 있으며 식민지를 제2위에 두고 있다. 특히 재조선 구 일본인은 왕왕 소외하는 경향이 있다. 심하게는 위험시하며 혐오하기도 한다. 어쨌든 식민지로서 일본의 모국과 같은 기분이고 기풍이 있는 것은 국가에 굉장한 강점이 된다. 단순히 물질적 진보, 경영적 발달 계획이 식민지의 목적이 아니며 능사가 아니다.

(4)

지금 조선인에게도 면제를 실시하려고 하는데, 머지않아 제국의회에 대의사도 보낼 시절이 있을 것이다. 그렇다면 이들을 수련시키고 더더욱 충군애국의 관념을 발휘하도록 하여 식민지라든가 모국이라든가의 구별이 물질적으로도 정신적으로도 없도록, 즉 천지 일치, 신구 일본의 일치, 피아 일가(一家)로서 활동하도록 하려면 신 일본인이 열복(悅服)과 동시에 일본인도 그렇게 하지 않으면 안 된다. 따라서 학교조합의 권한을 확장하든가, 또는 이것을 폐지하여 부와 합병하든가 아니면 적당한 하급 행정법을 설정하든가, 아니면 경성, 부산 등의 2~3지구에 한해 특별시제적인 것을 실시하든가 해야 할 것이다. 시대를 앞서서 시대에 발맞추어 국민 스스로 자각하고 의무를 알며 봉공의 한 길을 열기 위해 이러한 주장을 하는 것이다.

자료 9
「신사사원규칙」(조선총독부령 제82호)

제1조 신사를 창건하고자 할 때는 아래 사항을 구비하여 창건지 숭경자(崇敬者)가 될 30명 이상이 연서하고 조선총독에게 허가를 받아야 한다.
1. 창건 사유
2. 신사의 칭호
3. 창건지명
4. 제신(祭神)
5. 건물 및 경내 평수, 도면 및 경내 주변의 상황
6. 창건 비용 및 비용 조달 방법
7. 유지방법
8. 숭경자(崇敬者) 수

제2조 사원을 창립하고자 할 때는 아래 사항을 구비하여 창건지에서 신자가 될 30명 이상이 연서하고 소속종파 지도자(管長)의 승인서를 첨부하고 조선총독에게 허가를 받아야 한다.
1. 창건 사유
2. 사원의 칭호
3. 창건지명
4. 본존(本尊) 및 소속 종파의 명칭
5. 건물 및 경내 평수, 도면 및 경내 주변의 상황
6. 창건 비용 및 비용 조달 방법
7. 유지 방법

8. 신도(檀信徒) 수

제3조 신사는 신전 및 배전을 구비해야 한다.

제4조 사원은 본당 및 종무소(庫裏)를 구비해야 한다.

제5조 신사 혹은 사원 창건의 허가를 받은 자가 허가일로브터 2년 내에 신전과 배전 혹은 본당과 종무소를 짓지 못할 때에는 허가는 효력을 상실한다.

단, 특별한 사유가 있을 때에는 조선총독의 허가를 받아 그 기간을 연장할 수 있다. 완공 시에는 조선총독에게 신고해야 한다.

제6조 변재(変災)로 인해 신전 및 배전 혹은 본당 및 종무소가 없어졌을 시 혹은 신전 및 배전 혹은 본당 및 종무소를 재건했을 시어는 조선총독에게 신고해야 한다.

신전 및 배전 혹은 본당 및 종무소가 없어진 날로부터 6년 내에 재건하지 않을 시에는 창건 허가는 그 효력을 상실한다.

제7조 신사 혹은 사원을 이전하고자 할 때에는 아래 사항을 구비하여 조선총독의 허가를 받아야 한다.

1. 이전 사유
2. 이전지 지명
3. 건물 및 경내 평수, 도면 및 경내 주변의 상황
4. 이전 비용 및 비용 조달 방법

제8조 제5조의 규정은 신사 혹은 사원이 이전할 경우에 이를 준용한다.

제9조 신사 혹은 사원을 폐지 혹은 합병하고자 할 때에는 그 사유 및 재산의 처분방법을 구비하여 조선총독의 허가를 받아야 한다.

제10조 아래 사항의 경우 조선총독의 허가를 받아야 한다.

1. 신사 칭호를 변경하거나 혹은 제신을 변경하고자 할 때

2. 사원 칭호를 변경허가나 혹은 제신을 변경하고자 할 때

3. 사원의 소속종파를 변경하고자 할 때

4. 신사 혹은 사원의 유지방법을 변경하고자 할 때

5. 건물 혹은 경내 면적에 변동이 발생할 때

전항 제5호의 경우에는 그 도면을 신청서에 첨부하여야 한다.

제11조 사원에는 주지(住職)를 두고 사원에 관한 사무를 관리하도록 한다.

주지직을 명받았을 때에는 본인이 사망 및 기타 사항으로 인해 주지직에 변동이 있을 시에는 신도 총대가 이를 조선총독에게 신고하여야 한다.

제12조 신사에는 숭경자 총대, 사원에는 신도 총대 각 3명 이상을 두고 그 주소와 씨명을 그 신사와 사원 소재지를 관할하는 도장관에게 신고해야 한다. 그에 변동이 있을 시에도 동일하다.

제13조 신사 혹은 사원이 소유하고 있는 부동산 및 보물에 관하여 다음과 같은 사항을 구비하여 조선총독에게 신고해야 한다. 그에 변동이 있을 시에도 동일하다.

1. 토지와 관련해서는 소재지, 지번, 지목, 면적, 경내와 경외 구역의 구별

2. 건물과 관련해서는 소재지, 건평, 명칭, 구조 종류, 경내와 경외 구역의 구별

3. 보물과 관련해서는 명칭, 개수, 품질, 형상, 길이, 만든 이와 전래 과정

제14조 신사 혹은 사원은 재산대장을 구비하여 그 소유의 부동산 및 보물에 관하여 전조 각호의 사항을 등재하여야 한다.

제15조 다음의 경우에는 조선총독의 허가를 받아야 한다.

    1. 부동산 혹은 보물을 매각, 양도, 교환, 전당 잡힘 혹은 저당을 설정하고자 할 때

    2. 경내의 수목을 벌채하고자 할 때

    3. 부채를 일으키고자 할 때

제16조 경내 및 건물은 도장관의 허가를 받지 않으면 신사의 경우 재전 의식의 집행을, 사원의 경우는 설법, 포교, 법요 집행, 승려 거주의 목적 외에 이를 함부로 사용하거나 사용케 하지 못한다.

제17조 제5조 제1항 단서, 제7조, 제9조, 제10조, 제15조에 의하여 사원에서 제출한 서류에는 소속 종파 지도자의 의견서를 첨부해야 한다.

제18조 본령에 의한 신고는 그 일이 발생한 날로부터 2주 내에 이를 행해야 한다.

제19조 본 법령 중 사원에 관한 규정은 내지(內地)의 불교 종파에 속한 것에 한하여 이를 적용한다.

제20조 허가를 받지 않고 신사 사원 혹은 이와 유사한 건조물을 설치한 자는 1년 이하의 금고 혹은 2백 원 이하의 벌금에 처한다.

부칙

본 법령은 1915년 10월 1일부터 이를 시행한다.

본령 시행 시 이미 존재하는 신사 및 사원은 본령이 시행된 날로부터 5개월 내에 제1조 혹은 제2조의 절차를 밟아야 한다.

자료 10
「대좌부창기취체규칙」(조선총독부 경무총감부령 제4호)

제1조 대좌부영업을 하려고 하는 자는 다음의 각호를 갖춰 경찰서장(경찰서의 사무를 취급하는 헌병분대, 헌병분견소의 장을 포함. 이하 동일)에 출원하여 허가를 받아야 함.
　1. 본적, 주소, 씨명, 생년월일
　2. 옥호가 있을 때는 옥호
　3. 영업소의 위치
　전항의 원서에는 영업용 건물의 방 배치, 계단, 요리장, 욕장, 뒷간, 오수 배제의 설비 등의 위치를 표시한 평면도를 첨부해야 함.
　영업의 허가를 출원한 자가 영업용 건물의 신축, 증축, 개축 또는 대수선을 한 후 영업용으로 공급하려고 하는 경우에는 원서에 공사의 착수 및 낙성 기한을 기재하고 또 구조사양서를 첨부해야 함.
제2조 전조의 규정은 대좌부영업자 영업소를 신설 또는 위치를 변경하려는 경우에 이를 준용한다.
　대좌부영업자 영업용 건물의 증축, 개축 또는 대수선을 하려고 할 때는 원서에 공사의 착수 및 낙성 기한을 기재하고 전조 제2항에 규정된 평면도와 구조사양서를 첨부하여 경찰서장에 출원하여 허가를 받아야 함.
제3조 대좌부영업은 경무부장이 지정하는 지역 안이 아니면 이를 행할 수 없다.
제4조 영업용 건물의 구조는 다음의 각호에 의해야 함.
　1. 객실, 환기, 채광 및 보온의 장치를 위해 외부에 면한 개소는 문단

속을 붙인 덧문 또는 창을 부착하고 또 그 칸막이에는 벽, 맹장지 또는 판자를 사용할 것
2. 계단은 그 폭원내법(幅員內法) 4척 이상, 디딤판 8촌 이상, 차올림 6촌 5분으로 하고 또 부란(扶欄)을 설치할 것
3. 2층 이상의 계층에 있는 객실로서 1계층에 대해 그 평수 15평 이상일 때는 매 계층에 계단을 각 2개소 이상을 설치할 것
4. 객실을 3층 이상의 계층에 설치할 때는 건물의 출입구는 폭 3간 이상의 도로 또는 20평 이상의 공지에 면하고 또 건물에는 적당한 장소에 폭 5척 이상의 비상구를 설치할 것
5. 비상구는 밖으로 열리는 문 또는 미닫이로 하고 그 믄단속은 내부에 이를 설치할 것
6. 뒷간은 요리장으로부터 상당의 거리를 유지하고 또한 악취가 객실에 미치지 않는 위치에 설치하고 분뇨류 및 그 부속 장치는 오물이 흘러들어오지 않도록 축조할 것
7. 장점(張店)은 도로로부터 보이지 않도록 구조할 것

제5조 신축, 증축, 개축 또는 대수선을 하는 건물은 경찰서장의 검사를 받고 그 인가를 얻지 않으면 영업용으로 이를 사용할 수 없다.

제6조 대좌부영업자 또는 그 동거의 호주 또는 가족은 고인주선업(雇人周旋業)을 할 수 없다.

대좌부영업자 또는 그 동거의 호주 또는 가족은 동일 가옥 내에서 요리옥, 음식점 혹은 유희장의 영업을 할 수 없다.

제7조 대좌부영업자는 다음의 각호를 준수해야 함.
1. 객실의 입구에는 번호 또는 부호를 표시할 것
2. 등화에 석유를 사용할 때는 금속제의 급유기를 사용할 것

3. 객실, 요리장, 세면소, 욕장, 세척소 및 뒷간 등의 청결을 보지할 것
4. 방취제를 준비해 뒷간, 기타 악취가 발산하는 장소에 시간마다 산포할 것
5. 손님용 침구는 신체에 접촉하는 부분을 청결하게 흰 천으로 감을 것
6. 손님에게 제공하는 음식기는 청결한 물건을 사용할 것
7. 손님이 요구하지 않은 음식물을 제공하고 부당한 요금을 청구하지 말 것
8. 손님이 요구하지 않는 경우에 예기(기생을 포함, 이하 동일), 창기가 시중들지 말게 할 것
9. 통행인에 대해 유흥을 권유하지 말 것
10. 학생 생도인 것을 알고 이들에게 유흥시키지 말 것
11. 손님에게 면회를 구하는 자가 있을 때는 까닭 없이 이를 숨기거나 거절하지 말 것
12. 손님의 승낙 없이 함부로 타인을 객실에 들이지 말 것
13. 전염성 질환이 있는 자에게는 손님에게 시중하거나 음식물, 음식기 또는 침구의 취급하는 것을 시키지 말 것
14. 창기의 의사에 반하여 계약의 변경 또는 포주인 대좌부영업자의 변환을 강요하지 말 것
15. 질병 중 또는 제18조의 기간 내 취업시키거나 기타 창기의 학대를 하지 말 것
16. 창기로서 함부로 실비(失費)를 하지 않을 것
17. 함부로 창기의 계약, 폐업, 통신, 면접을 방해하거나 타인으로 방해하지 말 것

18. 창기가 질병에 걸렸을 때는 조속히 의사 또는 의생의 치료를 받게 할 것

제8조 경찰서장이 필요하다고 인정할 때는 대좌부영업자에 대해 다음의 사항을 명할 수 있음.

1. 방화벽을 설치하거나 굴뚝, 기타 화기에 접근하는 장소에 방화설비를 할 것
2. 소화기 또는 소화제를 준비하여 적당한 개소에 배치하고 항상 유효하게 이를 보지할 것
3. 3층 이상의 계층에 있는 객실부터 용이하게 옥외로 나갈 수 있도록 피난 장치를 설치할 것
4. 비상구에는 '비상구' 등 문자를 기록한 표찰을 걸고 야간은 표등을 점할 것
5. 객실로부터 비상구로 통하는 요소에는 비상구의 방향을 지시하는 표시를 할 것
6. 세척소를 설치하고 필요한 기구 및 약품을 준비할 것

제9조 대좌부영업자는 부록 양식에 의해 유객명부를 조제하여 사용 전 경찰서장의 날인을 받고 유객이 있을 때마다 기재를 할 것

전항의 장부는 사용을 완료한 후 2년간 이를 보존함.

제10조 대좌부영업자는 창기마다 대차계산부 2책을 조제하여 그 1책을 창기에게 교부하고 매월 3일까지 전일분의 대차에 관한 계산을 상세히 기록하고 창기와 함께 날인함.

제11조 대좌부영업자는 다음 각호의 1에 해당하는 경우에는 10일 내에 경찰서장에 신고해야 함. 단, 제4호의 사항은 상속인이 신고해야 함.

1. 본적, 주소, 씨명 또는 옥호를 변경할 때

2. 영업을 개시할 때

3. 폐업 또는 10일 이상 휴업할 때

4. 영업자가 사망할 때

5. 상속으로 인해 영업을 승계할 때

제12조 대좌부영업자가 고용인을 고입하거나 해고할 때는 10일 내에 경찰서장에 신고해야 하고 고용인이 아닌 동거자를 영업상 사용할 때 역시 같음.

제13조 다음 각호의 1에 해당하는 경우에 대좌부영업자는 조속히 경찰관 또는 헌병에게 신고해야 함.

1. 신분에 어울리지 않게 낭비하는 자가 있을 때

2. 거동불심이라고 인정되는 자가 있을 때

3. 손님의 변사상이 있을 때

4. 손님의 소지금품의 도난 또는 분실이 있을 때

5. 창기의 사망 또는 변상 또는 도망이 있을 때

제14조 대좌부영업자는 손님이 소지품으로 유흥비를 지불하려고 할 때 또는 그 대상으로 수령하려고 할 때는 미리 경찰관 또는 헌병에게 신고해야 함.

제15조 경찰서장이 필요하다고 인정할 때는 대좌부영업자에 대해 본인 또는 그 호주, 가족 혹은 고용인의 건강진단서의 제출을 명할 수 있음.

제16조 창기가를 하려고 하는 자는 본적, 주소, 씨명, 기명, 생년월일 및 가(稼) 장소를 기재하고 또는 대좌부영업자가 연서한 원서에 다음의 서면을 첨부하여 스스로 출두하여 경찰서장에 출원하여 인가를 받아야 함.

1. 부의 승낙서. 부가 알지 못할 때, 사망했을 때, 가를 떠났을 때 혹

은 친권을 행하는 것이 불가능할 때는 가에 있는 모의 승낙서. 모도 사망했을 때, 가를 떠났을 때 혹은 친권을 행하는 것이 불가능할 때는 미성년자는 후견인, 성년자는 호구 혹은 부양의무자의 승낙서 또는 승낙을 주는 자가 없을 때를 소명하는 서면

2. 전호에 게재한 승낙서의 인감증명서
3. 호적등본 또는 민적등본
4. 창기가 및 전차금에 관한 계약서 사본
5. 경력 및 창기를 한 사유를 기재한 서면
6. 경찰서장이 지정한 의사 또는 의생의 건강진단서

전항 제1호의 승낙에 대해서는 계부, 계모 또는 적모(嫡母)는 후견인으로 간주함.

제1항 제4호의 계약의 경개(更改)를 할 때는 대좌부영업자의 연서로 경찰서장에 신고하야 함.

제17조 다음 각호의 1에 해당하는 자에 대해서는 창기가를 허가할 수 없음.

1. 17세 미만의 자
2. 전염성 질환이 있는 자
3. 전조 제1항 제1호에 게재된 자가 승낙하지 않을 때 또는 승낙하는 자가 없는 것을 소명할 때
4. 창기가 또는 전차금에 관한 계약이 부당하다고 인정할 때

유부녀는 창기가를 할 수 없음.

제18조 임신 6월 이후 분만 후 2월에 이르는 기간은 창기가를 할 수 없음.
제19조 대좌부 내에 있지 않으면 창기가를 할 수 없음.

창기는 다른 영업을 할 수 없음. 단, 대좌부 내에 예기를 하는 것은 그

제한에 있지 않음.

제20조 창기는 경찰서장의 허가를 받은 경우를 제외하고 제3조에 의해 지정된 지역 외에 나갈 수 없음. 단, 원서를 위해 관할 경찰서에 왕복하는 경우는 그 제한에 있지 않음.

제21조 창기는 대좌부 외에 기우하거나 숙박할 수 없음. 단 부모의 간호, 전지요양, 기타 어쩔 수 없는 사유에 의해 경찰서장의 허가를 받은 경우는 그 제한에 있지 않음.

제22조 창기는 다음의 각호를 준수해야 함.

  1. 취업 중 허가증 및 건강진단서를 휴대할 것

  2. 통행인에 대해 유흥을 권유하지 말 것

  3. 객석에서 무용을 하거나 음곡을 연주하지 말 것

제23조 창기는 정기 또는 임시에 건강진단을 받아야 함.

  건강진단서, 건강진단 시행의 장소 및 정기건강진단 시행의 기일은 경찰서장이 이를 지정함.

제24조 다음 각호의 1에 해당하는 경우에 창기는 임시로 건강진단을 받아야 함. 단 전 진단의 때로부터 차기의 정기건강진단 시행의 기일에 이르는 사이에 제1호 또는 제2호에 해당하는 경우는 이 제한에 있지 않음.

  1. 창기 허가 후 처음 가로 나가려고 할 때

  2. 휴업 후 다시 가로 나가려고 할 때

  3. 질병에 걸린 것을 자각 또는 대좌부영업자로부터 주의를 받았을 때

  4. 경찰서장의 명령이 있을 때

제25조 전조 제1호의 경우 건강진단을 받을 때는 경찰서장으로부터 건강진단서의 하부를 받아 정기 또는 임시의 건강진단 즈음 이에 증인

을 받아야 함.

제26조 창기가 질병 때문에 건강진단소에 출두하는 것이 불가능할 때는 의사의 진단서를 첨부하여 경찰서장에 신고해야 하며 그 경우에 경찰서장이 필요하다고 인정할 때는 대좌부에 대해 건강진단을 행해야 함.

제27조 건강진단에 의해 창기가로 견딜 수 없거나 전염성 질환이 있다고 인정될 때는 치유한 뒤 건강진단을 받지 않으면 가로 나갈 수 없음.

건강진단에 의해 전염성 질환이 있다고 인정되는 창기는 경찰서장의 지시에 따라 치료를 받아야 함.

제28조 창기는 본적, 주소, 씨명 또는 기명에 변경이 있을 때는 10일 내에 허가증 및 건강진단서를 첨부하여 경찰서장에 신고해야 함.

허가증 혹은 건강진단서를 망실, 훼손했거나 건강진단서의 사용을 종료했을 때는 그 사유를 갖춰 경찰서장에게 다시 하부 또는 교체를 청해야 함.

창기가 전조의 경우 또는 임신 분만으로 인해 휴업할 때는 바로 건강진단서를 경찰서장에게 제출해야 함.

제29조 창기가 허가 후 처음 가에 나갈 때는 미리 경찰서장에 신고해야 함.

제27조에 규정한 사유 또는 임신 분만으로 인해 휴업한 후 창기가 다시 가에 나가려고 할 때는 경찰서장에 신고하여 건강진단서의 환부를 받아야 함.

창기가 폐업할 때 바로 허가증을 첨부하여 경찰서장에게 신고해야 함.

제30조 경찰관 또는 헌병은 필요하다고 인정할 때는 대좌부에 임검하거나 영업용 장부를 검사할 수 있음.

제31조 경찰서장은 대좌부영업자 또는 창기에 대해 공중위생, 풍속취체

기타 공익상 필요한 명령을 할 수 있음.

제32조 대좌부영업의 허가를 받은 후 3월 이상 개업하지 않거나 개업 후 계속휴업 3월 이상에 걸칠 때는 경찰서장은 그 허가를 취소할 수 있음.

제1조 제3항에 규정하는 경우에 공사 착수 기간까지 공사에 착수하지 않을 때, 낙성 기한을 경과해도 준공하지 않을 때, 영업용 건물의 건축구조사양서와 달리 영업용으로 적당하지 않는 것으로 인정될 때 또는 공사 준공 후 3월 내에 영업을 개시하지 않을 때 역시 전항과 동일.

제2항의 규정은 대부좌의 신설 또는 위치의 변경을 허가할 경우에 이를 준용함.

제33조 경찰서장은 대좌부영업자 또는 창기가 다음 각호의 1에 해당한다고 인정할 때는 그 업을 정지 또는 그 허가를 취소할 수 있음.

1. 허위로 인해 허가한 것을 발견했을 때
2. 제5조, 제6조, 제18조, 제19조, 제21조, 제27조의 규정에 위반할 때
3. 제8조 또는 제31조의 명령에 위반할 때
4. 제17조 제2호 또는 제4호에 해당한다고 인정될 때
5. 대좌부영업자로서 타인의 명의를 빌린 사실이 있다고 인정될 때

제34조 대좌부영업자조합을 설립하려고 할 때는 규약을 만들어 경찰서장의 인가를 받아야 하고 그 규약을 변경하고자 할 때 역시 동일함.

전항의 경우에 조합의 구역 2 이상의 경찰서 관할구역에 걸칠 때는 경무부장의 인가를 받아야 함.

제35조 조합의 역원 선임이 있을 때 또는 그 변경이 있을 때는 조합을 대표한 역원이 10일 내에 전조 제2항의 경우에 있어서는 경무부장에

게, 기타의 경우에 있어서는 경찰서장에게 신고해야 함.

제36조 조합의 설치를 인가하는 경무부장 또는 경찰서장은 조합에 대해 조합규약 혹은 역의의 변경, 조합의 해산, 기타 취체상 필요한 명령을 할 수 있음.

제37조 경찰서장은 그 조에 의해 제4조의 규정에도 불구하고 제1조 혹은 제2조의 허가 또는 제5조의 허가를 할 수 있음.

제38조 다음 각호의 1에 해당하는 자는 구류 또는 과료에 처함.
1. 허가를 받지 않고 대좌부영업을 하려고 할 때 또는 영업소를 신설하거나 그 지위를 변경할 때
2. 제5조 내지 제7조, 제9조 내지 제14조, 제16조 제2항, 제18조 내지 제22조, 제23조 제1항, 제24조, 제25조, 제26조 제1항 또는 제27조 내지 제29조에 위반될 때
3. 제8조, 제15조, 제31조의 명령 또는 영업정지의 명령에 위반될 때
4. 제30조의 규정에 의한 임검 또는 검사를 거절할 때

제39조 대좌부영업자는 그 대리인, 호주, 가족, 동거자 혹은 고용인으로 그 영업에 관한 본령 또는 본령의 규정에 의한 명령에 위반될 때는 본인의 지휘로 나온 것이기 때문에 처벌을 면할 수 없음.

부칙

제40조 본령은 대정 5년 5월 1일부터 이를 시행함.

제41조 본령 시행 전 허가를 받아 현재 대좌부영업 또는 창기가를 영위하는 자는 그 명칭의 여하를 불문하고 본령에 의해 대좌부영업 또는 창기의 허가를 받는 자로 간주함.

전항에 규정한 대좌부영업자 또는 창기가를 영위하는 자는 경무부장이 이를 지정함.

본령 시행 전 영위하는 영업소의 신설 혹은 위치의 변경 또는 영업용 건물의 증축, 개축 혹은 대수선의 허가는 본령에 의해 영위하는 허가로 간주함.

경찰서장은 제1항의 대좌부영업자에 대해 당분간 본령 시행 후 제4조의 규정을 적용하지 않음.

제42조 경무부장은 조선인 창기의 가를 목적으로 하는 대좌부영업자에 한하여 당분간 제3조의 규정을 적용하지 않음.

전항의 경우에 제1조의 출원을 하려고 할 때는 원서는 영업소 부근의 견취도를 첨부해야 함.

제1항에 규정한 대좌부영업자는 창기를 외부에서 볼 수 있는 장소에서 분장하거나 점두에 좌열 혹은 배회할 수 없음.

제43조 제20조의 규정은 전조의 대좌부에서 가를 영위하는 창기에 이를 적용하지 않고 전항에 규정하는 창기는 외부로부터 들여다볼 수 있는 장소에서 분장을 하거나 점두에 좌열 혹은 배회할 수 없음.

제44조 제41조의 대좌부영업자는 본령 시행의 일로부터 1월 내에 제12조에 준하여 신고를 해야 함. 단 이미 신고를 한 고용인 또는 동거자에 대해서는 그 제한에 있지 않음.

제45조 제42조 제3항, 제43조 제1항 또는 전조에 위반하는 자는 구류 또는 과료에 처함.

(부록 양식)

도착 월일시	출발 월일시	인상 또는 착의의 특징	초빙된 창기의 기명	유흥비	주소	직업	씨명 연령

기재 예

1. 외국인은 주소 외 그 란에 국적을 기재할 것
2. 유흥 1주야 이상에 걸치는 것은 1주야마다 유흥비를 해당란에 기재할 것

참고문헌

1. 자료

『大韓帝國官報』.

『統監府公報』上·下.

『統監府統計年報』.

『朝鮮總督府官報』.

『朝鮮總督府統計年報』.

『公文類聚』.

『在朝鮮國釜山港領事館制定諸規則便覽』.

『皇城新聞』,『大韓每日申報』,『每日申報』,『每日新報』,『朝鮮日報』,『東亞日報』,『서울신문』,『自由新聞』.

『京城新報』,『京城日報』,『釜山日報』,『朝鮮新聞』,『朝鮮新報』,『朝鮮時報』,『朝鮮及滿洲』,『朝鮮公論』.

慶尙南道, 1921,『慶尙南道に於ける移住漁村』.

京城居留民團役所 編, 1912,『京城發達史』.

京城府 編, 1934,『京城府史』제1~3권.

京城府,『国幣社関係綴』

警視總監部 第二課, 1908,『妓生及娼妓ニ關スル書類綴』.

高橋刀川, 1908,『在韓成功之九州人』, 虎與號書店.

高尾新右衛門 編, 1916,『元山發展史』.

交通兵站班, 1945,『歸還輸送ニ關スル綴』.

大曲美太郎 編, 1936,『龍頭山神社史料』, 龍頭山神社社務所.

＿＿＿＿＿＿, 1941,『大陸神社大觀』.

大橋淸三郞, 1915,『朝鮮産業指針』.

大邱府 編, 1915, 『大邱民團史』, 秀英舍.

大村友之丞 編, 1910, 『朝鮮貴族列傳』, 朝鮮硏究會.

渡邊定一郞, 1924.3, 「朝鮮當面の重要問題」, 『京城商業會議所月報 朝鮮經濟雜誌』 19.

동양척식주식회사, 1910~1919, 『植民統計』.

_____, 1912, 『朝鮮移住手引草』.

_____, 1916, 『植民事業各地方別成績』.

_____, 1917, 『東洋拓殖株式会社事業槪要』.

_____, 1918, 『東拓十年史』.

_____, 1921, 『移住民名簿』.

_____, 1939, 『東洋拓殖株式會社三十年誌』.

木村友之太丞, 1922, 『京城回顧錄』, 朝鮮研究会.

尾西要太郞, 1903, 『鮮南發展史』, 朝鮮新報社.

保高正記, 1925, 『群山開港史』.

釜山甲寅會 編, 1916, 『日鮮通交史: 附釜山史』.

釜山居留民団役所 編, 1909, 『釜山居留民団例規集』.

釜山府, 1926, 『釜山開港五一週年記念』.

_____, 1942, 『迫間房太郞翁略傳』.

釜山商業會議所 編, 1912, 『釜山要覽』.

釜山理事廳, 1909, 『釜山理事廳法規類集』.

釜山日本人商業會議所, 1907, 『釜山日本人商業會議所年報』.

森田芳夫·長田かな子 編, 1979, 『朝鮮終戰の記錄(資料編)』 2권, 巖南堂書店.

小林丑三郞, 1913, 『植民地財政論』, 明治大學出版部.

小山文雄, 1934, 『神社と朝鮮』, 朝鮮佛敎社.

小川雄三, 1903, 『仁川繁昌記』, 조선신보사.

外務省, 1887, 『在朝鮮国釜山港官立病院ヲ廢止シ共立病院設立補助一件』.

原田彦熊·小松天浪, 1913, 『朝鮮開拓誌』.

陸軍省, 1945, 『第17方面軍』.

_____, 1945, 『朝鮮軍管區部隊』.

仁川開港二十五年紀念會, 1908, 『仁川開港二十五年史』.

仁川府庁 編, 1933, 『仁川府史』.

日韓商業興信所, 1907, 『在韓實業家名鑑』.

第一銀行 編, 1908, 『韓國ニ於ケル第一銀行』, 第一銀行.

朝鮮水産組合, 1915, 『朝鮮水産組合業務成績一斑』.

조선총독부 농상공부 수산국, 1910, 『한국수산지』.

朝鮮總督府, 1913, 『朝鮮漁業曆』.

_____, 1914, 『朝鮮統治三年間成績』.

_____, 1923, 『朝鮮の內地人』.

_____, 1934, 『昭和五年朝鮮國稅調査報告』.

_____, 1944, 『人口調査結果 報告其ノ一』.

_____, 1944, 『朝鮮昭和十五年國勢報告結果要約』.

_____, 1945, 『昭和十九年五月一日人口調査結果報告其ノ二』.

朝鮮総督府 編, 『朝鮮総督府統計年報』.

朝鮮総督府総務部外事局 編, 1911, 『外国居留地統計』.

中央朝鮮協會, 2014, 『中央朝鮮協會會報』 1~6, オークラ情報サービス.

中田孝之介, 1905, 『在韓人士名鑑』, 木浦新報社.

拓務省拓務局・文部省實業學務局, 1931, 『最近の海外移住地』, 명문당.

青柳綱太郎, 1928, 『總督政治史論』.

平壤民団役所 編, 1914, 『平壤発展史』, 民友社.

韓國政府財政雇問本部, 1904, 『韓國水産行政及經』.

2. 단행본

加瀨和三郎 저, 2004, 『역주 인천항25년사』, 인천광역시 역사자료관.

김대래, 2020, 『개항기 일본인의 부산이주와 경제적 지배』, BDI부산연구원 부산학연구센터.

김동명, 2006, 『지배와 저항, 그리고 협력: 식민지 조선에서의 일본제국주의와 조선인의 정치운동』, 경인문화사.

_____, 2018, 『지배와 협력: 일본제국주의와 식민지 조선에서의 정치참여』, 역사공간.

김백영, 2009, 『지배와 공간: 식민지도시 경성과 제국 일본』, 문학과지성사.

김수희, 2010, 『근대 일본어민의 한국진출과 어업경영』, 경인문화사.

김승, 2014, 『근대 부산의 일본인 사회와 문화변용』, 선인.

김운태, 1986, 『일본제국주의의 한국통치』, 박영사.

다카사키 소지 저, 이규수 격, 2006, 『식민지 조선의 일본인들』, 역사비평사.

문혜진, 2019, 『경성신사를 거닐다: 일본제국과 식민지 신사』, 민속원.

미야타 세쓰코 해설·감수, 정재정 역, 2002, 『식민통치의 허상과 실상: 조선총독부 고위 관리의 육성 증언』, 혜안.

박규태, 2017, 『일본 신사(神社)의 역사와 신앙』, 역락.

박명규·서호철, 2003, 『식민권력과 통계』, 서울대출판부.

박정석, 2017, 『식민 이주어촌의 흔적과 기억』, 서강대출판부.

변은진, 2018, 『자유와 평등를 꿈꾼 '한반도인' 이소가야 스에지』, 아연출판부.

손정목, 1982, 『韓国開港期 都市変化 過程 研究-開港場·開市場·租界·居留地』, 一志社.

손정목, 1992, 『韓国地方制度·自治史研究(上)-甲午更張~日帝強占期-』, 一志社.

송규진 외, 2004, 『통계로 본 한국근현대사』, 아연출판부.

송연옥, 2012, 『근대와 성폭력』, 선인.

松田利彦 저, 김인덕 역, 2004, 『일제시기 참정권문제와 조선인』, 국학자료원.

신승모, 2018, 『재조일본인 2세의 문학과 정체성』, 아연출판부.

우치다 준 저, 한승동 역, 2020, 『제국의 브로커들: 일제강점기의 일본 정착민 식민주의 1876~1945』, 길.

여박동, 2002, 『일제의 조선어업지배와 이주어촌 형성』, 보고사.

염복규 외, 2017, 『일제강점기 경성부윤과 경성부회연구』, 서울역사편찬원.

外務省警察史 韓國之部, 1939, 『韓國警察史』 4, 高麗書林.

윤춘호, 2017, 『대장촌의 일본인 지주와 조선 농민 봉인된 역사』, 푸른길.

이규수, 2007, 『식민지 조선과 일본·일본인』, 다할미디어.

_____, 2015, 『개항장 인천과 재조일본인』, 보고사.

_____, 2018, 『제국과 식민지 사이: 경계인으로서의 재조일본인』, 어문학사.

이마이 이노스케 외 편, 이동철 외 역, 2007, 『역주 인천향토자료조사사항』 下, 인천대학교 인천학연구원.

이소가야 스에지, 1988, 『우리 청춘의 조선: 일제하 노동운동의 기록』, 사계절.

이연식, 2012, 『조선을 떠나며』, 역사비평사.

이형식 편, 2013, 『제국과 식민지의 주변인』, 보고사.

일본식민지연구회 편, 2020, 『일본식민지 연구의 논점』, 소화.

임종국, 1991, 『실록 친일파』, 돌베개.

전성현, 2011, 『일제시기 조선 상업회의소 연구』, 선인.

존 다우어, 2009, 『패배를 껴안고』, 민음사.

조미은, 2018, 『재조선 일본인 학교와 학생』, 서해문집.

차은정, 2016, 『식민지의 기억과 타자의 정치학-식민지조선에서 태어난 일본인들의 탈향, 망향, 귀향의 서사』, 선인.

최영호, 2013, 『일본인 세화회』, 논형.

토드 A. 헨리 지음, 김백영·정준영·이향아·이연경 옮김, 2020, 『서울, 권력도시: 일본 식민 지배와 공공 공간의 생활 정치』, 산처럼.

하지연, 2018, 『식민지 조선 농촌의 일본인 지주와 조선 농민』, 경인문화사.

한국정신대문제대책협의회·정신대연구회 편, 2012, 『강제로 끌려간 조선인 군위안부들』, 한울(수정판).

홍성철, 2007, 『유곽의 역사』, 페이퍼로드.

홍순권, 2010, 『근대도시와 지방권력: 한말 일제하 부산의 도시 발전과 지방세력의 형성』, 선인.

홍순권 외, 2008, 『부산의 도시형성과 일본인들』, 선인.

_____, 2009, 『일제강점하 부산의 지역개발과 도시문화』, 선인.

홍순권·전성현, 2013, 『일제시기 일본인의 부산일보 경영』, 세종출판사.

加藤圭木, 2017, 『植民地期朝鮮の地域変容: 日本の大陸進出と咸鏡北道』, 吉川弘文館.

加藤聖文, 2020, 『海外引揚の研究: 忘却された「大日本帝國」』, 岩波書店.

岡本眞希子, 2008, 『植民地官僚の政治史』, 三元社.

姜再鎬, 2001, 『植民地朝鮮の地方制度』, 東京大学出版会.

高崎宗司, 2002, 『植民地朝鮮の日本人』, 岩波新書.

高麗博物館 編, 2010, 『植民地·朝鮮の子どもたちと生きた教師 上甲米太郎』, 大月書店.

菅浩二, 2004, 『日本統治下の海外神社-朝鮮神宮·台湾神社と祭神』, 弘文堂.

橋谷弘, 2004, 『帝国日本と植民地都市』, 吉川弘文館.

今泉裕美子·柳澤遊·木村健二 編, 2016, 『日本帝國崩壞期「引揚げ」の比較研究-國際關係

と地域の視點から』, 日本經濟評論社.

磯谷季次, 1949, 『植民地の獄』, 郷土書房.

_____, 1980, 『朝鮮終戰記』, 未来社.

_____, 1984, 『わが青春の朝鮮』, 影書房.

吉田敬市, 1954, 『朝鮮水産開發史』.

金富子·金英, 2018, 『植民地遊廓』, 吉川弘文館.

金一勉, 1997, 『遊女·からゆき·慰安婦の系譜』, 雄山閣.

蘭信三 編, 2008, 『日本帝國をめぐる人口移動の國際社會學』, 不二出版.

島薗進, 2010, 『国家神道と日本人』, 岩波書店.

柳澤遊, 1999, 『日本人の植民地經驗-大連日本人商工業者の歷史』, 青木書店.

柳澤遊, 2019, 『引揚·追放·殘留』, 名古屋大學出版會.

柳澤遊·倉澤愛子 編, 2017, 『日本帝國の崩壞-人の移動と地域社會の變動』, 慶應義塾大學出版會.

李東勳, 2019, 『在朝日本人社會の形成-植民地空間の變容と意識構造』, 明石書店.

李炯植, 2013, 『朝鮮總督府官僚の統治構想』, 吉川弘文館.

木村健二, 1989, 『在朝日本人の社會史』, 未來社.

梶村秀樹, 1992, 『(梶村秀樹 著作集 第一卷)朝鮮史と日本人』, 明石書店.

森田芳夫, 1964, 『朝鮮終戰の記錄 - 米ソ両軍の進駐と日本人の引揚』, 巖南堂書店.

松田利彦, 2009, 『日本の朝鮮臺灣支配と植民地官僚』, 思文閣出版.

神谷丹路, 2018, 『近代日本漁民の朝鮮出漁』, 新幹社.

新藤東洋男, 1981, 『在朝日本人教師: 反植民地教育運動の記錄』, 白石書店.

若槻泰雄, 1991, 『戦後引揚げの記錄』, 時事通信社.

塩出浩之, 2015, 『越境者の政治史』, 名古屋大學出版會.

李相哲, 2009, 『朝鮮における日本人經營新聞の歷史(1881~1945)』, 角川學藝出版.

日本植民地研究會 編, 2008, 『日本植民地研究の現狀と課題』, アテネ社.

中井昭, 1967, 『香川縣海外出漁史』.

青野正明, 2015, 『帝国神道の形成-植民地朝鮮と国家神道の論理』, 岩波書店.

青井哲人, 2005, 『植民地神社と帝国日本』, 吉川弘文館.

村上重良, 1970, 『国家神道』, 岩波書店.

村松武司, 1972, 『朝鮮植民者』, 三省堂.

春山明哲, 2008, 『近代日本と台湾』, 藤原書店.

厚生省社会援護局援護50年史編纂委員会, 1997, 『援護50年史』.

黒瀬郁二, 2003, 『東洋拓植會社』, 日本經濟評論社.

Jun Uchida, 2011, Brokers of Empire: Japanese Settler Colonialism in Korea, 1876-1945, Cambridge: Harvard University Press.

Nicole Leah Cohen, 2006, Children of Empire: Growing up Japanese in Colonial Korea, 1876-1946, Columbia University.

3. 논문

강병식, 1996, 「일제하 경성부 설치와 부협의회에 대한 소고」, 『동서사학』 2(1).

강창일, 1995, 「일본 대륙낭인의 한반도 침략-일본우익의 대아시아주의에 대한 이해를 위하여-」, 『역사비평』 28.

강혜영, 1992, 「韓末 日本 第一銀行의 金融侵略 과 抵抗에 대한 研究」, 숙명여대 석사학위논문.

고윤수, 2018, 「在朝日本人 쓰지 긴노스케(辻謹之助)를 통해서 본 일제하 대전의 일본인 사회와 식민도시 대전」, 『서강인문논총』 51.

_____, 2020, 「일제하 유성온천의 개발과 대전 지역사회의 변화」, 『역사와 담론』 93.

권숙인, 2014, 「식민지 조선의 일본인 화류계 여성-게이샤 여성의 생애사를 통해 본 주변부 여성 식민자-」, 『사회와 역사』 103.

권태억, 1986, 「통감부시기 일제의 대한농업시책」, 『러일전쟁 전후 일제의 한국침략』, 일조각.

기유정, 2007, 「1920년대 경성의 '유지정치'와 경성부협의회」, 『서울학연구』 28.

_____, 2011, 「식민지 조선의 일본인과 "조선의식"의 형성-3·1운동 직후 "내지연장주의(內地延長主義)" 논의를 중심으로」, 『대동문화연구』 76.

_____, 2011, 「식민지 조선의 일본인과 지역 의식의 정치효과」, 『한국정치학회보』 45(4).

_____, 2011, 「일본인 식민사회의 정치활동과 '조선주의'에 관한 연구-1936년 이전을 중심으로-」, 서울대 박사학위논문.

김경남, 2015, 「1894-1930년 '전통도시' 전주의 식민지적 도시개발과 사회경제 구조 변용」, 『한일관계사연구』 51.
김경연, 2013, 「해방/패전 이후 한일 귀환자의 서사와 기억의 정치학」, 『우리문학연구』 38.
김경일, 2015, 「지배와 연대의 사이에서-재조일본인 지식인 미야케 시카노스케(三宅鹿之助)-」, 『사회와 역사』 105.
김대래 외, 2010, 「근대 지방경제단체의 형성(1876-1916): 부산상업회의소를 중심으로」, 『지역사회연구』 18(1).
김대호, 2009, 「1910~1930년대 초 경성신사와 지역사회와의 관계: 경성신사의 운영과 한국인과의 관계를 중심으로」, 『일본의 식민지 지배와 식민지적 근대』, 동북아역사재단.
김영·안자코 유카, 2012, 「함경북도의 군사도시와 '위안소'·'유곽'」, 『근대와 성폭력』, 선인.
김승, 2012, 「개항 이후 부산의 일본거류지 사회와 일본인 자치기구의 활동」, 『지방사와 지방문화』 15(1).
김석희·박용숙, 1976, 「개항초기(1876~1885)의 일본인의 상업활동-부산항을 중심으로」, 『코기토』 15.
김예슬, 2013, 「일제하 통영의 일본인 이주어촌 형성과 경제활동」, 경남대 석사학위논문.
김윤미, 2018, 「'조선군 임시병참사령부'의 부산 숙영 시행과 지역 변화」, 『역사와 경계』 109.
김윤정, 2016, 「1920년대 부협의회 선거 유권자대회와 지역 정치의 형성-마산과 원산의 사례를 중심으로-」, 『사림』 55.
_____, 2019, 「1920~1930년대 개성 '지방의회'의 특징과 인삼탕 논의」, 『역사연구』 37.
_____, 2020, 「경성의 주택난과 일본인 대가업자들-본정대가조합을 중심으로」, 『서울학연구』 78.
김윤희, 2013, 「1883년~1905년 인천항 일본상인의 영업활동」, 『사림』 44.
김일수, 2015, 「'한일병합' 이전 대구의 일본인거류민단과 식민도시화」, 『한국학논집』 59.
김제정, 2010, 「대공황 전후 조선총독부 산업정책과 조선인 언론의 지역성」, 서울대 박사학위논문.
_____, 2018, 「식민지기 조선인과 재조일본인의 경성 안내서 비교:『京城便覽』(1929)과『大京城』(1929)」, 『도시연구』 19.

김효순, 2010, 「식민지 조선에서의 도한일본여성의 현실: 현모양처와 창부의 경계적 존재로서의 조추(女中)를 중심으로」, 『일본연구』 13.

_____, 2013, 「1930년대 일본어잡지의 재조일본인 여성 표상: 『조선과 만주』의 여급소설을 중심으로」, 『일본문화연구』 45.

김희진, 2014, 「일제강점기 대구상업회의소의 구성과 청원운동」, 서울대 석사학위논문.

_____, 2020, 「1910~20년대 대구상업회의소 구성원의 연대와 갈등-지역철도부설운동과 전기부영화운동을 중심으로-」, 『역사교육』 153.

류시현, 2016, 「1930년대 재조일본인의 광주인식: 『(광주) 향토독본』을 중심으로」, 『호남문화연구』 59.

명수정, 2019, 「재조선 일본인 2세의 전후기억의 형성-1970년대 이후 '방어진회'의 결성과 집단기억」, 『차세대 인문사회연구』 15.

문명기, 2009, 「대만·조선총독부의 초기 재정 비교연구: '식민제국' 일본의 식민지 통치역량과 관련하여」, 『중국근현대사연구』 44.

문영주, 2009, 「20세기 전반기 인천 지역경제와 식민지 근대성-인천상업회의소(1916~1929)와 재조일본인」, 『인천학연구』 10.

문혜진, 2016, 「식민지 조선의 국폐소사(國幣小社)에 관한 일고찰: 국폐소사의 운영 및 제의 양상을 중심으로」, 『로컬리티인문학』 15.

_____, 2018, 「식민지 조선으로의 신사신도(神社神道)의 유입에 관한 일고찰」, 『한국학』 41(2).

미즈노 나오키, 조은진 역, 2020, 「1930년대 전반 재조일본인의 사회운동과 그 역사적 의미」, 『인문논총』 77(2).

박광현, 2010, 「재조일본인의 '재경성(在京城) 의식'과 '경성' 표상: '한일합방' 전후시기를 중심으로」, 『상허학보』 29.

박섭, 2014, 「부산상공회의소의 부산개발 구상, 1915-1937: 결절점 지위를 중심으로」, 『경제연구』 32(3).

박양신, 2004, 「통감정치와 재한 일본인」, 『역사교육』 90.

_____, 2012, 「재한일본인 거류민단의 성립과 해체-러일전쟁 이후 일본인 거류지의 발전과 식민지 통치기반의 형성」, 『아시아문화연구』 26.

박재상, 2000, 「한말·일제초기(1897~1915) 목포일본인상업회의소의 구성원과 의결안

건」, 『한국민족운동사연구』 26.

박정애, 2009, 「일제의 공창제 시행과 사창 관리 연구」, 숙명여대 박사학위논문.

박준형, 2014, 「재한일본 '거류지'·'거류민' 규칙의 계보와 「거류민단법」의 제정」, 『법사학연구』 50.

박진한, 2013, 「식민지시기 '인천대신궁'의 공간 변용과 재인천 일본인: 유락과 기념의 장소에서 식민지배의 동원장으로」, 『동방학지』 162.

_____, 2014, 「개항기 인천의 해안매립사업과 시가지 확장」, 『도시연구』 12.

_____, 2016, 「1900년대 인천 해안매립사업의 전개와 의의」, 『도시연구』 15.

_____, 2016, 「인천의 일본인 묘지 부지 이전과 일본식 시가지 확장 과정: 1883년 제물포 개항부터 1910년 한일병합 이전까지」, 『인천학연구』 24.

박창건, 2020, 「재조일본인 죠코 요네타로(上甲米太郎)의 반제국주의 한일연대론」, 『일본문화학보』 84.

배석만, 2020, 「일제시기 장항항 개발과 그 귀결」, 『역사와 현실』 117.

서종진, 2020, 「일본 제국주의의 '내지연장주의'와 조선총독부의 '문화정치': 3·1독립운동 이후 하라 수상의 '조선통치사견'을 중심으로」, 『한국정치외교사논총』 41(2).

손정목, 1980, 「개항기 한국거류 일본인의 직업과 매춘업·고리대금업」, 『한국학보』 18.

_____, 1996, 「매춘업-공창과 사창」, 『일제강점기 도시사회상연구』, 일지사.

송규진, 2002, 「일제강점 초기 '식민도시' 대전의 형성과정에 관한 연구: 일본인의 활동을 중심으로」, 『아세아문제연구』 45(2).

_____, 2013, 「일제강점 '식민도시' 청진 발전의 실상」, 『사학연구』 110.

송연옥, 1998, 「대한제국기의 〈기생단속령〉〈창기단속령〉-일제 식민화와 공창제 도입의 준비과정-」, 『한국사론』 40.

_____, 2012, 「세기 전환기의 군사점령과 '매춘' 관리」, 『근대와 성폭력』 선인

송지영, 2005, 「일제시기 부산부의 학교비와 학교조합의 재정」, 『역사와 경계』 55.

스가와라 유리, 2012, 「일제강점기 후치자와 노에(淵澤能惠: 1850~1936)의 조선에서의 활동」, 『일본학』 35.

신승모, 2012, 「'전후' 일본사회와 식민자 2세 문학의 등장-가지야마 도시유키 문학을 중심으로-」, 『일본학』 34.

_____, 2013, 「식민자 2세의 문학과 조선-고바야시 마사루와 고토 메이세이의 문학을

중심으로-」,『일본학』 37.

신주백, 2012,「한반도에서의 일본군 역사(1904~1945)」,『군대와 성폭력』, 선인.

신호, 2015,「식민지주의 지식구조의 부메랑현상에 대하여-재조일본인의 사례를 중심으로-」,『한일민족문제연구』 28.

─, 2017,「재조일본인을 둘러싼 권력관계 형성에 대하여-내지일본인과의 관계성 속에서」,『한일민족문제연구』 32.

안용식·오연숙·오승은·원구환·송혜경, 2007,「조선총독부하 일본인관료 연구」,『동방학지』 137.

안태윤, 2008,「식민지에 온 제국의 여성, 재조선 일본여성 쯔다 세츠코를 통해 본 식민주의와 젠더」,『한국여성학』 24(4).

야마나카 마이, 2001,「서울 거주 일본인 자치기구 연구(1885~1914년)」, 가톨릭대 석사학위논문.

야마모토 죠호, 2012,「대한제국기 광주에 있어서의 오쿠무라(奧村) 남매 진종포교·실업학교 설립을 둘러싸고: 새로운 사료『메이지31년도 한국포교일기 明治三十一年度 韓国布教日記』에 의한 통설의 재검토」,『민족문화연구』 57.

양지혜, 2012,「'식민자 사회'의 형성: 식민지기 하층 출신 일본인 이주자의 도시 경험과 자기규제」,『도시연구: 역사·사회·문화』 7.

─, 2015,「'식민자' 사상범과 조선-이소가야 스에지 다시 읽기」,『역사비평』 110.

엄지범·소순열, 2019,「개인기록을 통해 본 일본인 이민농촌의 한 단면: 불이농촌의 야마가타촌(山形村)을 중심으로」,『농업경제연구』 60(3).

여박동, 2001,「근대 가가와현(香川縣) 어민의 조선해어업관계」,『일본학보』 47.

염복규, 2011,「일제하 도시지역정치의 구도와 양상: 1920년대 경성 시구개수 이관과 수익세 제정 논란의 사례 분석」,『한국민족운동사연구』 67.

─, 2013,「식민지시기 도시문제를 둘러싼 갈등과 '민족적 대립의 정치': 경성부(협의)회의 '청계천 문제' 논의를 중심으로」,『역사와 현실』 88.

오성숙, 2011,「일본 여성과 내셔널리즘-오쿠무라 이오코, 애국부인회를 중심으로-」,『일어일문학연구』 77(2).

우치다 준, 2008,「총력전 시기 재조선 일본인의 '내선일체' 정책에 대한 협력」,『아세아연구』 51(1).

윤건차, 2013, 「식민지 일본인의 정신구조」, 『제국과 식민지의 주변인: 재조일본인의 역사적 전개』, 보고사.

윤정란, 2009, 「19세기말 20세기초 재조선 일본여성의 정체성과 조선여성교육사업: 기독교 여성 후치자와 노에(1850-1936)를 중심으로」, 『역사와 경계』 73.

이가연, 2017, 「개항장 일본인 자본가 연구-러일전쟁 이전 이주 상층자본가를 중심으로」, 동아대 박사학위논문.

_____, 2019, 「경남 밀양지역 3·1운동의 배경과 전개과정」, 『한국독립운동사연구』 68.

이가혜, 2015, 「초기 재조일본인 사회에서의 재조일본인 유녀의 표상: 『조선지실업(朝鮮之實業)』, 『조선(급만주)(朝鮮(及滿洲))』의 기사 및 유곽물(遊廓物)을 중심으로」, 『인문학연구』 49.

이규수, 1995, 「植民地期朝鮮における集団農業移民の展開過程-不二農村を中心に」, 『朝鮮史研究会論文集』 33.

_____, 2005, 「후지이 간타로(藤井寬太郎)의 한국진출과 농장경영」, 『대동문화연구』 49.

이동훈, 2018, 「'재조일본인' 사회의 형성에 관한 고찰: 인구 통계 분석과 시기 구분을 통해」, 『일본연구』 제29집.

_____, 2018, 「재조일본인 건립 신사(神社)에 관한 기초적 연구-'한국병합' 전후 변화 양상을 중심으로-」, 『한일관계사연구』 62.

_____, 2019, 「일본인 식민자 사회가 바라본 3·1운동: '재조일본인'의 '조선소요' 인식」, 『일본비평』 21.

이수열, 2014, 「재조일본인 2세의 식민지 경험-식민 2세 출신 작가를 중심으로」, 『한국민족문화』 50.

이승엽, 2000, 「내선일체운동과 녹기연맹」, 『역사비평』 50.

이연식, 2009, 「해방 후 한반도 거주 일본인 귀환에 관한 연구: 점령군·조선인·일본인 3자간의 상호작용을 중심으로」, 서울시립대 박사학위논문.

_____, 2013, 「전후 일본의 히키아게(引揚) 담론 구조: 해외 귀환자의 초기 정착과정에 나타난 담론의 균열과 유포」, 『일본사상』 24.

이원희, 2007, 「가지야마 도시유키(梶山季之)와 조선」, 『일본어문학』 38.

이준식, 2005, 「일제강점기 군산에서의 유력자집단의 추이와 활동」, 『동방학지』 131.

_____, 2006, 「재조 일본인교사 죠코의 반제국주의 교육노동운동」, 『한국민족운동사연

구』 49.

이창언, 2010, 「식민지시기 구룡포지역의 일본인 사회」, 『민속학연구』 27.

이형식, 2013, 「재조일본인 연구의 현황과 과제」, 『일본학』 37.

임성모, 2008, 「근대 일본의 국내식민과 해외이민」, 『동양사학연구』 103.

장신, 2007, 「한말·일제초 재인천 일본인의 신문 발행과 조선신문」, 『인천학연구』 6.

전명혁, 2006, 「1930년대 초 코민테른과 미야케(三宅鹿之助)의 정세인식」, 『역사연구』 16.

전성현, 2006, 「1920년 전후 조선 상업회의소와 조선 산업정책의 확립」, 『역사와 경계』 58.

_____, 2006, 「일제하 조선상업회의소연합회의 산업개발전략과 정치활동」, 동아대 박사학위논문.

_____, 2007, 「1920년대 조선상업회의소연합회의 산업개발 '4대요항'과 정치활동」, 『한국민족운동사연구』 52.

_____, 2013, 「식민자와 조선-일제시기 대지충조의 지역성과 '식민자'로서의 위상」, 『한국민족문화』 49.

_____, 2015, 「식민자와 식민지민 사이, '재조일본인' 연구의 동향과 쟁점」, 『역사와 세계』.

_____, 2017, 「日帝强占期 神社 例祭와 植民主義 地域文化: 龍頭山神社를 中心으로」, 『지방사와 지방문화』 20(1).

_____, 2018, 「'조계'와 '거류지' 사이-개항장 부산의 일본인 거주지를 둘러싼 조선과 일본의 입장 차이와 의미-」, 『한일관계사연구』 62.

_____, 2018, 「일제강점기 부산 유곽의 실태와 일본군과의 관련성」, 『역사와 경계』 109.

_____, 2020, 「일제강점기 식민권력의 지방지배 '전략'과 도청이전을 둘러싼 '지역정치'」, 『사회와 역사』 126.

전성현 외, 2019, 「식민지 '지역언론'에서 '제국언론'으로-신문체제와 지면을 통해 본 『조선시보』의 특징과 의미-」, 『항도부산』 37.

전영욱, 2014, 「일제시기 경성의 '公設質屋' 설치: '공익'을 둘러싼 연합과 충돌」, 『서울학연구』 54.

정연태, 1994, 「日帝의 한국 農地政策: 1905-1945년」, 서울대 박사학위논문.

정혜경·이승엽, 1999, 「일제하 녹기연맹의 활동」, 『한국근현대사연구』 10.

조명근, 2019, 「1920~30년대 대구·함흥 지역의 전기 공영화 운동」, 『사총』 97.

_____, 2019, 「일제시기 대구부 도시 개발과 부(협의)회의 활동」, 『민족문화논총』 71.

조미은, 2010, 「일제강점기 재조선 일본인학교와 학교조합 연구」, 성균관대 박사학위논문.

조은미, 2004, 「일제강점기 일본인 학교조합 설립규모」, 사림 22.

지영임, 2016, 「전후 한국에서의 국가신도(國家神道) 시설의 변용-국내에 건립된 신사와 신사터를 중심으로-」, 『일어일문학』 69.

차철욱, 2004, 「개항기~1916년 부산 일본인상업회의소의 구성원 변화와 활동」, 『지역과 역사』 14.

천지명, 2014, 「재한일본인 거류민단(1906-1914) 연구」, 숙명여대 박사학위논문.

_____, 2020, 「1930년대 초 군산부회의 위원회 활동 연구」, 『역사연구』 39.

최성환, 2012, 「개항 초기 목포항의 일본인과 해상네트워크」, 『한국학연구』 26.

최원규, 1993, 「1920·30年代 日帝의 韓國農業殖民策과 日本人 自作農村 건설사업: 不二農村事例」, 『동방학지』 32.

_____, 1993, 「일제의 초기 한국식민책과 일본인 '농업이민'」, 『동방학계』 77-79.

_____, 1999, 「19세기후반·20세기초 경남지역 일본인 지주의 형성과정과 투자사례」, 『한국민족문화』 14.

_____, 2000, 「東洋拓殖株式會社의 이민사업과 동척이민 반대운동」, 『한국민족문화』 16.

최준호, 2011, 「고바야시 마사루의 식민지 조선 인식-초기 작품들 속의 인물도상을 중심으로」, 『일본어문학』 48.

최혜주, 2005, 「일제강점기 조선연구회의 활동과 조선인식」, 『한국민족운동사연구』 42.

추교찬, 2015, 「제2기(1908.10-1910.12) 인천 일본인 거류민단의 운영과 활동」, 『한국학연구』 37.

_____, 2020, 「인천 일본인 거류민단의 구성과 운영(1906~1914)」, 인하대 박사학위논문.

키무라 켄지, 2004, 「植民地下 조선 재류 일본인의 특징-비교사적 시점에서」, 『지역과 역사』 15.

太田千惠美, 2015, 「재즈일본인 교사 쵸코 요네타로의 생애와 활동」, 고려대 석사학위논문.

하라 유스케, 2011, 「그리움을 금하는 것-조선식민자 2세 작가 고바야시 마사루와 조선에 대한 향수-」, 『일본연구』 15.

허영란, 2014, 「일제시기 읍·면협의회와 지역정치-1931년 읍·면제 실시를 중심으로」, 『역사문제연구』 31호.

헬렌 리, 2008, 「제국의 딸로서 죽는다는 것」, 『아세아문제연구』 51(2).

히라사와 아사코, 2008, 「1920년대 전반 조선총독부의 산업정책 수립과정과 재조일본인 기업가」, 연세대 석사학위논문.

姜在彦, 1976, 「在日朝鮮人の六年」, 『季刊三千里』 8.

國學院大學日本文化研究所 編, 1999, 『神道事典』, 弘文堂.

金富子·金英, 2018, 「제Ⅱ부 조선북부-나남, 회령, 함흥, 경흥-」, 『植民地遊廓』, 吉川弘文.

菅浩二, 1997, 「併合以前の「韓国の神社」創建論-御祭神論を中心に-」, 『神道宗教』 167.

駒込武, 2000, 「『帝國史』研究の射程」, 『日本史研究』 452.

李昇燁, 2007, 「植民地の「政治空間」と朝鮮在住日本人社會」, 京都大学大学院博士論文.

木村健二, 2001, 「近代日本の移民·植民地活動と中間層」, 柳澤遊·岡部牧夫 編, 『帝國主義と植民地』, 東京堂出版.

_____, 2002, 「在朝鮮日本人植民者の「サクセス·ストーリー」」, 『歷史評論』 625.

美藤遼, 1978, 「日本仏教の朝鮮布教」, 『季刊三千里』 15.

山口公一, 2003, 「植民地朝鮮における神社政策-1930年代を中心に-」, 『歷史評論』 635.

_____, 2005, 「植民地期朝鮮における神社政策と宗教管理統制秩序-「文化政治」期を中心に-」, 『朝鮮史研究会論文集』 43.

_____, 2009, 「「韓国併合」以前における在朝日本人創建神社の性格について」, 『日韓相互認識』 2.

_____, 2014, 「植民地朝鮮における「国家祭祀」の整備過程」, 君島和彦 編, 『近代の日本と朝鮮-「された側」からの視座-』, 本郷書房.

松本武祝, 2008, 「解説: 植民地朝鮮農村に生きた日本人」, 『東洋文化研究』 10.

尹健次, 1989, 「植民地日本人の精神構造-'帝國認識'とは何か-」, 『思想』 778.

井上學, 2006, 「一九三〇年代日朝共産主義者の邂逅-三宅鹿之助と李載裕」, 『社会運動の昭和史』, 白順社.

찾아보기

ㄱ

가라유키상(唐行きさん) 53, 341
가시자시키 343
가지무라 히데키(梶村秀樹) 22, 51
각국거류지 167
갑자구락부 260
거류민단 160
거류민단법 161
「거류민단법시행규칙」 181
거류민단체 217
거류민역소 160
거류민회 160
경부선 312
경성 215
경성고등여학교 194
경성중학교 195
고다마 히데오(兒玉秀雄) 290
고마쓰 미도리(小松緑) 206
공창제 342
공창폐지운동 371
국가신도 307
국민정신총동원 338
국민협회 259
「국유미간지이용법」 72, 124

국폐소사 338
군산 215
군위안소 372
기간지 이민사업 77
「기생단속령」 354
기타신치유곽 372

ㄴ

나로도 132
나로도어업조합 137, 140
나카베 이쿠지로(中部幾次郎) 139, 147
남산대신궁 311
남포어업조합(南浦漁業組合) 145
내선일체 337
내지(內地) 201
내지연장주의 288
내지인 212
녹기연맹 295

ㄷ

다이쇼천황 325
다카사키 소지(高崎宗司) 22
대구 215
대륙 낭인 44

찾아보기 451

대일본제국헌법 176
「대좌부창기취체규칙(貸座敷娼妓取締規則)」 360
데라우치 마사타케(寺内正毅) 202
도래자 50
도어식(渡御式) 332
도(道)장관 209
도평의회 266
도회 267
동본원사(東本願寺) 169
동양척식주식회사(東洋拓殖株式會社) 73, 77, 92, 211
동척촌 81, 92
동화 220
동화정책 285

ㄹ
러일전쟁 160, 249

ㅁ
마산 215
마키야마 고조(牧山耕蔵) 221
만한이민집중론 64
말사(末社) 322
「매음취체규칙」 343
메이지천황 325
면협의회 264, 268
목포 215
무라마츠 다케시 21

무육주의 298
문부성 197
미간지 이민사업 85
미나미 지로(南次郎) 337
미노와노사토유곽 372
미야케 사카노스케(三宅鹿之助) 36
미우라 야고로(三浦弥五郎) 185
미코시(神輿) 332
민단연합회의 255
민도(民度) 214

ㅂ
방임주의 297
방진유곽 372
법제국(法制局) 205
보조이주어촌 123
부군참사자문회 263
부산 215
부산구조계조약 44
부산상업회의소 247
「부제(府制)」 161, 209, 256
부협의회 210, 263
부회 267
불이농촌(不二農村) 89, 103
불이농촌산업조합 90, 107
불이흥업주식회사(不二興業株式會社) 88, 103

ㅅ

산림법 72, 124
산업조사위원회 272
3·1운동 292
상업회의소 247
상화실(賞花室) 353
샤쿠오 슌조(釈尾春芿) 187
서선농장(西鮮農場) 88
섭사(摂社) 322
성매매업 340
세대론 49, 383
세키야 데이자부로(関屋貞三郎) 201
소 요시자네(宗義真) 308
「소학교규칙」 199
「소학교령」 199
「숙옥영업취체규칙(宿屋營業取締規則)」 360
스가와라 미치자네(菅原道真) 315
시노부 준페이(信夫淳平) 167
시정촌(市町村) 164
식민 1세대 49
식민 2세대 49
식민 3세대 49
식민주의 382
식민지 유곽 340
신도래자 50
신사(神社) 324
신사(神祠) 324
「신사사원규칙」 322
신의주 215
신직(神職) 311
쓰시마번(對馬藩) 308

ㅇ

아리요시 아키라(有吉明) 178
아마테라스 오미카미(天照大神) 311
야마가타 이사부로(山縣伊三郎) 207
야마구치 다베에(山口太兵衛) 226
「어업근거지이주규칙」 72, 122
「어업법」 72
영사재판권 180
「예기작부예기치옥영업취체규칙(藝妓酌婦藝妓置屋營業取締規則)」 360
예창기 53
오우치 쵸조(大内暢三) 183
오이케 츄스케(大池忠助) 231
오카야마촌 141
오타 기조(太日儀三) 234
와타나베 사다이치로(渡邊定一郎) 258
왜관 308
외사국 219
「요리옥음식점영업취체규칙(料理屋飲食店營業取締規則)」 360
용두산신사 336
용미산신사 336
우부스나가미(産土神) 313
우지코(氏子) 313
원산 215
을종예기 345

을종요리점 349
읍회 268
이리사촌(入佐村) 129
「이민보호법」 65, 66
이사청(理事廳) 182
이소가야 스에지(磯谷季次) 36
이시이 기쿠지로(石井菊次郎) 180
2종예기 350
2종요리점 346
「이주민취급규칙」 79, 84
이주인 히코키치(伊集院彦吉) 173
이토 히로부미(伊藤博文) 191
인천 215
일기조(一旗組) 44
일본인사회 17
일본인 세화회 378
「일본인어업근거지건설」 122
「일본인어채범죄조규」 114
일본인회 160
일시동인 212
일진회(一進會) 211

ㅈ

자유이주어촌 117
자치(自治) 161
작부 53
잡거지 326
「재외지정학교제도」 196
전선공직자연합간화회(전선공직자대회) 260
전선상업회의소연합회 269
정우회(政友會) 191
정착민 식민주의 26
제국의식 16
조선관계대의사 386
「조선국에서의 일본인 무역규칙」 114
조선산업개발 '4대 요항' 277
조선산업개발계획 302
「조선상업회의소령」 251, 269
조선상업회의소연합회 26, 252
조선신궁 337
조선어업협회(朝鮮漁業協會) 119
조선연구회 282
「조선연안 및 내해항행약정」 72
조선의식 303
조선의회 258
「조선일본양국통어규칙」 115
조선주의 17, 26, 382
「조선총독부지방관관제」 263
「조선총독부특별회계」 299
조선통(朝鮮通) 244
조선해수산조합(朝鮮海水産組合) 122, 129
조선해통어조합(朝鮮海通漁組合) 121
조선해통어조합연합회 121
조일수호조규 및 부록 44, 341
죠코 요네타로(上甲米太郎) 36
중앙정치 29
중앙조선협회 386

중추원 211
지방개량운동 307
지방자치 26
지방정치 29
지역의식 303
지역주의 17, 382
지정면 264
진남포 215

ㅊ

참정권 258
창기 343
창기가(娼妓稼) 344
「창기단속령」 354
척식국(拓殖局) 205
철원농장(鐵原農場) 89
청국거류지 167
청진 215
추밀원 180
축정(築亭) 136
충군애국(忠君愛國) 201

ㅌ

타이완 197
「토지가옥증명규칙」 72, 124
토착 관료 244
통감부 182
특별예기 350
특별요리점 345

특별자치제 256

ㅍ

평강산업조합 90
평양 215

ㅎ

하라 다카시(原敬) 287
하세가와 요시미치(長谷川好道) 194
하야시 곤스케(林權助) 179
하자마 후사타로(迫間房太郎) 232
학교조합 210
「학교조합령」 215
학무국 201
「한국어업법」 124
「한국 연해 및 내해항행약정」 124
한국통감 182
한성부민회(漢城府民會) 211
「한일어업협정」 124
호국신사 339
호리 리키타로(堀力太郎) 236
호소이 하지메(細井肇) 282
「화류병예방규칙」 351
후지이 간타로(藤井寬太郎) 86, 227
흡수주의 297
히구치 헤이고(樋口平吾) 236
히사미즈 사부로(久水三郎) 335
히키아게(引揚) 20
히키아게샤(引揚者) 21

동북아역사재단 일제침탈사 연구총서 28
일본인 이주정책과 재조선 일본인사회

초판 1쇄 인쇄 2021년 12월 20일
초판 1쇄 발행 2021년 12월 31일

지은이 전성현, 하지영, 이동훈, 이가연
펴낸이 이영호
펴낸곳 동북아역사재단

등 록 제312-2004-050호(2004년 10월 18일)
주 소 서울시 서대문구 통일로 81 NH농협생명빌딩
전 화 02-2012-6065
팩 스 02-2012-6189
홈페이지 www.nahf.or.kr
제작·인쇄 역사공간

ISBN 978-89-6187-677-3 94910
　　　　 978-89-6187-669-8 (세트)

- 이 책은 저작권법에 의해 보호를 받는 저작물이므로 어떤 형태나 어떤 방법으로도 무단전재와 무단복제를 금합니다.
- 책값은 뒤표지에 있습니다. 잘못된 책은 바꾸어 드립니다.